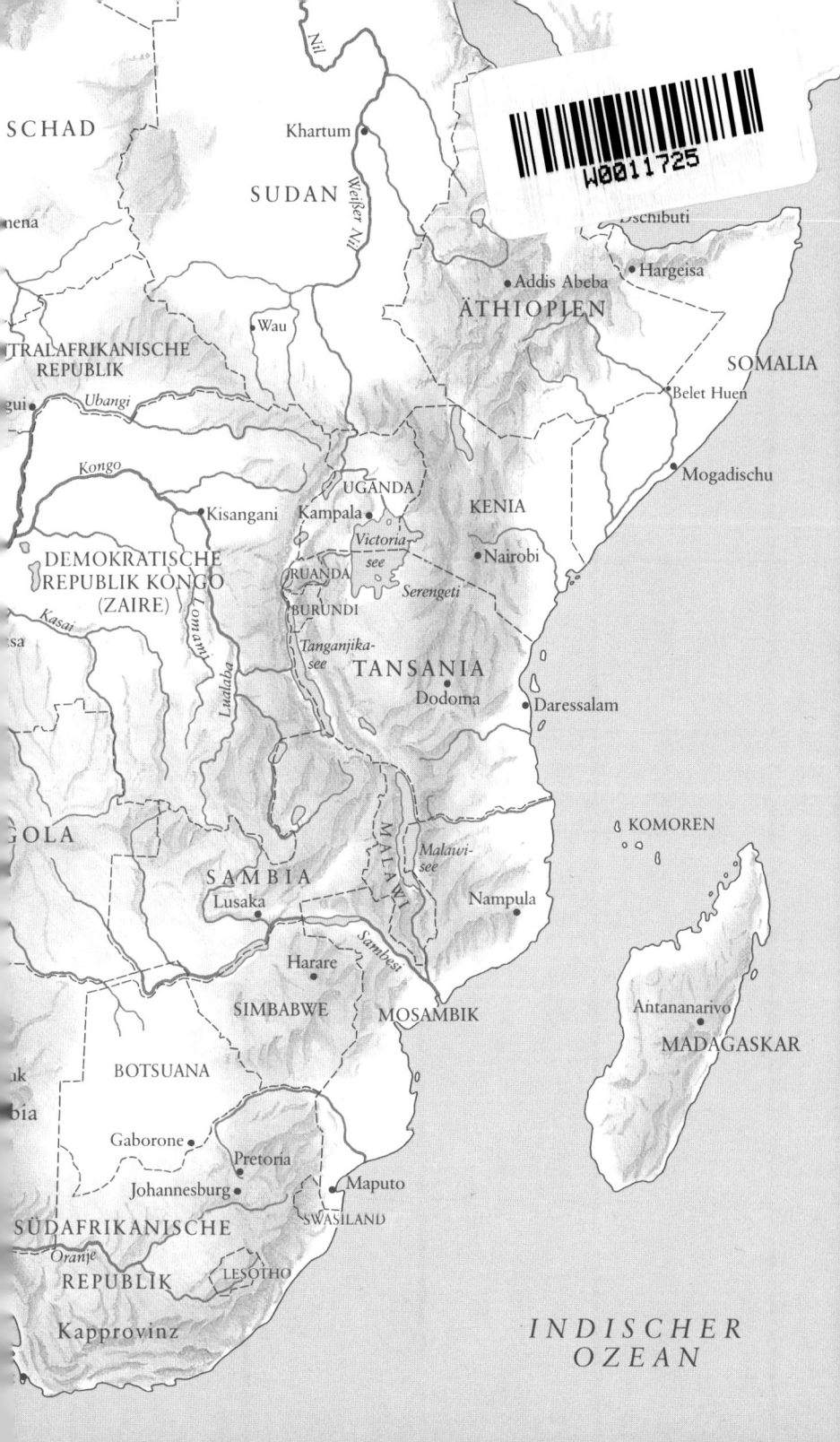

SCHAD

SUDAN

Khartum

Nil

Weißer Nil

Wau

Dschibuti

Hargeisa

Addis Abeba

ÄTHIOPIEN

SOMALIA

ZENTRALAFRIKANISCHE
REPUBLIK

Bangui

Ubangi

Belet Huen

Kongo

Mogadischu

Kisangani

UGANDA

Kampala

KENIA

DEMOKRATISCHE
REPUBLIK KONGO
(ZAIRE)

Kasai

Victoria-
see

Nairobi

RUANDA

BURUNDI

Serengeti

Lualaba

Tanganjika-
see

TANSANIA

Dodoma

Daressalam

Lomami

KOMOREN

ANGOLA

MALAWI

Malawi-
see

Nampula

SAMBIA

Lusaka

Sambesi

Harare

MOSAMBIK

SIMBABWE

Antananarivo

MADAGASKAR

BOTSUANA

Gaborone

Namibia

Pretoria

Johannesburg

Maputo

SÜDAFRIKANISCHE

SWASILAND

Oranje

REPUBLIK

LESOTHO

Kapprovinz

INDISCHER
OZEAN

Michael Birnbaum
Die schwarze Sonne Afrikas

Michael Birnbaum

Die
schwarze
Sonne
Afrikas

Piper
München Zürich

Für I. B.,
der nie dort war

ISBN 3-492-04150-7
2. Auflage 2001
© Piper Verlag GmbH, München 2000
Gesetzt aus der Sabon
Satz: Ziegler + Müller, Kirchentellinsfurt
Druck und Bindung: Pustet, Regensburg
Printed in Germany

Inhalt

KAPITEL 1

Wie einer nach Afrika kommt

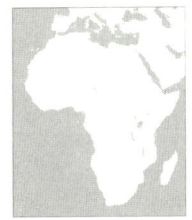 Am Anfang war Somalia. Zumindest begann für mich im August 1992 das Abenteuer Afrika mit dem Kollaps dieses Landes am Horn des Kontinents. Ich berichtete über den anarchisch wuchernden Bürgerkrieg und die gräßliche Hungerkatastrophe. In Hoddur und Baidoa lernte ich das Sterben kennen, in Mogadischu das Fürchten und Hassen. Als ich in einem teuer angemieteten *technical,* einem Kampfwagen mit fest montierten Maschinengewehren, durch das zerstörte Mogadischu fuhr, den Khat-kauenden Chauffeur Ibrahim zur Seite und zwei seiner Spießgesellen mit alten, verrosteten Maschinengewehren vom Typ AK-47 hinter mir, schoß mir zum ersten Mal der Gedanke durch den Kopf: Darauf also hast du dich eingelassen, Mord und Totschlag, Hunger und Seuchen, Armut und Verzweiflung.

Solche Gedanken kamen mir in den folgenden sieben Jahren immer wieder einmal. Die Entscheidung, nach Afrika zu gehen, habe ich noch oft bereut – in Ruanda, im Südsudan, in Liberia, in Angola und schließlich auch im Zaire/Kongo. Aber viel öfter noch durchlebte ich Momente, in denen ich für alles in der Welt nirgendwo anders sein wollte. Mogadischu, Symbol destruktiven Wahnsinns, war nicht das Afrika, zu dem ich aufgebrochen war. Somalia war nur der unglückliche Anfang einer langjährigen Reise durch eine

ferne, unbekannte und immer wieder überraschend vielfältige
Welt voller faszinierender Menschen, überquellender Lebens-
freude und zäher Überlebenskraft, zugleich tragisch unlösbarer Konflikte und unmittelbarer Naturgewalten, tödlicher
Viren und Seuchen, derer auch die gut ausgestatteten Helfer
aus der anderen, aus meiner Welt nicht Herr werden konnten.
Afrika ist stärker als wir. Das habe ich schnell gelernt.

Doch zurück zum Anfang. Alles begann mit einem Anruf
meines Chefredakteurs Dieter Schröder am 7. Januar 1992
in meinem Düsseldorfer Büro. Schröder fragte mich damals,
ob ich denn schon einmal an Afrika gedacht hätte? Ich war
Mitte der 80er Jahre von der Nachrichtenagentur Reuter in
Bonn zur *Süddeutschen Zeitung* »übergelaufen«, weil mir
damals Schröder das Versprechen gegeben hatte, ich käme
bei der Zeitung in absehbarer Zeit auch »raus«, sprich, ich
würde die Chance erhalten, Auslandskorrespondent zu werden. Dennoch kam der Anruf im Januar 1992 mehr als überraschend für mich. Jetzt war es offenbar plötzlich so weit.
Doch da ich meist eine ehrliche Haut bin, antwortete ich auf
die Frage geradewegs heraus: Nein, an Afrika hätte ich nicht
gedacht. Schröder gab mir eine Woche zum Nachdenken.
Dann sollte ich ihn wieder anrufen.

Afrika also, dachte ich, verzweifelt an meinem bequemen
Schreibtisch sitzend, und versuchte die paar Bücher zusam-
menzuzählen, die ich über diesen fernen Kontinent schon
einmal gelesen hatte. Ein paar Abenteuerromane, Entdecker-
geschichten, alles wirklich spannend, dann die wissenschaftlichen Bücher zum Thema Kolonialismus und Sklaverei während des Geschichtsstudiums. Aber viel mehr war es nicht.
Unter allen sechs Kontinenten stritten sich bis dahin in meiner Interessensskala Afrika und Australien heftig um den
letzten Platz. Jetzt sollte ich ausgerechnet dorthin.

Also ging ich ganz spontan und nach einer Antwort
suchend in die große Buchhandlung gegenüber des Büros in

der Düsseldorfer Friedrichstraße und blätterte erst einmal alles durch, was dort zum Thema Afrika im Regal stand. Eine eher spärliche Auswahl. Afrika stand nicht im Mittelpunkt des Kundeninteresses. Den meisten ging es also so wie mir. Dennoch kaufte ich eine ganze Tasche voll Bücher, Reiseführer und neue wie alte GEO-Hefte, um mich einfach mal so mit dem Gedanken vertraut zu machen. Danach rief ich Bekannte und Freunde an, die schon mal dort gewesen waren, sei es als sonnenhungrige Touristen, abenteuerlustige Rucksackreisende oder wie Kollegin Irene früher einmal als menschelnde (Entwicklungs-) Helfer.

Und je mehr ich hörte, je mehr ich las oder nur in Artikeln und Büchern blätterte, desto mehr fing der Kontinent an, mich zu faszinieren. Ganz anders als der arabische Norden, den ich schon beruflich durchpflügt hatte, schien der Teil südlich der Sahara im Aufbruch zu sein: Demokratiebewegungen allerorten, wackelnde Throne, in den 90er Jahren plötzlich Bewegung, ja Hoffnung für einen längst schon aufgegebenen Erdteil. Auch Stefan Klein, damaliger SZ-Korrespondent in Afrika, erzählte ähnliches in unserem kurzen Telefonat. Alles wandele sich gerade, nichts sei mehr so wie früher. Da passiere etwas. Kein Zweifel, die »Winde des Wandels« hatten auch Afrika erreicht. Die historische Kraft, die seit Mitte der 80er Jahre, angestoßen oder doch zumindest freigesetzt durch Michail Gorbatschow, ganz Europa wie ein Wirbelsturm veränderte und schließlich selbst die mit deutscher Gründlichkeit gebaute Mauer einriß, dieselbe Kraft schien nun auch Afrika umzustülpen.

Zumindest die politische Landkarte. Der Rest aber hatte Bestand. Afrika ist widerstandsfähig. Denn trotz all der Kraft des einsetzenden politischen Wandels überlebten immer noch die mystischen, dunklen Geheimnisse, die für uns Europäer angeblich so undurchdringlichen Kulturen und Sitten, warteten dort Reisen zu Menschen, die immer noch wie vor Jahr-

tausenden als Nomaden in wüstengleichen Gegenden lebten,
lockten schamlos grüner Tropenwald und gelb verdorrte
Savanne. Städtenamen wie Timbuktu oder Wagadugu lassen
einfach das in uns allen tief sitzende Fernweh aufleben.

Kurzum, ich wollte hin. Doch da war noch meine Familie.
Meine Frau Petra, immer schon der bodenständige Realist,
konterte mit einer nicht zu diskutierenden Einsicht: »Ich
war da noch nie, wie soll ich dann wissen, ob ich dort leben
kann?«

Also flogen wir nach Nairobi. Dort lag im Hotelzimmer
ein Brief meines Vorgängers Stefan Klein. Er selbst war
gerade auf Reisen. So hieß er uns schriftlich willkommen in
einer der »europäischsten Städte« des Kontinents. Wir könnten alles unternehmen, aber sollten Goldkettchen und anderen Schmuck lieber im Tresor des Hotels verwahren. Nach
Einbruch der Dunkelheit, riet er an, bitte nicht zu Fuß durch
die Stadt gehen, sondern immer ein Taxi nehmen. Überfälle
auf Touristen und andere Ortsunkundige seien an der Tages-
ordnung.

Willkommen in der Dritten Welt: Plötzlich bist du der Reiche, das lohnende Opfer. Und verstecken kannst du dich
nicht. Deine weiße Hautfarbe verrät dich immer und überall.
In den ersten Tagen lernten wir Nairobi fürchten. Die Stadt,
die wir später unser Zuhause nannten, zeigte sich nur von
ihren schlechten Seiten. Straßenkinder umringen dich, bet-
teln, pöbeln dich an, Händler wollen dir jeden Schund zu
überteuerten Preisen andrehen. Alles ist schmutzig, staubig,
die Straßen sind kaputt und der Verkehr darauf aggressiv
wie im schlimmsten Autoscooter auf einer Dauerkirmes.
Nach drei Tagen schien die Entscheidung gefallen: Hierher
gehen wir nicht. Warum sollen wir das uns und unseren damals zwei Kindern antun?

Doch dann kam alles anders. Schon einmal da, beschlossen wir, das Beste daraus zu machen, und buchten für zwei

Tage eine Safari. Der billigste Trip ging ins Treetop, ein gänzlich aus Holz gebautes »Hotel« in Bäumen an einer Wasserstelle in den Aberdare-Bergen. Auf dem Weg, den wir vom Auto aus zu Fuß gegangen waren, tauchte später, im Sonnenuntergang, malerisch einherschreitend ein kräftiger Elefantenbulle auf. Am Wasserloch direkt vor uns trafen sich Gazellen, Antilopen und eine Herde von mindestens 300 Büffeln. Die ganze Nacht über konnte ich kein Auge zumachen, steckte meine neugierige Nase immer wieder raus, wollte keines der wilden Tiere versäumen, das zur Tränke kommen würde. Da, ein Nashorn!? Nein, es war wieder nur einer der großen Steinbrocken, den meine Phantasie, wild geworden vom Jagdinstinkt, lebendig hatte werden lassen. Aber der Afrika-Virus begann sich still und heimlich in mir einzunisten.

Zurück in Nairobi, lernten wir das »andere« Leben kennen: die Außenbezirke mit hübschen Häusern, herrlichen Grundstücken, vollgewucherten Gärten mit Bougainvillea, knallrot blühenden Flammenbäumen, kühl blau leuchtenden Jacarandas – und mit meinem künftigen Büro in einer heimeligen Holzhütte unter einem Pfefferbaum, auf dem auch ein richtiges Baumhaus bereits im Rohbau war. Wie da noch nein sagen können? Es gab alles, was wir brauchten: eine deutsche Schule für die Kinder, Supermärkte und Einkaufszentren für die Sonderspezies der Ausländer, der *expats*, beruflich ein endlos spannendes Berichtsgebiet, privat eine mehr als offene und herzliche Gemeinde anderer Deutscher und anderer Ausländer, dazu noch Haushaltshilfen, Nachtwächter und Kindermädchen und schließlich unseren herrlichen »goldenen Käfig«, ein kleines, gemütliches Häuschen voller Charme (doch mit Sicherheitsgittern an jedem Fenster) und mit einem großen Garten. Also haben wir es doch gemacht. Afrika war beschlossene Sache, als wir nach Deutschland zurückkehrten.

Dann kamen die ersten Reisen, Expeditionen gleich in einen nur aus Büchern und Artikeln bekannten Kontinent. Schöne Erlebnisse, Überraschungen, schlimme Erinnerungen sammelten sich schnell. Etwa mein erster Besuch in Nigeria, ein Horrortrip, was so einfache Dinge angeht wie Automieten, Hotelrechnungen, Ein- und Ausreise, Fortbewegung in Lagos. Die schlauen Nigerianer haben mich als Neuling nach Strich und Faden ausgenommen. Jeder konnte meine Unsicherheit auf dem neuen Terrain wohl spüren. Und wer würde nicht Angst bekommen, wenn er auf einem der sechsspurigen Freeways über die Lagune in einem chaotischen Verkehrsstau steckt, mit dem Wagen weder vor noch rückwärts kommt, links und rechts eingekeilt ist und mit eigenen Augen sieht, wie Banden Jugendlicher einen Wagen nach dem anderen ausnehmen und immer näher kommen?

Und wieviel Dollar steckt man einem Zöllner zu, damit er endlich den Stempel in den Paß macht, damit man weiterkommt an den nächsten Schalter, an dem der nächste Beamte ohne Umschweife danach fragt, wieviel er von dir »geschenkt« bekommt?

Doch dann auch die schönen Momente, die guten Überraschungen, die dich für all die schlechten ersten Eindrücke wieder entschädigen. Der »Flughafen-Direktor« in Hoddur etwa, dieser kleinen somalischen Stadt, die gerade verhungert und aus der du nicht rauskommst, weil der geplante Nachmittagsflug mit Hilfsgütern nicht ankommt, der dich wieder mit rausnehmen sollte. Abdul, der für das Flugfeld in einem ausgetrockneten Wadi zuständig war, räumte samt seiner Familie die einfache, aber saubere Hütte, um mir Fremdem ein passendes Nachtlager zu bereiten. Oder die Hochzeitsgesellschaft unten in Massawa, dem heißen Hafen Eritreas. Ich hatte nur von weitem Musik gehört, hinten in einem mehr als einfachen Viertel brüchiger Hütten und staubiger Straßen, und war neugierig nachschauen gegangen.

Schon war ich Teil der Feier, mußte die Braut küssen, dem Bräutigam gratulieren, bekam einen Ehrenplatz neben den Familienältesten und wurde den Rest des Tages und der Nacht mit Getränken und Essen vollgestopft.

Afrika ist immer überraschend – auch wenn es, von der Ferne betrachtet, so gleichförmig berechenbar scheint. Nie weißt du, ob dein Flugzeug rechtzeitig ankommen oder abfliegen wird. Aber irgendwie kommst du immer an oder weg. Ständig hast du Angst vor Diebstählen, auf der Straße, im Hotelzimmer, auf dem Weg zum Flughafen, beim Tanken an irgendeiner Zapfsäule draußen im Land in einer der schäbigen Straßensiedlungen. Und doch kommt dir irgendwann plötzlich ein kleiner Junge zum Auto nachgelaufen und gibt dir die Kreditkarten zurück, die beim Bezahlen der Hotelrechnung unbemerkt runtergefallen waren.

Es gibt keine Grauwerte in Afrika. Das Leben ist immer intensiv, schwarz oder weiß, gut oder furchtbar, herrlich oder abstoßend, euphorisierend oder deprimierend. Und meist liegen beide Extreme ganz nah beieinander. Das macht in Afrika das Leben aus. Entweder es regnet, dann gibt es in Hülle und Fülle zu essen. Oder der Regen bleibt aus. Dann hungern Mensch und Tier. Entweder der Boden ist so fruchtbar, daß schon eine weggeworfene Bananenschale genügt, ganze Bananenfarmen anzulegen. Oder die Landschaft ist so rauh, so dürr, so steinig oder trocken, daß alle Bemühungen vergeblich sind, darauf Nahrung anzubauen, und daß selbst die Nomaden mit ihren Herden aus Kamelen und Ziegen die Gegend meiden. Entweder es herrscht Frieden oder Krieg, ein Tyrann oder Basisdemokratie. Zwischenwerte gibt es nicht.

So unmittelbar und unterschiedlich die Natur auf diesem Kontinent, so mannigfaltig sind auch seine Menschen. Groß und schlank oder klein und rundlich, dick oder dünn, arm oder unvorstellbar reich, lethargisch, emotionslos oder hyperagil und lebensfroh. Im Westen sind sie bunter ge-

kleidet als im Osten, im Norden am Sahararand leben verschlossene, stolze, schlanke und große Nomaden, in den
Urwäldern des Kongobeckens zwergenhafte Pygmäen. Es
gibt auf diesem Kontinent brillante Professoren, hochgebil-
dete Akademiker genauso wie Menschen, die sich außer in
ihrer eigenen lokalen Stammessprache nicht verständlich
machen können, überrascht und mit offenem Mund den
fremden Weißen bestaunen und dessen glatte Haare berüh-
ren wollen, Großstädte mit metallisch-gläsernen Skylines
und einer Kunsteisbahn wie in Abidjan ebenso wie Rundhütten aus Reisig und Kuhdung, breite Avenuen und glatte Auto-
bahnen und die Hunderttausende von Kilometern ohne eine
befestigte Straße, endlose einsame Weite der Savannen- und
Wüstenlandschaften und Slums, vollgepfercht wie überfüllte
Ameisenhaufen, Internet ebenso wie Kommunikation über
Trommeln.

Afrika erfüllt alle Vorurteile. Aber es überrascht auch mit
dem Unerwarteten, im Guten wie im Schlechten. Nie kannst
du sicher sein, es begriffen zu haben, zu verstehen. Denn der
Wandel ist auch hier permanent. Und das Schöne an meinem
Beruf: Du wirst dafür bezahlt, das alles anzuschauen, mitzu-
erleben, die Menschen zu treffen, ob Präsident oder Tagelöhner, ob Kaffeebauer oder Rebellensoldat, ob Oppositionspolitiker oder Missionar. »Arbeiten, wo andere Urlaub
machen«, heißt die Formel dann immer mal wieder, spätestens, wenn man heimkommt in die Zentralredaktion in
Deutschland, braungebrannt wie aus dem Sommerurlaub.

Doch es war nur die Sonne über dem Ostkongo, welche
sengend die Haut verbrannte auf der Recherche nach dem
Choleraausbruch fernab jeder Hilfe, abseits der eingefahrenen Hilfestraßen. Dort war klares, sauberes Wasser für einige
Tage die größte Kostbarkeit, der mitgebrachte Schlafsack das
Bett, die Dosenbohnen abends sichere Nahrung und der
heimliche Schluck aus der Whiskeyflasche medizinische Pro-

phylaxe. Das vergessen die anderen, die noch nie da waren, schnell und gerne. Oder sie können es sich gar nicht vorstellen. Ein anderes Mal, zugegeben, sitzt man zwei Tage lang am Pool eines hübschen Hotels, um nur ja nicht den Anruf zu verpassen, wann endlich die Emissäre des angolanischen Rebellenchefs Savimbi dich abholen kommen, um dich zu ihm zu bringen, heimlich auszufliegen in das 2500 Kilometer entfernte Hauptquartier Bailundo.

Doch das Afrika der 90er Jahre war nicht nur Abenteuer. Der Kontinent war in diesem Jahrzehnt ein überdimensionales, endlos spannendes Experimentallabor politischer Versuche. Plötzlich hießen die Modeworte Demokratie, Mehrparteien-Wahlen. Alte Diktatoren wurden gestürzt oder starben. Die Hoffnung auf einen Neuanfang machte sich breit – und wurde dann doch wieder eingeholt von scheinbar mißlungenen Anläufen. Staaten implodierten, andere, neue entstanden. Da wurde alles ausprobiert. Jahrzehntelange Bürgerkriege gingen zu Ende, neue militärische Auseinandersetzungen begannen. Auch die »Entwicklungshelfer« definierten ihre Arbeit neu, Institutionen wie Weltbank und Internationaler Währungsfonds erzwangen ökonomische und politische Reformen, setzten plötzlich nicht mehr auf den »starken Staat«, sondern verlangten, Kurs zu nehmen auf Marktwirtschaft und Konkurrenz, Pluralismus und freies Wort. Nicht mehr Hilfe, sondern »durch Handel zum Wandel« war schließlich die Formel, die der amerikanische Präsident Bill Clinton bei seiner Tour über den Kontinent populär machen wollte.

Aber kann so eine politische 180-Grad-Wende überhaupt funktionieren? Was hat Afrika daraus gemacht? Blühende Landschaften sind nicht überall entstanden, die Demokratie ist nicht über Nacht in all den mehr als vierzig Staaten aufgekeimt. Aber gescheitert ist diese Politik deshalb noch lange nicht. Sie beginnt langsam zu greifen, sich anzupassen,

Widerstände zu überwinden, Krusten aufzubrechen, erleidet
Rückschläge, nimmt neue Anläufe. Afrika verändert sich,
nicht wie »geplant«, sondern auf seine Weise, unterschiedlich, widersprüchlich, ganz anders.

Dieses kleine Buch, diese paar Geschichten, Eindrücke,
Reflexionen aus Afrika geben nicht mehr als einen ganz per-
sönlichen Zwischenstand wieder über ein Afrika, wie ich es
ganz persönlich in sieben Jahren erlebt, beschrieben, erlitten
und genossen habe. Ich kann nichts anderes schildern als
»mein Afrika«. Jeder andere Anspruch wäre Größenwahn.
Nie aber während meiner »afrikanischen Zeit« habe ich die
Worte eines alten weißen Mannes vergessen, den ich nur per
Zufall schon in meinem ersten Jahr auf dem Kontinent in
Malawis »Wirtschaftsmetropole« Blantyre getroffen habe.
Dort saß ich in einem »italienischen Café«, auf das mich jemand aufmerksam gemacht hatte, und genoß einen Capuc-
cino, eine wahre Rarität auf Reisen quer durch diesen Kontinent. Ich las zum Entspannen zwischen vielen Terminen
einen deutschen Roman. Das machte den anderen Weißen
in dem Café offenbar auf mich aufmerksam. Denn er sprach
mich höflich an und stellte sich als Deutscher vor. Er lebe
schon seit Jahrzehnten hier in Malawi, sagte er, und wolle
mir nur einen Rat geben: »Passen Sie auf, junger Mann, bleiben Sie nicht zu lange, sonst frißt sich die schwarze Sonne
Afrikas auch in Ihr Herz und Sie kommen von diesem Kontinent nie wieder los.« Sagte es mit Inbrunst und ging. Ich habe
ihn nie wieder getroffen.

KAPITEL 2

Sklaven und Könige

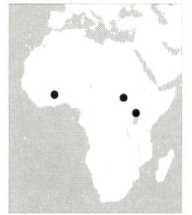

Ankunft in Maryal Bai: Der kenianische Pilot der einmotorigen Chartermaschine dreht erst einmal eine Runde über der Piste. Fast vier Stunden dauert der Flug von Nordkenia aus hierher in die Mitte des Sudans, in den Bahr al-Ghazal. Die Graspiste unten scheint in Ordnung. Die Maschine kommt nach einigen Luftsprüngen sicher zum Stehen. Sofort eilen Menschen von den Hütten herbei, zuerst Kinder, dann auch Frauen und Männer. Noch sind keine Uniformen zu sehen, kein Gewehr, obwohl dies hier »Grenzgebiet« ist, kontrolliert von der SPLA, der Sudanesischen Volksbefreiungs-Armee des Dinkas John Garang. Aber die Menschen sind vorsichtig, schauen erst einmal, wer da ankommt.

Am nächsten Morgen, nach einer Nacht im Zelt unter einem großen Mangobaum, zeigt sich schon ein ganz anderes Bild: SPLA-Kommandeur Wol Geng begrüßt mich in seiner grünen Uniform mit rotem Barrett. Plötzlich hat in Maryal Bai jeder einen Titel, zeigt jeder seine Insignien, sei es der Stock als Zeichen eines lokalen *chiefs* oder das Maschinengewehr vom Typ AK-47 der SPLA-Soldaten. Der Schullehrer klingelt morgens um 8 Uhr mit der Handglocke die fast 400 Kinder von den verstreuten Grashütten herbei, Schüler, die kein Papier zum Schreiben und keine Bücher zum Lernen

haben, geschweige denn der Lehrer eine Tafel. Aber sie versuchen hier mit ihren einfachen Mitteln ein »normales« Leben
zu führen. Weit und breit gibt es keinen Arzt, keinen Strom,
kein sauberes Trinkwasser, keine Straßen oder Autos. Nur
das weite Grasland des Südsudans, Bäume, die Abstand voneinander halten, um sich nicht gegenseitig das wenige Wasser
im Boden wegzunehmen.

Angelo Marac repräsentiert hier den zivilen Arm der
SPLA-Rebellen und ist einfach daran zu erkennen, daß er
immer sein Kurzwellen-Radio an einer Schnur um den Hals
trägt. Er sagt mir, daß es den Leuten hier dennoch eigentlich
»ganz gut« gehe. Das Hauptproblem sei derzeit nur, daß
viele Rückkehrer aus dem Norden kämen, wohin sie Ende
der 80er Jahre vor dem Hunger geflüchtet seien. Jetzt hätten
diese Rückkehrer nichts mehr und bräuchten Nahrungsmittel. Die letzten Überfälle aus dem Norden aber, wo die Zako
und anderen arabischen Stämme des südlichen Dafur in die
Nationale Islamische Front (NIF) integriert sind, habe es im
April gegeben. Nun beginne die Regenzeit, da werde es
ruhiger.

In der weiten Steppe des Sudans bestimmen immer noch
die Jahreszeiten das Leben, und damit auch den Bürgerkrieg.
Meist zur Trockenperiode zwischen Januar und März schickt
das Regime aus der Hauptstadt Khartum seine Milizen, um
die Bahntrasse »sicher zu machen«, auf der militärischer
Nachschub und neue Soldaten von El Obeid nach Wau im
Süden transportiert werden. Je näher die Dörfer der groß-
gewachsenen Dinkas an der Bahntrasse liegen, um so größer
die Gefahr für die Menschen. Denn die vom Norden unterstützten Milizen sehen Frauen und Kinder als legitime
Kriegsbeute an.

Sklaverei im Jahre 1996: Was niemand für möglich hält, an
der Sollbruchstelle des Sudans scheint es selbstverständlich.
Norden und Süden liefern sich einen endlosen Bürgerkrieg.

Offenbar kann keine Seite gewinnen, weder der fundamenta-
listisch regierte islamische Teil noch der aufbegehrende afrikanische Süden. In den anarchischen »Puffergebieten« ist
Sklaverei für die Menschen deshalb wieder Teil der täglichen
Bedrohung geworden. Auch 40 Jahre nachdem die Vereinten
Nationen die Sklaverei für endgültig abgeschafft erklärt
haben, werden hier Menschen verschleppt, verkauft, werden
zu Handelsgut degradiert. Und ich mußte nicht lange suchen,
um Opfer dieser Unmenschlichkeit zu finden.

Adut Ding Wol ist ein kleines, hübsches Dinka-Mädchen.
Aber ihre großen, braune Augen, die unter ihrem schwarzen
Kopftuch neugierig hervorlugen, haben schon viel gesehen,
zuviel vielleicht, obwohl Adut nicht älter ist als etwa acht
Jahre. Das zumindest schätzt ihre Mutter. Genauer weiß
nicht einmal sie es. Doch wo die beiden leben, spielt das
exakte Alter auch kaum eine Rolle. Adut und ihre Familie
sind bei Maryal Bai zu Hause, diesem kleinen Weiler mit
Grashütten in einer vom Rest der Welt mehr als abgeschnit-
tenen Gegend des Sudans. Maryal Bai liegt am Fluß Lol nahe
der Grenze, wo der rebellierende Süden an den von der
Regierung in Khartum kontrollierten Norden stößt. Und dieser Umstand veränderte Aduts Leben völlig.

Das kleine Dinka-Mädchen war für etwas mehr als ein
Jahr Sklavin im arabisierten Nordsudan. Im Schatten eines
mächtigen Feigenbaums spricht sie nur sehr zögerlich und
leise über das, was sie dort erlebte. Lieber schleckt sie immer
wieder an dem Bonbon, das ich ihr gegeben hatte. Eigentlich
kennt Adut solche Schleckereien gar nicht. Aber sie liebt
Bonbons sofort, einfach, weil sie so herrlich süß schmecken.

Dann fängt sie endlich doch an zu reden, erzählt zuallererst, wie sie wieder zurückkam. Denn ihre »Herrin« Ashra
wollte sie zunächst nicht gehen lassen. Deshalb habe es großen Lärm und Geschrei gegeben. Doch Ashras Ehemann
Docka Burmah hatte mit dem »weißen Mann« schon alles

vereinbart. Also durfte Adut schließlich mitgehen, zurück in den Süden, nach Hause, zu ihrer Mutter. Das war vor ungefähr sechs Wochen. Und während Adut sich wieder eng an ihre Mutter schmiegt, erzählt Anyuon Deng, ein zwölf Jahre alter Dinka-Junge, der mit Adut versklavt und wieder freigekauft wurde, die ganze Geschichte.

Es war am 25. März 1995 morgens. Nyamlell, wo die Familien damals lebten und das sechs Stunden Fußmarsch östlich an der für den Norden strategisch so wichtigen Bahnlinie liegt, wurde überfallen. Anyuon, der Junge, war beim Fischen, Adut, das Mädchen, auf dem Markt. Es gab Schüsse, Tote, brennende Hütten und panisch fliehende Menschen. »Soldaten« rissen auch Adut und Anyuon in dem Durcheinander aufs Pferd und nahmen sie mit. Beide mußten mehrere Tage durch den Busch laufen, bekamen kaum zu essen und trinken. Schließlich wurden sie in ein Lager gesteckt. Aus diesem Camp kaufte Docka Burmah, der Araber, die beiden Dinka-Kinder. Der Junge Anyuon mußte für ihn die Kühe hüten. Er bekam, wie er sagt, wenig zu essen, keine Kleidung oder Schuhe. Auch in der Regenzeit mußte er sich selbst einen Unterschlupf im Freien suchen. Mehrmals sei er mit Ruten aus dünnen Zweigen geschlagen worden. Adut dagegen »schenkte« Docka Burmah seiner Frau Ashra. Das kleine Mädchen war für Kälber und Ziegen zuständig. Sie hatte sogar eine Hütte zum Schlafen. Doch wenn nicht zufällig der amerikanische Journalist Graham im Mai dieses Jahres in Naam vorbeigekommen wäre, sie freigekauft und zurück in den Süden mitgenommen hätte, wer weiß, was aus Anyuon und Adut geworden wäre. Ihre Eltern hielten die Kinder für tot. Und die beiden sind keine Einzelfälle.

Sklaverei mag eine lange Tradition in Afrika und vor allem im Vielvölkerstaat Sudan haben. Lange bevor der »weiße Mann« den Kontinent sich scheibchenweise unterwarf,

waren hier Menschen schon Kriegsbeute zwischen den verfeindeten Stämmen gewesen, war es üblich, Kriegsschulden
in Menschen zu »bezahlen« oder als Unterpfand nach einem
verlorenen Kriegszug Menschen, darunter auch oft Königs-
söhne, als »Sicherheiten« oder schlicht Geiseln zu übergeben. Entlang des Sahelgürtels quer über den Kontinent
zeugen noch heute die Hautgravuren oder Tätowierungen
in den Gesichtern vieler Menschen davon. Ursprünglich entstand diese Tradition, damit Eltern im Falle einer Versklavung ihrer Kinder diese an den Gravuren wiedererkennen
könnten, sollten sie nach Jahren oder Jahrzehnten wieder
freikommen.

Doch das ist alles längst vergangene Geschichte, von der,
so dachte auch ich, eigentlich nur die Tradition der Tätowierungen übriggeblieben sei. Denn wenn wir heute von Sklaverei und Afrika sprechen, denken wir verschämt zuallererst an
die grausamen Jahrhunderte, in denen Europa und Amerika
im Überschwang des aufkommenden Kapitalismus den Menschenhandel aus Afrika perfektionierten und in einer inhumanen Weise kommerzialisierten, so daß bis heute seine
unglaublichen Folgen das Verhältnis der Kontinente trübt.
Mehr als 30 Millionen Menschen wurden aus Afrika verschleppt und versklavt; eine historische Bürde, die auch dadurch nicht geringer wird, daß zum einen die Afrikaner selbst
kräftig mitmachten und die weißen Sklavenhändler mit
»schwarzer Ware« versorgten, und daß es zum anderen später die christlichen Wurzeln Europas selbst waren, die am
entschiedensten für das Ende der Sklaverei kämpften und
dieses schließlich auch durchsetzten.

Ist es vor diesem Hintergrund also berechtigt, heute wieder
von Sklaverei im Sudan zu sprechen? »Wir müssen leider davon ausgehen, daß die Zahlen der versklavten Menschen in
die Zehntausende gehen«, sagte mir Caroline Cox, Vorsit-
zende der Menschenrechtsorganisation *Christian Solidarity*

International (CSI), die sich als ziemlich einzige westliche
Organisation immer wieder in dieses abgelegene Gebiet des
nördlichen Bahr al-Ghazal vorwagte. Für die Hilfsflüge der
UN war das Gebiet seit einem Jahr eine *no-go*-Zone: Die
Regierung in Khartum wollte hier keine Zeugen zulassen.
Für Caroline Cox versucht die fundamentalistisch-islamische
Regierung des Nordens einen »ethnischen und kulturellen
Genozid an den Afrikanern des Südens durch erzwungene
Arabisierung und Islamisierung«.

Die Beutezüge nach Sklaven aus dem Süden begannen
Mitte der 80er Jahre. Damals putschte sich Präsident Bashir
in Khartum an die Macht, erhob die islamische Sharia zum
Gesetz und ließ damit den Bürgerkrieg wieder aufleben.
Was hilft es da, daß der Sudan inzwischen international
geächtet wurde, die USA ihn auf die Liste der Terrorstaaten
setzten? Für die Menschen im Bahr al-Ghazal änderte sich
dadurch nichts. Denn das Regime in Khartum weigert sich,
die Verantwortung für das Treiben seiner Milizen zu übernehmen. Verwüstungen und kriegerische Auseinandersetzungen seien vielmehr auf das »traditionelle« Verhalten
zwischen den unterschiedlichen ethnischen Gruppen zurückzuführen. Diese stritten um die knappen Ressourcen, heißt
es, Sklaverei gebe es nicht.

Aber lügen denn alle die Dinkas in Maryal Bai, Männer,
Frauen und auch die Kinder, die mir sogar ihre Narben von
Mißhandlungen zeigten? Alle kannten dieselben Ereignisse,
nannten Namen, brachten Augenzeugen heran, damit ich
diese selber befrage. Akuac Amet, eine alte Frau, beschrieb
in einfachen, aber eindringlichen Worten, was auch ihr und
ihrer Familie am 25. März 1995 in Nyamlell passiert war,
diesem kleinen Ort an der Bahnlinie, in dem auch die beiden
Kinder entführt und versklavt worden waren: »Mich schlugen sie mit einem großen, schweren Knüppel bewußtlos ...
dann erschossen sie meine vier Söhne, die die Kühe weideten,

und sie entführten meine Tochter Ajak. All mein Eigentum nahmen sie mir weg.«

Nyamlell ist ein wichtiges Verteilungszentrum für Hilfsgüter im vom Bürgerkrieg zerrissenen Sudan. Und Nyamlell traf es hart. Mehr als 80 Männer und Frauen wurden an diesem 25. März 1995 erschossen, mehr als 200 Kinder entführt. Während des Angriffs flüchteten viele der Dorfbewohner und versteckten sich im hohen Gras der weiten Steppe. Macar Bol Akons Frau wurde dort mit ihren beiden Kindern gefangen. Die Frau schlugen sie tot, die Kinder nahmen sie mit. Viele weitere Fälle sind namentlich bekannt, von Müttern, die grausam umgebracht, von Kindern, Mädchen wie Jungen, die als Sklaven entführt wurden.

Und Nyamlell ist kein Einzelfall. Im Mai desselben Jahres begleiteten Milizionäre des Nordens einen anderen Zug und überfielen Kuajok, Manyok sowie weitere Dörfer östlich der Bahnlinie und südlich von Gogrial. Augenzeugen berichten, Dutzende von Frauen und Kindern seien nach Udum verschleppt worden, einer kleinen Station rund 20 Kilometer nördlich von Aweil. Dort seien sie in Eisenbahnwaggons verladen und nach Norden gebracht worden.

Die Sklaverei im Sudan hat also System. Die vom Norden unterstützten Milizen benutzen einige ihrer Gefangenen als Haussklaven, oft als Tierhüter oder Arbeiter auf ihren Feldern. Kinder-Sklaven, denen die Flucht gelang, berichten, daß andere nach fehlgeschlagenen Versuchen mit Schlägen dafür gezüchtigt werden. Den Berichten zufolge, die Amnesty International und vor allem CSI zusammentrugen, erscheint es auch durchaus üblich, daß die Häscher einige der Kinder an neue »Besitzer« verkaufen.

Manche Familien versuchen ihre Kinder zurückzukaufen. Sie wagen sich auf der Suche nach ihnen sogar nach Süd-Kordofan und Süd-Darfur. Die Preise für einen Kinder-Sklaven schwanken demnach zwischen zwei und fünf Kühen – oder

das entsprechende Bargeld. Ein Vater, dessen Sohn in Nyamlell geraubt wurde, sollte fünf Kühe für den Freikauf seines
Kindes bezahlen. Aber damit stand er vor dem unlösbaren
Problem, das Hunderte von Familien mit ihm teilen: »Ich
habe nichts. Mein Haus wurde niedergebrannt, alles, was
ich besaß, geplündert. Der Besitzer (meines Sohnes) sagte
meinem Schwager, er solle losziehen, die Kühe auftreiben
und dann wiederkommen, um mein Kind zu bekommen.
Aber ich habe nichts und auch keine Möglichkeit, das Geld
hierfür aufzutreiben.«

Die betroffenen Familien sind meist vom Stamm der Dinkas. Für Dinkas ist es besonders riskant, in die Heimatgebiete
der regimetreuen PDF-Miliz einzureisen. Denn dort werden
sie meistens der Unterstützung der südsudanesischen SPLA
verdächtigt. Ihren Berichten ist zu entnehmen, daß nur
wenige Polizisten oder Gerichte bereit sind, etwas zu unternehmen, um die Kinder zu befreien, und dies auch nur dann,
wenn ein ganz offensichtlicher Fall von Entführung belegt
werden kann. Die meisten Polizeistationen oder Gerichte
aber seien ihnen gegenüber eher gleichgültig oder behinder-
ten gar ihre Bemühungen, ihre Kinder wiederzubekommen.
Es gibt sogar Berichte, nach denen Regierungsbeamte oder
PDF-Mitglieder Personen wieder befreit hätten, die von der
Polizei wegen des Verdachtes des Sklavenhaltens festgenommen wurden. Amnesty ist zumindest kein einziger Fall bekannt, daß jemand wegen des Verdachts der Entführung oder
des Sklavenhaltens von sudanesischen Behörden verfolgt
worden ist. Statt dessen gibt es Informationen darüber, daß
entführte Kinder zum Teil in spezielle Schulen in schwer
zugänglichen Gebieten gebracht wurden. So sollen Mitglieder der PDF-Miliz im März und April 1995 verschleppte
Kinder aus dem nördlichen Bahr al-Ghazal sowie den Nuba-
Bergen zu einer *Khalwa*, einer Schule für Arabisch und den
Koran, bei Abu Dikiri südwestlich der Nuba-Berge gebracht

haben. Diese Schule soll einem Militärlager gleichen. Mehrere Kinder, die im April zu flüchten versuchten, sollen erschossen, andere zu unbekannten Orten in anderen Regionen des Sudans verschleppt worden sein.

Sklaverei gibt es nicht, wiederholte Sudans Außenminister selbst noch im Frühjahr 1999. Doch es gibt sie ganz offenkundig wieder: Menschen halten andere Menschen als Arbeitstiere und verkaufen sie als Ware. Anfang dieses Jahrhunderts glaubte die britische Kolonialverwaltung, die »moderne« wie die traditionelle Sklaverei im Sudan ein für allemal beendet zu haben. Doch der Bürgerkrieg zwischen Süden und Norden, der mit nur kurzen Unterbrechungen seit der Unabhängigkeit im Sudan herrscht, führte in den anarchischen »Puffergebieten« offenkundig zum Rückfall in archaische Traditionen. Die Sklaverei ist auf den afrikanischen Kontinent zurückgekehrt. Sie ist nicht von außen importiert oder Afrika oktroyiert worden, sondern sie ist ein verdammenswertes Eigengewächs.

Was tut Afrika dagegen, was die Welt? Nichts.

Mich hatte Caroline Cox von der Menschenrechtsorganisation CSI im Frühsommer 1996 in Nairobi angerufen, ob ich nicht mitfliegen wolle, das Unglaubliche mit eigenen Augen zu sehen und die schrecklichen Geschichten mit eigenen Ohren zu hören. Ich bin mitgeflogen und erinnere mich heute noch genau an die langen Diskussionen, die wir fast jede Nacht am gemeinsamen Lagerfeuer mitten in der sudanesischen Steppe darüber geführt haben, daß es auch nicht recht sein könne, international Geld zu organisieren, um die versklavten Menschen wieder freizukaufen. Wenn der Freikauf von außen finanziert werde, so mein Argument, würde nur ein wachsender »Markt« entstehen, die Sklaverei noch lukrativer werden.

Damals gab mir Caroline Cox im Prinzip recht. Dies sei keine Lösung auf Dauer. Doch kaum war meine Geschichte

auf der Reportagenseite der *Süddeutschen Zeitung* erschie-
nen, meldeten sich auch bei mir umgehend Leser, die Geld
spenden wollten, um Kinder freizukaufen. Ich habe sie an
CSI verwiesen. Diese Organisation kaufte in den inzwischen
vergangenen Jahren mit Spendendollars Tausende von Menschen frei – weil sonst international kaum etwas unternommen wurde.

Alle Regierungen, ob in Afrika oder anderswo, verschlie-
ßen ihre Augen vor der Sklaverei im Sudan, offenbar weil
nicht sein kann, was nicht sein darf. In Maryal Bai wußte
schon 1996 jeder davon, nicht nur die Dinkas und SPLA-
Angehörigen. Auch nahmen sie mich damals nach Manyiel
mit, einem Marktfleck rund zwei Stunden Fußmarsch durch
die Steppe entfernt, eine gespenstische Wanderung in der
trockenen, sengenden Hitze des Südsudans, bei dem mich in
gehöriger Entfernung, links und rechts kaum sichtbar, SPLA-
Rebellen mit Kalaschnikows schützten. In Manyiel sollte ich
arabische Händler aus dem Norden treffen und auch von
ihnen hören, wie der Sklavenhandel funktionierte. Unter
einem schattigen Mangobaum saßen dann alle Menschen
des Sudans friedlich zusammen: die übergroß gewachsenen
Dinka-Hirten, SPLA-Soldaten in verschlissenen Uniformen
ohne Schuhe, aber mit AK-47-Gewehren und Sonnenbrillen,
und arabische Viehzüchter und Händler aus dem Norden in
ihren weißen Dschellabas und mit Turbanen auf dem Kopf.
Als einziger Weißer durch den Ort mit seinen Hütten aus
Lehmziegeln und Gras zu schlendern, kam mir vor wie eine
Abenteuerreise durch Zeit und Raum. Alles schien unwirk-
lich, vergangen und war doch zum Anfassen real.

Schließlich wurde ich al-Ahmed Mohamud, Ali Matingel,
Gadeen Musa und al-Raadi Sheriff vorgestellt, vier »Arabern«
aus dem Norden, die Zucker, Tee, Seife, Öl und Stoffe hierher auf den Markt brachten und dafür ihre Kühe in der Trok-
kenzeit hier im Süden weiden lassen durften. Und auch diese

vier »Araber« bestätigten mir, daß Sklaven aus dem Süden bei ihnen im Norden seien. Al-Ahmed Mohamud berichtete, daß sie, die 1991 mit den Dinkas ein lokales Friedensabkommen geschlossen hatten, deshalb der Kollaboration beschuldigt, einige sogar bestraft und ihre Waren beschlagnahmt wurden; die drei anderen nickten nur. Dies habe erst aufgehört, nachdem ihre Führer Druck auf Khartum ausgeübt hätten, sie bräuchten doch die Weiden hier für ihr Vieh. »Wir glauben an den ewigen Frieden – und den Druck der Menschen auf Khartum«, meinte al-Raadi Sheriff. »Entlang der Bahnlinie aber passiert es noch«, entschuldigte sich dann Ali Matingel, »dies Gebiet können wir nicht kontrollieren.« Teil des lokalen Friedensabkommens aber war, daß die Araber als Gegenleistung für Weiderechte im Süden versklavte Dinka-Kinder wieder zurückbrachten. Mohamud erwähnte einen »Kollegen«, der dies besorge. Aber auch der müsse die Kinder meist erst freikaufen, »für etwa zwei bis drei Kühe«. Und für diese »Unkosten« müssen die Dinka-Eltern aufkommen.

Andere Eltern machen sich trotz des Risikos selbst nach Norden auf, um ihre Kinder freizubekommen. Wie Ator Deng, eine verhärmte, lebenserfahrene Frau, deren Alter nicht zu schätzen war. Zwei ihrer Buben hatte sie inzwischen wieder bei sich in Maryal Bai. 1985 war die Familie wegen der Dürre nach Khartum geflohen. Dort gab es Nahrungs-mittelhilfe. Doch eines Nachts entführten Bewaffnete die jüngeren Söhne aus dem Flüchtlingscamp. Die Kinder, inzwi-schen zehn und zwölf Jahre alt, wurden an einen Araber mit Namen Sadia verkauft; einer mußte die Kühe, der andere die Esel hüten. Sie erhielten die arabischen Namen Asman und Dafar und mußten die Koranschule besuchen. Aber Ator Deng gab nicht auf. Sie ging allein in den Süden, sammelte bei der Großfamilie und kaufte ihre Kinder zurück. Das war 1994. Inzwischen aber starb ihr Mann, der noch die beiden älteren Söhne bei sich in Khartum hatte. Die wurden sofort

geholt und verkauft. Deshalb bettelte Ator Deng wieder bei
den Verwandten, um auch diese beiden freizukaufen. Sie
wisse genau, wo sie seien, konnte sie bereits einmal besuchen. »Sie sind sehr dünn«, sagte Ator Deng mumiengleich
und ohne eine Miene zu verziehen. Doch nachts könne sie
nicht schlafen, »denn im Traum kommen meine Kinder
immer zu mir.«

Diese Reise in den Südsudan verfolgte mich noch lange als
Alptraum. Was ändern schon die paar hundert Dollar, die
auch ich, schwach geworden, der alten Ator Deng zusteckte,
damit sie ihre Buben wieder freikaufen könnte und ich mein
Gewissen beruhigen? Kaum war ich in Nairobi zurück, rief
am nächsten Morgen die Deutsche Schule an: Meine älteste
Tochter Sarah, damals nur ein, zwei Jahre älter als Adut Ding
Wol, das kleine Dinka-Mädchen, das ich gerade getroffen
hatte, habe schlimme Bauchschmerzen. Ich fuhr schnell hin.
Da lag Sarah auf dem Krankenbett. Alles deutete auf einen
entzündeten Blinddarm hin. Also trug ich Sarah ins Auto, rief
schnell einen in Deutschland ausgebildeten Kinderarzt an.
Wir verabredeten uns im Nairobi Hospital. Drei Stunden
später war Sarah bereits operiert, der Blinddarm draußen.
Über Nacht blieb ich bei ihr im Krankenhaus. Die Schwestern stellten mir ein Extrabett ins Zimmer. Dennoch habe
ich kein Auge zugetan, zum einen aus Sorge um meine Sarah,
zum anderen aber auch, weil ich immer an die kleine Adut im
Südsudan denken mußte, die in ihrem kurzen Leben schon
Sklavin war und der ich vor ein paar Tagen erst ihr erstes
Bonbon gegeben hatte. Was würde mit ihr passieren, sollte
sich ihr Blinddarm entzünden? Die Welt ist ungerecht.

Und gerade Afrika ist immer noch ein Kontinent, der vor zen-
trifugalen Kräften zu bersten droht. Die Extreme scheinen
hier keine Grenzen zu kennen. Da ist zum einen die Sklaverei,

auf der anderen Seite derselben Münze dieses inhumanen
Elends aber finden sich dort bis heute auch die unendliche
Macht, die überschwengliche Pracht und glänzende Herr-
lichkeit von Scheichs und Königen. Welche Gegensätze.

In Kumasi im Hochland Ghanas etwa lebt von allen verehrt und einflußreich der Ashanti-König. Durch dessen
Palast führte mich und meine Frau einmal ein ehemaliger
Volksschullehrer, Osei Kwadwo, der zum Biographen und
Hofmeier des Königs aufgestiegen war. Wir wollten vor
einem Besuch beim König selbst erfahren, was bis heute die
gewachsene Kraft eines afrikanischen Königtums ausmachte.
Doch ob traditionelle Trommeln oder der Deckenventilator
aus den 30er Jahren, alles, was Osei Kwadwo bei seiner Tour
durch die monarchischen Gemächer für erwähnenswert
hielt, adelte er nur mit derselben Formel, die meine Frau
und mich noch jahrelang als Standardwitz begleitete: »We
keep it, because it's old.«

Einmal im Jahr freilich präsentiert sich die Ashanti-Macht
in voller, farbenfroher Pracht auf den Straßen von Kumasi.
Dann zeigt sich der König bei einer Prozession in einer Sänfte
dem Volk. Könige, zumindest vom Titel her, gibt es noch
viele in Afrika. Oftmals sind sie nur noch Schatten ihrer
selbst. Sie werden nur noch aus Tradition wichtig genommen, ihre Repräsentanten spielen in der sich modernisieren-
den Staatenwelt des Kontinents eigentlich nur noch eine
Rolle als fernsehträchtiges Kulturerbe für den Westen oder
als akademischer Forschungsgegenstand für Ethnologen aus
anderen Kulturen. Dennoch bleiben Afrikas Königreiche
gerade deshalb greifbarer Ausdruck der Gleichzeitigkeit des
Ungleichzeitigen auf diesem Kontinent, Symbol für das
gleichberechtigte Nebeneinander von Moderne und Tradition. Beide prägen das Leben der Menschen und stehen dabei
ständig miteinander in Konkurrenz um Autorität, Identifika-
tion, Selbstverständnis und Lebensgefühl.

Das moderne Uganda mag als Beispiel dafür dienen. Dort entdeckte Präsident Yoweri Museveni Anfang der 90er Jahre plötzlich den politischen Nutzen der Wiedererrichtung der vier traditionellen Königreiche im Süden Ugandas. Eine Renaissance der Monarchie auf dem holprigen Weg zur Demokratie in Afrika. Um das Kalkül besser zu verstehen, das dahinter steckte, müssen wir kurz ein paar Jahrzehnte zurückblättern.

Es soll ein heller, frischer Morgen an den hügeligen Ufern des Viktoriasees gewesen sein, als sich 1966 in Entebbe das Kabinett Milton Obotes traf. Es beschloß damals, den Kabaka, den König von Buganda, zu stürzen. Denn Obote wollte die Macht in Uganda selbst übernehmen. Die Autonomiebestrebungen der Baganda lieferten ihm einen willkommenen Anlaß zu putschen.

Auf dem Königsthron von Buganda saß damals Edward Mutebi, im Westen gemeinhin »King Freddy« genannt. Und mit der Erstürmung von dessen Palast in Mengo beauftragte Obote einen gewissen Oberst Idi Amin. Der sollte später für eines der traurigsten Kapitel der Geschichte Ugandas verantwortlich werden. Nachdem er nämlich nur fünf Jahre später Obote gestürzt hatte, brachte er während seiner Schreckensherrschaft Zehntausende Menschen um und vertrieb im Rassenhaß die indischen Bevölkerungsteile Ugandas.

Aber 1966 war King Freddy noch ein vermögender und einflußreicher Mann. Gerade vier Jahre nach der Unabhängigkeit Ugandas war Obote zwar Ministerpräsident, Freddy Mutebi aber war als König der wohlhabendsten Region des Landes und als Parteichef der *Kabaka Yekka* (»Kabaka über alles«) zugleich auch Präsident von ganz Uganda. Doch nach Obotes Staatsstreich »von oben« mußte King Freddy nach England ins Exil fliehen. Dort wurde er von der Queen geadelt und starb drei Jahre später als Sir Freddy.

Inzwischen standen die Dinge in Uganda ganz anders:

Milton Obote wurde 1971 von Idi Amin gestürzt; Obote schaffte es zwar neun Jahre später, erneut an die Macht zu kommen, aber dann siegten Rebellenführer Yoweri Museveni und dessen Nationale Widerstandsbewegung NRM 1985 nach einem fünfjährigen Buschkrieg über Obote und vertrieben ihn – bisher – endgültig aus Uganda. Seitdem ist Museveni Präsident, Obote lebt im Exil in Sambia – und der Sohn King Freddys, Ronald Mutebi, sollte an einem Samstag im Juni 1993 zum 36. Kabaka von Buganda gekrönt werden. Das konnte ich mir nicht entgehen lassen und flog hin.

»Für die Baganda hat dieses Land niemals ohne Kabaka existiert. Der Kabaka ist alles für die Menschen, er ist der Chef ihrer Clanchefs«, elaboriert Abukar Mayanja. Mayanja ist nicht nur Justizminister, Generalstaatsanwalt und einer der stellvertretenden Ministerpräsidenten, sondern auch Ko-Vorsitzender des Krönungsrates. »Der Kabaka ist wie die Ameisenkönigin auf der Spitze des Hügels. Wenn man sie tötet, stirbt das Volk«, versucht der gesetzte, graumelierte Mann mir den pyramidenähnlichen Aufbau des Stammes der vier Millionen zählenden Baganda mit seinen 52 Clans zu erklären. Der Kabaka ist der Kristallisationspunkt der Baganda-Kultur. Nur er kann so wichtige Funktionen ausüben wie einen Clan-Erben zu bestätigen. »Ich hatte Glück, ich wurde schon 1947 vom Vater des jetzigen Prinzen bestätigt«, sagt Mayanja sichtlich befriedigt über das Ende der königslosen Zeit. Aber ganz so wie früher würde es dennoch nicht mehr werden.

»Prinz Ronald Mutebi wird nur ein kultureller Führer sein. Ihm ist es untersagt, politische Gruppierungen zu unterstützen oder gar lokale Chefs zu berufen«, erklärte Präsident Museveni nach der Änderung der noch von Obote 1967 erlassenen republikanischen Verfassung. Damals waren die vier Bantu-Königreiche im Süden: Buganda, Bunyoro, Toto und Ankole, aufgelöst worden. Nun soll die Funktion der

Könige darauf beschränkt bleiben, Clan-Streitigkeiten zu
schlichten, Erben zu bestätigen und das Kulturerbe zu pflegen. Das Gesetz verbietet ihnen, sich politisch zu engagieren.

Selbst für »King Ronald«, als Kabaka von Buganda der
Mächtigste unter den vieren, waren die Zeiten vorbei, die
der englische »Entdecker« John Speke festhielt, der 1862
auf der Suche nach den Quellen des Nils als erster Europäer
dessen Großvater traf. Speke war voller Bewunderung über
die Machtvollkommenheit des damaligen Kabakas: Eine
breite Erdstraße führte durch den dichten Dschungel ins heu-
tige Kampala, wo Rundhütten auf dem Hügel standen, »so
groß, wie ich sie noch nie gesehen habe in Afrika«, schrieb
Speke. Bei ihrem ersten Treffen saßen sich Speke und der
König fast zwei Stunden schweigend in der Sonne gegenüber.
Zu Füßen des Kabaka, der eine über die Schulter kunstvoll
gebundene Toga trug, lagen die Symbole seiner Macht: ein
Speer, ein Schild und ein weißer Hund. Stand der Kabaka
auf, so Speke, folgte der ganze Hofstaat ihm, wollte der
Kabaka sich wieder setzen, wurde sofort ein Stuhl hinter
ihm bereitgestellt. Kein Tag verging, an dem nicht jemand
wegen einer Nichtigkeit hingerichtet wurde. Meist seien den
»Übeltätern« die Köpfe abgeschlagen worden oder nur die
Hand oder die Ohren.

Auch spätere Schilderungen, etwa die des Amerikaners
Henry Stanley, der »Großvater« Mutebi fast zehn Jahre später 1875 traf, waren voller Hochachtung gegenüber Macht
und Glanz am Hofe des Kabaka: Das Königreich erstrecke
sich inzwischen 150 Meilen entlang des nordwestlichen See-
ufers, der Kabaka sei der Herrscher über drei Millionen
Untertanen. Stanley beschrieb den König als »großen, nervös
aussehenden schlanken Mann mit klaren Gesichtszügen«. Er
verfüge über Kanonen, ein stehendes Heer von 150 000
Mann und eine Flotte von 700 Kanus. Mehr als 200 Frauen
soll der Kabaka damals gehabt haben.

Die Könige von Buganda waren unumschränkte Herrscher. Sie hatten die letzte Gewalt über Leben und Tod. So ließ der Kabaka, der äußeren Einflüsse vor allem der Missionare müde, 1876 rund 100 Moslems hinrichten und zehn Jahre später 32 Christen bei lebendigem Leib verbrennen. Doch dann legte der Kolonialismus auch dieser absoluten Monarchie Zügel an und schränkte die Rechte des Kabakas durch einen Kronrat und einen Ministerpräsidenten stark ein. Doch davor mußten die Engländer erst das Heer des Kabakas besiegen und den König für einige Zeit auf die Seychellen ins Exil schicken. Danach regierten die Briten ihr ethnisch stark aufgesplittetes Protektorat Uganda – die »Perle Afrikas«, wie Winston Churchill einmal sagte – durch *indirect rule* auch über den mächtigen Kabaka von Buganda.

Der künftige König, der 38jährige Prinz Ronald Mutebi, ist noch unverheiratet, in England aufgewachsen, wo er nach abgebrochenem Studium in Cambridge schalldichte Fenster verkauft hatte. Künftig aber will er mit »Seine Majestät« angesprochen᾽ werden. Dies hat er bereits kundgetan. Seine Vorfahren mußten sich unter den Briten mit »Seine Hoheit« begnügen, da damals die Anrede »Majestät« dem britischen Königshaus vorbehalten war. Ronald Mutebi aber erhält nach 27 Jahren jetzt auch wieder die meisten Besitztümer seiner Familie zurück, darunter das Parlamentsgebäude. Der Hauptpalast Bulange, derzeit eine Kaserne, muß noch vom Militär geräumt werden. Justizminister Abukar Mayanja aus dem Krönungsrat aber hat schon große Pläne, wie der Kabaka mit Hilfe der rückerstatteten Ländereien und Immobilien künftig seinen Lebensunterhalt und die laufenden Kosten der Hofhaltung sowie die Kulturpflege bestreiten wird: durch den kreditfinanzierten Bau von Hotels, Apartments und Bürohäusern. »Der Kabaka muß lernen, in einer modernen Welt zu leben.«

Mayanja selbst gehört dem Buganda-Clan der »Lungen-
fische« an, der wichtige, traditionell militärische Funktionen
innehat: So untersteht diesem Clan die königliche Kanu-
Flotte, die gerade ein paar Tage zuvor bereits ein Rennen
auf dem Viktoriasee abhielt. Dieser Clan bewacht auch den
Krönungshügel.

Auf dem Buda-Hügel nur wenige Kilometer außerhalb von
Kampala laufen die Vorbereitungen für die Inthronisation
auf Hochtouren. Norbert Kaggwa, ein bekannter Künstler
in Uganda, erhielt den Auftrag, die traditionellen Stätten auf
dem Hügel einzurichten, auf dem seit dem 14. Jahrhundert
alle Könige von Buganda gekrönt wurden. Voller Hingabe
erläutert Kaggwa das Zeremoniell: Erstmals wird neben der
europäisierten Version mit vergoldeter Krone wieder die traditionelle Inthronisation gefeiert werden, bei der der Prinz in
den ersten Morgenstunden zunächst den Hügel symbolisch
erobern muß. Nach einer rituellen Waschung muß er dann
von einem aus Bambusrohr errichteten Tor auf den Knien
bis vor den Thron robben. Dort heben ihn die Clan-Ältesten
auf den Königsstuhl. Dann erst ist er der 36. Kabaka von
Buganda und wird von den Clan-Ältesten auf den Schultern
davongetragen.

Aber nicht alle in Uganda sind einverstanden mit der
Rückkehr der traditionellen Königreiche, und in der Tat
muß man sich fragen, warum ausgerechnet jetzt die Regierung Museveni den Rückgriff auf alte Traditionen zuläßt
und fördert. Denn die Existenz der vier Königreiche birgt
die Gefahr in sich, daß fast 65 Prozent der rund 16 Millionen
Ugander künftig mit zwei Loyalitäten leben werden – einer
gegenüber ihrem König und erst einer zweiten gegenüber
der Zentralregierung, wie Professor Akiiki Majaja von der
Makerere-Universität befürchtet. »Man kann keine Monarchie zulassen und glauben, diese von der Politik zu separie-
ren. Die Monarchie in Uganda, vor allem die von Buganda,

ist eine totalitäre. Es wird zu Problemen kommen, weil es nicht möglich ist, diese Monarchien auf kulturelle Angelegenheiten zu beschränken.«

Noch schärfer kritisiert Cissy Oqwale die Entscheidung als »billiges politisches Ablenkungsmanöver«. Frau Oqwale ist damals amtierende Generalsekretärin des Ugandischen Volkskongresses (UPC) von Milton Obote. Offiziell existiert diese Partei zwar nicht, aber sie unterhält sehr wohl in Kampala weiterhin ihre Büros. In jedem Zimmer hängt ein Bild des gestürzten Präsidenten Obote. »Wir sind nicht gegen kulturelle Aktivitäten, aber das einzige Motiv der Regierung, die Königreiche wieder zuzulassen, ist doch, sich für die Wahlen zur Verfassungsgebenden Versammlung und zur Präsidentschaft die Unterstützung der Baganda zu sichern.« Durch Waffengewalt an die Macht gekommen, habe Museveni Angst vor einer freien und fairen Abstimmung mit mehreren Parteien, meint Frau Oqwale, und viele Beobachter geben ihr recht. Museveni habe nur zweifelhafte Chancen, eine klare Mehrheit für sich zu gewinnen.

Sieben Jahre regiert Museveni und seine Sammlungsbewegung des Nationalen Widerstandrates (NRC) damals schon in Uganda, nur oberflächlich kaschiert als Militärherrschaft. Westliche Diplomaten gestehen ihm allerdings zu, selbst weitgehend unbestechlich, in dieser Zeit das Land vorangebracht zu haben. Uganda sei nach Jahrzehnten des Bürgerkrieges fast völlig beruhigt und auch die nördlichen Regionen unter Kontrolle der Regierung. Wirtschaftlich erfülle Museveni alle Auflagen der Weltbank und des Internationalen Währungsfonds (IWF). Das Wirtschaftswachstum liege bei fast sieben Prozent, die Inflation sei von 60 auf praktisch null Prozent gesunken. Uganda, eines der afrikanischen Musterländer für IWF und Weltbank, lebt aber weiter von fremder Hilfe. Jedes Jahr werden direkte Budgethilfen gegeben. Aber noch gibt es kaum Ansätze, daß Museveni zu den

Wahlen Ende des Jahres wieder Parteien zulassen wird, um der Forderung der Geberländer nach einer Mehrparteien-Demokratie nachzugeben.

»Demokratie aber braucht eine Opposition«, tönt Frau Oqwale vom UPC, der in seiner Regierungszeit freilich selbst allmächtig regierte. Dennoch: Für sie ist Museveni ein »Diktator, der vom Westen unterstützt wird« und sich nur mit faulen Tricks an der Macht hält. Und einer dieser Tricks sei die Restauration des Kabaka von Buganda im Süden. »Wir haben kein Geld für Schulen, und er gibt Millionen für die Krönung aus«, meint die Parteigängerin Obotes, der aus Lango im Norden des Landes stammt. Seit der Machtübernahme Musevenis aber dominiert nicht nur wirtschaftlich, sondern auch politisch der Süden das Land.

Derweilen empfängt im Garten einer seiner Residenzen auf dem Banda-Hügel Prinz Ronald Delegationen aus Politik und Wirtschaft. Neben dem Haus steht noch der große Baum, unter dem sein Großvater mit dem amerikanischen Entdeckungsreisenden Stanley zusammentraf. Ronald Mutebi ist ein frisch aussehender junger Mann, auch wenn der doppelreihige Leinenanzug über dem Bauchnabel schon etwas spannt. Geduldig hört er sich den ganzen Tag die Ergebenheitsadressen an. Der Prinz sitzt in einem grünen Polstersessel unter einem erdfarbenen Sonnenschirm, der ab und zu neu justiert wird, um das königliche Haupt vor den warmen Strahlen zu schützen. Vor ihm liegt ein Leopardenfell. Die meisten Männer tragen togaähnliche Kleider unter ihren Jacketts. Die Clan-Ältesten, darunter auch Justizminister Abukar Mayanja, stehen an seiner Seite.

Endlich, nach Stunden, erhebt sich der Prinz und spricht zu seinen Gefolgsleuten: »Die Krönung am Samstag ist nicht das Ende, sondern der Beginn einer langen Reise. Wir beginnen erst, Buganda zu entwickeln.« Dann geht der künftige Kabaka zurück in sein Haus, begleitet von seiner Leibgarde mit den Speeren und Schilden, unter deren erdbraunen Umhängen Armeestiefel blitzen – und viele der Anwesenden murmeln ein deutliches: *Wanagala* – »Lang lebe der König«.

König hin, König her, Museveni gewann die Wahl und auch noch die nächste. Und allen Versuchen des neuen Königs und vor allem seiner »politischen Umgebung« zum Trotz, sich wieder stärker auch in die Politik einzumischen, verstand es Museveni, die wieder zugelassene Monarchie auch weiterhin klein zu halten.

Kabaka Ronald Mutebi II. schlitterte im Frühjahr 1999 in die klassischen Probleme, die europäische Royalties auch kennen: Aufmüpfige Prinzen und Prinzessinnen zweifelten plötzlich öffentlich an, ob er wirklich der leibliche Sohn des alten Königs sei. Die lokale und zu einem geringeren Teil auch die internationale Presse nahmen diese Klatschthemen gerne auf und beruhigten sich erst wieder, als Ende März desselben Jahres vom Königshof angekündigt wurde, der ledige Kabaka habe nun endlich im Alter von 44 Jahren die richtige Frau gefunden, die er heiraten und zur Königin machen wolle. Kurz darauf griffen ihn Gruppen von Frauenrechtlerinnen an, weil der Kabaka vor seiner Hochzeit an einer alten Sitte festhalten wollte: Eine Jungfrau sollte ihm zugeführt werden. Der Kronrat versuchte abzuwiegeln, es handele sich bei all dem nur um eine Zeremonie. Für das Mädchen, die 13 Jahre junge Sarah Nakku vom Ffumbe-Clan, stehe nichts zu befürchten.

Auch Afrikas Könige sind eben nicht mehr das, was sie einmal waren. Vorbei die schier unbegrenzte Macht. Die modernen Zeiten nagen auch hier an den veralteten Bräuchen und Riten. Und dennoch werden Könige und Prinzen von den einfachen Menschen weiter verehrt, und sei es nur als Symbol für die eigene vermeintlich glorreichere Vergangenheit.

König Ronald Mutebi in Uganda und das versklavte Dinka-Mädchen Adut Ding Wol im Südsudan sind Extreme ein und derselben Münze, sie sind Überbleibsel einer längst untergegangenen Welt, die in Afrika aber immer noch existiert.

KAPITEL 3

Fluten der Finsternis

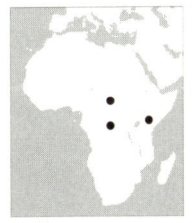Anna war unsere erste Kinderfrau in Nairobi, unsere Nanni. Sie zog unsere Tochter Layla von deren Geburt an die ersten zwei Lebensjahre auf. Anna starb an Malaria. Wir waren gerade in Urlaub in Europa und sie bei Verwandten auf dem Land. Anna, um die 40 Jahre alt, Mutter dreier Kinder, hatte nicht genügend Geld einstecken, keine 20 Mark Bargeld bei sich, als sie auf dem Land ins lokale »Krankenhaus« eingeliefert wurde. Deshalb mußte sie sterben. Denn ohne Geld gibt es in Afrika keine Medikamente. Dabei lebte Anna noch in einem vergleichsweise weit entwickelten Land wie Kenia. An anderen, entlegeneren Orten des Kontinents sind die Menschen in noch viel größerem Maße ihrem Schicksal ausgeliefert. Und wenn sie krank werden, können sie sich zumeist nur mit den ihnen zur Verfügung stehenden simplen Mitteln gegen Infekte oder Seuchen wehren.

Flug in die Mitte Afrikas, in die Zentralafrikanische Republik. Aus der Hauptstadt Bangui geht es nochmals eine Tagesreise mit dem Auto Richtung Norden in das wirkliche Afrika, fernab der restlichen Welt, allein gelassen, ohne Anschluß an Licht, Wasser oder Telefon, dorthin, wo jeder auf seine eigenen Fähigkeiten und Überlebensstrategien angewiesen ist.

Dort lebt in einem kleinen Dorf Timothee Faranam. Timo-

thee Faranam hadert nicht mit seinem Schicksal. 77 Jahre ist
er alt. Allein das ist eine Leistung unter diesen Lebensum-
ständen. Die wenigsten hier in dem kleinen Dorf Gbaton am
Ufer des Ouham-Flusses im Nordwesten der Zentralafrikanischen Republik können sagen, wann sie eigentlich geboren
wurden. Aber was für eine Rolle spielt schon Zeit in dieser
von der Welt der Uhren und Kalender abgeschiedenen afrikanischen Feuchtsavanne. Viel entscheidender ist, daß Regen
kommt, daß Maniok und Mais wächst, die Baumwolle
gedeiht, und daß man gesund bleibt.

Timothee Faranam ist nicht gesund. Der Alte sitzt in seinem klapprigen Holzstuhl, den krummen Gehstock sicher
eingeklemmt zwischen den Beinen. Er ist mehr als aufmerksam, achtet auf jedes Geräusch, hört jedes Wort. Das von den
Kolonialherren geerbte Französisch versteht er nicht. Im
Dorf Gbaton reden sie Baya. Nur wenn sie andere treffen,
unterhalten sie sich in Sango, der Verkehrssprache der viehzüchtenden Nomaden und Händler, die auf dem Weg in die
ferne Hauptstadt Bangui 350 Kilometer weiter im Süden hier
durchkommen.

Gbaton liegt irgendwo im Nirgendwo. Es ist ein typisches
afrikanisches Dorf ziemlich genau in der Mitte des Kontinents. Die Menschen hier leben unter sich, ohne viel Kontakt
zum Rest der Welt. Das ist das eigentliche Afrika, das nichts
zu tun hat mit den Bürgerkriegen, Flüchtlingsströmen, die
anderswo Schlagzeilen machen. Hühner gackern, große
Mangobäume spenden Schatten, ein paar Ziegen knabbern
an saftigen Blättern, Frauen stampfen Getreidekörner in
hölzernen Mörsern vor strohgedeckten Hütten. Die meisten
Dörfler sind morgens um 7 Uhr schon draußen auf den Feldern; es arbeitet sich leichter, solange es noch kühl ist, noch
keine 30 Grad hat. Es ist Regenzeit, also Pflanzzeit. Nur was
jetzt in den Boden kommt, wird wachsen, Früchte tragen. In
Gbaton leben sie von dem, was sie pflanzen und ernten.

Timothee Faranam muß nicht mehr raus aufs Feld. Der
Alte ist blind. Die matten Augen suchen nicht mehr, verhar-
ren vielmehr starr, während er ohne Emotion die Schläge seines Schicksals aufzählt. Blind ist er schon 1965 geworden,
Witwer vor 26 Jahren. Aber er beklagt sich nicht, stöhnt
nicht. Der Alte mit dem grauen Bärtchen lebt sein Leben in
Würde, blind wie er ist. Seine beiden Söhne kümmern sich
um ihn. Gideon hat selbst Frau und sechs Kinder, drei davon
sind bereits gestorben; auch der andere Sohn, Timothee
junior, ist verheiratet und hat sechs Kinder. Doch beide Fara-
nam-Söhne bekamen schon vor Jahren Augenprobleme,
sahen immer schlechter, bis sie völlig blind waren. Kein zufäl-
liger Schicksalsschlag in dieser Familie; schuld ist der Ort.

Gbaton, das ganze kleine Dorf, leidet unter Flußblindheit.
Ein kurzer Gang durch die Ansammlung der Lehmbehau-
sungen macht das Ausmaß der Katastrophe klar: So gut wie
vor jeder Hütte sitzt ein Blinder. Der lange Stock, den sie
nicht aus den Händen geben, weist sie aus. Oft führt ein kleines Kind einen der Blinden zwischen den Hütten über Boden-
wellen, knorrige Wurzelfasern, an den offenen Feuerstellen
vorbei. Und die nüchterne Statistik des tagtäglichen Elends
lautet: Von den 190 Menschen samt Kindern in den 30
Hütten entlang der Staubpiste sind 17 blind.

»Vier davon sind erst kürzlich gestorben«, sagt Simon
N'Gaisse. Die am obersten Hemdenknopf befestigte Blech-
plakette weist ihn als *chef de village* aus, den Dorfchef. Aber
der Mann in dem abgetragenen khakifarbenen Anzug und
den so oft geflickten Plastikschuhen ist keine allmächtige
Autorität. Denn viele der Menschen von Gbaton, die bei der
Ankunft der »Fremden« neugierig auf dem sauber gefegten
Platz vor seiner Hütte zusammenkommen, rufen bald wild
durcheinander, als N'Gaisse nach den üblichen Höflichkeits-
floskeln bei Antworten zögert, die allen anderen doch so
offensichtlich erscheinen.

Zum Beispiel, warum so viele Menschen hier blind würden? »Ist doch klar«, ruft eine Frau von ganz hinten, »die Erfolgreichsten im Dorf werden vergiftet oder verhext.« Da zeigt sich schnell, wie tief der Aberglaube sitzt, wie alte, überlieferte Erklärungsmuster für ein Phänomen herhalten müssen, dem die Menschen hier scheinbar hilflos ausgeliefert sind. Ein junger, kräftiger Mann in blauem Hemd erklärt mit ernster Miene, wenn etwa Zwillinge geboren würden, sei der Familie eben bestimmtes Essen verboten, Waldratten zum Beispiel. Die gelten in Dörfern wie Gbaton als besondere Delikatesse. Wer sie aber trotzdem esse, sagt er, der werde halt zur Strafe blind. Doch da ruft dann Dorfchef Simon N'Gaisse alle zur Ordnung und sagt in leiser, getragener Stimme: Es seien ja vor allem die Männer, die blind würden. »Die gehen fischen, die sind häufiger am Wasser.«

Damit kommt der Dorfchef der wissenschaftlichen Erklärung schon ziemlich nah. Denn Flußblindheit ist, ähnlich wie Malaria, eine Parasitenkrankheit, die nur in den Tropen existiert. Überträger ist eine kleine schwarze Fliege mit dem wohlklingende Namen *Simulium damnosum*. Diese lebt an Flüssen, die viel Sauerstoff mit sich führen, dort also, wo Stromschnellen oder Felsen das Wasser brechen wie am Ouham-Fluß gleich hinter Gbaton. »Alle 10 bis 14 Tage brauchen die weiblichen Fliegen eine Blutmahlzeit und stechen«, sagt Doktor Adrian Hopkins. Er muß es wissen. Seit mehr als 20 Jahren lebt und arbeitet der britische Augenarzt im Busch, früher im Zaire entlang des Kongos, inzwischen vier Jahre in der Zentralafrikanischen Republik, wo er im Namen der Christoffel-Blindenmission ein nationales Programm gegen Flußblindheit aufbaut. Beim Stechen übertragen die Fliegen den Wurm *onchocerca volvulus*. Der kriecht unter die Haut, schüttet dort täglich tausende Larven aus. Ein Biß ist noch keine Gefahr, Tausende solcher Stiche aber summieren sich zu Tausenden solcher Würmer und damit

Millionen neuer Larven jeden Tag. Die wandern durch den Körper. Und wenn sie nach Monaten sterben, verursachen sie kleine Entzündungen, auch im Sehnerv oder der Netzhaut des Auges. Die Blindheit beginnt.

Flußblindheit oder Onchocercose gibt es vor allem in Afrika entlang der Tropen, von Nigeria im Westen bis Äthiopien im Osten, vom Norden Mosambiks bis Angola, überall dort, wo die kleine Fliege und mit ihr der Wurm gedeihen. 17 Millionen Menschen sind von der Parasitenkrankheit betroffen. In der Zentralafrikanischen Republik sind es allein 1,5 Millionen und damit die Hälfte der Bevölkerung.

»Das Augenlicht zu verlieren, ist nur eine, wenn wohl auch die schlimmste Folge«, sagt Hopkins. Der Arzt deutet auf die Beulen, Knoten, Pusteln und Furunkel und die zerkratzte, wunde Haut fast eines jeden Menschen im Dorf Gbaton. Bei Pierre Maboy etwa, dem blinden Vater einer anderen Familie, sitzen die Würmer deutlich zwischen den Rippen. Dort hängt ihm eine daumengroße Geschwulst heraus. Josephine, seine Frau, die auch bereits schlecht sieht, leidet vor allem an ihrer Haut. An den Knien ist sie völlig aufgekratzt. Leprahaut nennen die Fachleute dies. Die Haut entzündet sich von innen, ein jämmerlicher Juckreiz tritt ein. Alle kratzen sich deshalb ständig und immer, auch der Dorfchef.

Dabei ist eine Behandlung möglich, nicht einmal unerschwinglich und einfach. Pro Person und Jahr kostet dies einen Dollar. Für eine kleine Dosis in Tablettenform. Ursprünglich war dies ein Präparat gegen Parasiten bei Haustieren. Nach langen Testreihen wurde es vor einem Jahrzehnt für Menschen zugelassen und, auch aus Werbegründen, von dem Pharmakonzern kostenlos zur Verfügung gestellt: Mectizan heißt es. Eine Pille, einmal im Jahr, das aber ein Jahrzehnt lang, und der Körper ist frei von Würmern und Larven. Und gäbe es den Menschen nicht mehr als

»Gasttier«, verlöre der Parasit seinen Lebensraum, die Flußblindheit wäre besiegt.

Das klingt, im westlichen Fortschrittsglauben formuliert,
so einfach, und deshalb bereitete die Weltbank auch ein flä-
chendeckendes Programm in den 19 betroffenen Ländern
Afrikas vor. Doch es sind die kleinen täglichen Probleme,
fehlende oder schlechte Straßen, die Unerreichbarkeit der
Menschen, oder politische Umstürze, Bürgerkriege, schlicht
Schlampereien in uninteressierten Hauptstädten oder einfach Vorurteile, Gerüchte, Unwissenheit, Angst, die die langjährige Behandlung kompliziert machen können.

Zum Beispiel der furchtbare Juckreiz, der eintreten kann,
wenn ein befallener Mensch die Medizin zum ersten Mal ein-
nimmt. Martine, eine alleinstehende Frau, klagt darüber. Sie
nahm die Dosis nur einmal, dann nie wieder. Denn die Folgen
seien furchtbar gewesen, sagt sie mit leiser Stimme. An dem
Juckreiz sei sie fast gestorben. Das kann vorkommen. Das
Medikament tötet die Larven. Je stärker jemand befallen ist,
um so heftiger die Reaktion, vor allem das Jucken. Also
bräuchte gerade Martine, die bereits schlecht sieht, die Behandlung. In einigen anderen Dörfern, weiß der bärtige
Hopkins zu erzählen, haben er oder seine lokalen Helfer erst
gar nicht aufklären können. »Wer über Blindheit spricht, gilt
schnell als deren Verursacher. Das kann sehr unangenehm
werden.« Helfen, und wenn es nur Aufklären ist, fällt da
manchmal schwer.

Afrika ist bis heute der Kontinent der Seuchen und töd-
lichen Viren geblieben. Dieses Vorurteil stimmt. Überall in
der Sahelzone, die sich von West bis Ost über den ganzen
Kontinent erstreckt, sind die Menschen beispielsweise vom
Guinea-Wurm bedroht, einem ekelhaften Tier, das durch die
Fußsohlen in den Körper eindringt und dann irgendwann,
wohlgenährt und stark gewachsen, aus möglichst weichen
Teilen unseres Körpers wieder herauskommt – den Augen

beispielsweise. Der amerikanische Horror-Science-fiction-Film *Alien* mag darin seine Vorlage gefunden haben. Doch sind es Krankheiten wie die Flußblindheit, vor allem aber Malaria, die das Leben der einfachen Menschen dieses Kontinents in viel stärkerem Maße bedrohen, ihr Leben dominieren, belasten, beenden. Zigfach mehr Menschen sterben in Afrika jedes Jahr an Malaria als etwa an Aids, die im Westen so oft als neue Geißel der Menschheit beschriebene Virus-Erkrankung, gegen die es immer noch keine Medizin gibt.

Und gerade das ist das Ungerechte: Gegen Aids wird an jeder Ecke, in jedem Dorf, allemal in jedem Land dieses unterentwickelten Kontinents geforscht. Denn Aids, so unsere Attitüde, Aids bedroht uns alle. Dagegen bleibt Malaria auf die Tropen beschränkt, bleibt eine »afrikanische« Krankheit, gegen die es zudem noch Medikamente gibt. Welch ein Hochmut unsererseits. Die Menschen Afrikas sterben vor allem an Malaria. Denn sie können sich die Medizin dagegen nicht leisten oder leben in Gegenden, in denen es die Medizin nicht gibt, selbst wenn sie genügend Geld dafür hätten. Das Schicksal von Anna, unserem Kindermädchen in Kenia, findet täglich und überall in Afrika statt.

Doch was geschieht, wenn eine typische Armutskrankheit wie Cholera, mit unserem medizinischen Wissen eigentlich keine Gefahr mehr, irgendwo im Busch grassiert, dort, wo kein westlicher Doktor mit westlicher Medizin sofort zur Stelle ist, keine Hilfsorganisation sogleich laut aufschreit und Medikamente, Krankenschwestern und Ärzte schickt?

Noch atmet Gilbert. Ausgelaugt, kraftlos liegt der kranke Mann einfach nur da, zu keiner Bewegung fähig, schicksalsergeben. Seinen schwachen Körper schützt nur eine brüchige Bastmatte vom nackten, versengten Boden, ein Baum spendet zumindest Schatten. Neben ihm haben sie einen festen Ast in den Boden gerammt. Daran hängt eine Flasche mit

der lebensspendenden Infusion, die langsam den Plastik-
schlauch heruntertropft und endlich durch die Nadel direkt
in Gilberts Vene läuft. Gilbert hat Cholera. Er liegt auf der
»Intensivstation« des Krankenhauses in Tchumia am Ufer
des Mobutusees.

Tchumia ist ein kleiner Ort mit rund 12 000 Einwohnern
im ehemaligen Zaire, der heutigen Demokratischen Republik
Kongo. Die Menschen hier leben von der Fischerei im Mobu-
tusee, der auf Landkarten meist noch mit seinem Kolonial-
namen Lake Albert eingezeichnet ist. Pat Nixon, eine irische
Ärztin der Anglikanischen Kirche aus dem Missionarsdorf
Nyankunde, knapp 20 Minuten mit dem »Busch-Flugzeug«
von Tchumia entfernt, registrierte im Frühsommer 1998
allein in und um Tchumia in wenigen Tagen 1350 neue Cho-
lera-Fälle. Das bedeutet, daß sich gut jeder zehnte Bewohner
infiziert hatte.

Deshalb ist Gilbert nicht allein. Überall liegen hier kranke
Menschen herum: Frauen, Männer, Kinder, Babys, auf blan-
ken Strohmatten unter freiem Himmel. Mittendurch marschiert ein stolzer Hahn und sucht pickend verwertbare
Reste. Dort, wo auf einfachsten Holzgerüsten zumindest alte
Plastikplanen gespannt sind, drängen sich die Kranken. Das
schwankende Planendach verspricht ihnen Schutz in der
Regenzeit, die in der Kongo-Provinz Nordkivu begonnen
hat. Erst vor ein paar Stunden ist in Tchumia wieder ein
Schauer niedergegangen und weichte auch den Boden hinter
den drei einfachen Häusern des Krankenhauses auf.

»›Sarajewo‹ nennen die Leute die Cholera-Station, die
Stadt des Todes«, sagt Constance. Früher war die Krankenschwester Nonne. Jetzt hat sie selbst Kinder, trägt kräftig
schwarz-rot gemusterte Stoffe und ist so etwas wie die Ein-
satzleiterin für Tchumia bei dieser Cholera-Epidemie. Die
Seuche war vor rund zwei Wochen weiter südlich entlang
des Semliki-Flusses, der natürlichen Grenze zu Uganda, aus-

gebrochen und breitet sich seitdem entlang des Ufers des Mobutusees nach Norden aus.

Cholera ist eine typische Armutskrankheit. Es braucht nicht viel dazu: viele Menschen, kein sauberes Trinkwasser, kaum Möglichkeit für einfachste Hygiene – damit ist der Nährboden gelegt. Wenn dann keine Medizin da ist, keine einfachen Zucker- und Salzinfusionen und auch keine Krankenpfleger, die diese Infusionen legen könnten, sterben die Kranken in nur wenigen Tagen. In diese Grenzregion zwischen Ex-Zaire und Uganda, wo sich in den Bergwäldern des Ruwenzori-Massivs Rebellengruppen verstecken, kommt bei solchen Notfällen kaum Hilfe von außen und auch nicht aus den eigenen Hauptstädten. Eine alltägliche afrikanische Krise: Die Menschen werden mit ihren Problemen allein gelassen.

In »Sarajewo« starren unter dem Zeltdach apathische Augen hervor. Körper an Körper liegen die Kranken. Ihre Habseligkeiten, hier ein Plastikbecher, dort etwas Kleines in bunten Stoff gehüllt, haben sie neben sich am Boden abgelegt. Ein Mann kann seinen Brechreiz nicht mehr zurückhalten. Er übergibt sich. Schon kommt schnell Aruna, der Mann mit der großen Flasche Desinfektionsmittel auf dem Rücken, und sprüht alles weitflächig ab, auch die Patienten. Gleich daneben liegt Nema neben ihrer Mutter; ein Jahr und neun Monate ist das kleine Mädchen alt. Sie ist seit einem Tag hier. Das Körperchen kann nichts mehr bei sich halten. Weil die Venen in den dünnen Ärmchen kaum zu finden sind, haben sie ihr die Haare rasiert und die Infusion in die Kopfvene gelegt. Nemas Mutter hört nicht auf, das Kind zu streicheln.

Constance, die »Seuchen-Koordinatorin«, der eine junge Arzt und die paar Schwestern der Krankenstation von Tchumia tun, was sie können. »Ich glaube, hier haben wir dank deren Arbeit den Cholera-Ausbruch zumindest unter Kontrolle«, sagt voll Bewunderung die Irin Pat Nixon. Mit einfachsten Mitteln mußten sie hier versuchen, sich selbst zu helfen.

Unter einem großen Baum hinter der Krankenstation steht ein morscher Holztisch. Dahinter sitzt eine Krankenschwester: die »Notaufnahme«. Die Schwester nimmt den Namen des Patienten auf, untersucht kurz seinen Zustand. Dann erhält er oder sie seine Medizin und wird, je nach Zustand, in die »Intensivstation« nach links oder die »Abteilung« für weniger akute Fälle nach rechts unter die Bäume geschickt. Ein Krankenblatt gibt es nicht, Entlassungen werden nicht festgehalten. »Wir notieren nur die Todesfälle«, sagt Constance. Aber beim »Krankenhaus« gibt es wenigstens sauberes Wasser. Wer keine Infusion braucht, bekommt von Pascal mit den Plastikhandschuhen eine Salz- und Zuckerlösung aus einer ehemaligen Dieseltonne in einen Plastikbecher oder eine alte Coladose geschöpft.

Was benutzt wird, Dosen, Schläuche, oder nicht mehr gebraucht werden darf wie Infusionssäcke oder Handschuhe, wird in einem großen Loch unweit der »Aufnahme« verbrannt. Die Choli-Bakterien sollen keine zweite Chance erhalten. Kein Besucher darf aufs Grundstück, damit die Seuche nicht weiter verbreitet wird. Wer hier arbeitet, wird am Schluß von Aruna genüßlich mit Desinfektionsmittel abgespritzt. Mehr können sie den Cholera-Kranken in Tchumia nicht bieten.

Und selbst dies wenige an Medizin gibt es auch nur, weil in der Gegend Missionsstationen oder von kirchlichen Institutionen betreute Krankenstationen liegen. Zwar waren Vertreter der Weltgesundheitsorganisation, von Unicef oder von Ärzten ohne Grenzen vor gut zwei Wochen in der Gegend und versprachen rasche Hilfe. Angekommen ist bisher freilich noch nichts. Als ich einen Artikel über diesen Choleraausbruch geschrieben habe, kommt prompt eine e-mail der Ärzte ohne Grenzen aus Bonn: Der Cholera-Ausbruch in

Tchumia sei nicht als »gefährlich« eingestuft worden. Deshalb sei nichts weiter unternommen worden.

Wann helfen wir, was muß geschehen, damit sterbenden Menschen von anderen Menschen, die alle Hilfemöglichkeiten haben, die Chance eingeräumt wird, zu überleben? Der Nordkivu im Ex-Zaire ist eben nicht der Südsudan, wo politische Interessen internationale Aufmerksamkeit für humanitäre Krisen wecken und deshalb eingefahrene Hilfsmaschinerien anspringen, wenn das Leiden der Menschen zu offenkundig wird. Aber auf dem großen Flugfeld in Bunia landen keine Transportmaschinen mit UN-Emblem und voller Hilfsgüter. Denn weltweit hält es niemand weder mit der neuen Regierung in Kinshasa noch mit den Rebellen im Busch. Hier leben einfach nur vergessene Menschen abseits der Zivilisation in Armut.

Kleine Orte wie Tchumia haben dennoch zumindest eine Krankenstation – und engagierte Leute wie Constance. Auch der Vorsteher des Ortes ließ sich überzeugen und verlegte vor wenigen Tagen den Marktplatz an eine trockenere Stelle, die hoffentlich weniger Choli-belastet ist. Latrinen gibt es im ganzen Ort nicht. Tchumia liegt am Ufer und damit kaum über dem Grundwasserspiegel. Versucht man ein Loch zu graben, stößt man sofort auf Wasser. Das Wasser des Sees ist alles: Lebensspender und Keimzelle des Verderbens Cholera zugleich.

»In Tchumia liegt die Mortalitätsrate nur bei zwei Prozent – draußen im Land aber, wo keine Hilfe hinkommt, haben wir eine Sterberate von 30 bis 50 Prozent«, rechnet die Ärztin Pat Nixon anhand ihrer Aufzeichnungen vor, rudimentäre Statistiken, die sie nach täglichen Rundrufen per Funk anfertigt. Über Funk gibt sie dann auch einfachste Verhaltensregeln weiter: Leichen verbrennen, Wasser abkochen. Doch wer hat hier schon ein Funkgerät?

Tchumia liegt nicht am Ende der Welt, aber von hier aus

glaubt man, dieses zumindest sehen zu können. Die nächst-
größere Kreisstadt ist Bunia, auch so ein verlorener Ort mit
kaum mehr als 50 000 Einwohnern, der nur 30 Kilometer
Luftlinie den steilen Abhang hinauf in der Hochebene liegt.
Aber über das, was man gemeinhin Straße nennt, braucht
man mit dem Auto mindestens fünf Stunden dorthin, in so
jämmerlichem Zustand sind die Wege. Dennoch kommen
täglich Jungen mit dem Fahrrad herunter, kaufen Fisch,
Tilapia oder große Capitains, und machen sich wieder auf
den langen, beschwerlichen Weg nach Bunia hinauf, um den
Fisch, den sie hinten auf ihr Rad binden, mit kleinem Gewinn
in der Stadt zu verkaufen. Das tägliche Leben geht weiter.
Mit dem Fisch aber droht sich die Cholera auch im Hinter-
land zu verbreiten.

Allein am See entlang, schätzt die Ärztin Pat Nixon, leben
am Kongoufer mindestens 70 000 Menschen. Die ersten Cho-
lera-Fälle aus Port Mahagi am Nordende des Mobutusees
sind schon bekannt. Nigel Pearson, ein Arzt mit roten Haaren, Sommersprossen und Sandalen aus Boga, einem Mis-
sionsort am Grenzfluß Semliki zu Uganda, kommt schnell
auf insgesamt eine Million Menschen, die hier insgesamt
durch einen solchen Cholera-Ausbruch gefährdet sind.
»Und wir haben in dieser Gegend fast regelmäßig alle drei
Jahre eine Cholera-Epidemie, die letzte große 1994 in
Goma.«

Damals freilich kam noch hinzu, daß Bürgerkrieg und
Genozid in Ruanda herrschten. Die Flüchtlingsströme
kamen über die Grenze nach Goma. Die ganze Welt war
erschüttert und half. Diesmal in Tchumia sind es nur die
Leute, die immer hier leben, die von der Cholera hingerafft
werden. Afrikanischer Alltag, der niemanden kümmert.

Cholera, die Armutskrankheit, ist freilich noch vergleichsweise harmlos. Im Mai 1995 schreckte eine ganz andere
Meldung Afrika und die Welt auf: Ist das Virus zurück, der

amerikanische Katastrophenfilm *Outbreak* Wirklichkeit geworden? Floralba Rondi, 71 Jahre, und Clara Angela, 64
Jahre, sind wahrscheinlich daran gestorben. Die beiden italienischen Missionarinnen hatten sich bei ihrer Arbeit im
Krankenhaus in Kikwit mit einem tödlichen Virus infiziert.
Nur zehn Tage soll es gedauert haben, dann war es für die
beiden Ordensschwestern aus Bergamo zu spät. Aber wären
nicht Weiße betroffen gewesen, vielleicht hätten wir nie von
der Epidemie erfahren. Jetzt aber überschlagen sich plötzlich
die Nachrichten, Vermutungen, Beschwichtigungen und
Übertreibungen über die Vorfälle im tiefsten Herzen Afrikas:
Mindestens 52 Tote, sagt das Tropeninstitut im belgischen
Antwerpen, BBC dagegen meldet bereits mehr als 100 Tote
in Kikwit.

Das tödliche Ebola-Virus soll in der Stadt ausgebrochen
sein. Experten der Weltgesundheitsorganisation und amerikanische Wissenschaftler untersuchen schon die ersten Leichen, die nach Kinshasa gebracht worden sind. So bald wie
möglich sollen Fachleute in luftdichten Schutzanzügen nach
Kikwit selbst reisen, um sich ein Bild der Lage vor Ort
machen zu können, teilt das amerikanische Zentrum für
Seuchenkontrolle aus Washington zur Beruhigung mit.

Kikwit liegt mitten im tropischen Regenwald des Zaires,
rund 500 Kilometer östlich der Hauptstadt Kinshasa. Dort,
unweit des Äquators und mitten im Regenwald, leben mindestens 300 000 Menschen in der Stadt, in der Umgebung
mindestens noch einmal so viele. Die ganze Stadt Kikwit soll
unter Quarantäne gestellt worden sein, behaupten die Behörden des Zaires. Kann man 300 000 Menschen einfach abrie-
geln? Und vor allem, wie soll so ein Großunternehmen im
chaotischen Zaire denn überhaupt funktionieren, in dem
ansonsten nichts klappt, womit staatliche Stellen zu tun
haben? Und die eigentliche Gefahr ist die verhältnismäßig
gute Straßenverbindung von Kikwit nach Kinshasa, eine

Seltenheit im Zaire. Wie viele Menschen waren also vor der tödlichen Krankheit schon längst aus Kikwit geflohen? Und wohin, einfach nur weg, in den umliegenden Urwald, oder waren auch einige wohlhabende schnell ins Auto gesprungen, nach Kinshasa gefahren, hatten zumindest ihre Familien in Sicherheit gebracht? War das Virus schon in Kinshasa? Vom Flughafen dort fliegen mehrmals die Woche Maschinen in die Hauptstädte Ost- und Westafrikas. Von dort gibt es dann Verbindungen in alle Welt, vor allem nach Europa.

Das Ebola-Virus ist tödlich, es kann sogar über die Atemwege übertragen werden, meinen zumindest einige Experten. Andere halten diese Übertragungsart für ausgeschlossen. Sicher aber ist, eine Medizin oder Behandlung dagegen gibt es nicht. Seinen Namen verdankt das Virus einem Fluß im Zaire. Der Ebola ist ein Nebenfluß des Kongo, des ehemaligen Zaire, der nicht allzuweit von der Zentralafrikanischen Republik im Norden in den großen Strom mündet. Vor 19 Jahren sollen in dieser Gegend bis hinauf in Teile des Südsudans, die noch zum Kongobecken gehören, ganze Dörfer durch Viren-Infektionen ausgelöscht worden sein. Mindestens 300 Menschen starben damals an der Epidemie. Bestimmt waren es mehr, denn wir wissen nur von denen, die in Dörfern entlang der kaum befahrbaren Feldwege lebten, die ausländische Mediziner damals abfuhren. Nachdem ein amerikanisches Forscherteam von hier einige Blutproben vakuumversiegelt und tiefgekühlt mit nach Hause genommen hatte und im Elektronen-Mikroskop die sogenannten Schäferstäbe feststellte, nannten sie das Virus nach dem Fluß: das Ebola-Zaire-Virus. Es gehört zur Gattung des Marburg-Virus, das aus der deutschen Universitätsstadt im Sommer 1967 erstmals der Weltgesundheitsorganisation in Genf gemeldet worden war – nach Versuchen an Affen.

Aber das Ebola-Virus ist, so weit bekannt, bisher nicht nur im Zaire aufgetreten: Charles Monet war ein französischer

Emigrant, der im Westen Kenias lebte, nicht weit von Mount Elgon in einem kleinen Holzhaus auf dem Privatgelände der Nzoia-Zuckerfabrik. Er kam der Kitum-Höhle zu nahe. Im Januar 1980 brach er während einer Flugreise zusammen. Monet hatte sich mit einem Marburg-Virus infiziert. Sieben Jahre später erging es dem dänischen Jungen Peter Cardinal nicht viel besser. Als er im Sommer 1987 seine Eltern in Kenia besuchte, stieg auch er in die Kitum-Höhle. Dort holte er sich angeblich eine Infektion mit einem Marburg-Virus. Er starb im Nairobi-Hospital. Einen nach ihm benannten Stamm des Marburg-Virus bewahrt die US-Armee in ihren Kühltruhen auf.

Mount Elgon in Kenia liegt unweit des Äquators in der Regenwald-Zone, auch wenn es hier kaum mehr primären Regenwald gibt. Aber die Kitum-Höhle ist eine bekannte »Gefahrenstelle«. Einige Wissenschaftler glauben, daß die enorme Höhle wegen des Salzgehaltes ihres Gesteins von Elefanten mit ihren Stoßzähnen ausgeschabt worden sein soll. Sicher ist, daß drinnen Unmengen von Elefantenknochen liegen: ein Elefantengrab. Andere dagegen sagen, Sickerwasser habe die Höhle ausgewaschen. Entgegen der Behauptung, die Kitum-Höhle könnte eines der »Verstecke« des Ebola-Virus sein, herrscht unter kenianischen Wildhütern eher das Urteil vor, daß man sich dort vor allem mit dem ebenfalls tödlichen Schwarzfieber anstecken könne. 1988 untersuchte ein amerikanisches Wissenschaftler-Team mit modernster Schutztechnik die Höhle ohne Ergebnis. Aber Charles Monet, der französische Einzelgänger, und Peter Cardinal, der dänische Junge, sie beide starben grausam an einer Virus-Infektion – und sie hatten eines gemeinsam: Sie waren in oder zumindest vor der Kitum-Höhle.

Beide sind nur zwei tödliche Beispiele aus dem »Tatsachen«-Thriller *Hot Zone* des amerikanischen Wissenschafts-Journalisten Richard Preston mit dem deutschen

Untertitel *Tödliche Viren aus dem Regenwald*. Weil die Menschen, so die These des Autors, den Regenwald entlang des Äquators immer mehr abholzen, sich dort niederlassen, ihre Felder bebauen und den natürlichen Lebensraum zerstören, springen tödliche Erreger wie das Ebola aus den Tiefen des Urwaldes auf sie über. Sie nutzen Menschen nun als »Wirtstiere« und lösen dabei deren Innereien auf. Die Natur schlägt zurück, so Prestons Grundthese. Das Ebola-Virus frißt dich von innen auf. Erst hast du Kopfweh, dann beginnst du zu erbrechen, bekommst Pusteln, bis du irgendwann kollabierst, weil es dich von innen nicht mehr gibt. Jede Zelle ist voller Ebola-Kristalle.

Hat sich das Virus also in der Zwischenzeit nur in irgendwelchen »Wirtskörpern« mitten im dichten Regenwald Zentralafrikas versteckt gehalten, um nun wieder zu einem Großangriff auszuholen? 1989 gab es nochmals einen Ebola-Ausbruch – in einer Forschungsstation für Laboraffen in der Nähe von Washington, D.C. Diese sollten, ihren Papieren gemäß, eigentlich aus Fernost importiert gewesen sein. Aber was sagen schon Papiere aus, vor allem im Zaire bekommt man für alles alle Papiere, wenn genügend Dollar im Spiel sind. Und Schimpansen gibt es in den Wäldern des Zaire noch viele.

Schon ein anderer Schrecken soll von hier stammen – das HIV-Virus. Aus dem unwegsamen Urwald im Herzen Afrikas hat das HIV-Virus seinen Siegeszug längst über die ganze Welt angetreten. Steht nun dasselbe mit dem Ebola-Virus bevor?

Auch wenn die internationale Aufmerksamkeit nach der bisher letzten großen Epidemie in Kikwit gänzlich abgeklungen zu sein schien: Das tödliche Ebola-Virus schlägt in Afrika immer wieder zu. Seit Kikwit taucht Ebola immer wieder im westlichen Regenwaldgürtel Afrikas auf. So gab es Ebola-Alarm im Grenzgebiet zwischen der Elfenbeinküste und

Liberia, kurz danach in Angola – und mit einer beängstigenden Regelmäßigkeit in Gabun. Im Herbst 1996 wurde auch im südafrikanischen Johannesburg der Tod einer Krankenschwester durch Ebola bestätigt. Zugleich forderte die südafrikanische Regierung die Medien auf, diesen Fall nicht zu hochzuhängen – aus Angst vor negativen Einflüssen auf den Tourismus.

Ähnlich restriktiv ging die Regierung von Gabun mit Angaben über Ebola-Fälle im eigenen Land um. Diese Zurückhaltung kritisierte sogar das nationale Rote Kreuz öffentlich, nachdem mehrere Todesfälle sogar in Libreville, der Hauptstadt Gabuns, aufgetreten und potentiell Infizierte ausfindig gemacht worden waren. Nach offiziellen Angaben starben 1996 allein in Gabun 68 Menschen an Ebola. Diese waren offenbar alle auf einen Infektionsherd in der Booue-Region zurückzuführen. Dort infizierten sich mehrere Mitglieder einer Familie mit Ebola. Irgendwann, irgendwo im Regenwaldgürtel Afrikas wird das Virus dann wieder ausbrechen. Vielleicht bald, vielleicht werden wir auch nichts davon hören. So wie im Frühjahr 1999. Plötzlich starben mehr als 60 Menschen im Nordosten des Kongos an einem hohen Fieber, das mit schweren inneren Blutungen einherging. Einige wenige Tage stieg die Aufgeregtheit: Ebola? Dann kam die Entwarnung – nein, nur das Marburg-Virus, zwar genauso tödlich, aber nicht so publicityträchtig wie der Abkömmling Ebola. Aber das Virus lebt.

Bei Aids ist das ganz anders. Aids ist eine »öffentliche« Krankheit. Die Bekämpfung der zumeist durch sexuelle Kontakte übertragenen Krankheit ruft immer wieder Gegenreaktionen der konservativen Religionsführer hervor. So organisierten aus Protest gegen Aids-Aufklärung und Empfängnisverhütung Kenias Katholiken im Herbst 1996 zum wiederholten Mal eine landesweite Bücherverbrennung. Bei der zentralen Veranstaltung in Nairobis Uhuru-Park legte

Maurice Kardinal Otunga selbst Feuer an Aufklärungsschriften und Präservative. Auf dem Protestmarsch zum Uhuru-Park trugen die meist jugendlichen Demonstranten Plakate und Banner gegen Sexualerziehung, Abtreibung und die freie Vergabe von Präservativen. Ähnliche Veranstaltungen fanden in ganz Kenia statt, in Nairobi brannten an fast jeder Straßenkreuzung Feuer.

Anders als im Vorjahr, als der Imam der Jamia-Moschee sich Kardinal Otunga angeschlossen hatte, blieben die Katholiken dieses Mal mit ihrem Protest aber allein in einem Land, in dem die Aids-Rate vor allem unter der ländlichen Bevölkerung enorm zugenommen hat. So waren nach Angaben eines der führenden Epidemiologen Kenias, Tom Mboya, von einer Million Aids-Erkrankter mindestens 710000 auf dem Lande zu finden. Vor allem traditionelle Verhaltensweisen wie das Witwen-Heiraten durch den Bruder oder Onkel führten zur Infizierung und schließlich Ausrottung ganzer Familien bei Ethnien wie etwa den Luos am Viktoriasee.

Über die Aids-Rate in Kenia – wie in jedem anderen afrikanischen Land – gibt es immer wieder die unterschiedlichsten Angaben. Sie dürfte aber wie im restlichen Ostafrika bei rund 20 Prozent der Bevölkerung liegen. Im Herbst 1998 gab dagegen der Gesundheitsminister an, daß nur 1,4 Millionen Kenianer infiziert seien. Dies entsprach rund 15 Prozent der Gesamtbevölkerung. Statistiken in Afrika sind immer Vermutungen, Übertreibungen oder Verniedlichungen.

Für jeden einzelnen aber, der sich mit der Immunschwächekrankheit infiziert hat, spielen solche Zahlenspiele keine Rolle mehr. Er hat 100 Prozent Aids. Irgendwann wird HIV in seinem Körper ausbrechen. Da ist einem jedes Mittel recht, das Hilfe verspricht, jeder »Doktor« oder Zauberer ein Heiland, der vorgibt, ihn kurieren zu können.

Wie etwa Mama Marie. Die lebt in Karanguare, einem der

größten Slums Nairobis mit mehr als 300 000 Menschen. Ihr selbst aber geht es gar nicht schlecht. Im Gegenteil. Mama Marie wohnt in einem der wenigen Steinhäuser und besitzt mehrere einträgliche *Matatus*, Sammeltaxis. Marie, Mitte Dreißig, ist eine Luhya aus der Kakamega-Region im Norden Kenias und christliche Sektenchefin. Sie soll Wunderkräfte besitzen und verdient gut daran. Denn sie sagt, sie könne Aids heilen. Vor ihrem Haus im Slum stehen deshalb oft auch teure Limousinen, in denen Geschäftsleute, darunter viele Inder, die sonst nie und nimmer in diese Gegend fahren würden, Hilfe gegen die immer noch unheilbare Krankheit suchen.

Aids, oft als neue Geisel der Menschheit bezeichnet, wütet vor allem in Afrika. Egal, in welchen Slum, in welche afrikanischen Großstadt man kommt, immer gibt es dort sogenannte Aids-Ecken, Orte, an denen sich die HIV-Infizierten, bei denen die Krankheit ausgebrochen und bereits im Endstadium ist, zum Sterben sammeln und im besten Fall noch von irgendeiner Hilfsorganisation zumindest mit Essen und Wasser versorgt werden. Dort gibt es auch überall Wunderheiler wie Mama Marie, die mit der Todesfurcht Geld machen und den Menschen zugleich falsche Sicherheit vorgaukeln. Sie können nicht helfen, das vom Virus befallene Immunsystem wieder zu heilen, aber sie kassieren von den noch Lebenden.

Dennoch ist Aids, anders als etwa Cholera, keine Armutskrankheit. Aids kann jeden treffen und ist – anders als Malaria, der jedes Jahr fast 3 Millionen Menschen in den Tropen zum Opfer fallen – nicht auf eine Weltregion beschränkt. »Deshalb kümmern wir uns so um Aids, nicht aber um Tropenkrankheiten, an denen viel mehr Menschen sterben«, sagte mir ein weißer Arzt in Tansania erbost. In Afrika wurde Anfang der 80er Jahre das Virus zum ersten Mal festgestellt. Bis heute leben in Afrika die meisten der Aids-Infizierten, auch 90 Prozent der 9 Millionen Kindern unter 15 Jahren, die das Virus haben, übertragen meist durch ihre Mütter.

Aids trifft vor allem die aktiven Bevölkerungsschichten, aktiv im geschäftlichen wie sexuellen Sinne. Diese Menschen – Banker, Manager, Geschäftsfrauen – sind die Leistungsträger der Gesellschaften, sind diejenigen, auf denen die Zukunft ihres Landes ruht. Dies macht die Krankheit auch volkswirtschaftlich so gefährlich. Da lud vor einiger Zeit eine deutsche Stiftung eine junge Fernsehjournalistin aus Simbabwe zur Fortbildung nach Deutschland ein. Doch kaum war sie angekommen, mußte die junge Frau ins Krankenhaus. Diagnose: Aids. In Simbabwe soll nach dem Welt-Aids-Bericht 1998 jeder vierte unter der sexuell aktiven Bevölkerung HIV-positiv sein.

Doch genauso gefährlich wie die Krankheit selbst scheinen auch die Statistiken darüber zu sein. Alle Zahlen sind nur Schätzungen, Hochrechnungen, die meist auf der Untersuchung kleiner Beobachtungsgruppen beruhen. So etwa in Uganda, dessen Regierung im Vergleich zu den meisten anderen afrikanischen Regierungen auffallend viel im Kampf gegen Aids unternimmt. Dort werden alle Schwangere, die in ein Krankenhaus kommen, automatisch auf Aids untersucht. Demnach gibt es Erfolge zu verzeichnen: Die Zahl der Infizierten geht leicht zurück – auf 23 Prozent. Doch wie viele und welche Schwangere in Uganda, wo 1996 insgesamt 38 000 Menschen an Aids gestorben sein sollen, erreichen überhaupt ein Krankenhaus?

Aber die Ergebnisse einer sechs Jahre umfassenden Studie (1987–1992) in Uganda lassen hoffen: Es gibt eine verstärkte Nutzung von Kondomen – aus Angst vor Aids und durch meist kostenlose Verteilung – sowie weniger Wechsel der sexuellen Partner. Allerdings, so geben die Forscher der Makarere-Universität in Kampala zu bedenken, sei eine Zunahme von Aids unter Frauen zu beobachten; vor allem

seien Mädchen zwischen 15 bis 29 Jahren fünf- bis sechsmal
gefährdeter als ihre männlichen Altersgenossen. Und seit
1992 nehme auch die Häufigkeit des Partnerwechsels wieder
zu. Dies könne den positiven Trend schnell umkehren.

Wer, wo, wie, wann, warum sich mit Aids infiziert, scheint
bestens untersucht. So kommt eine Langzeit-Studie der amerikanischen Johns-Hopkins-Universität im Kakamega-Distrikt Kenias zu dem Schluß, daß Aids in den Gegenden weiter
verbreitet sei, wo es den Menschen wirtschaftlich besser
gehe. Auch kulturelle Traditionen und Riten tragen zur Ver-
breitung bei. So seien die Bukusu und Tiriki, bei denen noch
traditionell beschnitten werde und Brüder die Witwen
»erben«, Aids stärker verbreitet als anderswo. Auch die
Nähe zu Bürgerkriegsgebieten und damit hohe Flüchtlings-
zahlen trügen dazu bei. Im Distrikt halten sich Flüchtlinge
aus Ruanda, Burundi, Norduganda und dem Südsudan auf.
Dies gefährde die lokale Bevölkerung zusätzlich.

Doch am gefährlichsten ist ganz offensichtlich das Unwis-
sen, daß das HIV-Virus durch Blut, vor allem aber durch
sexuellen Verkehr übertragen wird. Beim Dorf Lukume im
Kakamega-Distrikt nennen sie Aids »die große Krankheit«
oder in der Luhya-Sprache *Omuyeka*: Erkältung. Jeder
vierte, der im Dorf zu Grabe getragen wird, starb daran.
Und selbst Lehrer Alex Omusotsi sagte ziemlich gleichgültig:
»Wenn du es bekommst, ja, dann bekommst du es halt.«
Fatalismus als Überlebensstrategie hier und heute auf einem
Kontinent, auf dem das Morgen immer unsicher ist.

KAPITEL 4

Gri-Gri, ein Papst und
die Wunderheiler von Kampala

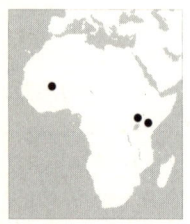 Die Aufgaben, die mir Madame Bâh stellt,
sind dann doch ziemlich leicht zu lösen.
Vor allem, weil Modebou, mein ständiger
Begleiter auf der Reise durch Mali, genau
weiß, an welcher Ecke in Bamako es am
besten weiße Kola-Nüsse zu kaufen gibt
und wo für verhältnismäßig wenig Geld
drei Meter leichten weißen Leinenstoff. Madame Bâh trägt
mir auf, die Kola-Nüsse einem »armen Muselmanen« zu
schenken und den Stoff dem Vorbeter einer Moschee. Nur
dann würden ihre Voraussagen auch eintreten.

Also fahre ich zur Zeit des Abendgebetes zu einer Moschee
und warte. Als die Gläubigen schließlich herauskommen,
schenke ich einem alten Mann die Kola-Nüsse und dem
Imam den Stoff. Der bedankt sich dafür nur kurz, ist aber
keineswegs überrascht, von einem Ungläubigen ein solches
Geschenk zu erhalten. Denn Marabutage und Gri-Gri, wie
sie Madame Bâh anbietet und die meist in solchen »Spenden« enden, sind in Mali wie in ganz Westafrika selbstverständlich. Sie sind unverzichtbarer Bestandteil des Lebens.
Ob für Rat in schwierigen Lebenslagen, bei Krankheiten,
zum Verfluchen ungeliebter Zeitgenossen oder schlicht für
einen Blick in die eigene Zukunft, Menschen wie Madame
Bâh wissen die Antwort. Keine Frage, daß Modebou, mein
Begleiter, schon oft solchen Rat suchte. Einmal, erzählt er

mir, mußte er für eine ihm dabei auferlegte Aufgabe 800 Kilometer weit reisen. Er nahm es auf sich. Und als Beweis seiner Gläubigkeit an die magischen Kräfte zeigte er mir in seinem Portemonnaie zehn verschiedene Gri-Gris: kleine Talismane, würden wir sagen, die er immer bei sich trägt.

Über Modebou hatte ich einen Termin bei Madame Bâh vereinbart. Beim ersten Mal war sie nicht da. Aber als ich mich am nächsten Abend wieder in dem ärmlichen Quartier an den zwischen den Lehmbauten Fußball spielenden Jungen vorbeidrücke, über die Pfützen auf dem matschigen Boden springe, immer wieder die Wäsche auf den kreuz und quer hängenden Trockenleinen zur Seite schieben muß, um mir den Weg zu dem Haus an dem kleinen Platz zu bahnen, werde ich durch die Anwesenheit von Madame Bâh belohnt. Bâh heißt in der Lokalsprache Bambera »feist«, und Madame Bâh, eine Dame reiferen Alters mit einer an den eigenen Haaren festgenähten Perücke, macht ihrem Namen durchaus Ehre.

Ohne viel Umschweife bittet sie mich herein und führt mich durch den runden Vorraum des Lehmhauses in die gute Stube, ein winziges Durchgangszimmer. Auf der einen Seite wird es völlig von einem Bett eingenommen. Gegenüber steht in einem Holzregal ein kleiner Fernseher, Zeichen sichtlichen Wohlstandes, der gegen den ständigen Staub mit einem Tuch bedeckt ist. Platz genommen wird auf Matten am Boden. Ein Ventilator haucht bei jedem Schwenk kurz etwas Luft durch das Zimmer und läßt die weißen Stores wehen, die den Durchgang in das eigentliche Schlafzimmer verhängen.

Madame Bâh verbietet mir, über mich zu erzählen. Ich soll nur drei Kauri-Muscheln in die Schale vor ihr werfen. Die kommen prompt in einer Linie zum Liegen, und Madame Bâh sagt sofort, ich werde ein langes Leben haben und gesund bleiben.

Dann mischt sie die Muscheln und beginnt, Dinge über

mich zu erzählen, die der Wirklichkeit erstaunlich nahe kommen: So hätte ich, bevor ich gekommen sei, mit einer Wohnung zu tun gehabt (richtig: ich kaufte im Sommer eine für meine Mutter), meint, meine Frau werde eine leichte Geburt haben und das Kind gesund sein (hoffentlich: im Januar ist es so weit), und auch, daß es eine Junge werde (unwahrscheinlich, die westliche Labormedizin diagnostizierte klar ein Mädchen).

Und während mein Blick durch den Raum über eine noch verpackte große Plastikpuppe schweift, die Strohmatten unter dem Wellblechdach mustert und an dem kitschigen Wandteppich hängen bleibt, sagt mir Madame Bâh noch Angenehmes zum beruflichen Werdegang und Aufregendes über mein Privatleben voraus. Dann, auf ausdrückliche Bitte Modebous, fertigt sie ein kleines Gri-Gri an, ein Stück Papier, auf das sie mit ernster Miene geheimnisvolle Zeichen schreibt, bevor sie es winzig klein zusammenfaltet und mit einem Bindfaden fest verschnürt. Geld will sie keines, akzeptiert aber ein kleines »Geschenk«. Auch muß ich versprechen zu schreiben, ob ihre Voraussagen eingetroffen seien. Ein kurzer Abschied, der nächste Kunde wartet schon.

Draußen sitzen die Menschen des Viertels vor den Häusern und schauen in den Fernseher eines Nachbarn. Der Mond scheint bereits, und in dieser zauberhaften Stimmung festigt sich dann doch der Gedanke: Wenn ich, wie aufgetragen, auch noch ein Schaf verschenke, vielleicht wird dann Madame Bâh doch Recht behalten und es wird ein Junge. Drei Monate später freilich kam die Gewißheit auf diese Welt: Layla, unsere dritte Tochter, wurde Anfang Januar 1995 in Nairobi geboren.

Dennoch trage ich das kleine Gri-Gri, das Madame Bâh mir gemacht hatte, noch heute in meiner Geldbörse immer bei mir. Sicher ist sicher, man kann ja nie wissen. Egal, ob so ein Gri-Gri funktioniert oder nicht; viel wichtiger ist doch die

Tatsache, daß die Menschen an die Zauberkräfte glauben. Das macht Leute wie Madame Bâh so mächtig und die Zauberkräfte zum Teil der wirklichen Welt. Vielleicht ist es ja auch die kleine Voodoo-Figur aus Sierra Leone, die am Guavenbaum unserer Terrasse in Nairobi hängt, die uns von unerwünschten Besuchern besser beschütze als unser schlafbegabter Nachtwächter Francis. Der Glaube daran macht's.

Wo immer ich aber in Afrika hinkam, übersinnliche Autoritäten fand ich überall. Afrika ist deshalb für uns »aufgeklärte Europäer« immer der mystische Kontinent geblieben. Wie sehr religiöse Wirrungen aber oft auch Folge des Scheiterns unserer westlichen Modelle sind, fand ich gleich vor meiner Haustür in Kenia: Hier wurde nämlich Jesus Afrikaner. Als ich davon hörte, machte ich mich auf nach Kalafari nahe des Viktoriasees im Luo-Land.

Dort saßen im Dunkel der Hütte von Bischof Cyprien Ochieng alle zusammen: Vikare, Väter und Brüder der *Legio Maria of Africa,* und starrten mich ungläubig und mißtrauisch an. Die Luft drinnen roch säuerlich von den vielen Menschen, draußen gackerten Hühner, neugierige Frauengesichter lugten aus dem gleißenden Sonnenlicht durch den niedrigen Eingang. Mir fiel sofort das Bild des Römischen Papstes auf, das an der Lehmwand hing. Deshalb fragte ich, was es damit auf sich habe, daß auch der weiße Papst hier hing, wo sie doch ihren eigenen, schwarzen Papst hätten? Da ergriff Bruder Paul in seinem langen gelben Gewand und mit dem blauen biblischen Tuch um den Kopf gebunden sofort das Wort: »Wer, glaubst denn du, ist der richtige Papst von den beiden?«

Schwierig, in einer solchen Situation die passende Antwort zu finden. Über Religionen läßt sich trefflich streiten. Aber dafür war ich nicht hierher gekommen an den Berg Got Kwer, den »Berg des Glaubens«, der abseits aller Teerstraßen in der Nyanza-Provinz liegt, einem der kaum erschlossenen Teile

Westkenias. Das kleine Dorf mit den wenigen Lehmhütten und zwei mit Wellblech gedeckten Steinhäusern, in denen die gläubigsten Anhänger der *Legio Maria* leben, ist das Zentrum der – wir würden sagen – Sekte. Sie nennen es in der Luo-Sprache *Kalafari,* eine Übersetzung des englischen *Calvary,* auf deutsch Golgatha: die Stätte der Kreuzigung. Die, so denkt jeder, habe doch bei Jerusalem in Israel stattgefunden. Wohl wahr, aber auch »Jerusalem« gibt es hier im Luo-Land. Es heißt Amoyo und liegt bei Kodero am Viktoriasee. Doch daß ich das gesamte »heilige Land« hier wiederfinden würde, wußte ich zu Beginn meiner Reise noch nicht.

Die begann ganz einfach mit dem Staunen über die vielen Menschen, die nach sechs Tagen Arbeit in der Woche jeden Sonntag in Kenias Hauptstadt Nairobi in langen, wehenden Gewändern singend und betend am Straßenrand und in den Grünanlagen zu sehen sind. Von früh morgens an bleiben sie da den ganzen Tag über, antworten rhythmisch auf den Singsang des Vorbeters und reihen sich dann wieder ein in den Kreis, der sich zum Schlagen der Trommel dreht. Religion als geselliger Freizeitersatz, dachte ich – oder vielleicht doch mehr als eine Droge des Vergessens von Armut und Chancenlosigkeit, als das Hoffen auf ein besseres Jenseits?

»Die meisten Sekten stammen aus Westkenia«, sagt Pater Specht, der katholische Pfarrer der deutschen Gemeinde in Nairobi, der schon sehr lange in Afrika lebt. Westkenia, vor allem der Stamm der Luos, war immer schon ein Hort des Spirituellen. Kein Wunder, daß die meisten Wunderheiler Kenias aus dieser Landesecke kommen. Pater Specht meint nur: »Dort haben die großen Religionen zwar eifrig missioniert, aber niemals genügend Pfarrer hingeschickt, um die Bekehrten auch in christlichen Gemeinden spirituell zu versorgen.«

Irgend jemand machte mich dann auf die *Legio Maria* aufmerksam. Die hätten ihren eigenen Papst, liefen in langen

Kutten umher, »wie in Hollywood-Filmen über die Bibel«, ein angeblich ganz verschworener Haufen, der es sogar schon einmal geschafft habe, daß ein Anhänger Staatssekretär in der kenianischen Regierung wurde. Also machte ich mich auf die Suche nach ihnen und fand Bruder Lukas. Lukas wohnt in Kawangware, einem Stadtteil Nairobis, den Europäer oft vorschnell als Slum bezeichnen, der aber in den Augen vieler Kenianer in manchen seiner Teile schon ein durchaus erstrebenswertes Wohnviertel ist mit Schulen, Kirchen, Märkten, Kneipen und teilweise sogar Wasser- und Stromversorgung. Lukas hat es bis hierher geschafft, ist so etwas wie ein freier Bauunternehmer, viel beschäftigt, auch wenn es oft nur die Suche nach neuen Aufträgen ist.

Lukas sowie seine Frau sind gläubige Anhänger der *Legio Maria*. Das manifestiert sich schon daran, daß sie aus ihren Einkünften ganz selbstverständlich auch die Hausmiete ihres Bischofs von Nairobi zahlen. Und Lukas erzählt mir auch erstmals von der Frau Gaudesiah Aoko, der im Traum der Heilige Geist erschien und die darauf die Kraft erhielt, böse Geister und auch den Teufel auszutreiben. Diese Frau, sagt er, habe die *Legio* gegründet, gemeinsam mit ihrem geistigen Sohn, dem Waisen Simeon Ondetto, von dem Lukas immer als »Baba Messiah« spricht. Das sei alles Anfang der 60er Jahre gewesen, als Kenia unabhängig wurde. Aber für genauere Einzelheiten sollte ich doch lieber höhere Würdenträger der Kirche fragen, am besten Papst Timotheo Atela selbst.

Dazu schickte mich Bruder Lukas nach Westkenia, zunächst zu den Nandi-Hügeln, bei denen »Baba Messiah« eines seiner Wunder vollbracht habe und Wasser aus den Felsen habe kommen lassen. Dort fände ich schon Leute, die mich weiterleiten könnten. Die Nandi-Hügel liegen weit westlich hinter großen Feldern mit Zuckerrohr. Ich fand dort einen kleinen Teich und einen alten Mann, der ein Kreuz um den Hals hängen hatte. Der war wortkarg, wußte aber Bescheid über das Wunder der Nandi-Hügel und über *Legio Maria*. Er wies mir den Weg über Kisii nach Kalafari kurz vor der Grenze zu Tansania, nochmals fast 200 Kilometer durch immer ärmer werdende Landstriche.

Als ich schon beinahe am Ziel war und noch einmal an der Teerstraße bei Migori das Benzin auffüllte, fragte ich skeptisch den Tankwart, ob er denn etwas von dem Papst in dieser Gegend wußte? »Natürlich, der fährt doch jeden Tag hier vorbei.« Diese Antwort hatte ich nicht erwartet. Aber tatsächlich, kaum war ich abgebogen auf den Weg durch das Gestrüpp, kam mir auch schon eine junge Frau in einem lang wehenden weißen Gewand und einem Gehstock in der Form eines Kreuzes mit verklärtem Gesicht entgegen. »Seid gegrüßt im Namen des Herrn«, rief sie mir zu, ja dieser Weg führe nach Kalafari. Dabei deutete sie mit leuchtenden Augen auf den höchsten Hügel am Horizont.

Endlich angekommen, war die Enttäuschung groß. So hatte ich mir das Zentrum einer Religion nicht vorgestellt: keine große Kirche, statt dessen nur Lehmhütten am Abhang eines Hügels, umgeben von kleinen Gärten mit Mais oder Bohnen. Und wären nicht die seltsam biblisch gekleideten Leute gewesen, die mich schnell umstellten, so hätte nichts diesen Ort von jedem anderen ärmlichen afrikanischen Dorf unterschieden. Was ich denn hier wolle, fragte mich scharf ein großgewachsener Mann in einer grauen Soutane: Vater Solomon Odoyo. Immer mehr biblische Gestalten umringten mich: Vikar Slivernog Aliochi, Vater Alsamus Marindi, Bruder Paul Daniel Kitil und wie sie alle hießen. Alle waren reich behangen mit Ketten und Kreuzen. Die Frauen, nonnenhaft mit Kopftüchern bedeckt, blieben in gehörigem Abstand, als ich mich als Fremder erst einer langen, unangenehmen Befragung unterziehen mußte, wer mich denn geschickt habe.

Welch ein Glück war es da, daß Cyprien Ochieng dann endlich kam, ein älterer, durchaus gütig dreinblickender Mann,

der wegen seines roten Käppis wohl als Bischof anzureden
war. Er bat mich in seine Hütte. »Wir sind keine versteckte
Religion, sondern eine Religion, die entdeckt wurde«, erklärte er mir dort. Was habe man mir denn über *Legio Maria*
erzählt? Da sagte ich, ich hätte von der Kirchengründerin
gehört und von Simeon Ondetto. Ich sei hier, um mehr zu
erfahren und den Papst zu treffen. Da sahen sich alle erstaunt an, redeten in Luo wild durcheinander, bis der Bischof
mich schließlich aufklärte, daß sich alles ziemlich anders ver-
halte.

Die Pikra Maria Mtakatifu (»heilige Jungfrau Maria«),
wie sie Gaudesiah Aoko nannte, sei nicht die Gründerin, sondern nur die »Mutter« der *Legio Maria,* und »Baba Messiah«, wie sie Simeon Ondetto titulierten, sei nicht der wirkliche Sohn Marias. »Er ist Jesus, der wiedergekommen ist in
der Kraft Afrikas«, sagte Bischof Ochieng. Und da hielt es
auch Vater Solomon Odoyo nicht mehr ruhig auf seinem
Stuhle: »Der Messiah kam nach Afrika und lehrte hier. Er
sagte, er käme vom Himmel, von Gott geschickt. Und er
sagte, er habe alle Posten mitgebracht, er sei gekommen,
den afrikanischen Papst zu ernennen, Kardinäle, Bischöfe,
Apostel und Heilige.« Und sie erzählten mir von Johannes
Orongo aus Tansania, dem der Teufel ausgetrieben wurde
und der dann Maria taufte, und auch den Wundern, die Baba
Messiah vollbringen konnte, etwa Kranke heilen, es regnen
lassen. Er habe sich auch in einen Weißen verwandeln können. Und wenn gegen seinen Willen von ihm ein Photo gemacht wurde, sei darauf nur ein Vogel zu sehen gewesen.

Das alles hatte ich wirklich nicht im Handbuch der Kenianischen Kirchen nachlesen können. Dort hieß es nur, »die
Kirche verbindet Luo-Traditionen und Kultur mit konserva-
tivem Gut der römisch-katholischen Kirche, einschließlich
der Verwendung von Latein während der Messe«; nach
Anfangsschwierigkeiten sei sie 1963 dann doch registriert

worden. Zehn Jahre später habe die *Legio Maria* bereits
90 000 Anhänger gezählt, rund die Hälfte seien früher katho-
lisch gewesen, zehn Prozent Protestanten, der Rest »Hei-
den«, was so viel heißt, daß sie nie getauft worden, sondern
Anhänger von Naturreligionen geblieben waren. Doch in der
Hütte bei Bischof Ochieng wurde mir die Bedeutung der
Worte von Pater Specht erst richtig klar: Hier hatten sich
oberflächlich Getaufte wieder emanzipiert von der durch
die Kolonialherren importierten Religion und aus Stückwer-
ken des Alten und Neuen Testamentes sowie ihren eigenen
Traditionen eine unabhängige Gedanken- und Kirchenwelt
aufgebaut, mit Posten und Pöstchen und dem festen Glauben
an eigene überirdische Kräfte.

»Baba Messiah starb übrigens am 5. September 1991.
Aber er ließ seine Kräfte bei all seinen Aposteln und den
Gläubigen. Die können jetzt heilen und Wunder vollbringen.« Der Blick von Vikar Slivernog Aliochi erlaubte keinen
Zweifel. Und Bruder Paul, der früher der Fahrer von Baba
Messiah war und inzwischen den Papst chauffierte, nickte
nur bestätigend. Baba Messiah war in Kalafari begraben.
Die einen sagten, er sei vergiftet worden, Skeptiker sprachen
von Herzversagen. Ich habe mich nicht getraut nachzufra-
gen. Dazu war die Stimmung nach meiner letzten Frage
schon zu geladen. Denn trotz des strengen Glaubens, der
das ganze Leben bis in die Kleidung diktierte, durften die
Kirchenmänner heiraten, allerdings nur eine einzige Frau,
»wegen des Sakramentes der Ehe«. Aber auf die Gerüchte
angesprochen, daß der Papst von vielen weiblichen »Erz-
engeln« umgeben sei, erntete ich tötende Blicke. »Es gibt
viele Verleumdungen«, meinte schließlich der Bischof.

Die offiziellen Kirchen schätzen die Anhängerschar von
Legio Maria auf rund zwei Millionen, mit Schwerpunkt in
Westkenia und dem angrenzenden Tansania und Uganda,
vornehmlich in wenig entwickelten Gebieten. In der Hütte

von Bischof Ochieng zählten sie mir Gemeinden in fast jedem afrikanischen Land auf. Doch was haben die Gläubigen von solch einer Religion, außer dem Stolz, auf den zum Afrikaner gewordenen Christus? Ein eigenes Sozialwesen oder gar Schulen gibt es nicht. »Das ist wahr«, sagte Bischof Ochieng. »Aber wir heilen doch Kranke!« warf da empört Vater Solomon Odoyo ein.

Und dann erklärten sie mir die speziellen Ketten, die an Rosenkränze erinnern, und die, an Luo-Traditionen anknüpfend, bei allen möglichen Gelegenheiten den Menschen, die daran glauben, wundersam nutzen können: Die braune *Ajua* vertreibt traditionelle Tabus und Geister, die graue *Cathioliwa* hilft Frauen dabei, Kinder gesund zur Welt zu bringen, bei der Arbeitssuche ist die weiße *Otiro* zu empfehlen, bei persönlichen Problemen die blaue *Kattewa*. Jede Kette kostet 200 Kenia-Shilling, umgerechnet 6,60 Mark, nicht viel nach unserem Gefühl, aber in einer meist bargeldlosen Welt am Rande der Zivilisation schon ein kleines Vermögen.

Aus solchen kleinen Vermögen finanziert sich *Legio Maria*, aus dem Verkauf von Ketten und freiwilligen Gaben nach Heilungen oder Gottesdiensten. »Wir treiben keine festen Abgaben ein und erhalten auch keine Hilfe von irgendwem, wir sind unabhängig«, sagt Bischof Ochieng stolz. Auch der Wagen des Papstes sei aus Spenden finanziert. Und treue Anhänger wie Lukas in Karanguare zahlen eben die Miete seines Amtsbruders in Nairobi. Papst Atela habe ich übrigens bei diesem Besuch nicht zu Gesicht bekommen. Sie haben mich nicht rangelassen. Aber dafür lud mich Bischof Ochieng ein, über Ostern wiederzukommen, wenn sich alle Kirchen der *Legio Maria* bei Kalafari auf dem Hügel über dem Luo-Land treffen. Tausende von Menschen würden kommen, tage- und nächtelang beten und singen. Und auch Wunder und Heilungen würden sicher geschehen. Das sei dann die hohe Zeit des Glaubens, des Gefühls dazuzugehören zu denen, die wissen, daß Baba Messiah, ihr schwarzer Christus, nur schläft und bald wiederkommen wird.

Inzwischen freilich gibt es Papst Atela nicht mehr. Er starb im Frühjahr 1998, noch keine 60 Jahre alt. Vielleicht sind ihm die »Erzengel« zu viel geworden. Aber jedes Wochenende sieht man irgendwo in Nairobi immer noch die Anhänger der *Legio Maria* in ihren weiten Gewändern und mit ihrem malerischen Kopfschmuck durch die Straßen ziehen, sich treffen und ihren Gott anrufen und ihre Kirche verehren. Mag es ihnen helfen, die Sorgen des ärmlichen Alltages besser zu ertragen. Schaden tun sie niemandem damit.

Doch Mystik ist nicht allein nur gut fürs Seelenheil. Was macht ein Afrikaner, wenn er krank ist, körperlich oder an der Seele? Zum Arzt gehen, ist da leichter gesagt als getan. Ärzte, wie wir sie kennen, gibt es wohl, doch nur in den Hauptstädten und dann vielleicht noch in den urbanen Zentren entwickelter Länder. Aber der westliche Mediziner kostet unvorstellbar viel Geld. Und woher dann noch die nötigen Geldscheine hernehmen für die Arzneien, die so ein Mann oder eine Frau verschreibt, die vermutlich in Europa, den USA, Indien oder einer der anerkannten afrikanischen Universitäten ausgebildet wurde in der »modernen« Pillenmedizin, die unseren Körper nur noch als chemisches Reaktionslabor betrachtet und behandelt?

Als einmal eine unserer drei Hennen ihre Federn verlor, fragte ich Tom, meinen Büroboten und Gärtner, was man dagegen machen könne. Erstaunt über mein Unwissen sah er mich an und sagte ganz selbstverständlich: »Ich kann Kräuter sammeln gehen.« Am nächsten Morgen kam er wieder, zerkleinerte allerhand Grünzeug und fütterte Pik, Pak und Poe, wie meine Töchter die Hennen getauft hatten. Und siehe da, einige Tage später gab es wieder frische Eier, alle drei Hühnerdamen waren wieder gesund. Wir brauchten keinen Tierarzt. Das Wissen, das über Generationen an Tom weitergegeben worden war, und die Natur um uns herum reichten aus.

Und Tom erzählte mir, daß seine Familie draußen in Kakamega die meisten Krankheiten mit Kräutern heile: Diarrhö, Fieber, ja auch Würmer, und Erkältungen sowieso. Meine Neugier war geweckt, ich wollte der traditionellen Medizin des Kontinents einmal ernsthafter nachgehen. Und schließlich endete ich im »Großklinikum der Riten und Wurzeln«, in dem im ugandischen Kampala traditionelle Medizinmänner auch westliche Anerkennung finden bei der Behandlung einiger Krankheiten, gegen die kein Kraut gewachsen zu sein scheint.

Wieder einmal eine geheimnisumwitterte Strohhütte, in die nur schummriges Licht fällt. Die Schuhe müssen draußen bleiben. Drinnen ist die Luft geschwängert von Schwaden des Holzkohleöfchens und süßen Düften. Erst allmählich erkenne ich ihn dann mittendrin auf Fellen sitzend: Abudu Kato, »Doktor« Abudu Kato, wie er sich später vorstellt. Kato ist unheimlich. Denn, wie sie sagen, er kann zaubern. Erst murmelt er leise in seinen wilden, grauen Bart. Doch dann schießen plötzlich kurze, bellende Laute aus ihm hervor. Freilich nur für einen kurzen Moment. Sofort kehrt wieder Ruhe ein. »Doktor« Kato streichelt den entblößten Rükken seiner Patientin und fragt schelmisch: »Schon besser?«

Als sich der »Doktor« wieder zufrieden im Schneidersitz postiert und die Fetische an seinem Gürtel klappern, sagt die Patientin neben ihm eingeschüchtert und leise: Ja, sie spüre Erleichterung. Dabei starrt sie mit aufgerissenen Augen geradeaus, um den Blick des Zauberers zu meiden. Das Kribbeln in ihrer Hüfte, Ameisen gleich, wispert sie, im Hospital hätten sie ihr nicht helfen können; jetzt aber sei es besser. »Doktor« Kato glaubt an seine Kraft, und mit ihm glauben viele an sie. Mir erzählt er ganz nüchtern, der »Geist« sei immer schon in seiner Familie gewesen, »über Generationen«, und unter allen Kindern sei er auf ihn übergegangen.

Und damit auch ich von seiner Geisterkraft überzeugt werde, reißt er mir den Socken vom Fuß, läßt mich das Bein strecken, bis es weh tut, murmelt irgendwelche Formeln und drückt seinen starken Arm dagegen, bis unser beider Muskeln vor Anstrengung zu zittern beginnen. Haah! Siehste, sagen seine hochgezogenen Augenbrauen, es funktioniert auch bei dir! Doch als er skeptischen Blicken begegnet, lacht Kato nur und sagt, er habe etwa 20 Patienten am Tag, sei spezialisiert auf »geistige« Probleme, vor allem wenn Leute verhext worden seien. Ob er denn auch Leute verhexe? Nein, weist er barsch zurück, so etwas mache er nie! »Ich bin Arzt, ich heile, auch körperliche Gebrechen.«

Bald darauf habe ich einen Ortstermin in Katwe, der »Straße der Heiler« in Kampala. Luke Kwamya, Mitarbeiter der medizinischen Hilfsorganisation Ärzte ohne Grenzen (MSF), hat mich hergeführt. Luke Kwamya ist Ugander und der Verbindungsmann zu traditionellen Heilern. Denn was die Schweizer MSF-Sektion in Uganda versucht, braucht so etwas wie ein Scharnier. Dabei ist die Idee einfach: westliche und traditionelle Medizin im Kampf gegen Folgen der Immunschwächekrankheit Aids zu vereinen.

Der Grund dafür ist einleuchtend. »Weder sind westliche Arzneien in Uganda für jeden zugänglich, schon weil sie teuer sind, noch gibt es Beratung oder Aufklärung, die die Bevölkerung wirklich erreicht«, sagt Rachel King, eine junge Amerikanerin, die als Sozialarbeiterin schon in Aids-Projekten in San Francisco arbeitete. Jetzt sitzt sie in Uganda in der Mavandwa Road in einem Außenbezirk Kampalas, dort, wo das Leben sehr einfach wird, wo Hühner gackern, Wasser und Strom keine Selbstverständlichkeiten mehr sind, ge-

schweige denn Ärzte oder Sozialarbeiter, die sich um Aids-
kranke und deren Familien kümmern. Dabei ist, so schätzt
das *National Aids Control Program*, in Kampala einer von
drei Erwachsenen HIV-infiziert. Was also tun, um diesen
Menschen zu helfen? »Zuallererst gehen die Menschen hier
zum traditionellen Heiler«, meint Luke Kwamya. Doch was
vermögen diese Doctores schon auszurichten? Bei traditionellen Heilern ist schnell das Vorurteil zur Hand, die seien
ja nichts als Geisterbeschwörer, Zauberer, Medizinmänner
oder schlicht Betrüger und Scharlatane, die Menschen für
Geld etwas vorgaukeln.

Luke Kwamya lächelt da nur und meint höflich, zunächst
müsse man zwei Gruppen unterscheiden: die Spiritualisten
und die Kräuterheiler. Je mehr und länger er über das Heiler-
wesen Ugandas erzählt, um so klarer wird mir, daß es dabei
eben nicht nur um Mittel für Haarwuchs oder ähnliche Pro-
blemchen geht, wie sie auch bei uns Konjunktur haben, sondern um ein Gesundheitssystem, das sich über Jahrhunderte
entwickelt und bisher recht erfolgreich dabei geholfen hat,
Krankheiten und Beschwerden zu lindern oder zu heilen.

Zugleich sind diese Heiler weit mehr als nur einfach
»Ärzte«, die für ein Wehwehchen das passende Mittel an-
zubieten wissen wie eine Tablette gegen Kopfschmerz. Traditionelle Heiler sind ebenso Psychologen, Lebensberater,
Kummerkasten und Hoffnungsspender. Sie sind Teil einer
Kultur, die trotz Überlagerung und Verfremdung Bestand
hat, weil nichts sie ersetzen konnte. Deshalb machten sich
der Arzt Jacques Homsy, die Sozialarbeiterin Rachel King
und andere Mitarbeiter von MSF auf, den Kontakt zu ihnen
zu suchen. Sie wollten mehr über ihre Medizin herausfinden,
von ihnen lernen und ihnen anbieten, westliche Methoden
der Diagnose, Behandlung und Beratung kennenzulernen.

Und nach vier Jahren Arbeit sprach das Ergebnis deutlich
für die Heiler. »Wir machten klinische Tests. Die Heiler hat-

ten ihre Patienten, wir Kontrollpatienten mit denselben Symptomen daneben in derselben Krankenhausstation«, sagt Luke Kwamya. »Bei den drei Symptomen Magersucht, chronischem Durchfall und Herpes Zoster schnitt die Genesung der Heiler-Patienten mindestens so gut ab wie bei der West-Medizin.« Es funktioniert. Und was alle erstaunte: Über den häufig auftretenden neuralgischen Schmerz der Herpes-Patienten nach der Heilung klagten die traditionell behandelten Patienten weit weniger. Die Kräutermedizin ist offenbar besser verträglich. Ein zweiter, einjähriger Versuch bestätigte die Ergebnisse. Inzwischen ist das Vertrauen zwischen westlichen Ärzten und Heilern so weit gewachsen, daß einige der traditionellen »Doktoren« zustimmten, ihre Medikamente in Laboren analysieren zu lassen.

Noch stehen die Ergebnisse aus. Ich aber fuhr mit Luke Kwamya an den Rand Kampalas nach Katwe. Hinter dem hohen Zaun aus Strohmatten eröffnet sich so etwas wie ein traditionelles Großklinikum. Stand an Stand oder besser gesagt: »Praxis« an »Praxis« reihen sich hier auf, etwa 100, jede auf eine andere Krankheit spezialisiert. Da ist »Doktor« Twaha Lwegaba, der Mixturen gegen Husten und Fieber anbietet, daneben »Doktor« Abasi Nhumbi, der nicht nur Aids »heilt«, sondern auch etwas gegen »Verrücktheit im Kopf« weiß. »Doktor« Gerald Mulindwa dagegen kennt vor allem »Medizin« gegen Durchfall, hat aber auch braungelbliche Tinkturen gegen Malaria bei Kindern, die, mit Honig gesüßt, gut schmecken sollen und umgerechnet nur drei Mark kosten.

Es sind unterschiedslos Männer und Frauen, die hier als Heiler ihre Dienste anbieten und mit großen, bunten Schildern für sich werben. Frau »Doktor« Namatovu kennt ein Mittel gegen Zellulitis. »Hier«, fährt die dicke Alte mich an und schiebt ihr Tuch hoch bis zu den Oberschenkeln, »nichts, sieh selbst«. Dann hebt sie ein längliches Ding vom Tresen.

Dies seien Kräuter, gemischt nach ihrer Formel, mit Lehm aufgekocht und getrocknet. Den Tonstab müsse man gegen eine Tonschale reiben, das Pulver mit Wasser aufgießen und trinken; dies sei gut »für eine reibungslose Schwangerschaft«. Bei Kollegin Nakalema gibt es solche »Stöcke« gegen Schlangenbisse und gegen Schwangerschaftsblutungen. Nebenan wirbt Frau »Doktor« Ereni Nantume mit ihrem »Kreißsaal«: einem wackeligen Bettgestell mit Matratze in einem winzigen Holzschober.

Der Weg entlang dieser Stände ist ein Spaziergang durch die häufigsten Krankheiten Afrikas. Bluthochdruck und Syphilis scheinen viele der Patienten hierher zu treiben. Und natürlich gibt es Leute wie »Doktor« George Muwanga, einen hageren alten Mann, der sich nur schwächlich auf den Beinen halten kann. Er bietet ein Pulver an, das, wie er verspricht, erstaunliche Resultate für die Männlichkeit hervorrufe. Auch für Frauen habe er so etwas. Viagra aus dem Regenwald ...

Jede Art von Spezialisten bietet die lange Lehmgasse von Katwe. Doch ein weiß gestrichener Stand, die Nummer 53, ordentlich mit Regalen und Glascontainern ausgestattet, sticht aus der bunten Reihe hervor. Darin steht »Doktor« Abdulla Kabahinda mit gestutztem Kinnbart. Kabahinda arbeitet vor allem mit Abführmitteln und Medikamenten gegen Würmer. Er gehe, sagt er, immer noch raus auf die Dörfer und rede mit den Alten, um mehr zu erfahren. Doch zugleich nennen sie ihn den »Büchermann«. Stolz zeigt er mir die Kopie eines naturheilkundlichen Buches aus den USA. Er vergleiche dies mit seinen Aufzeichnungen, probiere Neues aus, »forsche« weiter. Über jeden seiner Patienten legt er fein säuberlich ein »Krankenblatt« an, fragt nach seiner bisherigen Behandlung, führt Buch über Krankheitsverlauf und Genesung.

Sie sind eben nicht alle Scharlatane, sondern haben, sei es

von der Mutter oder dem Vater, traditionelles Wissen geerbt,
das sie weitertragen und ausbauen wollen. »Alle Pflanzen
sind Medizin, alles in einer Pflanze ist Medizin, es kommt
nur auf die Formel der Mischung an«, sagt Sheikh Abdalla
Kateregga. Auch er schreibt sich alles in ein Buch, forscht,
wie er sagt. Kataregga konzentriert sich gerade auf Diabetes,
scheut sich dabei nicht, Patienten, die zu ihm kommen und
über Schlappheit, schlechte Augen, Probleme beim Wasserlassen und Hitze in den Beinen klagen, erst einmal ins Krankenhaus zu einer Blutdiagnose zu schicken. Haben sie – im
Labor getestet – wirklich Diabetes, behandelt Kataregga sie
mit seiner Mixtur aus Kräutern und Wurzelextrakten.

Da mag mancher Westler nur den Kopf schütteln. Doch
die klinischen Tests des MSF-Teams sprechen eine andere
Sprache: Es gibt Krankheiten, bei denen traditionelle Medizin eben mindestens gleich gut, vor allem aber billiger wirkt
als westliche Chemie. Bargeld aber ist Mangelware vor allem
draußen auf dem Land in Uganda. Also gehen sie weiter zu
ihren traditionellen Heilern. Daß diese die Anwendung ihrer
Medizin mit Riten verbinden, das Geheimnisvolle, Überna-
türliche beschwören, dient vor allem dazu, die Einkommens-
grundlage ihres Berufsstandes zu schützen. Und natürlich
sind für uns die »Spiritualisten«, die sich nicht nur körper-
licher, sondern gerade seelischer Probleme wie Liebe, Erfolg
oder dem Blick in die Zukunft annehmen wie »Doktor«
Abudu Kato, viel aufregender als die schlichten Kräuterheiler.

Deshalb bin ich auch in eine der hintersten Ecken von
Katwe gegangen, um noch Kibunka Sewakiryanga zu treffen.
Denn der sagt, er habe einen »traditionellen Röntgenappa-
rat«. Sewakiryanga praktiziert seinen Hokuspokus unter
einem alten Baum in Katwe. Hier, erzählt er, habe früher ein
Mann gelebt, der fliegen konnte. Dessen Kraft sei auf ihn
übergegangen. Nun könne er in Menschen hineinschauen.

Und das geht so: Erst wackle alles, dann komme die Kraft über ihn und dieser Geist spreche durch ihn, sage, was im Körper des anderen nicht stimme. Daß der junge Mann sich selbst nicht ganz so ernst nahm, wurde aus seiner Schlußbemerkung klar. Er selber, sagt er, wisse nach der »Behandlung« nichts mehr, die Erinnerung sei weg. »Deshalb habe ich kein Problem mit der ärztlichen Schweigepflicht.«

KAPITEL 5

Zauberformel Demokratie

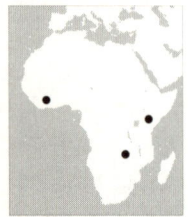 Ruhig und aufmerksam sitzt der Mann beinahe zwei Stunden in der Mittagshitze auf der Holzbalustrade da. Er folgt fast bewegungslos und eher skeptisch dem Treiben vor ihm. Doch dann plötzlich springt er vor Begeisterung beinahe auf, reißt zumindest seine Arme hoch und klatscht, strahlt vor Freude über das ganze Gesicht: Die Auszählung der Stimmen ist beendet, das Ergebnis bekannt. Ja, der Kandidat der Opposition hat gewonnen. Ganz offensichtlich ein Herzenswunsch unseres Fremden. Der aber erschrickt sogleich über sein eigenes Temperament und blickt verstohlen in die Runde. Nicht viele sind so mitgegangen wie er. Zumindest zeigen sie nicht so offen, was sie vom »Wahlausgang« halten. Doch die Leute um ihn herum lächeln ihm zu. Da schaut er erleichtert und ein wenig amüsiert über sich selbst wieder zur Bühne auf dem Lastwagen und folgt dem Treiben der Schauspieler. Deren Geschichte ist ja noch nicht zu Ende.

Straßentheater im Regenwald: Das Stück, mit dem die bunt zusammengewürfelte Truppe durch die Elfenbeinküste tingelt, heißt »Demokratie, was ist das?«. Das Plakat verspricht Antworten auf die Fragen: »Warum wählen, wie wählen und wen wählen«. Vor dem Ernstfall, wenn Präsident und Parlament im Land neu bestimmt werden, keine unwichtigen Fragen. Doch die Aufführung in Kouibly im Westen der Elfenbeinküste ist für die sieben Schauspieler mörderisch. Denn Bürgermeister Benoit Bowkpei bestand darauf, daß die Truppe entgegen ihrer Gewohnheit in seiner immerhin zehn Dörfer umfassenden Kommune mittags auftreten soll, da an diesem Tag Markttag ist und so tagsüber besonders viele Menschen in den Genuß des Stückes kommen.

Als dann am Ende Laniene Kamate, Marcelle Kouakou und all die anderen Schauspieler schweißüberströmt und völlig erschöpft unter dem Mangobaum hinter der Bühne flach im Gras nach Luft schnappen, meint schließlich auch der Bürgermeister: »Es war schon sehr heiß, doch das war ja nur eine Form der Erziehung!«

Demokratie ist eben etwas Ernstes, kein Spaß oder Zeitvertreib. Da muß man schon einmal ein wenig leiden. Doch auch Bowkpei, der Bürgermeister, wischt sich nun mit dem Taschentuch die Stirn und lädt die Gäste vom fahrenden Volk für nach dem Abbau der Bühne in sein abseits hübsch gelegenes Haus auf dem Hügel auf »etwas zu essen und trinken« ein.

Kennengelernt habe ich die Theatertruppe bereits am Vortag durch meinen Freund Ernst Hillebrand von der Friedrich-Ebert-Stiftung in Abidjan. Hillebrand ist so etwas wie der geistige Ziehvater des ganzen Theaterprojektes. Die Idee, bereits in anderen afrikanischen Ländern wie Mosambik erprobt, ist eigentlich recht einfach: Aufklärung über demokratische Wahlen mit Hilfe von populärem Straßentheater. Zielgruppe ist vor allem die ländliche Bevölkerung, die entweder nicht lesen kann oder aber kaum Zugang zu Zeitungen aus der Hauptstadt hat und sich somit über anstehende Wahlen kaum unabhängig von staatlicher Propaganda, die über Radio und Fernsehen oder Veranstaltungen durch die (regierungstreue) Verwaltung verbreitet wird, informieren kann.

Und auf der Fahrt nach Blolequin in den Westen der Elfenbeinküste erzählte mir Hillebrand, daß die Umsetzung einer
so einfachen Idee zur Demokratieförderung freilich gar nicht
ganz so einfach ist. Denn man braucht zum Theaterspielen in
der Provinz ja nicht nur das richtige Stück, die passenden
Schauspieler, eine Wanderbühne sowie einen Spielplan, sondern am besten auch die Genehmigung des Innenministers,
damit die örtlichen Autoritäten mitspielen. Und dann vor
allem noch Geld.

Das mit dem Geld ging dann über das Bonner Ministerium
für wirtschaftliche Zusammenarbeit und dessen »Demokra-
tisierungsfonds« besser als erwartet. 100 000 Mark, das
klingt nach viel, ist aber herzlich wenig, wenn man es mit
den Millionenbeträgen vergleicht, die für »Entwicklung«
und »Demokratisierung« sonst üblicherweise ausgegeben
werden. Und daß alles andere auch noch irgendwie klappen
muß, konnte ich dann in Blolequin sehen.

Blolequin, das ist tiefste Provinz, fast 700 Kilometer entfernt von der Hauptstadt Abidjan. In Orten wie Blolequin
werden die Rathäuser nur dann neu gestrichen, wenn alle
Jubeljahre der Präsident auf Visite kommt. Aber das ist schon
der erste Vorteil der Demokratie: Wer sich bei Wahlen in
Konkurrenz zu anderen bestätigen lassen muß, kommt zumindest öfter mal kurz auf Wählerfang, wie deshalb vor einigen Wochen Henri Konan Bedie. Der beerbte den Gründungspräsidenten Houphouet Boigny nach dessen Tod als
»Thronfolger« und muß sich dieses Jahr nun erstmals einer
Wahl stellen. Also ist das Rathaus von Blolequin gerade
frisch gestrichen.

Der kleine Ort liegt kurz vor der Grenze zum ehemaligen
Bürgerkriegsland Liberia. Doch von den politischen Ver-
wicklungen in der Region ist auf der Place de Gare, dem Bus-
bahnhof, nicht viel zu spüren. An diesem späten Nachmittag
kommt gerade der Überlandbus an und bleibt neben dem

blauen Sattelschlepper, der späteren Bühne, stehen. Aus den Lautsprechern dröhnt bereits Musik über den staubigen Platz. Noch stehen hauptsächlich Kinder neugierig um den Wagen herum. Aber immer mehr Menschen bleiben auf ihrem Weg stehen, Frauen, die vom Markt kommen, oder das Mädchen in dem blauen Tuch, das trotz der Eier, die sie auf dem Kopf trägt, dem Rhythmus des Reggaes nicht widerstehen kann.

Und noch während der Fahrer des Überlandbusses die unzähligen Stauden an Kochbananen auf dem Dach festzurrt, um dann noch eine Nähmaschine oben drauf zu pakken, beginnt eine Gruppe von Männern – die Schauspieler, wie sich später herausstellt – auf dem Sattelschlepper die Bühne einzurichten. Die besteht aus nicht viel mehr als einer Wahlkabine und mehreren Neonröhren zur Beleuchtung. Ein kleiner Transporter bringt Stühle und auch einige Bänke, damit die Honoratioren des Ortes das Stück nicht auf dem Boden kauernd verfolgen müssen. Mit regelmäßigen Aussetzern brummt im Hintergrund der mitgebrachte Generator, freilich nur zu hören, wenn für einen allzu kurzen Moment Ohren und Lautsprechern eine Verschnaufpause gegönnt wird.

Doch als die Sonne hinter dem Horizont verschwindet, der Überlandbus längst wieder auf der Strecke ist und der Arbeitstag endgültig vorüber, beginnt endlich das Spektakel auf dem inzwischen mit gut 1000 Menschen vollen Platz.

Straßentheater soll Spaß machen und muß dazu manchmal ein bißchen grob werden. Aber das Stück »Demokratie, was ist das?« will auch aufklären. Also zieht sich manche Szene in die Länge, die mehr pädagogisch denn unterhaltsam ist. Doch da ist der Bauer, der nicht versteht, warum sein Sohn auf »die Versammlung« mit dem Unterpräfekten gehen will, statt auf dem Feld zu arbeiten. »Versammlungen kann man nicht essen.« Die ersten Lacher an dieser lebensnahen Stelle sind sicher. Und der »Unterpräfekt« erscheint, wie im richtigen Leben, dann doch nicht auf der »Versammlung«, sondern schickt eine Vertreterin, gespielt von Flore Yameogo. In der Rolle des Publikums stellen, verbunden mit mancher Blödelei, nun die Schauspieler die Fragen, die auch den Zuschauern auf der Zunge liegen: Darf ich für meine Frau wählen? Und wenn mir jemand Geld zahlt, damit ich für ihn stimme?

Nein, wählen darf nur jeder selbst, dafür muß man sich rechtzeitig in Wahllisten eintragen und am Wahltag auch seinen Ausweis mitbringen, sonst geht gar nichts, lauten die Antworten. Später im Stück, im »Wahllokal« dann, versucht einer mit der Machete in der Hand seine Stimmabgabe ohne Ausweis mit Gewalt zu erzwingen, ein anderer droht gar mit einem Fetisch, den Wahlleiter zu verzaubern. Auch diese subtileren, »afrikanischen« Formen der Manipulation dürfen nicht fehlen. Viel Tumult, Aufregung bei dieser Szene, die Zuschauer erschrecken, und dann lachen sie herzlich. Aber so läuft es nicht, auch mit Bestechung geht im Stück nichts. Die »Wahl« ist geheim, frei und fair. Zumindest sollen die Leute wissen, wie es zuzugehen hat und welche Rechte sie besitzen. Mögliche Beeinflussungen im wirklichen Leben werden so zumindest ein wenig schwieriger.

Und auch die Charaktere des Stückes bleiben bei aller Überzeichnung nahe an der Lebenswirklichkeit. Da ist der wohlhabende Schmarotzer und sein tumper Gefolgsmann, der Vater vom Land, der so anders denkt als sein Sohn, der in der Stadt studiert. Und auch die braven Mütter, die es kaum fassen können, daß ihre Männer ihnen nicht vorschreiben dürfen, für wen sie ihre Stimme abgeben sollen. Und ganz am Ende, nach der Stimmabgabe, wenn das Ergebnis bekanntgegeben wird, geht es erst richtig drunter und drüber. Hauen und Stechen auf der Bühne, das Ergebnis paßt der unterlegenen Partei natürlich gar nicht. Auch Siegen und Verlieren in der Demokratie will gelernt sein, also ist das Akzeptieren des Votums auch Teil des Theaters.

Dabei läuft alles in dem Stück mit minimalem technischen Aufwand. Die Umkleidekabine für die Schauspieler sind Plastikplanen hinter der Bühne. Ein Stuhl, ein Tisch, viel mehr Requisiten brauchen die Schauspieler nicht. Sie bauen ihre Bühne selbst auf und ab, verteilen am Ende die Faltblätter mit einer Wahlanleitung. Alles machen die sieben Männer und Frauen, die jeder für 80 000 CFA im Monat angeheuert sind. Soviel kostet allein schon die Miete für den Sattelschlepper an nur einem einzigen Tag. Menschliche Arbeit ist billiger. Aber die Schauspieler sind froh, bezahlte Beschäftigung zu haben. »Dadurch bin ich im meinem Viertel wieder wer«, sagt Laniene Kamate, der als Sprecher der Truppe fungiert und wie alle anderen über Indigo-Pub angeheuert wurde, ein Unternehmen, das sonst auf Werbekampagnen via Theater für Versicherungen und Zigaretten spezialisiert ist.

Das Stück haben die Schauspieler selber geschrieben, weil sie am besten wissen, was bei den Leuten ankommt. Freilich bekamen sie Vorgaben, die auf einer kurzen Tagung unter anderem von Verfassungsjuristen und Vertretern einer ivoirischen Menschenrechtsorganisation gemeinsam mit ihnen erarbeitet wurden. »Wir nehmen nicht Partei, sprechen nicht einmal die derzeitige Diskussion über das von der Regierung erlassene Wahlgesetz an«, sagt Hillebrand. Über dieses »Wahl-Manipulierungsgesetz« ließe sich wirklich heftig polemisieren. Doch wer demokratischen Fortschritt in zwar kleinen, aber sicheren Schritten erreichen will, muß eben auf vieles verzichten, vor allem auf Parteilichkeit. Und Demokratie läßt sich nicht von oben her einführen, schon gar nicht importieren. Deshalb ist die mühsame, uns kleinlich erscheinende Aufklärung mittels Straßentheater so wichtig: damit den Menschen auch tief in der Provinz die Scheu vor einer

Wahl genommen wird, damit sie nicht aus Furcht, sich zu blamieren, oder wegen schlichter Unkenntnis nicht wählen gehen und so gegen ihr ureigenstes Interesse handeln. Demokratie lebt vom Engagement jedes einzelnen. Der aber muß dazu in der Lage sein, sich einzubringen.

Doch zurück zu den Schauspielern und ihrem Stück: Irgendwann kurz vor Mitternacht haben Laniene Kamate und seine Truppe die Bühne und alle Utensilien wieder auf dem Sattelschlepper verstaut. Noch in der Nacht geht es bis zum nächsten größeren Ort, Doukoue, in dessen Garküchen und Maquis am Straßenrand man auch nach Mitternacht noch essen kann. Dann einige Stunden Schlaf in einem einfachen Hotel, und kurz nach Sonnenaufgang ist die Truppe, noch ohne Frühstück, schon auf dem Weg zur nächsten Vorstellung, gut 200 Kilometer weiter, hinter der Provinzhauptstadt Man über die Piste durch den Regenwald nach Kouibly, den zehn Dörfern von Bürgermeister Bowkpei.

Bowkpei ist hier der »Provinzfürst« und zugleich doch ein Fremdkörper. Denn er ist ein Mann von Welt, hat lange in Deutschland studiert und gearbeitet und wohnt deshalb die meiste Zeit des Jahres nicht hier im afrikanischen Regenwald, sondern in der europäisierten Metropole Abidjan. Das Gebiet um Kouibly ist dagegen noch urwüchsiges Afrika, hierher stießen die Europäer erst spät vor. So konnte sich viel der traditionellen Kultur des ansässigen Dan-Volkes halten, vor allem die immer noch gelebten Initialzeremonien. Und während die Truppe von »Demokratie, was ist das?« ihre Sachen zusammenpackt, um nach dem Hammel beim Bürgermeister zum nächsten Spielort weiterzufahren, steht plötzlich ein »Panther-Mann« neben mir: Ein junger Bursche auf seinem Weg zum Mann, die Haut von Kopf bis Fuß mit Blütenstaub schwarz-gelb gepudert, wortkarg, die Augen zu katzenähnlichen Schlitzaugen geschminkt, nur einen Bastrock um die Hüfte. »Panther-Mann« und Bürgermeister

Bowkpei: Zwei Welten, die mit ihrer Stimme über den nächsten Präsidenten der Elfenbeinküste entscheiden werden.

Mit der Demokratie ist das so eine Sache, mit ihren Spielregeln tun sich viele in Afrika noch immer schwer. Demokratie ist kompliziert, führt nicht immer zu dem Ergebnis, das sich viele wünschen, macht Kompromisse notwendig, ist deshalb oft unbefriedigend – und oft bleiben die alten Mächtigen am Ruder, obwohl eine klare Mehrheit gegen sie ist. Da schreien die Oppositionellen dann Foul, Wahlbetrug, Skandal. Doch oft sind sie selbst daran schuld, daß der Machtwechsel wieder einmal nicht funktionierte. Zu viele Oppositionsparteien fordern bei Wahlen die alte Regierungspartei heraus – und splitten so die Stimmen unter sich, statt sich zusammenzutun und gemeinsam als eine geschlossene Bewegung die Mehrheit der Stimmen auf sich zu bündeln und den Wandel herbeizuführen.

Ein »gutes« Beispiel dafür ist Kenia. Sowohl 1992 als auch 1997 gewann dort Präsident Moi die ersten beiden Mehrparteienwahlen, obwohl er nur 34 beziehungsweise 38 Prozent der Stimmen auf sich vereinen konnte. Aber ein Dutzend Oppositionsparteien teilten sich die anderen 60 bis 70 Prozent der Stimmen. So kann man rein rechnerisch keine Wahlen gegen die Mächtigen gewinnen, so übt man sich nur in der Rolle der ewigen Opposition. Doch eine effektive Opposition gehört ebenso zur Demokratie wie das Minimum an Rechtsstaatlichkeit, Transparenz und Chancengleichheit bei Wahlen und im tagespolitischen Prozeß. Sonst muß sich die Opposition den Vorwurf gefallen lassen, mit schuldig zu sein an der mangelnden Demokratisierung des eigenen Landes oder des ganzen Kontinents.

Das ist leichter gesagt als getan. Denn Oppositionspolitiker in Afrika zu sein ist besonders schwer. Aus der Position des völlig Machtlosen soll er nur mit Worten und Konzepten die

Mehrheit einer schlecht gebildeten Bevölkerung in einem nur unvollkommen erschlossenen Land überzeugen, die bessere Alternative zum gewohnten Herrschaftssystem zu sein. Dieses setzt zudem alle Repressionsmittel gegen den »Herausforderer« ein. Der Gegenspieler erhält meist keine Chance, über die staatlich kontrollierten Rundfunk- oder Fernsehsender zu sprechen, geschweige denn, daß er »kleine«, aber lebensentscheidende Gefälligkeiten verteilen könnte wie Schulen, Straßen, Stromanschluß oder Wasserversorgung.

In der Elfenbeinküste teilt Laurent Gbagbo dieses Schicksal aller Oppositionspolitiker: Sie können nur in Worten handeln. Doch das ist bei ihm gerade so erfrischend: Daß er offen ausspricht, was falsch läuft in seinem Land und so ähnlich auch in den meisten anderen Ländern Afrikas, die es alle versäumt haben, in den ersten guten Jahrzehnten ihrer Unabhängigkeit die Grundlagen für eine bessere Zukunft zu legen.

Gbagbo doziert gerne. Er ist von sich überzeugt, ein Politiker eben. Aber viele sagen, er sei der einzig ernstzunehmende Oppositionspolitiker an der Elfenbeinküste. Das Gerede über sich scheint er zu kennen und wirkt auch ein wenig eitel. In Natura sieht er etwas älter und verbrauchter aus als auf den Plakaten, die beim *Front Populaire Ivoirien* (FPI) im Hauptquartier an allen Wänden hängen. Dennoch überrascht er durch Realismus: »Wir sind keine Götter, wir haben keine magische Lösung.«

Die ärmliche Parteizentrale der FPI, die sich sozialdemokratisch nennt, liegt in einer Ecke Abidjans, die früher eine so gute Adresse war wie heute das Villenviertel Cocody. Inzwischen ist »Zone 4« zu einem Industrieviertel herabgesunken. Der rechte Ort also für eine Partei, die mit den Stimmen der kleinen Leute das alte System stürzen will, seit dies mit dem Tod der Vaterfigur Houphouet Boigny ins Schwanken geraten ist.

Gbagbo wirft der alten Elite ganz offen vor, das Land

zum eigenen Nutzen ausgeraubt zu haben. »Wo ist das Geld geblieben, warum haben wir heute 21 Milliarden Dollar Schulden?« Einschüchtern lassen will er sich nicht: »Ich mache meine Arbeit, soll die Polizei die ihre machen.« Nein, Gbagbo, der gelernte Historiker, ist stolz darauf, viermal im Gefängnis gewesen zu sein. Inzwischen ist dies für ihn sein Kapital. Vater, Onkel, Frau, Schwester, Schwiegervater, Sohn, sie alle waren schon im Gefängnis – »alle außer meiner Mutter«. So eine Vita »adelt«, vor allem in den Augen ausländischer Beobachter.

Aber reicht das, um eine Massengefolgschaft auf die Beine zu stellen und bei Wahlen eine Mehrheit zu gewinnen? »Gbagbo ist ein Populist, aber nicht populär«, sagt ein in Ungnade gefallener Journalist einer Regierungszeitung. Gbagbo ist für Freiheit und Grundrechte, gegen korrupte Verwaltung (»In der Dritten Welt fehlt die Kultur des Staates, es gibt keine gute Verwaltung.«), gegen billigen Export von Rohstoffen wie Kakao oder Kaffee, statt dessen für den Aufbau einer Industrie für Halbfertigwaren (»Wir müssen unsere Wirtschaft transformieren: Der Übergang vom kolonialen Erbe zu einer eigenständigen Nationalökonomie ist schwierig.«), ist für die Wirtschaftsintegration Westafrikas, die Dezentralisierung im eigenen Land und eine Sozialversicherung nicht nur für Beamte, sondern für alle. Das klingt alles überzeugend. »Diese Punkte sind genug, um eine eigene Partei zu gründen. Ich wende mich an die ganze Bevölkerung, ohne Unterschied.«

Doch es folgen ihm nur Studenten, Intellektuelle und die Bauern seiner Heimatregion im Westen des Landes. Dabei ist Gbagbo mit seiner Kritik am »alten« System nicht allein. Auch Jean-Joseph Anoma, der, ganz modern, »Kommunikationsberater« des Generalsekretärs der Regierungspartei PDCI ist, redet ähnlich: Die Hinterlassenschaft von Houphouet Boigny sei »wirtschaftlich schlecht, politisch und sozial nicht gut«. Diese Kritik am »alten Mann« verwundert aus dem Mund eines Angehörigen des Establishments. Doch Anoma, der in den USA studiert hat, gehört mit 38 Jahren eben schon der neuen Generation der traditionellen Führungsschicht an, den »Jung-Türken«, die zwar Veränderungen wollen, aber nur, damit sich nichts wirklich ändert.

»Wir brauchen neue, jüngere Gesichter, 75 Prozent der Wähler sind jünger als 30 Jahre«, sagt Anoma. Seine Generation will endlich an die Schalthebel. Anomas Vater war Direktor der wichtigen und einträglichen Hafenbehörde in Abidjan, der Großvater Direktor der staatlichen Landwirtschaftsschule. Er selbst beriet Boigny in dessen letztem Wahlkampf 1990, der ersten Mehrparteienwahl im Land. Die Erben wie Anoma wollen die Mittel verändern, ihr Zweck bleibt der alte: Machterhalt. Die Aussichten sind nicht schlecht. Die Einschätzung Anomas, daß »die Leute gerne von Veränderungen sprechen, aber sie mögen sie nicht wirklich«, deckt sich offenbar mit dem allgemeinen Lebensgefühl an der Elfenbeinküste wie anderswo. Wandel heißt Unsicherheit und wird an sich schon als Gefahr wahrgenommen.

Auch deshalb sehen die politischen Köpfe der bisherigen Regierung für sich keine Gefahr durch Leute wie Gbagbo, die von außerhalb des Systems kommen. »Wir glauben nicht, daß wir die Wahlen verlieren, aber es geht um das Ergebnis.« Und da macht sich Anoma ernste Sorgen: Sollte die gesamte Opposition auf 40 Prozent kommen, »werden die Karten neu gemischt«. Es ist eine afrikanische Eigenart zu meinen, regieren ließe sich nur im Konsens, und »der braucht 80 Prozent«, sagt er. Und dieser »Konsens« zerfällt an der Elfenbeinküste wie auch in anderen Ländern. Denn die Opposition in Abidjan wächst, vor allem, weil sich das kunstvolle Geflecht des porösen Regierungsmonolithen auflöst.

Ex-Präsident Boigny verstand es, als Dirigent in einem Orchester alle für sich spielen zu lassen. Sein Nachfolger

Bedie dagegen setzt allein auf die ersten Geigen. Die zweiten Geigen rüsten deshalb zum Gegenschlag. Wirklich bedrohliche Opposition entsteht in Afrika scheinbar nur durch ehemals Mächtige, das System kann nur aus sich selbst heraus stürzen. Bei solch einer Konstellation geht, um im Bild zu bleiben, eine Piccolo-Flöte wie der originär Oppositionelle Gbagbo mit seinen acht Abgeordneten im Konzert leicht unter.

Doch daß Wandel, wenn auch nicht gleich zum Besten, aber immerhin zum kleineren Übel, durchaus aus den ehemaligen Machtblöcken heraus erwachsen kann und es nicht immer gleich zum totalen Umsturz kommen muß, dafür gibt es genügend Beispiele. Diese sind nicht jedem präsent, da stiller, friedlicher Wandel die Eigenart hat, keine Schlagzeilen zu machen. Oder wer erinnert sich noch an die »Demokratisierung« der Diktatur im Kleinstaat Malawi nach dem Abtritt des auf Lebzeiten ernannten Präsidenten Banda?

Nach dem Zusammenbruch des Ostblocks erfaßten die »Winde des Wandels« auch Afrika und stimmten manchen euphorisch. Diese Euphorie hielt nicht lange. Bereits Mitte der 90er Jahre waren viele der Hoffnungen verflogen. Der Kontinent war zwar in Bewegung geraten. Aber die Auflösung alter Strukturen führte meist zu Chaos oder Krieg. Ruanda und der Genozid mögen nur als der schlimmste Fehlschlag angeführt werden. In dem zentralafrikanischen Zwergstaat ging der Versuch der Demokratisierung einer afrikanischen Diktatur blutig unter. Statt der Bildung einer Übergangsregierung und allgemeinen Wahlen versank das Land im Gemetzel der verfeindeten Hutu und Tutsi. Auch Somalia war ein abschreckendes Beispiel. Nach dem Sturz Diktator Barres kam kein Neuanfang zum Besseren, sondern Bürgerkrieg, Anarchie und Hunger. Warum kann Afrika sich nicht friedlich arrangieren, warum klappt die Demokratie nicht?

Auf den ersten Blick bestätigt sich also das Vorurteil: Afrika taugt nicht zur Demokratie westlicher Prägung. Beim zweiten Hinschauen freilich fallen Beispiele auf, bei denen der Umbruch von Einparteien-Herrschaft zu Pluralismus zumindest dem Ansatz nach nicht völlig ins Chaos führte: In Sambia trat Kaunda friedlich ab, als sein Widersacher Chiluba die Wahl gewann. Andere Allein-Potentaten haben sich erfolgreich im Amt legitimieren lassen: Diouf im Senegal, Rawlings in Ghana, Moi in Kenia. Ihrem Machtanspruch konnten mehrere Parteien bisher nichts anhaben. Andere Diktaturen gingen leise unter: Bandas Malawi etwa, andere laut: Mengistu in Äthiopien durch die siegreichen Rebellen unter Meles.

Jedes Land Afrikas brachte seine Voraussetzungen mit. Allen aber war und ist gemeinsam: Der Anspruch, Herrschaft demokratisch zu legitimieren und diese Bestätigung in Konkurrenz mehrerer Parteien oder Kandidaten zu erreichen, ist nicht mehr wegzudenken. Die Einparteien-Kultur hat auch in Afrika verloren, obwohl Präsidenten wie Kenias Moi gern das Rad der Zeit zurückdrehen würden und alle Übel der westlichen Mehrparteiendemokratie zuzuschieben versuchen. Doch die Idee und der Drang nach Partizipation, Selbstbestimmung und Kontrolle der Regierenden, dieser Samen ist in allen Ländern Afrikas gesät und aufgegangen. Mehrparteiendemokratie gilt als erprobtes Mittel zum Zweck. Sie ist überall Forderung der Opposition.

Allzu gerne brüsten sich die westlichen Geber, sie zwängen Afrika auf den rechten Weg zur Demokratie. Daran ist richtig, daß »Demokratisierung« als Voraussetzung für weitere Entwicklungshilfe den Prozeß in einzelnen Ländern durchaus beschleunigt. Richtig ist auch, daß in vielen Staaten Afrikas Opposition ohne Unterstützung von außen kaum möglich oder lebensgefährlich ist. Demokratie kann aber nicht importiert werden. Sie muß wachsen – und sie muß vor allem erobert werden. Den Mächtigen muß die Macht erst genommen werden.

Bietet aber Afrika die Voraussetzungen für einen friedlichen Machtwechsel? Niemand erwartet ernsthaft, daß Afrikas Staaten den Westminster-Parlamentarismus kopieren. Sie müssen ihre eigenen Wege finden. Aber die Grenzziehung geschah meist durch die Kolonialherren. Die Führer der Unabhängigkeit übernahmen multikulturelle Staatsgebilde, keine Nationen. 30 Jahre lang erlaubte der Ost-West-Konflikt durch massive Unterstützung von außen, diese Herrschaft und diese Herrscher zu stabilisieren. Deshalb haben sie die Widersprüche im Inneren nicht lösen müssen. Tradition und importierte Moderne bestanden nebeneinander und mischten sich zu einem gefährlichen Pulverfaß. Nicht einmal die Mehrheit der vergleichsweise wenigen Städter kennt ein Dasein mit Strom, Telefon, geschweige denn mit festem Job oder Beschäftigung. Die übrigen 80 Prozent kämpfen fernab urbanen Lebens auf einem kleinen Acker ums Überleben. Nicht Klassen, sondern Ethnien definieren den Platz des einzelnen in einer so zusammengewürfelten Mangelgesellschaft. Ist der eigene Mann ganz oben, ist dies auch gut für mich unten.

Glasnost und Perestroika aber haben diese Voraussetzungen grundlegend verändert. Afrika verlor seinen strategischen Wert zwischen Ost und West. Das marginale Interesse konzentriert sich nun mehr auf Stabilität denn auf Gefolgschaft. Nicht politische Freundschaft, sondern Internationaler Währungsfonds und Weltbank diktieren fortan die Politik. Das Geld wird knapper, dafür der Druck im Innern um so größer. Die nachkoloniale Ordnung wankt. Demokratie und Selbstbestimmung stehen auf der Fahne des Wandels.

Daß man die Hoffnung auf einen Wandel zu Besserem, auf Fortschritt auch in Afrika nicht aufgeben muß, liegt vor allem daran, daß die bisherigen Machthaber auf diesem Kontinent ihre natürlichen Feinde gefunden haben: die vierte Ge-

walt, die unabhängigen Journalisten. Sie sind die heimlichen
Helden der Demokratisierung dieses Kontinents. Inzwischen
gibt es sie überall, in jedem Land, in jeder Hauptstadt.

Etwa Bright Mwape in Sambia. Dabei täuscht der erste
Eindruck eigentlich immer: Als ich Bright Mwape zum
erstenmal sehe, erinnert er mich spontan an Shaft, den
schwarzen Privatdetektiv aus der amerikanischen TV-Serien-
welt der späten siebziger Jahre. Ich war in Lusaka, der
Hauptstadt von Sambia, und schon der Weg zu ihm führte
mich in der Cha-Cha-Cha-Road über eine Art Feuerleiter in
den ersten Stock. Dort sitzt er in dunklem Anzug und mit
schwarzem Rollkragenpullover hinter seinem alten Schreibtisch, die Haare um sein gleichmäßiges Gesicht kurz gehalten. »Ja, das ist richtig«, sagt er knapp, »die 401. Ausgabe
unserer Zeitung wurde verboten. Aber wir lassen uns nicht
unterkriegen. Wir nehmen es mit jeder Regierung auf.«

Bright Mwape ist Journalist in Afrika, genauer gesagt
Chefredakteur der *Sambia Post,* der einzigen wirklich unabhängigen Zeitung Sambias. Dazu gehört Mut und Engagement. Denn unabhängige Journalisten sind auf diesem Kontinent bei Machthabern nicht beliebt. Daß es dennoch
welche gibt, und dies trotz teilweise offener und zunehmen-
der Verfolgung, ist Gradmesser genug dafür, wie groß der
Drang nach politischer Mitentscheidung und Selbstbestimmung auf diesem so oft aufgegebenen Kontinent ist.

Die *Sambia Post* gibt es erst seit dem 26. Juli 1991. »Wir
wollten den Status quo herausfordern«, sagt Mwape. Anfangs, als Wochenblatt, ging es vor allem gegen den damaligen Präsidenten Kaunda. Dessen Skandale deckte die *Post*
auf. Dann kam die demokratische Sturmflut in Sambia.
Kaunda wurde abgewählt, Chiluba und seine Bewegung für
Mehrparteiendemokratie (MMD) übernahmen die Macht.
Einige der 26 Anteilseigner der *Post,* meist Geschäftsleute,
wurden vom politischen Frühling mitgerissen und gingen

selbst in die Politik. »Leider«, sagt Mwape. Ihm und Herausgeber Fred Mmembe blieb die journalistische Unabhängigkeit wichtiger.

Auch die neue Regierung Sambias bekennt sich nur verbal zur Pressefreiheit. Unabhängige Journalisten, die schreiben, was sie wollen, werden auch von dieser Regierung als Feinde angesehen. Es gilt, sie einzudämmen, mit allen Mitteln Presse und Gesellschaft zu kontrollieren. »Die Regierung weiß nicht, wie sie damit umgehen soll. Sie bleibt bei diktatorischen Antworten auf die demokratische Herausforderung«, sagt Mwape.

Die Realitäten hätten ihn längst bitterer machen müssen. Statt die undemokratischen Pressegesetze Kaundas aufzuheben, fügte Chiluba noch zwei Knebelparagraphen hinzu. »Wir wissen, daß wir unsere Verhaftung oder die Einschüchterung unserer Familien riskieren. Wir haben das akzeptiert.« Mwape und Mmembe sind kurz vor unserem Treffen erst wieder im Gefängnis gewesen. »Zugegeben, wir haben in den vergangenen Jahren die Regierung stärker bewacht als die Opposition. Aber Opposition gibt es kaum, die ist lahm, versäumt ihre Aufgabe.« Also übernehmen Zeitungen wie die *Post* die Rolle der Aufpasser. Sie bieten ein Forum für alternative Vorschläge, Gastkommentare, politische Diskussionen. Denn längst sind die afrikanischen Gesellschaften politisch hellwach. Allein, sie haben kaum Möglichkeiten, sich auszudrücken. »Aber das Bewußtsein ist nicht mehr zurückzudrehen«, sagt Mwape.

Die Nöte der *Post* in Sambia sind typisch für Schwarzafrika. In Uganda ist es der *Monitor* unter Charles Onyango-Obbo, in Ghana *The Independent* von Kabral Blay-Amihere, der meint: »Unabhängige Zeitungen müssen bei einem solchen Parlament (wie in Ghana) die Rolle der Opposition übernehmen.« Dabei geht es nicht um Obstruktion, sondern um die Selbstverständlichkeit der offenen

Debatte und der Information. »Wir sind keine Oppositions-Zeitung, aber es ist schwer, etwas Gutes an der Regierung Rawlings zu finden.«

Alle Zeitungen in Ghana verkaufen täglich zusammenge-nommen ungefähr 200 000 Exemplare. »Aber jede Zeitung wird von viel mehr Menschen gelesen.« Nur 8 bis 20 Seiten sind die Blätter dick. In den großen Städten werden sie an jeder Straßenecke von Zeitungsjungen verkauft. Aber alles in allem ist es kein sehr lohnendes Geschäft.

Dennoch gibt es inzwischen überall auf dem Kontinent unabhängige und oppositionelle Zeitungen: Im völlig zer-störten Mogadischu ebenso wie im zerfallenden Liberia. In Liberias Hauptstadt Monrovia brachte zum Beispiel der 36 Jahre alte Phillip Wesseh nach den schlimmen Kämpfen Mitte der 90er Jahre den *Inquirer* wieder raus. Die Büros waren zwar zerstört, Wesseh aber ließ sich nicht unterkrie-gen. Zu fünft schafften sie die Computer woandershin und begannen, wieder Zeitung zu machen. Am ersten Tag ver-kauften sie bereits 4000 Stück. Die Ausgabe trug als Datums-marke: »April bis Juli«. Als der *Independent* in Liberias Monrovia wieder auf der Straße war, wurde dies als Zeichen gefeiert, daß sich wieder alles normalisiere.

Natürlich hören mehr Menschen in Afrika immer noch Radio. Das ist weitgehend staatlich, freilich bis auf den Lieb-lingssender des Kontinents, die britische BBC, die über Kurz-welle übertragen wird. Auch das Fernsehen wird immer wichtiger. Denn längst sind nicht mehr nur regierungstreue Stationen zu empfangen. Für die, die es sich leisten können, strahlen auch über Afrika Satelliten Nachrichtenkanäle, Sportstationen und Pay-TV aus. In Ländern wie Kenia wer-den diese inzwischen sogar via Antenne weitergegeben. Und immer mehr staatliche Fernsehstationen kooperieren mit CNN oder BBC-Fernsehen, um so an Nachrichtenbilder, Serien und Talk-Shows zu kommen.

Aber dennoch fürchten die Mächtigen vor allem die Dornen jener kleinen, unabhängigen Zeitungen in ihren eigenen Ländern. Diese verkaufen zwar nur 10 000 oder höchstens 15 000 Exemplare. Aber ihre Wirkung ist ungleich höher. Denn sie sind näher dran, halten den Finger exakt darauf, wo es weh tut – obwohl es für die Journalisten, die dies wagen, dabei oft um ihre Existenz geht. Deshalb sind sie Helden, nicht nur Abou Drahamane Sangare, der Herausgeber der Oppositionszeitung *La Voie* in der Elfenbeinküste, und seine beiden Kollegen Freedom Neurda und Emanuel Kore, die ihre zweijährigen Haftstrafen fast vollständig absitzen mußten.

Den dreien wurde Beleidigung des Präsidenten vorgeworfen, eine fast typische Anklage gegen Journalisten in Afrika. Sie hatten sich über das überraschende Auftauchen von Präsident Bedie während eines Fußballspiels gegen Südafrika lustig gemacht und satirisch angemerkt, der Präsident habe der einheimischen Mannschaft offenbar Pech gebracht. Die verlor nämlich das Match – und die drei Kollegen mußten ins Kittchen. Eine angebotene Amnestie lehnten die Journalisten ab. Sie fühlten sich nicht schuldig, wollten die volle Rehabilitierung – und die Annullierung der irrsinnigen Gesetze, die sie ins Gefängnis brachten.

Doch die Gängelung durch die Justiz ist nur die eine Gefahr für Journalisten. In Afrika bist du auch mit Haut und Haaren dafür verantwortlich, was du schreibst. So wurde in Kamerun Nicolas Tejoumessie, Chef der *Challenge Nouveau*, von vier Bewaffneten aus der Hauptstadt Jaunde in einen Wald entführt und mit Draht ausgepeitscht. Tejoumessie hatte eine unvorteilhafte Geschichte über das Präsidentenpaar im Blatt. Seine Entführer, die sich als »politische Polizisten« bezeichneten, sprachen ihn genau auf diese Geschichte an.

Da versuchte Robert Mugabe in Simbabwe schon mit feineren Methoden, einen seiner Hauptkritiker mundtot zu

machen. Es war die *Financial Gazette,* die lange vor der amt-
lichen Bekanntgabe über die neue Familie und heimliche
Heirat des damals schon 72 Jahre alten Autokraten berichtete. Chefredakteur und Redakteur kamen vorübergehend
ins Gefängnis und mußten wegen angeblicher Verleumdung
des Präsidenten hohe Geldstrafen zahlen (obwohl sie recht
hatten, wie sich dann bei der glanzvollen, offiziellen Heirat
Mugabes erwies). Mugabe aber genügte die Verurteilung
nicht. Kurz vor den Wahlen wollte er ganz auf Nummer
sicher gehen und drehte indirekt den Geldhahn zu. Der Besitzer der *Financial Gazette* mußte bei einer staatlichen Bank
umschulden. Dies wurde erst möglich, nachdem er den Chefredakteur entlassen hatte. Aber Mugabe hatte sich zu früh
gefreut. Wenig später hieß Simbabwes unabhängige Zeitung
Independent – und der Chefredakteur war der frühere der
Financial Gazette. Wie sagte Bright Mwape in Sambia: »Das
Bewußtsein ist nicht mehr zurückzudrehen.«

Viele dieser Kollegen haben mir auf meinen Reisen geholfen. Wir haben stundenlang diskutiert. Sie haben mich immer
wieder auf den neuesten Stand der Dinge in ihren Ländern
gebracht, Fakten geliefert, Urteile gefällt, mir Kontakte ver-
schafft, oft auch mit so kleinen, unheimlich wichtigen Dingen
geholfen wie vertrauenswürdige Übersetzer oder anständige
Autovermieter zu vermitteln. Mit manchen freundete ich
mich auch persönlich an, wie mit Gado in Kenia.

Gado kann das Zeichnen einfach nicht lassen. Während er
bei unserem ersten Treffen über das Besondere seiner Arbeit
als Karikaturist in einem Land wie Kenia räsoniert, skizziert
sein Bleistift schon mit wenigen Strichen, was am nächsten
Tag die Kommentarseite der Zeitung *Nation* zieren wird.
Diesmal soll es um das Nachbarland Somalia und die wenigen internationalen Helfer gehen, die sich dort trotz Gefahr
für Leib und Leben immer noch abmühen. Ein ausgehunger-
ter Somale sitzt, nur mit Lendenschurz bekleidet, vor einem

gutmütigen Weißen. Dieser will den Somalen in seiner Not füttern. Doch statt dankbar zu sein, beißt der Somale in die zur Hilfe ausgestreckte Hand. Autsch! Ein typischer Gado: kurz, knapp, böse, eingängige Kritik in Comic-Manier.

Gado kennt inzwischen so gut wie jeder in Kenia. Überall dort, wo die Zeitung *Nation* an den Straßenecken verkauft wird, ist er längst zur Institution und zu einem Symbol des freieren Atmens geworden. Denn Gado versteckt sich nicht. Jede Karikatur trägt sein Signet – ohne Unterschied, wen er parodiert, ob weiß oder schwarz, Regierung, Opposition, UN-Generalsekretär Kofi Annan oder Kongos Machthaber Kabila.

»Kreativität kennt keine Grenze«, sagt Gado. »Als Künstler mußt du die Grenzen selber abstecken.« Leichter gesagt als getan in einem Land, das erst 1992 das Einparteiensystem abschaffte und in dem auch danach kritische Journalisten oder Chefredakteure oppositioneller Magazine festgenommen und zu Gefängnisstrafen verurteilt werden. Vor allem Präsident Moi, seit 1978 an der Spitze, gilt immer noch als beinahe unangreifbar. »Kenia hat sich verändert, aber es ist nicht der Westen«, sagt Gado dazu. Eine Verunglimpfung Mois kann einen immer noch ganz schnell hinter Gitter bringen. Schon das Aussprechen des möglichen physischen Endes des immerhin mindestens 74 Jahre alten Mannes gilt als Anmaßung.

Dennoch scheut sich der Karikaturist der *Nation* nicht, auch Moi zu zeichnen. »Zuerst wagten wir es nur, ihn von hinten zu zeigen. Aber inzwischen haben wir ihn ganz, ganz langsam umgedreht«, lacht er und zeichnet an seinem Entwurf für den nächsten Tag weiter. Gado, die spitze Feder gegen stumpfe Macht, ist ein Arbeitstier, auch wenn sein Äußeres mehr seinem künstlerischen Naturell entspricht. Meist kommt er mit Weste daher, eine kleine runde Brille auf der Nase und das Spitzbärtchen darunter. Nur auf seinem

Schreibtisch in der sonst nüchternen Redaktion läuft den ganzen Tag ein Radio. Jeden Tag muß der »Künstler« irgendwann zwischen 16 bis 18 Uhr fertig sein, Montag bis einschließlich Sonntag. Die *Nation* erscheint täglich, und Gado ist der einzige angestellte Karikaturist des Blattes. Seine Häme wird nicht nur auf der Kommentarseite gedruckt, oft »porträtiert« er auch mal weiter hinten »aus dem Parlament«. Jeder, der es verdient, bekommt so sein Fett ab. Neulich war Oppositionschef Kibaki dran. Pech gehabt.

Eigentlich heißt »Gado« Gottfried Mwampembwa. Doch unter diesem Namen kennt ihn nicht einmal die Telefonistin der eigenen Zeitung. Er ist der älteste von drei Brüdern und einer Schwester. Die Mutter war Lehrerin, der Vater Beamter im benachbarten Tansania. Wie ein Tansanier Karikaturist in Kenia wird? »Ich gewann 1992 einen Wettbewerb der *Nation*«, erzählt Gado, und bessert gleich ganz ehrlich nach: »Ich wurde nur zweiter.« Was aus dem ersten wurde, weiß er nicht. »Ich war sowieso besser«, kichert er selbstbewußt. Auf jeden Fall bekam er den Job bei der *Nation* – zunächst nur unter dem Pseudonym »Gado«, da er noch keine Arbeitsgenehmigung in Kenia hatte. Beim Namen Gado und der *Nation* ist er geblieben, inzwischen seit sieben Jahren ganz offiziell.

»Ich hasse Politik, aber ich kann nicht ohne leben«, sagt er über sich. Er wollte einmal Architekt werden. Doch seine erste Karikatur zeichnete er schon mit 14 Jahren. Inzwischen ist er 29 Jahre alt. Er gehört zu Afrikas neuer Generation von Intellektuellen, die sich mehr als selbstkritisch nicht nur mit der Politik auf ihrem Kontinent auseinandersetzen. Kolonialismus ist für sie ein historischer Begriff, das meiste Gute und Schlechte, das sie ausmachen können, halten sie jedoch für hausgemacht. So läßt sich mit Gado trefflich über Recht und Unrecht etwa im heutigen Nigeria oder über einen eigenen »afrikanischen« Weg zur Demokratie streiten.

»Ich habe Glück gehabt, denn ich habe als Karikaturist begonnen, als die Dinge besser wurden. Damals begann Kenia sich zu öffnen.« Durch diese »Gnade der späten Geburt« fühlt sich Gado freier, nicht festgelegt durch irgendwelche Geschichten aus der Vorzeit. »Die Dinge sind heute viel besser als vor sechs Jahren«, resümiert er, »aber die Regierung sollte noch toleranter werden.« Gado läßt sich nicht beirren. Jede seiner Karikaturen ist ein Balanceakt, dessen ist er sich bewußt. »Aber als Karikaturist muß man nicht immer recht haben.« Er sieht seine Aufgabe vielmehr in der Konfrontation, im Angriff. Das Lächerlichmachen, das Anklagen sind sein Metier: die Wirklichkeit im gezeichneten Zerrspiegel vorführen.

Natürlich kommen Beschwerden. Manchmal läßt ein Minister anrufen, Faxe gehen ein, unverschämte, bösartige Anrufe werden durchgestellt, »meist von Minderheiten, aber mein Chef würde mich immer verteidigen«. Bisher ist ihm »politische« Einschüchterung der körperlichen Art erspart geblieben. Gado fühlt, daß seine Zeitung hinter ihm steht. Die *Nation* gehört dem allmächtigen Aga Khan, sie ist die einzige der drei Tageszeitungen Kenias, die man »unabhängig« nennen kann.

Gado arbeitet aktuell, verfügt über keinen »Vorrat« in der Schublade. Alle seine Zeichnungen muß der Chefredakteur im Entwurf erst noch akzeptieren. »Ich muß ihn überzeugen.« Das sei manchmal »mühsam« und »ein frustrierender Vorgang«. Doch er will mitreden, seine Meinung kundtun, wachrütteln. Jeden Tag fällt ihm dazu etwas Neues ein. Kritik als Leidenschaft. Ob er seinen Job möge? »Nein«, sagt er ohne eine Pause des Nachdenkens, »ich mag ihn nicht, ich liebe ihn.«

KAPITEL 6

Ein müder Leopard
macht keine Angst mehr

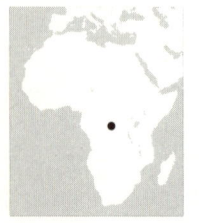

»Jo Lusi, warum meldest du dich nicht?«
Immer wieder versucht David McAllister
mit dem kleinen Handfunkgerät seinen
Mann drüben im seit Tagen umkämpften
Goma zu erreichen. Von hier oben auf
dem Hügel in Ruanda müßte es doch klappen, wenigstens per Funk in die nur
wenige Kilometer Luftlinie im Zaire gelegene Stadt rüberzu-
kommen. »Colt, Bravo, Mike: Jo Lusi, bitte melden.« Es ist
bereits sieben Uhr abends, dunkle Nacht am Kivusee.
Gisenyi, noch in Ruanda, mit seinen Hunderten von Lichtern
liegt unter uns; Goma drüben im Zaire ist nur zu erahnen,
kein Licht, kein Laut, nur das Wetterleuchten weiter westlich
zwischen den Virunga-Vulkanen läßt die Stadt kurz aufflak-
kern. Von Jo Lusi aber keine Antwort.

Wir fahren weiter, runter zur Grenze, obwohl es bereits so
spät ist. Die jungen Soldaten der ruandischen Armee sagen,
es sei kein Problem, morgen früh um 8 Uhr rüberzufahren.
Außer diesen Grenzposten ist jetzt niemand mehr da. Keine
besonderen Vorkehrungen, keine besondere militärische Präsenz, obwohl dies doch eine unsichere Grenze zu einem Bür-
gerkriegsgebiet ist. Aber die Ruandesen hier scheinen sich
ihrer Sache sehr sicher. Drüben im Zaire kämpfen Rebellen,
die zum Großteil ihrer Ethnie angehören, Tutsi. Und sie
kämpfen nicht nur gegen die Hauptstadt Kinshasa, sondern

»säubern« das östliche Grenzgebiet des Riesenreiches Zaire auch von den Hutu-Milizen der Ex-Diktatur in Ruanda, Milizen, die seit Sommer 1994 hier immer wieder herübergekommen sind und in ihrer alten Heimat zugeschlagen haben.

Jo Lusi, den wir so verzweifelt zu erreichen suchen, hat sich vor fünf Tagen zum letztenmal über Funk gemeldet mit einer langen Liste des Notwendigsten: Infusionen, Antibiotika, Verbandsmaterial, Binden, Pflaster, Diesel für den Generator. Alles scheint auszugehen im Virunga-Hospital in Goma, dessen Chefarzt Jo Lusi ist. Erst im März hatte ich ihn besucht: ein eher kleiner, untersetzter Mann, 52 Jahre alt, voll Energie, von seiner Aufgabe besessen, ein richtiger Doktor eben.

Jo Lusi ist Zairer vom Stamm der Nandi, die eher mit den Hutu denn den Tutsi gut können. Er ist Spezialist vor allem für orthopädische Eingriffe, arbeitet für die Christoffel-Blindenmission (CBM), eine private Hilfsorganisation mit christlichem Hintergrund. CBM war immer schon in Goma tätig. Aber angesichts der mehr als einer Million Hutu-Flüchtlinge aus Ruanda verstärkten sie ihre Kooperation mit dem Virunga-Hospital, stockten auf, renovierten, bauten aus.

Doch vorigen Samstag mußten alle ausländischen Helfer Goma verlassen. Der Fall der Stadt stand unmittelbar bevor. Jo Lusi blieb. Seitdem ist er der einzige Chirurg in Goma. Am Wochenende überrannten die Rebellen die Stadt – bestimmt viel Arbeit für Jo Lusi. Das Hospital soll einen Treffer abbekommen haben. Aber keiner weiß, was wirklich geschehen ist. Seit Freitag kein Wort mehr von ihm. Jo Lusis Frau Gwendolyn, eine Britin, ist aus Nairobi mitgekommen mit all den Kisten und Kartons voll Medizin. Ihr Mann ist irgendwo da drüben im Dunkeln. Ob er noch lebt? Niemand wagt, diese Frage laut auszusprechen.

Der nächste Tag, kurz vor 8 Uhr. Der Kivusee liegt in gleißender Sonne wie eine Silberscheibe da. Vor der Grenze staut sich eine Wagenkolonne. Die Presse ist früh aufgestanden. Jeder will wissen, will nachschauen, was los ist in Goma. Die meisten Kollegen kennen sich schon vom Bürgerkrieg in Ruanda oder noch aus Somalia. Ein Fernsehteam nach dem anderen reiht sich brav ein. Als eine Standardprozedur sammeln die Ruandesen die Pässe ein. Eine lange Liste mit Namen wird geschrieben. Es dauert Stunden. Alles muß seine Ordnung haben. Wer aus der Schlange wartender Autos ausschert, wird von den jungen Soldaten Ruandas zurückgepfiffen.

Endlich, kurz vor 11 Uhr, kommen die Pässe zurück. Name für Name wird verlesen, dann Autos und Gepäck genau inspiziert. Eins nach dem anderen darf den Schlagbaum auf ruandesischer Seite passieren. Auf dem sandigen Boden liegen wie Kieselsteine verschossene Patronen und Hülsen herum. Wir sind der einzige Wagen, der Hilfsmittel geladen hat. Was erwartet uns am nächsten Schlagbaum 40 Meter weiter, der offiziell die Grenze zum Zaire markiert?

Dort steht »Kommandeur« Odongo mit seinen drei Kindersoldaten. Der eine ist höchstens 14 Jahre alt, ein Kind mit ernstem, verhärmten Gesicht. Die Maschinenpistole baumelt an der Schulter, T-Shirt, Jeans, die Lederhalbschuhe sind ihm viel zu groß. Bei jedem Schritt schlüpft er raus. Wem er die wohl abgenommen hat? Nur der »Kommandeur« präsentiert sich in Uniform. Ein Beutestück von der zairischen Armee, denn die drei Buchstaben »ZAR« prangen an seiner Brust; die schwarzen Schnürstiefel sind poliert.

Odongo, groß gewachsen, schlank, mit schmalem Gesicht, posiert auf dem erhöhten Fundament des ehemaligen zairischen Grenzposten. Er hat alles vom Phänotyp eines Tutsi. Die drei anderen dagegen sind *Zairoise,* kleinwüchsiger, mit breiten Gesichtern, zweifellos von anderen Ethnien. Sie sprechen kein Wort Französisch, nur Swahili. Aber sie funktionieren hoch diszipliniert. Alles hört auf Odongos Kommando. Jetzt bloß keine falsche Frage stellen. Paß abgeben, ein kurzer Blick Odongos auf die Pressekarte. Hier und jetzt ist er und nur er der absolute Herr über Ja oder Nein.

Odongo genießt das, zieht souverän an seiner Zigarette, während die Weltpresse vor ihm Diener macht. Journalisten dürfen passieren, das ist die Order des Tages. Pässe türmen sich auf zwei Stühlen vor dem schäbigen Grenzhaus auf. Dies ist und soll eine Grenze bleiben. Zwar räumt Ruanda längst ein, den Rebellen mit schwerem Granatfeuer dabei geholfen zu haben, Goma einzunehmen, aber annektiert ist das Grenzgebiet deshalb noch lange nicht, auch wenn Ruanda seit langem Anspruch auf die Region erhebt und die in der Kolonialzeit verschobenen Grenzlinien anficht. Hier Ruanda, dort Ex-Zaire, nun »befreites« Rebellengebiet.

Der neue »Gouverneur« von Goma heißt Kommandeur Gaba. Er sprach bei seiner »Pressekonferenz« am Vortag für die *Alliance de Force Démocratique pour la Libération de Congo-Zaïre* (AFDL) und lud die internationalen Helfer ein, nach Goma zurückzukommen. Doch bei Odongo am Grenzposten ist das anscheinend noch nicht angekommen. Nein, sagt er barsch, nur Journalisten dürften rüber, keine Hilfsgüter. »Der Zoll hat noch nicht offen.« David McAllister, CBM-Leiter für Zentralafrika, versucht es immer wieder. Aber der Minibus voll Medizin und Binden darf nicht passieren.

Und von Jo Lusi immer noch kein Wort, kein Lebenszeichen. Seine Frau bleibt bei jedem neuen Nein von Odongo äußerlich beherrscht. Aber sie wendet sich dann ab, geht ein paar Schritte zur Seite. Warum lassen sie Journalisten rüber, nicht aber die ersten Hilfsgüter, notwendige Medizin auch für ihre eigenen Verwundeten? Odongo bleibt hart, er hat seine Order. Es vergehen Stunden.

Endlich kommen zwei »Soldaten« mit der Antwort auf seine Anfrage »weiter oben« zurück. Es ist ein Kompromiß: die Medizin darf rein, abgeladen werden, dann aber müssen wir sofort wieder raus. Verstanden? Ein Begleiter, ein Rebellensoldat mit Maschinengewehr, wird uns zur Überwachung in den Bus gesetzt. Suleiman ist 24 Jahre alt. Er spricht kein französisch, aber Swahili. Keine Antwort darauf, woher er komme. Aber alles, Name und Sprache, deuten auf Uganda. Ein bunter Haufen, diese Rebellen. Aber auch Suleiman ist mehr als korrekt, bestimmend, sehr diszipliniert. Kein Wort zuviel, nur kurze Anweisungen. Wir fahren auf der Avenue du 20 Mai rein nach Goma.

Eine geplünderte Stadt. Die Straßen sind bedeckt mit Unrat, verstreuten Papieren und nutzlosen Dingen. Die Geschäfte auf der Avenue Mobutu aufgebrochen und ausgeräumt. Überall wandeln Menschen wie Schatten entlang, Frauen, Männer, Kinder. An einem Laden bilden sich Schlangen, offenbar wird hier, was noch da ist, ausgegeben. Suleiman läßt uns nicht anhalten. Die einzigen Autos auf den Straßen sind die der Journalisten, bis auf die vier Laster des Roten Kreuzes. Die sammeln Leichen ein. »Bisher haben wir mehr als 400 aufgelesen«, ruft mir ein lokaler Rotkreuz-Mitarbeiter zu. Tote von den Kämpfen und den Plünderungen. Weiße Helfer sind keine mehr da. Die Autos der Hilfsorganisationen, die zwei Jahre lang Goma zum Versorgungszentrum der Hutu-Flüchtlinge gemacht hatten, wurden von den fliehenden zairischen Soldaten »konfisziert«. Suleiman dringt darauf weiterzufahren.

Die Häuserfassaden sind von Einschüssen vernarbt. Aber große Schäden, Zeugnisse schweren Granatbeschusses, sehen wir keine. Der Wassertanker des UN-Flüchtlingswerkes kreuzt unseren Weg. Die lokalen Mitarbeiter versuchen ein Minimum an Versorgung aufrechtzuerhalten. Nach Norden, zum Flughafen, dürfen wir nicht abbiegen. Er soll in Rebellenhand liegen. Vom Süden ist immer wieder Gewehrfeuer zu hören. Gleich hinter der Stadt, Richtung Bukavu, liegt das Flüchtlingscamp Mugunga. Dieses Lager war immer die Hochburg der Hutu-Milizen. Dort wird offenbar immer noch gekämpft, nicht Rebellen gegen zairische Armee, sondern Rebellen gegen Hutu-Milizen aus Ruanda.

Endlich: Das Virunga-Hospital steht noch. Jo Lusi rast in seinem Operationsmantel mit den weißen Gummistiefeln und seinem bunten Haarschutz wie ein Derwisch über das Gelände. Er weiß nichts von unserem Kommen. »Die Funkgeräte haben wir alle vergraben, wer so etwas hat, gilt hier als Verräter.« Der Mann steht völlig unter Strom. Am Vorabend operierte er bis Mitternacht. Die Rebellen hatten Verwundete, besorgten ihm von irgendwoher 20 Liter Diesel. Also hatte er Licht. »Ich bin seit sieben Tagen der einzige Chirurg hier.« Seitdem habe er das Krankenhaus nicht mehr verlassen. Das Hospital wurde gottlob nicht geplündert.

Nun aber will er zu seiner Frau an die Grenze. Dafür braucht er die Genehmigung der »Autoritäten«. Es sind mindestens sechs verschiedene Gruppen in der Stadt, sagt er. Alle sprächen andere Sprachen. »Es herrscht tiefes Mißtrauen zwischen ihnen.« Aber sie seien ungeheuer höflich, die Rebellen, und sehr diszipliniert. »Ganz anders als die zairischen Soldaten.« Weg ist er. Wir laden ab, die Zimmer sind voll von Patienten. Zairer, Rebellen, wer weiß; viele Bauchverletzungen, starke Blutungen. Das läßt auf Kampfverletzungen schließen. Jetzt ist zumindest wieder etwas Medizin da. Die paar Kartons aus dem Minibus werden Leben retten, wenigstens einige.

Suleiman, unser Begleiter, erinnert bestimmend an die Abmachung. Also fahren wir zurück durch die trostlose, geplünderte Stadt, in der Menschen zu überleben versuchen. Dann warten wir am Schlagbaum auf Jo Lusi. Irgendwann dann hat er es schließlich geschafft, nimmt endlich seine Frau in den Arm. Aber nur ganz kurz. Schon redet er wieder auf den Grenzkommandanten Odongo ein, diktiert David McAllister die Liste in den Block, wovon sie noch mehr brauchen. Einige Tage später will CBM die nächste Ladung an Hilfsgütern aus Nairobi einfliegen und über die Grenze schaffen. Odongo sagt, kein Problem. Bis dahin will Gwendolyn bei ihrem Mann in Goma bleiben. Jo Lusi nimmt sie mit und verabschiedet sich mit den Worten: »Dann geht ihr zurück in den Himmel und ich zurück in die Hölle.«

Spätestens dann, wenn Militärs ungefragt kundtun, sie wollten auf keinen Fall die Macht an sich reißen, kann man in Afrika von einer ernsten Staatskrise ausgehen. Im Zaire ist es 1996 so weit: Staatschef Mobutu Sese Seko wird Ende August in der Schweiz operiert. Er kehrt monatelang nicht in sein morbides Reich zurück. Und die Militärs werden ihrer Lippenbekenntnisse nicht müde, ihm und dem Zeitplan »für freie und transparente Wahlen« im Mai 1997 ihre Unterstützung zu versichern. Derweil überschlagen sich die Zeitungen mit Gerüchten über den wirklichen Gesundheitszustand des 66 Jahre alten Autokraten. Ängstlich spekulieren sie über die mehr als ungewisse Zukunft des ehemals belgischen Kongo.

Mobutu kam 1966 an die Macht. Seitdem herrschte er ziemlich unangefochten über das chaotische, völlig korrupte Land. Nur zweimal gab es sogenannte Wahlen, 1970 und 1984. Mobutu ließ den Zaire völlig in seine Einzelteile zerfallen. *Divide et impera* war seine Devise. Nur er und seine Spezialeinheiten, von ihm gut versorgt und bezahlt, behielten das Ganze im Auge – zu ihren Gunsten, zu ihrem eigenen Vorteil. Inzwischen lebt jede Region, ob der Kupfergürtel im Süden, die Diamantenfelder im Westen, der fruchtbare Norden oder der vergessene Osten, längst sein Eigenleben. Im Zaire gibt es vier Währungen: neue Zaire (nur im Westen und Kinshasa akzeptiert), im Nord-Westen den CFA der Nachbarländer, im Osten dagegen alte Zaire oder ruandesische Francs. Allein US-Dollar gelten überall als »Zahlungsmittel«.

Doch auch in Kinshasa protestierte 1990 die Opposition mit blutigem Ausgang, die ausländischen Rat- und Geldgeber bestanden auf Veränderungen. Also versprach Mobutu demokratische Reformen. 1995 sollte gewählt werden. Das Datum wurde verschoben, auch wegen der Flüchtlingskrise Ruandas – die Mobutu international wieder rehabilitierte. Nun soll 1997 gewählt werden. Und dafür braucht es Mobutu, den Un-Demokraten. Denn was, wenn er vorher sterben würde? Nach der Übergangsverfassung würde der Präsident des Übergangsparlamentes die Geschäfte übernehmen. Den gibt es aber nicht mehr. Denn das Parlament entließ Erzbischof Laurent Mosengwo ein Jahr zuvor. Dessen beide Stellvertreter gehören dem Regierungs- beziehungsweise dem Oppositionslager an. Ohne Mobutu würde also der Flickenteppich Zaire schlicht in seine ethnischen Regionen und Einflußgebiete der unterschiedlichen *warlords* zerfallen. Viele Beobachter befürchten dann weit Schlimmeres als in Somalia oder Liberia. »Feldmarschall Mobutu ist die Sicherung der nationalen Einheit«, schreibt die Zeitung *Palmeras* in Kinshasa vor ihrem Verbot. Ein notwendiges Übel in turbulenten Zeiten, meint der Kommentator.

Aber dann explodiert der Kivu, der Osten des Riesenreiches. Es herrscht plötzlich Krieg. Dennoch kümmert sich niemand darum, den Waffengang zu beenden. Die Hilfsorganisationen bringen die meisten ihrer »weißen« Helfer aus Bukavu und Uvira im Zaire erst einmal in Sicherheit. Auch die Deutschen fliegen ihre Leute aus. Denn zwischen Zaire und dem Nachbarn Ruanda, zwischen den Städten Bukavu und Cyangugu, ballern plötzlich die Mörser und Granaten, knattern die Maschinengewehre. »Keine Ahnung, wer anfing; aber sicher ist, daß das kein Zufall, sondern auf zairischer Seite wohl vorbereitet war«, sagt mir eine Deutsche, die seit Jahren im südlichen Kivu arbeitet. Die ersten Mörserrunden explodierten, als der Empfang zum Tag der Deutschen Einheit in Bukavu vorbei war. Die zairischen Militärs waren erst gar nicht gekommen, hatten sich entschuldigt. Der deutsche Botschafter aus Kinshasa konnte nicht kommen. Sein Flugzeug mußte vor Bukavu wieder umdrehen. Angeblich ein technischer Defekt. Aber offenbar sollte der Luftraum freigehalten werden. Der Zaire freilich schimpft auf Ruanda als den »Aggressor«, Ruanda dagegen erklärt, es müsse sich gegen Übergriffe schützen.

Der südliche Kivu ist einer der schönsten Landstriche Afrikas. Aber gleichzeitig verdichtet sich hier alles, was die gesamte Region der Großen Seen zwischen Tanganjika- und Viktoriasee von Burundi über den Zaire bis nach Ruanda an möglichen Explosivstoffen bereit hält: bittere Armut und Unterentwicklung; mehr als eine Million ruandischer Flüchtlinge; schwer bewaffnete Hutu-Milizen sowohl aus Burundi als auch Ruanda, deren »Heerführer« in Bukavu residieren; zugleich aber auch eine traditionell seit 40 Jahren im Zaire lebende Tutsi-Bevölkerung. Und zuguterletzt finden sich hier die Myriaden der Hilfsorganisationen aus der ganzen Welt, die sich entweder um die Flüchtlinge aus Ruanda oder die lokale Bevölkerung des Zaires kümmern.

Nun aber gibt es Krieg in dieser Gegend, die weitab liegt von jedem strategischen Interesse für den Rest der Welt. Wohl deshalb kümmert sich kaum jemand darum, daß wieder mehr als 100000 Hutu-Flüchtlinge aus Ruanda und Burundi auf der Flucht sind. Die fünf Lager unweit der Stadt Uvira am Tanganjikasee haben sie verlassen und ziehen nordwärts in Richtung Bukavu. Da ist ein Krieg ausgebrochen, und keiner weiß wie und warum, noch ist alles undurchsichtig, liegt in dichtem Nebel. Nur eines ist sonnenklar, wieder sind Tutsi und Hutu Protagonisten der Tragödie dieser Region in Afrika.

Und Krieg in Afrika ist anders. Schüsse krachen, Maschinengewehrsalven knattern. Alle rennen, suchen Deckung.

»Von welcher Seite kam es?« – »Von drüben, jetzt schießen sie zurück.« Es ist ein dunkler Abend am Rusizi, dem Grenzfluß zwischen Ruanda und Zaire, und die Journalisten auf der Terrasse des Hotels Kivu in Cyangugu könnten kaum hektischer sein. »Drüben« liegt Bukavu, nur einen Steinwurf entfernt auf der zairischen Seite. Und schon wieder peitschen MG-Salven durch die Luft. Nur Oberstleutnant Cesar Kayzali von der ruandischen Armee bleibt ruhig an seinem Tisch im Hotel Kivu, ißt weiter und weigert sich, bei der Hysterie um ihn herum mitzumachen. Irgendwann reicht es ihm aber doch. Über Sprechfunk gibt er kurze Anweisungen: Seine Männer sollen nicht mehr zurückschießen. Wenig später ist endlich Ruhe. Ohne Gegenfeuer haben auch die drüben in Zaire keine Lust mehr, ihre Munition über den Fluß zu verpulvern.

Jetzt ist nur noch das Plätschern des Rusizi zu hören. Erst später in der Nacht sind von jenseits der Grenze wieder einzelne Schüsse zu hören, gelegentlich das dumpfe Rumsen eines Granateinschlags. Der Vollmond ist aufgegangen, silbern glänzend liegt der Kivusee da, eingerahmt von den Virungabergen. Eine friedliche Landschaft. Und die Welt spricht vom neuen Flüchtlingsdrama, von Hunderttausenden von Hutu-Flüchtlingen, die sich am Ende des Bürgerkrieges und Genozids in Ruanda 1994 nach Zaire gerettet hatten und nun wieder auf der Flucht sind.

Am 9. September 1996 fand in Uvira, der kleinen Stadt am zairischen Ufer des Tanganjika-Sees, der »Marsch gegen die Banyamulenge« statt, einer weiteren Tutsi-Volksgruppe. Bürgermeister, Gendarmeriechef, Militärs hatten die Bevölkerung mobilisiert. Häuser wurden demoliert, Menschen mißhandelt, ins Gefängnis geworfen, die Hatz begann. »Die internationalen Medien sind nur voll mit den Hutu-Flüchtlingen aus Ruanda, aber keiner spricht von uns Banyamulenge, berichtet, wie wir gerettet wurden«, platzt es aus Elia-

zar Mudaikiwa heraus, einem Banyamulenge. Dann kommt
Musafiri Mushambao mit einem großen, schwarzen Buch
dazu, fährt mit seinem Finger ruhig die Seiten auf und ab,
blättert und zählt die Namen der Orte und der Toten auf,
die er aufgeschrieben hat, damit er sie nie vergessen wird: In
Sange 20, in Muturure neun, in Burugera drei, in Lweba 89,
in Kamanyola 37. In seinem Buch stehen 217 Namen, alles
Männer. Sie hatten sie von ihren Familien getrennt, zusam-
mengetrieben und erschossen.

Ethnische Säuberung in Ostzaire: Seit mehr als 200 Jahren
leben die Banyamulenge-Tutsi im südlichen Kivu. Dennoch
sind sie im nachkolonialen »freien« Zaire nie voll anerkannt
worden. Sie durften nicht wählen, wurden als »Fremde«
behandelt und im vergangenen Jahr in Kinshasa sogar per
Verfassungsänderung dazu erklärt. Die Hatz auf die 200 000
bis 400 000 Menschen wurde legitimiert. Das fragile Gleichgewicht des Vielvölkergemisches im Kivu war gekippt durch
die Fluchtwelle der Hutu nach dem Kollaps ihrer Diktatur in
Ruanda 1994. Die Tutsi aber ließen die Hatz auf sich nicht
einfach geschehen. Ihre Rebellen schlugen zurück. »Wir verteidigen uns«, sagt einer ihrer Sprecher mir.

Das Mobutu-Reich kollabiert im Herbst 1996. Zaire verfügt über keine Kraft mehr zur Gegenwehr. Es ist von innen
zersetzt. Bei Goma kämpfen nicht mehr allein die Banyamulenge. Längst hat sich eine größere Koalition zentrifugaler
Kräfte gebildet, der auch andere Gruppen aus dem Kivu
angehören sowie Rebellen aus Shaba und Kasai. Ihnen kann
niemand mehr Einhalt gebieten. Und die Hutu-Flüchtlinge
sitzen in der Falle. Denn auf dem Landweg können sie nur
über die eine Straße über Gisenyi zurück nach Ruanda. Wer
unter ihnen aber als Milizionär oder Soldat der Hutu-Diktatur Ruandas nahestand, dem steht nur noch der Fluchtweg
nach Westen offen – in die undurchdringlichen Regenwälder
des Zaire.

Gisenyi, Grenzort in Ruanda, Mitte November, nur knapp zehn Tage, nachdem ich Jo Lusi in Goma wiedergesehen hatte. Nachts im Lichtkegel meines Autos sind die Bilder noch grotesker, erscheint die Zahl, die Masse der Menschen noch unglaubhafter. Da liegen sie, Zehn-, wenn nicht Hunderttausende entlang der einzigen Straße, die vom Grenzort Gisenyi die Hügel hinauf ins Landesinnere führt. Bedeckt nur mit den blauen Plastikplanen des UN-Flüchtlingswerks, kauern Familien erschöpft mit all ihrem Hab und Gut am Straßenrand. Kilometerlang glimmen die Reste der Holzfeuer noch im Nieselregen nach dem letzten Schauer. Ab und zu hörst du das Heulen eines kleinen Kindes, Frauen legen nasse Äste in die Glut. Es ist eine Flüchtlingsapokalypse: Völlig übermüdet von dem langen Marsch des Tages versuchen diese Menschen wieder Kräfte zu sammeln für morgen, den nächsten Tag, an dem es weitergeht. Und dennoch, die, die da entlang der Straße für die Nacht kampieren, haben es immerhin bis hierher geschafft: Sie sind wieder in Ruanda, nach zweieinhalb Jahren in den Flüchtlingscamps im Ostzaire wieder in der Heimat, wenn auch noch nicht zu Hause, aber rübergekommen. *La petite barrière* nennen sie diese Grenze, den kleinen Schlagbaum. Er liegt am Fuße des Karisimbi-Vulkans. Seit Freitag mittag steht er einfach offen. Denn niemand kann diesen Strom von Menschen aufhalten, der zurückfließt, langsam, müde, aber beständig.

Kontrollen gibt es keine mehr. 200, 300 Menschen in der Minute passieren die Grenze. Ein stiller Marsch. Kinder tragen Bündel, größer als sie selbst, auf dem Kopf, in der Hand noch einen Ast für das spätere Feuer, Mütter schleppen Säcke und Plastikkanister, auf dem Rücken im Tuch ein Kind, ein anderes hängt am Rockzipfel. Wenige haben Schuhe, andere dagegen schieben sogar einen vollbepackten Kleinwagen mit platten Reifen über die Grenze. Der Fluß fließt, ein Strom, der sich, so weit man in den Zaire hineinsehen kann, wie von einem Sog gezogen kilometerlang dahinwälzt. In den Gesichtern ist, wenn man das überhaupt sagen kann, keine Furcht, keine Angst zu sehen, nur Müdigkeit, Erschöpfung; und auch so etwas wie Hoffnung oder Erleichterung. Das sind keine Menschen, die vor etwas fliehen, die weglaufen, angstvoll zurückblicken. Nein, sie werden gezogen, haben ein Ziel, wollen endlich nach Hause. Menschen, endlos Menschen. Sie wollen aus eigener Kraft weiter, nur nicht stehen bleiben.

Auf der anderen Seite der Grenze in Goma gibt am nächsten Tag der »Sieger« seine erste internationale Pressekonferenz: Laurent Désiré Kabila. Er ist auf dem Weg, sich seinen Lebenstraum zu erfüllen. Denn nun endlich schließt er Vereinbarungen mit UN-Vertretern über Hilfslieferungen, gibt der Weltpresse Interviews über die Zukunft Zaires. Dabei ist Kabila, nach eigenen Aussagen 55 Jahre alt, offiziell nur der Sprecher der Rebellen Ostzaires. Obwohl er nicht einmal aus dem Kivu stammt, sondern aus dem Nordteil der Shaba-Provinz in Zentralzaire, gibt er sich dennoch längst als Chef der Rebellion im Osten. Kabila spricht für die Allianz der Demokratischen Kräfte zur Befreiung des Kongo-Zaire (ADLF). Den militärischen Sieg gegen die Lumpen-Armee Zaires entlang der 300 Kilometer von Uvira bis Goma, der Kabila erst auf die Bühne der Weltpolitik hob, haben aber vor allem andere errungen: die Banyamulenge-Tutsi.

Doch Kabila ist kein hochgewachsener Tutsi mit schmalem Gesicht. Seine gedrungene Physiognomie entspricht klar den Bantu-Völkern des Kongo-Beckens. »Unserer Allianz gehören Vertreter vieler der mehr als 200 Ethnien an, die in Zaire leben«, spielt er den Tutsi-Anteil am Erfolg »seines« Aufstandes herunter. Schließlich ist Kabila ein altbekannter, wenn bisher auch erfolgloser Rebell. Schon in den 60er Jahren war er Teil der Mulele-Rebellion im östlichen Zaire, und natürlich auch in den 80er Jahren in Shaba. Kabila war ein alter »Waffenbruder« des Revolutionärs Che Guevara, der mit der kubanischen Guerilla am Mulele-Aufstand teilnahm – und den jungen Kabila mit einem einzigen Satz abtat: Er interessiere sich nur für »Whisky und Weiber«.

Diesmal aber zeigt der älter gewordene Kabila, daß er auch erfolgreich rebellieren kann. Der Osten des Riesenlandes Zaire ist für Mobutus Kinshasa im Herbst 1996 für immer verloren. Die Rebellen und ihre Helfershelfer haben aufgeräumt. Die Flüchtlingscamps der Hutu sind leer, die Lumpensoldaten des Zaire mit allem, was sie tragen konnten, geflüchtet. Was wird Kinshasa nun unternehmen? Was wird aus Mobutu und seiner Diktatur werden, wenn die Rebellion sich immer weiter in sein marodes Reich frißt?

Im Dezember 1996 fliege ich deshalb nach Kinshasa. Mobutu samt seinem Leoparden-Käppchen kehrt gerade von seiner Behandlung aus Europa zurück. Er wird von mit Bussen herangekarrten Jubelmengen am Flughafen begrüßt, von Neugierigen auf dem Weg in seine befestigte Residenz auf dem Hügel im Viertel Ngaliama begafft. Alle warten gespannt auf diese seine Rückkehr. Doch der Mann, der Zaire, das drittgrößte Land Afrikas, seit 1966 beherrscht, sagt in einer kurzen Fernsehansprache nichts, was die Hoffnungen der Regierungs- oder Oppositionsseite und schon gar der Menschen wirklich nähren könnte. Vielmehr läßt er Antworten auf konkrete Fragen offen und zieht sich mit der schützenden Bemerkung aus der Affäre, er sei »gegen den Rat seiner Ärzte« wegen der Krise zurückgekommen.

Das ist keine glorreiche Rückkehr, eher eine Pflichtübung, Mobutu nicht der allmächtige Chef, Präsident, Feldmarschall. Abgemagert sehe er aus, macht es die Runde im Savannah, einem abendlichen Treffpunkt weißer Ausländer und schwarzer Schönheiten gegenüber der US-Botschaft im Diplomatenviertel Gombe. An Orten wie dem Savannah sind die Antworten in Gesprächen mit Militärattachés, Diplomaten und seit Jahrzehnten hier lebenden Ausländern konkreter als auf dem offiziellen Parkett.

Mobutu, immer gern als einer der reichsten Männer der Welt apostrophiert, ist am Ende. Er führte das Chaos als Ordnungsprinzip im Herzen Afrikas ein. Nun hat ihn eben dieses Chaos eingeholt. Wo es nichts mehr zu holen gibt, wird Korruption als Herrschaftsinstrument stumpf. Mobutu fehlen die Machtmittel, noch einmal das Ruder herumzureißen. Selbst Kinshasa, die Hauptstadt des Riesenreiches, das bei seinen 40 Millionen Einwohnern flächenmäßig siebenmal so groß ist wie Deutschland, ist nur noch ein großes, heruntergekommenes Dorf, chaotisch afrikanisch, geprägt vom täglichen Überlebenskampf der kleinen Leute, für die das Wort »Staat« nichts Gutes bedeutet, sondern nur Bürokratie und Schikane, Uniformen, Willkür und teure Schmiergeldzahlungen. Vier Millionen Menschen hausen hier, die meisten ohne Strom, Wasser, Arbeit, Schule oder Hoffnung auf eine bessere Zukunft. Der Boulevard du 30 June, die Hauptstraße der Stadt am großen Fluß, ist nur noch eine graue, staubige Verkehrsader für klapprige Autos und sonnenbebrillte Polizisten auf der Jagd nach zusätzlichen »Einkünften«.

In einer Seitenstraße sitzt »Mama« Rose neben Tomaten und Zwiebeln. Mit dem, was sie damit verdient, muß sie vier Kinder durchbringen. Über Politik will sie nicht sprechen, lieber etwas verkaufen oder einfach ein bißchen Geld von mir als Weißem zugesteckt bekommen. Doch dann murmelt sie leise vor sich hin: *Aya koko.* Hoffentlich kommt er bald, heißt das, übersetzt mein Begleiter. Gemeint sei nicht Mobutu, sondern – Rebellenführer Laurent Kabila.

Zurück im Osten reise ich an Bord der alten DC-3 einer Missionsgesellschaft in die »befreiten Gebiete«. In der Rebellen-Hauptstadt Goma treffe ich zum zweitenmal den Mann, der Mobutu herausfordert: Laurent Désiré Kabila. Kabila will den Mann mit dem Leoparden-Käppi stürzen, Zaire und seine Menschen »befreien«. Dazu trägt er auf dem Flugfeld von Goma die blaue Schirmmütze einer französischen Fernsehstation und nagelneue weiße Turnschuhe aus Fernost. Daß er den Krieg gewinnen werde, sagt er nachdenklich, daran habe er keinen Zweifel mehr. Aber danach das Land, das er schon wieder den Kongo nennt, wiederaufzubauen und als Einheit zu regieren, »das wird schwer«. Dumm ist dieser kleine Mann wirklich nicht, vielmehr ein geschulter Zuhörer, ein Mann, der Autorität ausstrahlt, der nur sagt, was er will, egal wer ihn wonach auch fragt, eine bedrohliche Kraftmaschine.

Und Goma, die Rebellenhauptstadt, ist schon wieder eine »normale« Stadt. Die Schulen sind auf, die Märkte beginnen zu funktionieren. Sogar einige Taxis warten auf Kundschaft. In zwei Monaten, sagt Kabila, hoffe er auch die Beamten wieder bezahlen zu können. Derzeit arbeiteten diese für die »Revolution«. »Wir kämpfen für den einen Kongo«, verkündet der Rebellenchef. Eigene Visa und Pässe aber haben sie wieder zurückgezogen. Denn bisher hat noch niemand die Rebellen anerkannt. Kinshasa spricht von einer Invasion Ruandas und Ugandas. Kabila weicht aus. »Was haben die denn für die eigene Bevölkerung getan? Sie schickten Söldner. Bei uns stehen die eigenen Kinder in der ersten Frontlinie.«

Zum Beweis präsentiert Kabila in Goma 5000 neue Freiwillige aus allen Regionen und Ethnien Ostzaires. So viele Tutsi wie Rebellen kann es gar nicht geben. Die Führungspositionen freilich sind fest in der Hand der »Langen«: Moses aus Uvira, der früher für *World Vision* arbeitete, ist die rechte Hand Kabilas, Joseph, der in Kinshasa studierte, die linke. Beide sind Mulenge-Tutsi. Ist aber deshalb Kabila nur eine Marionette für den heimlichen Masterplan eines Tutsi-Reiches an den Großen Seen? Kein Zweifel, Ruanda half von Anfang an militärisch kräftig mit. Auch Musevenis Uganda

unterstützte. Die Rebellion hatte Freunde. Aber sie entwik-
kelte längst Eigendynamik.

Dem Zaire gab Joseph Conrads berühmte Novelle *Herz
der Finsternis* seinen treffenden Beinamen. In der Geschichte
dieser Fahrt auf dem Kongo beschreibt Conrad vor 100 Jahren den Grundkonflikt, der sich damals im Zaire zutrug. Da
entkommt Kapitän Marlow, ein skeptischer Moralist, gerade
noch dem Sirenengesang der Wildnis. Ihm steht der Elfen-
beinagent Kurtz gegenüber, ein pervertierter Idealist, der alle
Mächte der Finsternis verkörpert, der raubt, plündert, sich
bereichert. Kurtz ist Komplize, Gegenspieler, endlich Opfer
der Wildnis. Er bezahlt seinen Teufelspakt mit dem Leben.
Conrad schildert die extreme Erfahrung des gelebten Grauens. Und *Herz der Finsternis* ruft das Verlangen hervor, sich
auf sichere und unangezweifelte Werte zurückziehen zu
können.

Viele Charakterzüge dieses Kurtz lassen sich mühelos auf
Zaires Präsident Mobutu übertragen. Rebellenchef Kabila,
dessen überraschende Erfolge die Rebellion mehr tragen, als
daß er sie planvoll führt, ähnelt der Figur des Kapitän Marlow: Der ahnte auch nicht, worauf er sich da eingelassen
hatte. Das Grauen, das der Bürgerkrieg verursacht und das
durch die Undurchdringlichkeit von Zaires Wildnis überhaupt noch nicht in vollem Umfang bekannt ist, läßt einen
ähnlichen Schluß zu wie Conrads Novelle: Das Ziel der
Schöpfung kann kein ethisches sein.

Angesichts des Grauens versucht die Welt sich auf sichere
Werte zurückzuziehen: humanitäre Hilfe, aber ohne Gefahr
für die Helfer, Forderung nach Waffenstillstand, aber ohne
Androhung jedwelcher Sanktionen, am besten eine friedliche
Lösung des Konflikts, ohne diesen bei seinem wirklichen,
unbequemen Namen zu nennen: Ende der Unrechtherrschaft
des Mobutu-Regimes und Neugestaltung der staatlichen
Ordnung des Zaire.

Die Rebellen haben bereits mehr als ein Viertel des Zaires eingenommen. Reicht das immer noch nicht für ihre Anerkennung? Der Afrika-Beauftragte des Auswärtigen Amtes, Harald Ganns, redet immer noch von »Dialog« und nicht von Verhandlungen. Warum zieren sich Außenpolitiker so, die Realitäten anzuerkennen und Kabila als existierende Größe endlich zu akzeptieren? Weil sie konservativ sind und die legale Fiktion des souveränen Nationalstaats in Afrika nicht aufgeben wollen.

Der Zaire ist nur idealtypisch für das Dilemma von ganz Afrika: Dessen Staaten sind nie wirklich souverän gewesen. Die »Väter der Unabhängigkeit« erklärten den Bruch mit dem kolonialen Europa und übernahmen zugleich die europäischste aller politischen Organisationen, den Nationalstaat. Ihr Motiv war die Sicherung der eigenen Herrschaft und internationale Anerkennung. Doch weder damals noch heute erfüllen die meisten Staaten Afrikas die Kriterien souveräner Nationalstaaten: Weder kontrollieren sie ihr gesamtes Staatsgebiet, noch ist ihre Verwaltung im gesamten Land präsent. Und die Menschen identifizieren sich nicht mit »ihrem« Staat; nirgendwo bildet eine Sprache (außer der kolonialen) oder eine Kultur die eine Nation.

Vier Jahrzehnte Entwicklungshilfe haben daran nichts geändert. Im Gegenteil: Das langsame oder sogar meist negative Wirtschaftswachstum in Afrika führt dazu, daß seine Staaten ihre Präsenz weiter zurückfahren, sich auflösen. Erosion der Staatlichkeit ist das Leitmotiv Afrikas. In Zaire ist es mehr als offenkundig. Nicht Rebellen, sondern unbezahlte Regierungssoldaten plündern die Bürger. Dennoch hält es die internationale Staatengemeinschaft weiter mit dem fiktiven Souverän. Warum?

Der Widersinn internationaler Außenpolitik wird nirgendwo deutlicher als in Afrika. Zwar sind auch nach der Charta der Organisation Afrikanischer Einheit (OAU) die von den Kolonialmächten gezogenen Grenzen sakrosankt. Dennoch erkennt die gesamte Welt Eritrea, die Abspaltung Äthiopiens, an, nicht aber Somaliland, den unabhängigen, sich selbst verwaltenden Norden des ansonsten in der Anarchie Mogadischus untergehenden Restbestand. Warum diese Ungleichbehandlung?

Weil wir an der Fiktion des souveränen Nationalstaats und dessen Regierung festhalten, ob sie nun regiert oder dies nur vorgibt, Hauptsache, sie existiert. Selbst so stabile Gebilde wie Kenia haben keinen staatlichen Zugriff auf ihren Nordosten. Würden wir die Souveränität solcher Regierungen in Frage stellen – nicht als Strafe, sondern als Anerkennung der Realitäten, wie Jeffrey Herbst von der amerikanischen Universität Princeton forderte – müßten sich diese, schon aus Angst vor möglicher Abspaltung, um ihr gesamtes Regierungsvolk kümmern. Die Mächtigen könnten sich nicht mehr sicher sein, daß jemand vom Rest der Welt eingreifen würde, um notfalls ihre »souveränen« Grenzen zu schützen, wie dies wiederholt im Zaire geschehen ist. Diese Spannung erst würde Kräfte freisetzen, die eine Entwicklung in Afrika wahrscheinlicher machen würde: Nämlich Regierungen zu erzwingen, die sich schon für ihr eigenes Überleben am Gemeinwohl orientieren müßten.

Aber inzwischen, es ist Ende April 1997, sitzen wir, die internationalen Journalisten, alle in Kinshasa fest. Das Warten auf das Ende Mobutus und auf die Ankunft Kabilas hat begonnen. Kinshasa und wir sind die Beute der traurigen Tropen geworden. Hier können wir alle hautnah erleben, wie es ist, wenn in der Stadt eines geschlagenen Diktators alles auf den Sturm der Sieger wartet, der nicht kommt.

André ist auch nicht gekommen. Jeden Tag sitzt der alte Mann sonst in einer Seitenstraße des Boulevards du 30 June, der Hauptlebensader Kinshasas. Früh morgens baut er sei-

nen wackeligen Holztisch auf, setzt sich auf den wackeligen
Schemel, mit dem Rücken zur Wand, und beginnt seine diffi-
zile Arbeit. Die abgegriffene Lupe vors Auge geklemmt, die
rostige Rundzange und ein Stückchen Draht in den Händen,
repariert er Uhren. Aber diesen Mittwoch fehlt er. Denn die
Zeit läuft ab für Kinshasa, Hauptstadt des Zaire.

Ville morte, tote Stadt lautet die Parole. Und alle scheinen
sie zu beherzigen, aus Angst, aus Überzeugung oder einfach,
weil es all die anderen eben auch tun. Mehr als fünf Millionen Menschen sind zu Hause geblieben. Kein Hupen, Schub-
sen, Rufen, Schreien, Kreischen auf den engen, ungeteerten
und zerfurchten Straßen um den Grand Marché. Die Ver-
kaufsstände sind zugenagelt. Totenstille herrscht in der
Innenstadt, gähnende Leere auf den Boulevards, auf denen
nur das Brummen von Kühlungen der geschlossenen Supermärkte und die Air Condition der verriegelten Bürohäuser
zu hören ist. Hier und da sieht man ein paar Straßenkinder,
ein Wachmann steht vor einem wohl wichtigen Haus. Ein
paar Neugierige verbringen den Tag auf dem Balkon, ausländische Journalisten fahren in einer Autokolonne durch die
Stadt. Der Puls der Hauptstadt ist stehengeblieben, Kinshasa
klinisch tot.

Dann kommt das Pfingstwochenende 1997 – und plötzlich
ist jeder in Kinshasa ein Revolutionär. Umsturz im Kongo,
und obwohl der Einmarsch in Kinshasa diszipliniert verläuft,
fragen sich viele, ob das Volk nun tatsächlich befreit ist. Mein
kleiner Rebell heißt Moise Bumbu. Er ist 23 Jahre alt und
steht am Gittertor des Flughafens Wache. In seiner Brustta-
sche steckt ein modernes Sprechfunkgerät, seine linke Hand
umfaßt ein schweres, automatisches Gewehr. Bumbu lacht
zufrieden. Er ist einer jener Rebellen, die geholfen haben,
hier in Kinshasa den Umsturz herbeizuführen. Leute wie
Bumbu haben jetzt Macht in dem Land, das wieder Kongo
heißt, Demokratische Republik Kongo. Denn am Samstag,

den 17. Mai, fällt die Hauptstadt Kinshasa – die Ära Mobutu ist nach 32 Jahren endgültig am Ende. Rund acht Monate ist es erst her, daß Bumbu mit anderen Rebellen im Osten losmarschierte. Tausende Kilometer über Berge, durch den Dschungel und über die Steppe haben sie hinter sich gebracht. Eine Revolution im Schnellschritt. Und auch die Einnahme der Hauptstadt Kinshasa gleicht einem Bühnenstück, das nur einen Zeitraum von 48 Stunden umfaßt.

Da sind die Befreiten: Im Stadtviertel Matagone liegt die Place de la Victoria. Ungewöhnlich viele Menschen haben sich an diesem Morgen hier versammelt, neugierig suchend, in Gruppen diskutierend. »Mobutu ist am Ende«, rufen sie erleichtert. Und sie drängen jeden Fremden beim Hotel Matonge um die Ecke, damit der nur ja nicht die Trophäen der Befreiung übersieht, die sie ihm mit unverhohlenem Stolz präsentieren. Zum Beispiel einen Mann namens Ndinga. Dienstnummer 1975 D, Obergefreiter, geboren 1969 – all das steht auf seinem Dienstausweis. Den haben sie dem toten Soldaten neben die Munition auf die Brust gelegt. Ndinga ist erschossen worden, weil er angeblich in der zurückliegenden Nacht plündern wollte. Die Leiche liegt in einer Blutlache, überall Fliegen. Daneben ein weiterer Toter mit einer klaffenden Schußwunde am Hinterkopf. Die beiden Männer wurden regelrecht hingerichtet.

Die Menge grölt enthusiastisch. Jeder will die Vorfälle erzählen, jeder will sie mitbekommen haben, weiß, wann und wo in der Nacht die Rebellen kamen und die Plünderer unschädlich machten. In diesen Stunden am Samstag ist solch ein Erlebnis wie das in der Seitengasse im Stadtteil Matonge kein Einzelfall. Ähnliches passiert auch in anderen Vierteln. Plötzlich gehören alle Menschen zu den Befreiten, sind alle Anhänger der Rebellion, sind alle überglücklich, daß Mobutu weg ist, für immer. Plötzlich gehört die Revolution jedem.

Dann die Verlierer: General Mahele Lieko Bokoungo wurde in der Nacht zum Samstag erschossen. Das war die Nacht der langen Messer vor dem Einmarsch der Rebellen. Für den Mord an dem beliebten, weil moderaten Generalstabschef der zairischen Streitkräfte soll Mobutus Sohn Kongolo »Saddam Hussein« verantwortlich sein. Es war General Mahele, der Mobutu gesagt haben soll, die Armee könne ihn nicht mehr schützen, er solle Kinshasa verlassen. Mahele war bereit, die Stadt kampflos aufzugeben. Kongolo Mobutu, Offizier der Präsidentengarde DSP, ein Großmaul und Kriegshetzer, floh nach dem Mord mit seiner Schwester über den Fluß nach Brazzaville. Scharfmacher General Likulia, zuletzt Premier der Notstandsregierung, begab sich noch in der Nacht in die Hände der Franzosen, die ihn schließlich auch über den Fluß brachten. Mobutu selbst war im Exil. In Kinshasa gab es so gut wie keine Gegenwehr. Aber General Mahele mußte sterben.

Dann die Politiker: Die Amerikaner, die vor drei Jahrzehnten Mobutu an die Macht hievten, haben für sein Ende die »sanfte Landung« erfunden. Doch Mobutu ist nicht zurückgetreten. Er floh, als ihm die Gewehrläufe der Rebellen zu nahe kamen. Dennoch ist alles glimpflich verlaufen. Kaum sind die Rebellen in der Stadt, erklärt sich Kabila im fernen und sicheren Lubumbashi selbst zum Übergangspräsidenten. Er will ganz schnell eine Übergangsregierung präsentieren, in 60 Tagen eine verfassungsgebende Versammlung einberufen. Von Wahlen aber noch kein Wort. Washington hat die neuen Mächtigen noch nicht anerkannt. Aber die meisten Investoren, die bereits mit Kabila Verträge in Milliardenhöhe abgeschlossen haben, sind Amerikaner. Sie sind scharf auf die Bodenschätze.

Dann schließlich die Sieger: Samstag morgen, nach der Einnahme der Flughafens, marschiert eine Vorhut von vier Rebellen in Kinshasa ein. Pater Benno von den Augustinern sieht sie gegen 9 Uhr an der Place de la Echangeur. Hunderte von Menschen umringen die vier bis an die Zähne Bewaffneten und applaudieren, jubeln, ziehen mit, wie der Pater berichtet. »Mit den Menschen zusammen war das wie eine Armee.« Dann kommen weitere Truppen.

Lange Reihen grüner Uniformen schlängeln sich bald durch die Avenue Bokassa in die Innenstadt. Was sie brauchen, tragen sie bei sich: Gewehre, Granatwerfer, Munition, Kochtöpfe, Wasserbehälter. Stolze, frohe Gesichter, zugleich ernst, unnahbar und doch neugierig auf die Stadt und ihre Menschen; aber auch müde, ausgelaugt, glücklich, endlich am Ende des langen Marsches zu sein. Die Kämpfer der Allianz halten Disziplin, bleiben in der Reihe, ihre Offiziere überwachen alles scharf. Strategische Punkte werden zuerst besetzt, Radio, Fernsehen. Im Kamanoila-Stadion kampieren sie, unerreichbar für die Menschen hinter dem Gitterzaun. Aber Stunde um Stunde kommen immer mehr Autos mit »Befreiern« in die Stadt. Zum Teil sitzen Kinder von höchstens zwölf, dreizehn Jahren in Uniformen und mit Maschinengewehren auf den Ladeflächen.

Dann kommt die Nacht zum Sonntag, für viele bedeutet das noch einmal eine Nacht der Angst. Denn noch ist nicht die ganze Stadt »befreit«. Es wird geschossen, geplündert, auch in den Nobel- und Diplomatenvierteln Gombe und Mbinza. Über Funk und Mobiltelephone verbreiten sich die Nachrichten, wo der Mob gerade zuschlägt. Auch die deutsche GSG 9, eigentlich nur zum Schutz der Botschaft hier, holt zehn Bundesbürger zum Botschaftsgelände. »Eine Sache auf Leben und Tod«, sagt tags darauf der deutsche Botschafter Bönnemann. Zu dem Zeitpunkt ist alles längst vorbei.

Denn seit Sonntag kontrollierten Kabilas Leute ganz Kinshasa. Im Süden der Stadt liegt der Präsidentenpalast, daneben ist das weitläufige Tshatshi-Camp, die Kaserne seiner ehemaligen Garde. Jetzt ist dieses Camp voll mit Rebellen.

Vor einem Seiteneingang türmen sich Waffen. Die Soldaten des gestürzten Regimes gehen in Zivil mit erhobenen Händen, ihre Waffen und Munition haltend, zu diesem Seiteneingang und werfen ihre Gewehre und Magazine auf den ständig wachsenden Haufen. Wer seine Waffen freiwillig abgibt, heißt es, kann sich registrieren lassen, mitmachen oder nach Hause gehen. Eine neue Ordnung, eine neue Zeitrechnung beginnt.

Doch Pater Benno von den Augustinern bleibt skeptisch. Er war im ehemaligen Camp Mobutu gewesen. Dort sah er mit eigenen Augen, daß die als so diszipliniert geltenden Rebellen auch eine zweite Seite hatten. Ein Offizier hing an der Whiskeyflasche, »und in einem Raum daneben schlugen und quälten sie gerade einen angeblichen Präsidialgardisten.« Noch weiß niemand, ob dieses Pfingstwochenende eine Befreiung – oder doch nur ein Machtwechsel ist.

KAPITEL 7

Die Krieger, die vom Frieden reden

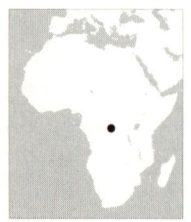Auf dem Flug von Lubumbashi aus sind lange nichts als seicht geschwungene grüne Hügel zu sehen. Friedlich durchziehen kleine Wasseradern diese immerwährende Landschaft, die sich endlos bis zum Horizont ausbreitet. Nur vereinzelt tauchen kleine Hüttendörfer auf. Aus denen kräuseln sich zaghaft die zarten Rauchsäulen der Holzkohlefeuer in den blendend blauen Himmel. Doch dann, plötzlich, aufgewühlte Erde, mitten in der zeitlosen Steppe Afrikas eine offene, blutende Wunde: braungraue, trockene, tote Erde, rücksichtslos auf Halde geschüttet, platt gewalzt und niedergehalten durch Eisenbahnstränge, eingeschnürt durch von fremder Hand gezogene Asphaltstraßen. Daneben breiten sich moderne Hüttenwerke und Hochöfen aus, alles um das Loch herum, das hilflos da liegt, aufgerissen durch überdimensionale Schaufelbagger, die ihre Beute über kilometerlange Förderbänder in Sicherheit schaffen.

Schon aus der Luft gesehen ist das ein ungeheures Loch da unten, einmal unten in diesem kilometertiefen Schlund aber ist es nur noch heiß. Dafür glitzern die abgeschabten Wände und der zernagte Boden in allen Farben: kupferrot, malachitgrün, kobaltblau. All diese Erze und Mineralien liegen hier gleich unter der Oberfläche. Und obendrein spuckt der Boden noch ein nettes, einträgliches Abfallprodukt aus: Am

Ende eines großen Wasserrohrs waschen Männer Goldstaub aus der Erde.

Die Minen von Kolwezi sind der Wirklichkeit gewordene Mythos des scheinbar endlos reichen Kongos. Wer hier seine Hand drauf hat, muß Krösus sein. Der Tagebau zieht sich auf 50 mal 10 Kilometern hin, es gibt modernste Verarbeitungsanlagen, Generatoren für den Strom, Häuser, Schulen und ein Hospital für die Facharbeiter. Der ganze Ort mit etwa 300000 Menschen ist wegen der Minen entstanden. Im Jahr holen sie 400000 Tonnen Kupfer höchsten Reinheitsgrades heraus und auch rund 60 Prozent des auf der Welt zur Metallveredelung genutzten Kobalts.

Doch das war früher. Im April 1998, als ich wieder einmal hierher komme, liegt die Mine wie ausgestorben da. Schaufelbagger und Förderbänder deutscher Bauart sind dick mit Staub bedeckt. »Wir bräuchten nur 10 Millionen Dollar, dann könnten wir Ersatzteile besorgen und wieder arbeiten«, sagt Monga Yumba, Vize-Direktor der staatlichen Minengesellschaft Gecamines. Mit deren Propellerflugzeug bin ich aus Lubumbashi hergeflogen. »Aber die Entscheidung über die Privatisierung ist noch nicht gefallen, der Rechtsrahmen fehlt.« Der für die Provinz Katanga amtierende Gouverneur Muti in Lubumbashi wird noch deutlicher: »Wir arbeiten, aber die in Kinshasa diskutieren doch nur.«

Seit fast einem Jahr heißt der Zaire Demokratische Republik Kongo. Hier im Shaba, der wieder Katanga heißt, marschierten die Rebellen schon zwei Monate vor der Einnahme von Kinshasa durch und befreiten die Reichtümer des Landes lange vor der fernen Hauptstadt im Westen. Damals unterzeichnete Kabila mit großem Pomp einen Vertrag in Milliarden-Dollar-Höhe mit einer amerikanischen Firma über die Rechte an den Minen. Alles schien voranzugehen, Aufbruch war angesagt, nach dem Raubrittertum des blutsaugenden Mobutu schien der Kongo auf dem Weg der Genesung.

Doch das ist alles Schnee von gestern. Die Minen von Kolwezi sind mit 640 Millionen Dollar verschuldet. Das ist zwar nur ein Bruchteil der insgesamt 14 Milliarden Dollar Auslandsschulden, die Mobutu seinem Volk und dessen »Befreiern« hinterließ. Aber statt auf freien Markt und Kapitalzufluß zu setzen, schwankt Kongos Regierung unter Kabila ständig zwischen den Extremen des Liberalismus und der Staatswirtschaft. Die Amerikaner sind längst wieder aus dem Rennen, dafür wird an einem Konsortium unter Beteiligung Angolas und Rot-Chinas gebastelt. Und bald werden Kupfer und Kobalt den Simbabwern hinterhergeschmissen werden für ihre Hilfe, Kabilas wackelige Herrschaft militärisch zu verteidigen.

Rebellenherrschaft in Afrika: In den 90er Jahren keimt die verzweifelte Hoffnung, daß die neuen Sieger alles anders machen könnten. Und es ist ja auch so viel geschehen, so viele der alten Mächtigen sind gestürzt und durch siegreiche Rebellenchefs ersetzt worden – nicht nur Mobutu in Zaire, auch Mengistu in Äthiopien, Habyarimana in Ruanda, Museveni herrscht stabil in Uganda, es gibt keine Bokassas, keine Idi Amins mehr. Der Kontinent scheint vor einem Gezeitenwandel zu stehen. Der Sturz Mobutus, dieses Oberkleptokraten, der 30 lange Jahre lang das Herz Afrikas gleich einem Polypen aussaugte, erscheint wie der letzte große Dominostein, der in der langen Reihe gefallen ist.

Die politische Klasse unter Mobutu galt zu Recht als verbraucht und vorbelastet. Also greift der Rebell Kabila, einmal in Kinshasa an der Macht, auf »neue Leute« zurück, wie beispielsweise Planungsminister »Baba« Mbaya. Der lebte als Professor im Exil, unter anderem in Köln, wo er an der Universität als Jurist auch zum Thema Menschenrechte las. Doch ausgerechnet dieser Mbaya ist es, der nun der UN-Kommission zur Untersuchung der Massaker an den sogenannten Hutu-Flüchtlingen in den Regenwäldern des Kongos immer wieder Knüppel zwischen die Beine wirft – ein Wadenbeißer, Hardliner gerade in Sachen Menschenrechte.

Jetzt und hier, zurück aus dem Exil in seiner befreiten Heimat Kongo, sieht der Professor für Staatsrecht die Chance seines Lebens, seine politischen Theorien in die Praxis umzusetzen. Dabei fehlt es Mbaya nicht an Selbstbewußtsein. Auf Hierarchie bedacht, nimmt er an einem separaten Tisch am Kopfende des Besprechungsraumes Platz. Je länger er sich von dort aus selbst darstellt, um so deutlicher wird: Mbaya ist ein klarer Vertreter der »Entwicklung von oben«. In seinem Selbstverständnis denkt und lenkt Mbaya und sonst niemand. »Wir müssen den nationalen Geist wecken und erziehen«, diktiert er mir in meinen Block.

Völlig unverhohlen bricht da wieder eine obrigkeitsstaatliche Denke hervor, eine unnachgiebige Autorität, wie sie sonst nur linken Akademikern eigen ist, die immer noch in der Gedankenwelt der 60er und 70er Jahre gefangen sind: Erkenne das Gute und zwinge es anderen auf. Dieser Mbaya arbeitet federführend an der neuen Verfassung des »befreiten« Kongos, er gehört dem engeren Machtkreis um Kabila an, und eine seiner wichtigsten Qualifikationen dafür ist, daß er wie der neue Präsident ein Baluba ist.

Knapp ein Jahr ist Kabila an der Macht und immer deutlicher wird bereits: Auch der neue Mann des Kongos versucht über ethnisch-regional geprägte Personalentscheidungen seine Herrschaft zu konsolidieren. Beim Spielchen Trau, Schau, Wem greift er für wichtige Posten vor allem auf die Baluba seiner Heimat Katanga oder aus dem Kasai zurück. »Katangisierung der Macht« nennen das Akademiker wie Daniel Stroux. Innenminister Gaetan Kakudji ist sogar Kabilas Neffe. Mobutu und sein Prinzip des Familienclans lassen grüßen! Die Hoffnung auf eine bessere Zukunft währte nur kurz. Der Ex-Zaire ist vom Regen in die Traufe gekommen. Denn, muß man da kritisch fragen, was ist dieser Kongo

Kabilas: Teil des altbekannten Kontinents der Despoten oder
Stück der Renaissance zum neuen, besseren Afrika?

Im Hauptquartier von Kabilas Bürgerkriegs-Allianz ADFL
sitzt während meines Gesprächs mit dem Führungsgremium
Politkommissar Tshiamala wa Kamuanya angespannt in
einer Ecke und schreibt kommentarlos jedes Wort meiner
Fragen und jedes Wort der Antworten der ADFL-»Ideolo-
gen« akribisch mit. Lautlos – bis ich schließlich frage, wann
denn die Demokratie Einzug halten werde im neuen Kongo?
Da sprühen die Augen des bärtigen Mannes nur noch töd-
liches Feuer, und mit vor Wut zitternder, fast brüllender
Stimme doziert er: »Wir haben doch nicht alle aufgehängt
oder ins Gefängnis geworfen. Die Revolution vom 17. Mai
1997 stürzte den Diktator. Seit diesem Tag sind wir eine
Demokratie!«

Rebellendemokratie! Noch vor einem Jahr wurde Kabila
während seines überraschenden Siegeszuges durch das Rie-
senreich im Herzen Afrikas als »Befreier« gefeiert. Inzwischen hat er seine Vorschuß-Lorbeeren längst aufgebraucht.
»Alles ist doch immer noch derselbe Haufen Sch…, nur die
Fliegen sind neu«, wettert ein seit Jahrzehnten in Kinshasa
lebender Europäer, den ich über die Jahre immer wieder
besuche und um Rat und seine Einschätzung frage. In der
Hauptstadt Kinshasa oder der Provinzstadt Bunia im Osten
sind zwar öffentliche Gebäude frisch weiß-blau gestrichen
und Randsteine an einigen Straßen neu markiert worden.
»Aber außer ein bißchen Farbe hat sich nicht viel verändert
für die Menschen«, sagt mir auch im Nord-Kivu ein weißer
Missionsarzt. Die großen Erwartungen, daß nach drei Jahrzehnten unter dem korrupten Bankrotteur Mobutu mit
Kabila einfach alles anders und besser werden müßte, haben
sich nicht erfüllt. Von Aufbruchsstimmung ist nicht mehr viel
zu spüren, auch wenn einige kongolesische Geschäftsleute
zumindest einräumen, daß es mit der Korruption »viel bes-

ser« geworden sei und daß auch die willkürlichen Festnah-
men, meist begründet mit angeblicher Kooperation mit dem
alten Regime, inzwischen »mehr oder minder« vorüber seien.
   Doch das erste Herrschaftsjahr Kabilas erinnert in vielen
Punkten fatal an Mobutu-Zeiten: Ein allmächtiger Präsident
ist Herr über alle Entscheidungen, umgeben ist er von einer
Clique unterschiedlicher Berater und Minister, die meist über
Jahrzehnte im Exil lebten, sich aber offenbar untereinander
nicht grün sind und recht unterschiedliche Zukunftsvisionen
für den neuen Kongo verfolgen – von sozialer Marktwirtschaft bis hin zu obrigkeitsstaatlicher Zwangsbeglückung.
Die engsten Vertrauten des Präsidenten sind Verwandte oder
stammen zumindest aus derselben Region. Und auch wenn
alle in der Führung davon sprechen, nur das Beste für Land
und Leute zu wollen: Beteiligt wird das »Volk« bisher nicht
am Reformprozeß. Das Regieren geschieht weiter von oben.
Rebellen ändern nichts in Afrika.
   Kein Wunder also, daß der Rest der Welt mehr als verhalten reagiert und mit Hilfe geizt. Denn auch die »alte« politische Klasse, ob zuletzt an der Regierung mit Mobutu oder in
der Opposition gegen ihn, ist schwer vorbelastet und keineswegs eine demokratische Alternative per se. Wo also anset-
zen für einen erfolgreichen Neuanfang? Auch der Ex-Rebell
und Jetzt-Präsident Kabila trägt seine Vorgeschichte mit sich.
Was geschah mit den Hutu aus Ruanda, ob Flüchtlinge oder
Milizionäre, die während und noch nach dem Krieg »verschwanden«? Warum ließ Kabilas Kongo die UN nicht unge-
hindert nach diesen Menschen fahnden? Solange das neue
Regime Menschenrechte offen mißachtet, demokratische
Rechte ignoriert und Massenmorde deckt oder selbst zu ver-
antworten hat, will sich niemand mitschuldig machen, indem er Kabila stützt oder mit ihm kooperiert.
   Rechtzeitig zum Jahrestag werden denn auch Auszüge aus
einem bisher unveröffentlichten Bericht mehrerer Menschen-

rechtsorganisationen bekannt. Danach massakrierte 1997 eine Spezialeinheit aus Ruanda 2000 Hutu in Mbandaka im Nordwesten des Kongo. Diese »Todesschwadron« stand unter dem Befehl von James »Douglas« Kabarere, einem Tutsi aus Ruanda, der bis heute Kabilas Stabschef ist. Und – so der Bericht von *Human Rights Watch* in New York, dem kanadischen Zentrum für Demokratie und Menschenrechte und anderen – Kabarere wußte von dem Mbandaka-Massaker und weiteren Massentötungen, die unter dem Befehl ruandesischer Kommandeure geschahen, die während der »Rebellion« gegen Mobutu auf Seiten Kabilas kämpften.

Gegen eine solche ungerechte Herrschaft ist der Aufstand erlaubt. Afrika – allen Ländern voran der Kongo – ist ein Eldorado für Rebellen. Und tatsächlich, nur Wochen später beweist sich dies wieder. Am 2. August 1998 beginnen an der Ostgrenze des Riesenreiches die Banyamulenge-Tutsi – zunächst erfolgreich – mit einer neuen Revolte. Dies ist ein Aufstand, ein neuer Krieg aus enttäuschter Liebe. Zum Sturz Mobutus brauchte der Rebellenchef Kabila die militärische Schlagkraft der Banyamulenge-Tutsi und ihrer in Ruanda regierenden Cousins. Diese wiederum wollten damals den Aufstand gegen Mobutu für ihre eigenen Interessen nutzen: die Minderheit der Banyamulenge, um in ihren angestammten Gebieten des Kivu sicher bleiben zu können, die neuen Tutsi-Herrscher Kigalis, um das leidige Problem der Bedrohung durch die Exil-Hutu in den Flüchtlingscamps endgültig zu lösen und so ihre Westgrenze abzusichern.

Der Sturz Mobutus klappte überraschend schnell. Die anderen Ziele freilich blieben auf der Strecke. Um seine Macht im Kongo zu festigen, suchte sich Kabila schnell neue Alliierte. Außenpolitisch kooperierte er mit Angola und Ländern des südlichen Afrikas. Er wollte sich absichern gegen die Ansprüche seiner alten Gönner. Und parallel mit der Distanzierung von Ruanda verprellte er bei jeder Gelegenheit auch dessen »großen Bruder«, die USA. Diese hatten aus ganz eigenen Motiven den Sturz Mobutus gern gesehen und während des Vormarsches zumindest ihre schützende Hand über den Rebellen Kabila gehalten. Einmal Präsident, gelang es Kabila, sich wenig Freunde, aber viele neue Feinde zu schaffen.

Auch innenpolitisch schwenkte der 58 Jahre alte Kabila auf einen immer deutlicheren Anti-Tutsi-Kurs. Gegen die Minderheit aus dem Osten herrschen im Reich der Mitte Afrikas feste Vorurteile. Im Kongo, Wiege der Bantu-Völker, kann sich niemand auf Dauer halten, dem der Ruf nachgeht, nur Marionette der kampferprobten Niloten zu sein. Kabila wollte bleiben, also drängte er seine Tutsi – Minister, Berater, Generäle, Leibwachen – immer mehr in den Hintergrund. Diesen Juli nun gibt er, seine Stärke klar überschätzend, den offiziellen Befehl zur Entlassung aller Tutsi. Keine Woche später beginnt der Aufstand.

So schnell ändern sich die Zeiten: Viele Diplomaten glauben noch immer, Kabilas Herrschaft würde früher oder später von einer »Allianz der Verlierer« noch aus Mobutu-Zeiten gefährdet werden. Das Gegenteil zeichnet sich ab: Die Sieger gegen Mobutu – Ruanda und Uganda – wollen Kabila loswerden. Seine Regierung gleicht zu sehr dem Unrechtsregime Mobutus: Nepotismus, Korruption, Willkür der Sicherheitskräfte, aber kaum wirtschaftliche oder soziale Verbesserungen für die Masse der Menschen, ja nicht einmal die Hoffnung darauf. Der Befreier von einst hat sich in den Unterdrücker von heute gewandelt.

Die Staatspropaganda in Kinshasa aber kennt nur eine Antwort: Die Rebellion gehe von den Tutsi aus, gesteuert durch die Minderheitenregierung im Nachbarland Ruanda. Längst aber ist diese Rebellion nicht allein als Tutsi-Infiltration abzutun oder nur als Aggressionskrieg einer äußeren Macht wie Ruanda. Dazu hat Kabila den heimischen Boden zu gut für eine Rebellion gegen ihn bearbeitet. Dem neuen Anti-Kabila-Bündnis RDC gehören Männer an wie der langjährige Exilant Emile Ilunga oder Ernest Wamba dia Wamba, ein Professor, der nach dem Sieg Kabilas im Mai 1997 euphorisch aus dem Exil zurückkehrte, zwei Monate später aber wieder floh und seither Kabila der Korruption bezichtigt. Die Rebellion wird auch von Kongolesen mitgetragen und ausgeführt. In Kinshasa bestätigen mir Diplomaten, daß Teile der offiziellen Armee Kabilas, die sich größtenteils aus »Alt«-Beständen der Mobutu-Soldateska rekrutierten, übergelaufen sind.

Dennoch wird gleichzeitig immer offenkundiger, daß auch diese Revolte – wie die vor zwei Jahren gegen Mobutu – ganz offensichtlich aus Ruanda gestützt und gelenkt wird. Dies belegt allein schon die Tatsache, daß Kabilas ruandesischer Generalstabchef James Kabarere nur Tage nach seiner Entlassung durch Kabila Ende Juli bereits wieder für die Rebellen im Feld steht und offenbar den Vormarsch auf Kinshasa anführt. Denn am 4. August – also zwei Tage nach Beginn der Revolte – wird in Goma, das gerade erobert worden war, ein Passagierflugzeug einer lokalen Airline entführt. Nach Angaben des Piloten Raymond Gnang, einem Nigerianer, kamen mehr als 180 Rebellenkämpfer an Bord. Deren Kommandeur sei James Kabarere gewesen. Die Truppe ließ sich quer über den Kongo nach Kitona im Westen fliegen. Auch eine andere Maschine sei »requiriert« worden und mit weiteren 400 voll bewaffneten Rebellen dorthin geflogen. Die Aussagen des Piloten decken sich mit Augenzeugenberichten aus der Nähe Kitonas.

Die Rebellion gegen Kabila entzündet sich im Osten wie ein Buschfeuer. Anders als beim langen Marsch gegen Mobutu quer durch den Kongo soll diesmal alles schnell gehen, nicht sieben Monate dauern wie beim letzten Mal, der neue Usurpator in einem Blitzkrieg vertrieben werden.

Kabila scheint verloren, der Fall Kinshasas nur noch eine
Frage von Tagen.

Doch dann kommt alles anders. Der Krieg bekommt eine
neue Qualität. Denn Simbabwe und Angola eilen Kabila zu
Hilfe. Deren Soldaten sichern nun Kinshasa, deren Luftwaffe
bombardiert Rebellenstellungen, und angolanische Panzer
rollen die Westfront von hinten auf. Kabila glaubt sich deshalb wieder sicher. Nach einer Woche im Versteck Lubumbashi kehrt er nach Kinshasa zurück, vollmundig wie ein Sieger, und wiederholt den Vorwurf, die Rebellion sei nichts als
eine Invasion aus Ruanda und Uganda.

Doch der Krieg im Kongo ist noch lange nicht entschieden.
Die Nachbarschaftshilfe für Kabila zementiert nur den Status
quo: Kinshasa wird nicht fallen. Im Gegenzug werden die
Rebellen ihre Landgewinne im Osten besser absichern. Die
reichen von den Grenzen Ruandas und Ugandas bis Kisangani am großen Strom. Hier ist ihnen die Hilfe der östlichen
Gönner ihrer Rebellion sicher: Diese wollten schon immer
ihren »Vorhof« besser kontrolliert wissen.

Der Kongo ist damit de facto erst einmal geteilt – in Einflußzonen äußerer Mächte. Westen und Süden stützen Kabila
mit Hilfe der Angolaner und Simbabwer, den Osten halten
die Rebellen mit Rückendeckung aus Ruanda und Uganda.
Der Norden, strategisch und ökonomisch uninteressant,
wird zunächst sich selbst überlassen. Ein vorläufiges Patt,
das aber allzu rasch aus dem Gleichgewicht geraten und in
die Katastrophe führen kann: den inzwischen auch von den
USA befürchteten Flächenbrand.

Dabei muß vor voreiligen Schlüssen gewarnt werden: Dies
ist noch lange kein Krieg zwischen Angola und Ruanda, dies
ist immer noch ein Bürgerkrieg im Kongo. Denn daß im Herzen Afrikas die Nachbarn eingreifen, ist wahrlich nichts
Neues. Schon beim Sturz Mobutus gehörten nicht allein
Ruanda und Uganda zur »Koalition der Unterstützer« – da-

mals auf seiten von Kabila. Auch Angola half auf der letzten Etappe des Vormarsches mit Lufttransport, Soldaten und schwerem Gerät. Die größte Gegenwehr erfuhr diese Interventions-Koalition, als Mobutu versuchte, in einer letzten Schlacht die Hauptstadt gemeinsam mit Unita-Kämpfern des angolanischen Berufs-Rebellen Savimbi zu halten.

Was die Auseinandersetzung diesmal so explosiv macht, ist die gänzlich andere Ausgangslage. Die Karten werden völlig neu gemischt. Die schnöden Eigeninteressen der Nachbarn dominieren den Bürgerkrieg. So will Angola sich als Regionalmacht etablieren und weitet seine Einflußzone dabei durch militärische Intervention zugunsten befreundeter Regimes schamlos aus, vor allem dann, wenn damit zugleich die sich gegen den häuslichen Frieden sträubende Unita-Bewegung und deren Freunde getroffen werden. Deshalb verhalfen angolanische Panzer ein Jahr zuvor nicht nur Kabila zur Macht, sondern entschieden auch den kurzen Bürgerkrieg im benachbarten Kongo-Brazzaville zugunsten Nguessos.

Auch die Stützung der Rebellion gegen Kabila durch Ruanda und Uganda ist in erster Linie durch das unbefriedigte Sicherheitsbedürfnis beider Nachbarn motiviert. Ist der Ost-Kongo nur ruhig und friedlich und kann er nicht mehr als Basis zu Rebellenangriffen auf sie genutzt werden, schert es Kampala und Kigali wenig, wer im fernen Kinshasa thront. Weder Angola noch Ruanda wollen deshalb gegeneinander Krieg führen. Ihnen geht es schlicht um die Sicherung ihrer Einflußzonen. Diese Operation ist erst einmal gelungen, der Kuchen aufgeteilt – und der Patient Kongo so gut wie tot.

Was aber wollen auf der anderen Seite die neuen Kongo-Rebellen? Wer sind sie überhaupt?

Ein Mann, den sie Robert nennen, passiert problemlos die beiden Schlagbäume. *Le Grand Frontier,* steht immer noch auf dem Grenzhäuschen der kongolesischen Seite. Die Burschen mit den AK-47-Gewehren um ihre Schultern, aufgeschreckt durch die unerwartete Störung in ihrer Mittagsruhe, sind höchstens 15 Jahre alt. Als sie aber Robert in seinem Wagen von Goma kommen sehen, stehen sie stramm. »Fahr einfach weiter«, sagt Robert nur zu mir, sich lässig aus dem Autofenster lehnend. Während er mit irgend jemand anderem über sein Handy weiter telefoniert, winkt er mich einfach rüber in den Kongo.

Eintritt ins Rebellengebiet, meinen Paß will niemand sehen. Robert fährt in die andere Richtung, weiter rüber nach Gisenyi in Ruanda. Dort ist er Militär-Kommandeur der ruandesischen Armee. Bürgerkrieg im Kongo, und Goma, die kleine Stadt am Fuße des aktiven Nyiragongo-Vulkans im Norden des Kivusees, ist wieder die Gegen-Hauptstadt der Rebellenbewegung.

Und wieder sind es die Tutsi, die ganz offensichtlich den Ton angeben. Nicht nur Robert an der Grenze. Auch im Krankenhaus von Goma liegen sie, die verletzten Rebellenkämpfer: junge Kerle, die mit Gewehren gegen Panzer anliefen und von Hubschraubern unter Beschuß genommen wurden, als plötzlich die Nachbarländer Angola und Simbabwe der Regierung Kabilas zu Hilfe eilten, die eingekreiste Hauptstadt Kinshasa zu verteidigen. »Ich wurde in Matadi verletzt«, flüstert mir ein Häufchen Elend mit kläglicher Stimme entgegen. Ein Bein ist am Knie amputiert, der Ellenbogen des rechten Arms zertrümmert, beide Augen von der gleißenden Explosion einer Bombe zerstört, der Körper verbrannt. Fast ausnahmslos sind es junge Tutsi, die hier liegen, Kanonenfutter gegen die hochgerüsteten Armeeeinheiten aus Angola und Simbabwe, junge Burschen, die behaupten, Banyamulenge-Tutsi aus dem südlichen Ost-Kongo zu sein. Aber der eine mit dem Brustdurchschuß, dessen Lunge laut pfeift, spricht dafür viel zu gut Englisch, aber kein Französisch; er dürfte direkt aus Ruanda stammen.

Dieser Tage ist in Goma selbst von Krieg und Aufstand nicht viel zu spüren, es könnte nicht friedlicher sein. Entlang der Avenue Mobutu quillt das Leben über: Läden und Bretterbuden sind offen, die Frauen herausgeputzt in bunten Stoffen und ihre Haare zu Dutzenden kleiner Zöpfe hochgezwirbelt. Militär oder »Rebellen-Polizei« ist kaum zu sehen, dafür dieseln Privat-Autos oder knattern Mopeds die wenigen geteerten Hauptstraßen entlang.

Die Menschen sind wie immer freundlich, aber zugleich auffallend unnahbar, wenn das Gespräch auf Politik und nicht den Kauf etwa von Zigaretten, Cola oder einem gegrillten Maiskolben abzielen soll. »Die Tutsis haben wieder einmal alles versaut«, schnaubt schließlich doch ein Mann seinen Ärger aus, aber auch er will partout seinen Namen nicht nennen. »Es fing doch gerade an, besser zu werden.« Keiner der Umstehenden widerspricht. Gewachsene Vorurteile vermischen sich mit enttäuschten Hoffnungen und Angst um die Zukunft. Die einfachen Menschen haben den Krieg einfach satt.

»Willkommen«, begrüßt mich kurz darauf eine sonore Stimme. Das freundliche Wort schwingt angenehm im kleinen Empfangsraum der protzigen Villa des Ex-Diktators Mobutu in Goma. Der Blick durchs Fenster fällt über gepflegten Rasen und sauber beschnittene Bougainvillea-Sträucher auf das friedliche Ufer des malerischen Kivusees. »Sie können tun und lassen, was sie wollen, das ist befreites Gebiet«, sagt Ernest Wamba dia Wamba. Dabei huscht ein stolzes Lächeln über sein sonst eher sorgenvolles Gesicht. Doch solche Sätze muß ein Rebellenführer eben sprechen.

Also sagt sie auch der Professor. Aber sie passen nicht zu ihm. Wamba entspricht nicht der Vorstellung von einem Rebellen, der aufgestanden ist, in einem blutigen Buschkrieg die Macht eines selbstherrlichen Diktators zu brechen. Hinter seiner großen Brille strahlt der hagere Mann aus dem Bas-

Kongo nicht die Kraft und den zu allem entschlossenen Willen eines Freiheitshelden aus. Dies ist ein Akademiker, ein Mann des überlegten Wortes, der abgeklärten Analyse, nicht der spontanen Tat, kein Kämpfer.

Wamba ist 56 Jahre alt und Historiker. Zwischen 1974 und 1976 war er in Harvard, lehrte seitdem an der Uni in Daressalam historische Methodologie und Geschichte Zentralafrikas; er ist, wie er mir sagt, spezialisiert auf die Phase des »Kapitalismus und Imperialismus«. Jetzt soll er plötzlich nicht darüber schreiben, sondern selbst Geschichte machen, Wirklichkeit verändern. Doch schon die Wahl des Stuhles fällt ihm schwer in dieser Heimstatt grenzenloser Macht.

Zwei Sitzgelegenheiten sind noch frei, als der »Präsident« durch die mit Intarsien verzierte Marmortür den Raum betritt in Begleitung eines Politkommissars der Allianz »Kongolesisch-Demokratische Bewegung« RDC. Den kenne ich aus Kinshasa noch an Kabilas Seite. Wie selbstverständlich wählt Wamba den einfachen Stuhl. Doch ein kurzer, messerscharfer Blick des Kommissars schickt ihn unmißverständlich auf den erhöhten »Thronsessel«, ein vergoldetes Riesenmöbel, dessen Polster mit grünem Brokat bezogen sind; und auf der Lehne eingewoben finden sich die Initialen »MB« des Ex-Diktators Mobutu.

Wamba, der den Anfang August ausgebrochenen Krieg gegen Kabila »sehr schmerzhaft« nennt, rechtfertigt die neue Waffengewalt allein mit dem Ziel, zu Verhandlungen zu kommen: »Man kann nicht mit Leuten reden, die nicht reden wollen, aber die Macht haben.« Er hoffe auf Waffenstillstand und Verhandlungen. »Wir können nicht so weitermachen und alle zwei Jahre einen Krieg vom Zaun brechen«, sagt er. »Wenn wir im Kongo keinen Frieden haben, leidet die ganze Region.« Dies aber sei mehr als nur ein Bürgerkrieg gegen einen Diktator, es gehe auch darum, einen Genozid zu beenden. Wamba listet auf: zwei Massengräber in Kisangani,

77 Leichen in Kalemie, woanders 200 Tote, »meist Alte und
Kinder«, Zielscheibe seien vor allem Tutsi gewesen. Die
»Autoritäten« hätten vielerorts noch die Macheten verteilt,
bevor sie selbst weggelaufen seien. Kabila bilde auch die
Häscher der gestürzten Hutu-Diktatur Ruandas aus.

»Wir haben Freunde in der ganzen Region«, sagt Wamba.
»Die kamen alle zusammen, um Mobutu zu stürzen. Jetzt
sind Angola und Simbabwe ausgeschert. Die anderen aber
sind auf unserer Seite.« Damit meint er vor allem Ruanda
und Uganda und auch Eritrea. »Die Zeit ist auf unserer
Seite.« Dann wird der Professor bei genauerem Hinhören
schließlich mehr als ehrlich: »Wir hatten einen militärischen
Start, die politische Pflanze ist erst danach gewachsen. Wir
arbeiten noch daran, diese Verbindung zu verbessern.« Das
aber heißt nichts anderes, als daß die offizielle Vertreibung
der Tutsi und vor allem der ruandesischen Berater aus dem
Stab Kabilas Ende Juli den Aufstand auslöste; das Startzei-
chen wurde damit aus Kigali gegeben.

Eine importierte Rebellion also, die Wamba nachträglich
zu nationalisieren versucht. »Zum ersten Mal in unserer
Geschichte haben wir in der Armee Leute, die Demokratie
wollen.« Und er läßt keinen Zweifel, wie er seine Rolle sieht:
»Wir werden, schon wegen der Propaganda aus Kinshasa,
Zeit brauchen, alle Kongolesen zu überzeugen. Beim Sturz
Mobutus war das einfach. Diesmal müssen wir uns er-
klären.«

Das alles klingt aus seinem Mund überlegt und wie ein
vielversprechendes Konzept. Und der Historiker und Rebell
bleibt fest in seinem Glauben an die »Kongolisierung« des
Aufstandes und ein friedliches, demokratisches Ende. »Ich
hoffe auf Waffenstillstand und Verhandlungen.« Und auf
mehrfaches Nachfragen hin gibt er schließlich sein maxima-
les Kompromißangebot preis: »Rücktritt und Amnestie für
Laurent Kabila.«

Es sollte alles ziemlich anders kommen, als sich »Rebell«
Wamba dia Wamba dies erhoffte und wir alle es uns damals
vorstellen konnten. Nur so viel zu den Einzelheiten der nächsten Monate: Wambas Rebellenorganisation RDC spaltete
sich im Sommer 1999. Wamba wurde von der Ruanda-höri-
gen Mehrheitsfraktion in Goma abgesetzt, blieb aber Chef
der von Uganda geförderten Fraktion. Die setzte sich erst
nach Kisangani ab. Nachdem es dort zu blutigen Straßenkämpfen zwischen den Rebellenfraktionen und ihren Unter-
stützern Ruanda und Uganda kam, verlagerte Wamba sein
Hauptquartier nach Bunia an der ugandischen Grenze. Chef
der anderen, Ruanda-freundlichen Rebellenfraktion wurde
der Arzt Emile Ilunga.

Warum all diese Einzelheiten aus dem Kongo? Rebellen gibt
es doch überall in Afrika – ja, eigentlich in jedem Land, selbst
den friedlichsten und kleinsten Ländern. Sie sind geradezu
eine Eigenart afrikanischer Wirklichkeit und Ausprägung
der politischen Macht auf diesem Kontinent. Doch statt jeder
Rebellenbewegung eine Zeile zu widmen, wollte ich lieber an
einem Beispiel den Widersinn entarteter Macht und den Ei-
gensinn politischer Auseinandersetzung aufzeigen – die tödliche Spirale der afrikanischen Gewalt. Denn wie in einem
Fokus zeigt der Kongo die Unberechenbarkeit des Kontinents, auf dem sich ständig wechselnde Allianzen befehden.
    Ein afrikanisches Sprichwort sagt, daß die Kugel viel klei-
ner ist als der Elefant, den sie tötet. Diese Weisheit scheint
eine passende Formel für die Verhältnisse zu sein, die den
Krisenkontinent Afrika am Ende des Hoffnungsjahrzehnts
der 90er Jahre wieder einmal nachhaltig durcheinander-
wirbeln: Anfang August 1998 brach die Rebellion im Kongo
aus – und einen Monat später standen sich acht afrikanische
Staaten in zwei feindlichen Heerlagern gegenüber. Ein
Schuß – und der Elefant Afrika wankt.

Alle Vermittlungsbemühungen in der Kongo-Krise scheinen zum Scheitern verurteilt – auch das schließlich im August 1999 unterzeichnete Lusaka-Friedensabkommen. Denn weder die Organisation für Afrikanische Einheit (OAU) noch die Regionalgemeinschaft SADC des Südlichen Afrikas sind offenbar in der Lage, Kombattanten aus den eigenen Reihen zur Raison zu zwingen und eine Verhandlungslösung auf den Weg zu bringen. Im Gegenteil: Die Krise im Herzen Afrikas offenbart nur einmal mehr die Machtlosigkeit seiner Institutionen, mit den Problemen des Kontinents fertigzuwerden. Daran hat weder das Ende der Polarisierung durch den Ost-West-Konflikt noch das Ende der Apartheid im südlichen Afrika etwas geändert.

Statt also gebetsmühlenartig allein westlichen oder östlichen Imperialismus und weiße Fremdbestimmung für die Dauerkrise Afrikas verantwortlich zu machen, müssen ein Jahrzehnt nach Ende des Kalten Krieges vielmehr indogene, also afrikanische Widersprüche aufgezeigt werden, um die politische, soziale und wirtschaftliche Krise zu erklären, in der der Kontinent verharrt.

Afrika den Afrikanern hieß ein Buch, das der in Njassaland tätige britische Geistliche Booth bereits 1895 schrieb. Mehr als hundert Jahre später wird lieber von der »Wiedergeburt Afrikas« oder den *winds of change* gesprochen, wenn ausgedrückt werden soll, der Wandel zum Besseren habe längst begonnen. Bisher konnten sich jedoch wesentliche Merkmale afrikanischer (Außen-)Politik über die angebliche Gezeitenwende retten:

1. Macht in Afrika ist persönliche Macht. Ob ein Präsident gewählt wird oder durch Putsch oder Bürgerkrieg an die Spitze gelangt, seiner Herrschaft kann danach kaum ungestraft widersprochen werden. Er besitzt fast alle Machtmittel (und ist oft in Personalunion auch noch Verteidigungsminister). Mehr noch: Der Staatschef kontrolliert den Zugang zu

den meist spärlichen Ressourcen der Gesellschaft. Er öffnet sie vor allem den ihn unterstützenden Gruppen, die sich meist regional und damit ethnisch definieren. Dies ist in Simbabwe unter Robert Mugabe, einem alten, traditionellen Autokraten-Regime, nicht anders als in Uganda oder Ruanda unter ihren »neuen« Führern Yoweri Museveni und Paul Kagame.

2. Afrikanische Herrschaft integriert nicht, sie schließt aus. Wer nicht zur Regierung gehört, geht leer aus. Die Rolle der Opposition ist alleine die des Verlierers, nicht die der politischen Alternative. Deshalb boykottieren Oppositionsparteien immer öfter Wahlen, die sie – als regionale, ethnische Minderheit oder wegen Wahlbetrugs – nicht gewinnen können. Von dieser Marginalisierung aus ist es dann nur ein kleiner Schritt, als Rebellen in den Untergrund zu gehen und im Nachbarland Schutz oder Hilfe zu suchen. Afrikas Staaten neigen nach wie vor dazu, durch die innenpolitische Ausgrenzung der Opposition ihre Probleme zu exportieren.

3. Vor allem die Außenpolitik ist in Afrika gänzlichChefsache und wird fast nie in den nationalen Parlamenten erörtert. Deshalb spielen persönliche Sympathien oder Antipathien zwischen Präsidenten bzw. Präsidenten und Rebellenchefs oft eine größere Rolle als die Interessen der Länder. Zwei Beispiele: Die Gemeinschaft Ostafrikas etwa wird so lange keine wesentlichen Fortschritte erzielen, wie die Präsidenten Daniel arap Moi in Kenia und Museveni in Uganda regieren. Denn diese beiden Männer können nicht miteinander auskommen und werden deshalb nie Hoheitsrechte miteinander teilen. Und der Bürgerkrieg in Liberia konnte zum gut Teil entlang der Verwandtschaftslinien des Ex-Rebellenchefs und heutigen Präsidenten Charles Taylor und der Präsidenten der Elfenbeinküste und Burkina Fasos erklärt werden.

4. Kaum ein nationaler Konflikt im unabhängigen Afrika ist bisher ohne Einmischung eines anderen afrikanischen

Landes ausgetragen worden. Das Prinzip der Nichteinmi-
schung in innere Angelegenheiten, festgelegt in der OAU-
Charta, ist mittlerweile auf der Müllhalde der Geschichte
gelandet. Uganda unterstützt die Rebellen im Sudan, die
Regierung in Khartum dafür die ugandischen; der Kongo
war und ist das Herkunftsland ruandischer und ugandischer
Aufständischer, Ruanda unter Kagame unterstützt im
Gegenzug die Tutsi-Minderheit im Ostkongo. Der frühere
Präsident von Kongo-Brazzaville, Pascal Lissouba, half der
angolanischen Rebellenbewegung UNITA und wurde deshalb im Vorjahr auch von angolanischen Panzern vertrieben.
    5. Die außenpolitische Macht- und Friedensabsicherung in
Afrika funktioniert nicht über Institutionen wie die OAU
oder Regional-Gemeinschaften, sondern viel eher – und
unkontrollierbar – über informelle »Netzwerke« der Mächtigen. Auch dies ist nichts Neues.
    Über die erste Kongo-Krise (1963) schreibt der Historiker
Joseph Ki-Zerbo, damals seien die Meinungsverschiedenheiten des »revolutionären« und des »gemäßigten« Afrikas
offenbar geworden. Anders formuliert: Damals verdeckte
der Ost-West-Gegensatz mit seiner oberflächlich auch in
Afrika greifenden Ideologisierung zwei Beziehungsgeflechte:
hier die Gruppe der mit Moskau, dort die der mit den westlichen Hauptstädten kooperierenden Präsidenten.
    Die Ideologien haben mittlerweile ausgedient, das Rechts-
Links-Schema taugt nicht mehr zur Etikettierung. Beim Sturz
des zairischen Diktators Mobutu vor eineinhalb Jahren traten
ganz andere »Netzwerke« zu Tage: das »neue« gegen das
»alte« Afrika. Mobutu als lästiges Überbleibsel vergangener
Zeiten wurde von einer Rebellion unter Laurent Kabila gestürzt. Dieser wurde dabei vor allem von Staaten unterstützt,
in denen Rebellen die eigenen Diktatoren besiegt und seitdem
etwas so Widersprüchliches wie »Militärdemokratien« eingeführt hatten: Ruanda, Uganda, Eritrea und Äthiopien.

Den Sturz Mobutus in Zaire, dem heutigen Kongo, ermöglichten auch Angola und Simbabwe durch ihre Militärhilfe zugunsten der Anti-Mobutu-Allianz. Diese beiden Länder aber scherten inzwischen aus der Koalition aus und kämpfen nun zusammen mit Kabila gegen dessen alte Bündnispartner. Sie tun dies im Interesse der eigenen Machtabsicherung und auch, um sich gegenüber dem regionalen Wirtschaftsgiganten Südafrika zu emanzipieren. Unterdessen war der »Traditionalist« Kabila schlau genug, an sein neues Netzwerk noch das Regime in Khartum und die Überbleibsel der früheren ruandischen Hutu-Diktatur anzuschließen, um so den Kongokrieg »bequem« zurück nach Uganda und Ruanda zu exportieren.

Die Konstellation persönlicher Beziehungsgeflechte läßt für die Zukunft Afrikas nichts Gutes ahnen. Um Konflikte einzudämmen oder gar zu lösen, bedarf es klarer Spielregeln und durchsetzbarer Strafen gegen diejenigen, die sie verletzen. Beides gibt es nicht, beides gilt nichts auf dem Kontinent. Afrikas Staaten schicken Armeen und Rebellen zum Schutz oder Sturz befreundeter oder verfeindeter Nachbarn, nicht aber, um demokratische Grundrechte zu sichern oder entartete Herrschaft zu brechen. Die Karte Afrikas gleicht einem verwirrenden Mosaik ständig wechselnder und damit unkontrollierbarer Koalitionen realer Macht – und diese existieren nur aus einem Grund: um der Macht willen.

KAPITEL 8

Das Heldentum der Wüstenblumen

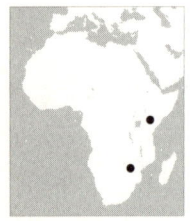 Wenn man die Augen schließt und ganz spontan versucht, sich Afrika vorzustellen, mögen jedem dazu ganz andere Bildfolgen einfallen. Doch ein Motiv kommt jedem in den Sinn: Eine Frau oder ein Mädchen trägt einen Wasserkrug majestätisch auf dem Kopf und schreitet stolz und scheinbar unbekümmert ihren beschwerlichen Weg. Tatsächlich ist dies wohl das am häufigsten gesehene Bild auf dem ganzen Kontinent. Ob man durch die flachen Ebenen des Senegals fährt, sich durch die Landschaft des Bergwaldes im Ostkongo müht, die staubige Savanne des südlichen Afrikas in Simbabwe durchquert oder sich einem Dorf in der Zentralafrikanischen Republik nähert – dieser Moment ist überall anzutreffen, er ist überall gleich und zeitlos. Immer wieder hat mich dieses Bild mit der Welt versöhnt und zugleich doch im zweiten Moment richtig wütend gemacht. Warum schleppen in Afrika eigentlich immer die Frauen die Lasten?

Und dennoch, es hat mich auch versöhnt, weil es kaum eine schönere, friedlichere Stimmung gibt als die Stunden des sterbenden Tages in Afrika. Dann verliert die Sonne ihre gleißende, weiße Härte im Zentrum des Himmels und steigt langsam herab zum Horizont. Dabei werden ihre Strahlen gnädiger, die Farben wärmer, das Licht wohlig gelb, und die Landschaften, die tagsüber von der Hitze geschunden wur-

den, tränkt der sich selbst verfärbende Feuerball am Himmel
mit einem warmen, angenehmen Licht. Liebevoll leuchtet
diese Sonne alles ganz anders aus als in den Stunden zuvor.
Plötzlich entlockt ihr schräges Licht den knorrigen Schirm-
akazien langgestreckte Schatten, gibt dem angesengten Grün
der Savanne seine Farbe zurück, taucht alles in intensive,
schwülstige Töne, wie ein aufgeregter Maler, der seine farb-
lose Bleistiftskizze nicht mehr sehen kann, sondern kräftig
Farben aufträgt und dann wie im Rausch alles noch einmal
nachkoloriert.

Die Stunde vor dem endgültigen Sonnenuntergang birgt die
schönsten Momente des afrikanischen Tages. Alles scheint
friedlich, und doch wird alles so emsig, man bemüht sich hek-
tisch, das längst fällige Tagwerk abzuschließen. Denn gleich
umgibt alles die schwarze, ungewisse Nacht. Die letzte
Stunde des Tageslichts ist die Zeit, in der Mensch und Tier
nach den drückend heißen Stunden noch einmal Mut schöpfen, Kraft finden, wie befreit wirken, ihre Lebensgeister wie-
derentdecken und ganz schnell noch versuchen, das Beste aus
diesem einen Tag zu machen. Wer weiß, was das Morgen
bringt, jetzt, hier und heute zählen.

Überall sind in dieser letzten Stunde des Tageslichts die
Frauen mit ihren Wasserkrügen zu sehen. Sie gehen alleine
am Wegesrand in einem für alle anderen unhörbaren Rhythmus, setzen Fuß vor Fuß, schreiten Königinnen gleich ihrer
Hütte entgegen, wo Mann und Kinder sehnlichst darauf warten, sich die Hände, Füße, das Gesicht zu waschen und später
dann auch ihr Essen zu bekommen. Für all das braucht man –
Wasser. Und selten nur hat ein Dorf einen Brunnen oder liegt
an einem wasserführenden Fluß. Also muß das Wasser geholt
werden, dort, wo es ist, egal wie weit entfernt die Stelle liegt.

Und für das Wasser sind die Frauen zuständig.

Dafür, so rechnete mir einmal in einer tödlich trockenen,
steinig staubigen Gegend im Nordosten Äthiopiens ein Ent-

wicklungshelfer vor – und seine Zahlengleichung habe ich so
oder ähnlich an unzähligen Orten wieder gehört –, für den
täglichen Krug oder Kanister Wasser laufen die Frauen oder
ihre Töchter in Afrika durchschnittlich zwischen vier und
zwölf Kilometer weit. Und immer sind sie es, die der Familie
diesen lebenserhaltenden Sklavendienst erbringen müssen.

Die Arbeitsteilung in den meisten afrikanischen Gesellschaften überläßt den Frauen die niedrigen Dienste. »Wir«
Männer sind für das Vieh oder die Sicherheit zuständig und
dann natürlich noch für die »Politik«. Aber wenn es ums
Wasserholen geht oder die mühsame Arbeit, das Feld mit
einer einfachen Hacke umzugraben, das Korn mit dem Holz-
stößel zu zerhacken oder Reisig als Feuerholz zu suchen –
dann ist das Frauenarbeit. Und zu dem Bild der Frau mit
dem Wasserkrug auf dem Kopf gehört deshalb auch immer
das Gegenbild: Männer, die irgendwo unter einem Baum auf
ihren Fersen hockend zusammensitzen und miteinander
quatschen oder mit einem langen Stock in der Hand unbe-
schwert voranschreiten, während ihnen ihre Frauen und
Töchter mit den Lasten auf dem Kopf: Wasser, Holz oder
den Einkäufen vom Markt, zu riesigen Bündeln zusammen-
geschnürt, brav hinterhertraben.

So betrachtet ist Afrika ein Kontinent, der es alleine mit
den Männern gut meint. Frausein bedeutet, quasi durch
Geburt lebenslang zu Sklaverei und Fronarbeit verurteilt zu
sein. An diesem schnellen Urteil ist viel Wahres dran, auch
wenn Ethnologen und Soziologen die Zusammenhänge viel
komplizierter erklären würden. Natürlich macht eine gewisse Aufteilung der Arbeit nach Geschlecht durchaus Sinn,
schon alleine aus dem einen Grund: Männer können keine
Kinder bekommen. So eine Aussage kann in Deutschland
einen Mann heutzutage in arge Bedrängnis bringen. Und zu
recht. Modernes Leben, wie wir Europäer es versuchen,
kennt – bis auf den einen kleinen, wichtigen Unterschied –

diese natürliche Aufteilung immer weniger. Aber in der Menschheitsgeschichte liefen und laufen die Dinge halt doch ein wenig anders als viele Frauenrechtlerinnen – vor allem in den 60er und 70er Jahren – es gerne wahrhaben wollen. In einfachen Gesellschaften ohne viel technische Mittel war und ist es praktisch und für das Überleben der Kohorte durchaus von Vorteil, diejenigen als Krieger, Beschützer oder Jäger einzusetzen, die von Natur aus meist etwas kräftiger gebaut sind, und die anderen, die Kinder bekommen, auch mit deren Aufzucht zu betreuen. Der Rest folgt daraus fast automatisch.

Dennoch ist die Sagenwelt Afrikas bei weitem nicht so frauenfeindlich wie das Bild der Wasserträgerinnen es suggeriert. Der Stamm der Kikujus in Kenia etwa entstand der Sage nach dadurch, daß Gott hoch droben auf dem schneebedeckten Mount Kenya für seine 14 Töchter nach Männern drunten auf der Erde suchte. Das Göttliche in den Kikujus ist also weiblich. Und in vielen anderen traditionellen Gesellschaften des Kontinents verhält es sich ähnlich – mit bis heute weitreichenden Folgen im Erbschaftsrecht oder der Stellung der Frauen im Streitfall: Wenn Ehen scheitern, steht der Familie der Frau fast immer der gesamte in die Ehe mitgebrachte Besitz wieder zu, was oft den Ruin des Mannes bedeutet. Auch beim Recht über die Kinder ist meist die Frau weit höher gestellt als der Mann: Die Kinder gehören zu ihr, nicht zum Vater.

Doch all dies sind Traditionen, die in der Modernisierungskrise des heutigen Afrikas oft mehr Belastung denn rechtliche Absicherung bedeuten. Und diese meist ethnologisch und damit theoretisch betriebene Aufwertung der Stellung der Frauen in afrikanischen Gesellschaften hat wenig mit der täglichen Praxis zu tun. Wo regiert in Afrika denn eine Frau ein Land? In Asien – Beispiel Indien, Pakistan oder Sri Lanka – war oder ist dies möglich, in Afrika lassen sich

die in naher Zukunft möglichen Versuche schon an einer
Hand abzählen. Vielleicht schafft es die Frau des heutigen
Präsidenten Ghanas, Jerry Rawlings, wenn ihr Mann verfas-
sungsgemäß bei der nächsten Wahl nicht mehr antreten darf.
Aber in Kenia fiel die von der Weltpresse viel beachtete
Oppositionskandidatin Charity Ngilu als Präsidentschafts-
anwärterin bei den Wahlen 1998 mit knapp neun Prozent
durch – vor allem, weil sie eine Frau war.

Nur zu gut erinnere ich mich einer Diskussion in unserer
Küche zwischen James, meinem Hausmeier, und zweien
seiner Söhne. James und seine Söhne gehören zu demselben
Stamm wie Frau Ngilu, sie sind alle Kambas, stammen aus
dieser Ethnie, die südlich von Nairobi in bergiger Landschaft
lebt. Also fragte ich James, ob er die einzige Kamba-Kandi-
datin auch wählen werde. Und er gab, ohne langes Nachdenken, ganz schnell die entwaffnend ehrliche Antwort: »Nein,
das ist doch eine Frau, die kann sich nicht durchsetzen.«

Nun kann man das von Charity Ngilu, die ich im Wahlkampf immer wieder auf Veranstaltungen oder bei Abendessen in westlichen Botschaften traf, gerade nicht sagen. Sie
ist eher eine »Powerfrau«, die sich sehr wohl in Szene zu setzen weiß. Sie war immerhin Spitzenkandidatin einer der
interessantesten Parteien des ostafrikanischen Landes geworden. Das Führungsgremium dieser Partei ist durchsetzt mit
linken Professoren und liberalen Rechtsanwälten ganz ver-
schiedener Ethnien. Gerade das war eine der wichtigsten Botschaften dieser Partei: Wir wollen raus aus den Fesseln der
traditionellen, ethnischen oder regionalen Politik.

Und deshalb oder gerade deshalb versuchte es die »Sozial-
demokratische Partei« SDP mit der Spitzenkandidatin Ngilu,
einer markanten Populistin, die seit der ersten demokratischen Mehrparteienwahl 1992 im Parlament in Nairobi saß,
immer für aktive Frauenpolitik eintrat und jedem Mann in
der Diskussion ebenbürtig, den meisten überlegen war. Sie

sollte neben den städtischen Intellektuellen eben das moderne ländliche Kenia personalisieren, eine reizvolle Idee – die freilich auch aus der Not geboren wurde, daß die Partei sonst kaum eine populäre und zugkräftige Einzelperson in ihren Reihen hatte, auf die sich alle im gemischten Führungsgremium einigen konnten.

Dennoch blieb James, der Kamba, bei seinem unumstößlichen Nein. Was, so seine Befürchtung, wenn Charity Ngilu wirklich Präsidentin würde? Unvorstellbar für ihn, das sichere Chaos würde ausbrechen. Seine zwei Söhne, 18 und 20 Jahre alt, die an diesem Tag gerade bei uns zu Besuch waren, sahen das völlig anders. »Natürlich wählen wir Ngilu«, lautete ihre Antwort. Und dies sagten sie ihrem Vater auch in meinem Beisein offen ins Gesicht. Der schüttelte nur den Kopf.

Für mich war diese kurze Küchendiskussion wieder einmal eine Bestätigung: Da lag der Bruch der Generationen offen vor mir. In den nächsten Jahren wird sich noch viel ändern in Afrika, wenn die Söhne und Töchter entscheiden werden und nicht mehr die Väter, die noch vor den Zeiten der Unabhängigkeiten geboren wurden. Der Wandel ist rasant und nimmt an Geschwindigkeit immer noch zu. Aber dennoch muß man einschränken: In Nairobi, Abidjan, Harare oder Dakar, diesen verwestlichten Metropolen, sind die Menschen eben schon um Jahrzehnte weiter als draußen auf dem Land. Dort orientieren sich Werte, Moral und damit auch Hierarchien in der Region, im Dorf und in der Familie noch sehr fest an längst überkommenen Traditionen. Und dort draußen, jenseits der Teerstraßen, weit weg von Zeitungen, Radio und Fernsehen, leben die meisten Afrikaner und Afrikanerinnen.

Längst hat freilich auch die Entwicklungshilfe die Frauen als Potential des Wandels entdeckt. Spätestens seit dem Ende der 80er Jahre gibt es kaum ein Projekt, das keinen »Frauenaspekt« beinhaltet. In der deutschen Zusammenarbeit mit Ländern Afrikas ist dies seit langem obligatorisch. Frauengruppen werden gefördert, es gibt spezielle Kleinstkreditprogramme für Frauen, die den Sprung in die Selbständigkeit schaffen wollen, oder Programme, die sich vor allem auf die Einschulung von Mädchen konzentrieren, damit nicht nur ihre Brüder, sondern auch sie lesen und schreiben lernen – was ihre Eltern oft für sinnlose Geldausgabe und Zeitverschwendung halten.

Und Frauen in Afrika sind – auch wenn mir solch pauschale Aussagen schwerfallen, weil sie im Einzelfall so richtig wie falsch sein können – Frauen sind oft wirtschaftlich nicht nur erfolgreicher, sondern sehr oft auch schlicht einfallsreicher, verläßlicher, ehrlicher, weniger korrupt.

Zum Beispiel die »Mama Benzis« in Westafrika: Das sind Frauen, die zwischen Nachbarländern, aber auch über Distanzen des ganzen Kontinents oder sogar bis Fernost oder Amerika Handel betreiben. Nicht so, wie wir das kennen oder uns vorstellen, sondern eben richtig »afrikanisch«. Wenn es gute Tücher oder Kleidung in Ghana gibt, aber in der benachbarten Elfenbeinküste damit besseres Geld zu verdienen ist, packen diese Frauen so viele Koffer, Taschen und Tüten voll, wie sie alleine nicht mehr tragen können, und fahren mit ihrer Ware auf den besseren Markt. Dabei mogeln sie sich durch den Zoll und alle anderen Errungenschaften des staatlichen Abgabenwesens so gut wie möglich durch, damit sie am Ende einer solchen Reise genug verdient haben, um sich wieder neue Ware zu kaufen und sie anderswo mit Gewinn abzusetzen.

Dabei eröffnen sich oftmals die skurrilsten Handelswege: Kostüme und Modeschmuck aus dem Woolworth in New York kommen so auf den Markt in Kumasi in Ghana, aus dem südafrikanischen Johannesburg gelangen Jacketts und Hosen nach Kinshasa, oder ganz einfach Tomaten aus dem

Süden Burkina Fasos auf den Markt nach Treichville in Abidjan. Und die fahrenden Händler all dieser Waren sind fast ausnahmslos – Frauen. Und was für welche: selbstbewußt, stark, durchsetzungsfähig, gerissen, charmant, wortgewaltig, arbeitseifrig, lebenserfahren, mit einem Wort: Geschäftsfrauen durch und durch. Ein Großteil des informellen Handels an täglichen Gebrauchsgütern auf diesem Kontinent liegt in der Verantwortung dieser »Mama Benzi«, die es in ähnlicher Weise auch im Osten, Süden und Zentrum Afrikas gibt. Und der informelle Handel, der in keiner offiziellen Landesstatistik erscheint, beträgt auf diesem Kontinent ein Vielfaches des offiziellen Warenaustausches. Ohne dieses zweite »heimliche« oder, besser gesagt, nicht ganz offizielle Standbein ginge es Afrika noch viel, viel schlechter. Deshalb erscheint in Statistiken der Weltbank oder des Währungsfonds schon seit Jahren immer eine Schätzung des informellen Sektors – und in dem sind gerade auch die Frauen stark.

Für mich sind sie die heimlichen Helden Afrikas: diese Frauen, die sich nicht unterkriegen lassen, statt dessen immer wieder versuchen, aus dem Nichts, das ihnen zur Verfügung steht, eine neue Chance, einen neuen Anfang zu zaubern. Und zugleich sind sie zumeist Mütter, Ehefrauen und Töchter, bleiben eingebunden in den Familienclan, schleppen all die Tagessorgen, Verpflichtungen, Schicksalsschläge, traditionellen Barrieren dieses anderen Lebens als Frau auch noch mit sich. Sie arbeiten sich tot, damit ihre Kinder es einmal besser haben, sie kratzen die paar Schillinge oder Centimes zusammen, die sie mühsam verdienen, schicken die Kinder damit auf die Schule und bezahlen ihrem Mann auch noch sein Bier.

Daneben gibt es dann wieder die ganz anderen Frauen, die modernen Freiheitskämpferinnen beispielsweise in Eritrea, die als junge Mädchen mit 16 oder 17 Jahren in den Krieg gegen Mengistus Äthiopien zogen, Seite an Seite mit Männern kämpften, starben, zu Krüppeln wurden und schließlich die Unabhängigkeit des Landes erreichten. Etwa die Geschwister »Gala« Senait und Alem Alemseghed. Sie ist 37, der Bruder 41 Jahre alt. Er ist nie aus Asmara weggegangen, arbeitete früher in der äthiopischen Verwaltung, heute im Planungsministerium Eritreas. Als 1991 der Befreiungskampf gewonnen war, tauchte seine Schwester, die er längst tot glaubte, nach 17 Jahren »im Feld« wieder auf – mit zwei Kindern an der Hand und zunächst ohne Vater. Natürlich habe er geholfen, sagt der Bruder und führt – wieder ganz traditionell: er als Mann – das Gespräch. Alle hätten bei ihm gewohnt. Nach einem Jahr sei dann der Vater der Kinder wiedergekommen und die Familie hätte eine eigene Wohnung bekommen.

Seine Schwester Gala ist da schweigsamer, überlegter vielleicht oder doch nur ganz einfach unsicherer im Umgang mit dieser »normalen« Welt. 17 Jahre lang durchlebte sie ganz andere Dinge als ihr Bruder: Sie war draußen im Krieg, lebte meist nur von trocken Brot und Salz, opferte ihr Leben, vor allem ihre Jugend der Unabhängigkeit dieses Stückchens Erde. Darum kämpfte sie, für alle. Doch seit dieses eine, alles überdeckende Ziel 1991 erreicht war, muß Gala wie all die anderen der mehr als 100 000 Kämpfer ihr normales Leben wiederfinden, das sie bis dahin nie leben konnten und deshalb auch nicht kennen. Sie ging mit 17 Jahren von zu Hause fort, als sie 34 Jahre alt war, war der Krieg gewonnen. Inzwischen holte sie ihren Schulabschluß nach, aber ihrem Wunsch, an die Uni zu gehen, um zu studieren, mußte sie absagen. Ihr neuer, ziviler Job, Leiterin des Frauengefängnisses, und das dritte Kind lassen ihr dafür keine Zeit. Eine Familie, zwei Welten – man trifft sie überall in Eritrea.

Oder Frauen wie Margareth Dongo. Auch sie war früher eine Freiheitskämpferin, und zwar an der Seite Robert Mugabes, als es in Rhodesien gegen die Herrschaft der Wei-

ßen ging. Seit Rhodesien Simbabwe heißt, nachdem Mugabe
zu einem Despoten der alten Generation entartet ist, kämpft
Margareth Dongo gegen Mugabe und seine Herrschafts-
clique; allerdings nicht mehr im Busch, sondern im Parlament, inzwischen sogar als Chefin ihrer eigenen Partei. Auch
als noch kein Mann so recht wagte, seinen Mund gegen den
allmächtigen Mugabe aufzumachen, sprach Frau Dongo
selbst vor laufenden Kameras und mitschreibenden Journalisten alles offen aus, was ihr am System Mugabe nicht paßte –
und setzte sich zugleich in ihrem Wahlkreis dafür ein, daß die
Menschen Hilfe bekamen bei ihren Alltagssorgen. Die vergangenen sieben Jahre habe ich Margareth Dongo bei jeder
Reise durch Simbabwes Hauptstadt Harare getroffen; nicht
weil sie zu den besten analytischen Köpfen dieses Landes
gehört, aber dafür ist sie – und das ist herzerfrischend – mit
Leib und Seele Politikerin für die Menschen, die sie wählen.
Das findet man nur selten, in Afrika wie anderswo.

Unter den so vielfältigen Frauengestalten in Afrika sind nur
wenige auch bei uns bekannt geworden. Zum Beispiel das
somalische Modell Waris Dirie. Sie ist gerade in Deutschland
eine der berühmtesten Wüstenblumen, allerdings weniger als
Mannequin denn durch ihr grausam trauriges Schicksal, über
das sie ihr Buch geschrieben hat: weibliche Verstümmelung.
Waris Diries Buch wurde, trotz schlechten Stils, langweiliger
und eintöniger Erzählweise und oft widersprüchlicher Details, ein Bestseller – weil wir Europäer es uns gar nicht vorstellen können, daß so etwas in unserer einen Welt überhaupt
noch möglich ist. So ein Buch über das Schicksal einer jungen
Somalin und von ihr so erzählt, wie sie es selbst erlebt hat,
mußte zu einem Donnerhall führen. Auf die immer noch weit
verbreitete unmenschliche Unsitte der Verstümmelung weiblicher Genitalien international aufmerksam gemacht zu
haben ist Waris Diries Verdienst. Das viel bessere, eindring-
lichere Buch zum Thema mit entsetzlichen Beispielen vor

allem aus dem Sudan wurde übrigens von der Britin Hanny Lightfoot-Klein geschrieben; sein Titel lautet *Das grausame Ritual.*

Und doch beginnt auch bei scheinbar so fest verankerten Ritualen die Welt der Traditionen in Afrika sich aus sich selbst heraus zu wandeln, ganz langsam zwar erst, viel zu langsam für uns, aber dafür ohne viel Zutun unsererseits und deshalb wohl eher auf Dauer.

Denn anders als Waris Dirie wurde die Kenianerin Florence Nthiga nicht zum Fluß geleitet, um dort als Vorbereitung im klaren Wasser zu baden. Keine »Patin« hielt mit aller Kraft ihre Beine fest, während an der Türschwelle des Hauses ihrer Mutter der »Eingriff« gänzlich ohne Betäubung stattgefunden hätte. Auch schauten keine anderen, jüngeren Mädchen dabei zu, um sich auf ihre eigene »Zeremonie« vorzubereiten, es sangen keine Frauen, um die Schmerzen des Mädchens während der »Operation« zu übertönen.

Florence Nthiga ist heute, 1999, 28 Jahre alt, und sie ist dennoch als Frau anerkannt, obwohl sie nicht »beschnitten« wurde, ihre Genitalien nicht verstümmelt wurden, wie es sonst bei rund 90 Prozent der Mädchen der Tharakas, einer Untergruppe des Meru-Stammes in Kenia, immer noch Sitte ist. Bei den Tharakas findet das grausame Ritual meist im Monat August statt.

Kenia ist nur eines der 27 afrikanischen Länder, in denen die Verstümmelung weiblicher Genitalien als Übergangsritual zum Erwachsensein immer noch üblich ist – freilich ganz unterschiedlich nach Region und Ethnie. So sind in Somalia so gut wie alle Frauen davon betroffen, im Kongo dagegen »nur« fünf Prozent. Vor allem entlang des Sahel ist die weibliche Verstümmelung noch weit verbreitet. Es geschieht mindestens zweimillionenmal jedes Jahr, 250mal jede Stunde. Das heißt: Jede Minute werden vier Frauen verstümmelt. Schätzungen sprechen von 85 bis 115 Millionen Frauen weltweit, die ihr Leben lang an den Folgen dieses Eingriffs körperlich oder seelisch leiden.

Dabei gibt es drei Arten der »Beschneidung«, die man sich bei allem Ekel im Detail vor Augen führen muß, um zu begreifen, was dieses »Ritual« für die betroffenen Menschen wirklich bedeutet, welche Entpersönlichung, welchen Eingriff in das Recht auf den eigenen Körper, welchem Gesundheitsrisiko die Frauen und Mädchen durch den Eingriff und die daraus resultierenden lebenslangen Folgen ausgesetzt werden.

Die einfachste »Beschneidungsart« ist die »Klitorisbeschneidung«. Hierbei wird »nur« die Klitoris teilweise oder vollständig entfernt. Dann gibt es noch die *excision*. Dabei werden die Klitoris und die inneren Schamlippen entfernt. Die äußeren Schamlippen bleiben unverletzt, und die Vagina wird nicht verschlossen. Klitorisbeschneidung und *excision* sind mit rund 85 Prozent die häufigsten Verstümmelungsarten.

Dagegen ist die »Infibulation« oder »pharaonische Beschneidung« die extremste Form mit den größten Schäden und Risiken. Dabei werden die inneren und die äußeren Schamlippen völlig entfernt. Zudem werden die Seiten der Vulva zusammengenäht; dies geschieht meist, indem das Fleisch mit Dornen zusammengehalten und dann mit Seide oder Pflanzenfasern genäht wird. Damit das Narbengewebe nicht gänzlich zusammenwächst, wird ein Fremdkörper eingeführt, um so eine kleine Körperöffnung zu erhalten, durch die Urin und Menstruationsblut abfließen können. Um die Wunde nach so einem Eingriff abheilen zu lassen, werden die Mädchen oft für Wochen ruhiggestellt und ihre Beine währenddessen festgebunden. Nicht nur haben so verstümmelte Frauen ein Leben lang Probleme schon beim Wasserlassen, sondern für jeden ist vorstellbar, was Geschlechtsverkehr, geschweige denn Kinderkriegen nach einem solchen Eingriff für Pein und zugleich Gesundheitsrisiko bergen.

»Dennoch sind viele Frauen stolz, beschnitten zu sein«, sagt Sabine Beckmann, eine junge deutsche Ärztin, die im Norden Kenias arbeitet, und mit der wir uns in Nairobi anfreundeten. Selbst erwachsene Frauen lassen sich »nachträglich« beschneiden, wenn sie etwa einen Mann einer Ethnie heiraten, die dieser Sitte folgt. »Beschneidung oder die Verstümmelung der weiblichen Genitalien erhöht in den Augen dieser Menschen den Wert der Frau«, erklärt Sabine Beckmann. Dabei fehlt jede Erklärung, warum es in Afrika diese Tradition gibt. Weder hängt sie mit einem religiösen Ritual zusammen, noch läßt sie sich als traditionelle gesundheitliche Vorsorge erklären wie etwa die Beschneidung der Vorhaut des männlichen Gliedes. Im Gegenteil, die »weibliche Beschneidung« gefährdet ja eher den Fortbestand der Sippe, denn durch sie wird das medizinische Risiko der Fortpflanzung dramatisch erhöht. Ein »vernünftiger Grund« für diese Unsitte ist also nicht zu finden.

Befragungen in Kenia haben vielmehr ein Bündel sozialer Erklärungsmuster ergeben, die alle auf einen Umstand hinauslaufen: Die Rolle der Frau im traditionellen Afrika wird bestimmt von ihrem Dasein als Ehefrau und Mutter, sie wird nicht als Individuum, sondern als Teil der Familie definiert, der sie »keine Schande« machen soll und will.

Jungen Mädchen fällt es schwer, sich diesem sozialen Druck zu entziehen und dennoch weiter von der Gemeinschaft akzeptiert zu werden. Immer wieder, erzählt Beckmann aus ihrer Praxis, sind es gerade »beschnittene« Mütter, die ihre Töchter zwingen, dasselbe Ritual mit lebenslangen Folgen zu durchleiden. Weder Gesetze – wie 1999 erst im Senegal erlassen und von westlichen Helfern gefeiert – noch Zwang von außen – begonnen von den protestantischen Missionaren, unterstützt durch die Kolonialherren und fortge-

setzt mit Aufklärungskampagnen durch Hilfsorganisationen
– konnten daran bisher viel ändern.

Eher das Gegenteil ist der Fall. Als beispielsweise Kenia
unabhängig wurde, verbat sich sein Gründungspräsident
Kenyatta, selbst Ethnologe, jede weitere »kulturelle« Einmischung von außen, gerade auch in der Frage der Verstümmelung weiblicher Genitalien. Und Kenyattas Nachfolger
Daniel arap Moi, erzogen von protestantischen Missionaren
und regelmäßiger Kirchgänger – jeden Sonntag abend beginnen im kenianischen Fernsehen die Nachrichten mit der Meldung, in welcher Gemeinde Präsident Moi diesen Sonntag
den Gottesdienst besuchte oder vor welcher Gemeinde er
was sagte –, also selbst Moi als bekennender Christ sprach
sich in seiner bislang 21 Jahre währenden Herrschaft ganze
drei Mal gegen die weibliche Verstümmelung aus – und dies
nie vor Vertretern seines eigenen Stammes, den Kalenjin.
Das traut sich auch ein sonst so mächtiges Staatsoberhaupt
nicht, vor den Ältesten der eigenen Gruppe offen mit »Traditionen« zu brechen. Und parallel zum Protest gegen die Verstümmelung meldeten sich vor allem im Meruland Kenias
natürlich männliche Stimmen zu Wort, die für die »weibliche Beschneidung« eintreten, und zwar explizit als Reaktion
gegen westliche Einflüsse.

Dennoch gibt es immer mehr junge Frauen wie Florence
Thika von den Tharakas, von der ich weiter oben erzählt
habe, die zwar nicht beschnitten sind, aber dennoch ein
Ritual durchlaufen und damit dem Prestige und Ruf der
Eltern Genüge getan haben. Florence gehört zur ersten
Gruppe von Absolventen einer »alternativen Beschneidung«,
die in Kenia Gruppen wie *Ntanira Na Mugambo* (Initialisierung durch Beratung) organisieren. »Wir klären die Mädchen auf, beziehen die Familien, die jungen Männer, ja das
ganze Dorf mit ein«, sagt Aniceta Kiriga, Chefin der Initiative. So ein »Fest« dauert fünf Tage, am Ende gibt es kleine

Geschenke für alle. »Wir haben seit 1996 schon mehr als 360 Mädchen initiiert«, sagt Frau Kiriga, ansonsten Besitzerin eines Gemischtwarenladens. Gruppen wie die ihrige werden – und das läßt hoffen – von der regierenden Kanu-Partei unterstützt, einer Partei, über die sich sonst mehr Schlechtes sagen ließe. Aber deren Frauenorganisation setzt sich vehement gegen Unsitten wie die weibliche Verstümmelung ein und erzielt damit eine ganz andere Wirkung als alles Dreinreden von außen. »So etwas muß von innen, von den Menschen, vor allem den Frauen selber kommen«, betonte auch immer die Ärztin Sabine Beckmann auf meine Nachfragen, ob wir anderen aus Europa oder Amerika in diesem Bereich nicht mehr unternehmen sollten.

Und der 24jährige Kenianer Samuel Muchuga, ein Kunde bei der Geschäftsfrau Kiriga auf dem Markt und auch Teilnehmer eines ihrer »Seminare«, bestätigte mir: »Das Seminar hat mir die Augen geöffnet. Ich will jetzt lieber eine Frau heiraten, die nicht beschnitten ist.«

Das konservative Kenia mag im Vergleich zum Tschad, allemal gegenüber Somalia, in dieser Frauenfrage durchaus ein Vorreiter sein. Aber auch im Nachbarland Uganda gibt es längst so etwas wie eine Frauenbewegung. Und diese Frauen kämpften ziemlich erfolgreich gegen die Tradition, daß der Monarch des größten ugandischen Königreiches vor seiner Hochzeit eine Jungfrau zugeführt bekam. *Das Alte fällt,* wie der Nigerianer Chinua Achebe in ganz anderem Zusammenhang einen seiner Romane (und einen meiner Lieblingsromane aus und über Afrika) betitelte. Nicht jede königliche Tradition läßt sich unwidersprochen über die Zeiten retten, eben auch nicht in Ugandas größtem und einflußreichstem Königreich Buganda.

Dort heiratete Kabaka Ronald Muwenda Mutebi II. mit seinen 44 Jahren 1999 seine Auserwählte und Verlobte, die 35 Jahre alte Sylvia Naginda Luswata. Doch davor hat die

Tradition der Buganda noch eine Hürde gesetzt. Sie verlangt, daß der Kabaka vor seiner königlichen Heirat bestimmte Riten mit einer anderen Jungfrau absolviert. Daran nahmen aber 16 Frauengruppen Anstoß und verlangten von der Regierung unter Präsident Yoweri Museveni, sie solle eingreifen und dafür sorgen, die Menschenrechte des bereits für die Zeremonie ausgewählten Mädchens zu schützen.

Bei der Jungfrau handelte es sich um die 13 Jahre alte Sarah Nakku, die die Abschlußklasse der Hauptschule besuchte. Sie gehört, wie es die Tradition verlangt, dem Ffumbe-Clan des Bagandastammes an, einem der 52 Clans dieser recht kompliziert strukturierten Gesellschaft. Und der Ffumbe-Clan, so heißt es, soll das Mädchen bereits auf seine Rolle »vorbereitet« haben. Für die Familie des Mädchens sei dies eine hohe Auszeichnung.

Von offizieller Seite verlautete aus dem Palast des Kabakas, man werde wegen des Zorns einiger Frauengruppen nicht jahrhundertealte Traditionen und Bräuche der Baganda aufgeben. Auch wurde argumentiert, daß die Menschenrechte des Mädchens davon nicht berührt würden, sondern sie nur eine zeremonielle Rolle bei bestimmten Riten ausüben solle. Allerdings hüllten sich die Vertreter des Königshofes in Schweigen, worin die Pflichten des Mädchens bei den vorehelichen Ritualen des Kabakas im einzelnen bestehen würden.

Demgegenüber argumentierten die ugandischen Frauengruppen, daß nach der ugandischen Verfassung jede Person unter 18 als Kind anzusehen sei; somit stehe Sarah Nakku unter dem besonderen Schutz des Staates, und ihre fundamentalen Menschenrechte als Kind müßten vom Staat geschützt werden. Unterdessen wurde unter anderem in den ugandischen Medien auch öffentlich diskutiert, ob das Mädchen als »Opferlamm der Buganda« denn später ein normales Leben würde führen können, etwa ganz normal heiraten könnte oder ein Leben lang auf den Hofstaat des Kabakas beschränkt bleiben würde.

Gerade solche öffentlichen Diskussionen sollten auch jeden Afrikapessimisten davon überzeugen, daß sich derzeit viel an den scheinbar so unumstößlichen traditionellen Werten des Kontinents rasant verändert. Afrika, sonst oft und gerne als dunkler, ewig mystischer Erdteil verklärt, hat sich längst aufgemacht, viele seiner eigenen Werte in Frage zu stellen, ohne einfach überzulaufen zu unserer Wertewelt. Mit der ist es schließlich auch nicht so weit her. Hand aufs Herz: Wie weit sind wir in den zwei, drei Jahrzehnten gekommen, in denen es bei uns erst so richtig mit der Frauenemanzipation losgegangen ist? Es geht schneller, das Rad, den Buchdruck oder die Dampfkraft zu erfinden und damit Revolutionen im menschlichen Leben auszulösen, als das Verhältnis von Mann und Frau gerechter zu kalibrieren. Denn dazu müßte sich eine ganze Menge in unseren Köpfen ändern – und das braucht lange, sehr lange. Um so spannender ist es, die kleinen Veränderungen, die es bereits gibt, schon jetzt zu beobachten, bei uns wie auch in Afrika.

KAPITEL 9

Hunger, Anarchie und ewige Gewalt

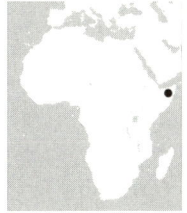

Eines der ersten Klischees, die uns Europäern beim Stichwort Afrika einfallen, ist das der Hungersnöte. Alle paar Jahre flimmern uns wieder Bilder aus einem anderen Katastrophenland über den Fernseher, erreichen uns Spendenaufrufe für schwer betroffene Hungergebiete. Und dabei ist diese Situation auf den ganzen Kontinent gesehen eher eine Ausnahme – doch wo sie eintritt, ist sie unerbittlich, für Hunderttausende kommt dann jede Hilfe zu spät.

Es ist der Sommer 1992, und die Vereinten Nationen schätzen, daß 1,5 Millionen Menschen in Somalia unmittelbar vom Tod bedroht sind, weitere 4,5 Millionen Menschen müssen hungern. Ein wenig geregnet hat es zum letztenmal vor einem Jahr, aber die Trockenheit dauert schon länger als drei Jahre. Allerdings haben es die Nomaden und Bauern in dem Land am Horn von Afrika gelernt, mit den Widrigkeiten ihrer Umwelt fertig zu werden. Und so ist die Hungersnot weniger eine Naturkatastrophe als ein von Menschen verschuldetes Desaster.

So sieht das auch Gouverneur Schodook in Hoddur. Der 85jährige Mann hat bisher gemeinsam mit den Ältesten der verschiedenen Clans und Gruppen in der rund 50 000 Quadratkilometer großen Bakool-Region an der Grenze zu Äthiopien die letzten Reste einer staatlichen Ordnung erhalten können. Rund 400 000 Menschen leben in dieser Gegend. Nur wenige tragen hier Waffen, es gibt noch Polizisten in Uniform mit blauem Barett. Aber die Hilfsorganisationen müssen sich Sicherheit und Transport in die betroffenen Orte erkaufen.

Gouverneur Schodook ist seit 55 Jahren immer wieder in sein Amt gewählt worden. Er hat die italienische und die britische Kolonialmacht erlebt, die Unabhängigkeit, die Machtergreifung Siad Barres in Mogadischu, den Krieg mit Äthiopien um den Ogaden und schließlich auch die Vertreibung des ungeliebten Präsidenten nach dem Bürgerkrieg 1991. Doch soweit er sich erinnern kann, sagt der alte Mann, der seinen grauen Bart mit Blütenstaub orange gefärbt hat, sei es noch nie so schlimm gewesen. »Wir haben diese Probleme erst seit zwei Jahren. Der Hunger ist durch den Bürgerkrieg entstanden.« Für die Betroffenen jedoch ist das zunächst einmal unerheblich.

Der Junge kann nur noch flüstern. Zwei Tage ist er hierher unterwegs gewesen. Sein Vater ist tot, die Mutter war zu krank für den Marsch über das verdorrte Land. Die beiden kleineren Geschwister aber hat er mitgebracht. Der Zehnjährige spricht mit letzter Kraft. Die Menschen sterben leise in Hoddur. Allein 2000 Waisen sollen unter den ungezählten Flüchtlingen sein, die gekommen sind in der Hoffnung, etwas Hilfe zu erhalten. Und es werden immer mehr, seit sich herumgesprochen hat, daß nun auch in Hoddur, dem kleinen Städtchen nördlich der Provinzstadt Baidoa im Landesinneren von Somalia, Hilfsflüge ankommen.

Sie haben den hungernden Flüchtlingen einen Platz nicht weit entfernt von der Landepiste aus Sand und Schotter auf dem ausgetrockneten Flußbett zugewiesen. Drei bis vier Tage haben die Menschen für die 30 bis 40 Kilometer in den Ort gebraucht, der beim Rückzug der Soldaten des 1991 gestürzten Präsidenten Siad Barre bis auf die Grundmauern zerstört wurde. Geordnet, in langen Reihen sitzen Mütter mit ihren

Kindern in der prallen Sonne. Ein kleiner Junge beginnt zu weinen. Seine großen, hervorquellenden Augen sind eitrig verklebt; wenn er hustet, spannt sich die trockene Haut über die hervorstehenden Knochen – ein fast fleischloses Nichts von der Größe eines nur wochenalten Babys. Drei Jahre ist er alt, sagt die Mutter. Die Kinder und die Alten trifft es immer zuerst.

Zwei Transall der deutschen Luftwaffe bringen als erste die Hilfsgüter nach Hoddur. Sie starten im kenianischen Mombasa, der Flug hierher dauert zweieinhalb Stunden. Über Hoddur gehen die Piloten auf dreißig Meter Höhe und überfliegen die Landepiste. Kamele und Ziegen müssen erst einmal verscheucht werden, ehe die Maschine beim zweiten Anflug auf dem Schotter aufsetzen kann. Der einzige Laster von Hoddur ist inzwischen mit den Säcken beladen worden, die Transall startet wieder. Durch den aufgewirbelten Staub fährt der Ire Noel Molony von der Hilfsorganisation *Concern* in einem verbeulten Jeep dem Lastwagen voraus zu den »Küchen«, wie die Stellen genannt werden, an denen das angelieferte Maismehl mit Wasser angerührt und dann ausgegeben wird. Es geht vorbei an den *Munduls*, den Lehmhütten, hinein in den Ort.

Hoddur, das muß einmal ein ansehnliches kleines Städtchen gewesen sein. Rund 10 000 Menschen fanden hier ihr Auskommen. Es gab eine Volksschule und eine weiterführende Schule, sogar ein Freilichtkino und einen kleinen Sportplatz, zwei Hotels und kleine Restaurants, einen überdachten Markt und mehrere Geschäfte. Doch von den Steinhäusern stehen fast nur noch die Grundmauern. Zum Schutz vor Sonne und Wind haben sich in die Ruinen die Flüchtlinge zurückgezogen. Jeden Tag kommen vier- bis fünftausend Menschen mehr. Inzwischen kampieren sie im Freien vor der Stadt, denn auch die Ruinen der beiden Kasernen sind längst mit Menschen überfüllt.

Nicht weit entfernt von einer der Kasernen, unter einem verdorrten Busch, liegt ein junger Mann. Er findet nicht einmal mehr die Kraft, sich aufzurichten. Kleider hat er keine mehr, seine Scham ist nur mit einem Fetzen Stoff bedeckt. Die Nächte, flüstert er mir immer wieder ins Ohr, die Nächte seien so kalt. Von 40 Grad Hitze tagsüber kühlt es in Mogadischu dann auf 12 bis 13 Grad ab. Der junge Mann, ausgedörrt, nur noch ein Knochenskelett, ist ungefähr in meinem Alter. Ich kann nicht anders, ich gebe ihm mein T-Shirt. Doch kaum habe ich es ihm angezogen, schließt er seine Augen; er schläft für immer ein.

Warum? Der Schrei meiner Verzweiflung bleibt unhörbar, meine Ohnmacht stumm. Schon aus Selbstschutz gehe ich weiter. Doch wohin ich mich auch wende, ich begegne nur schauerlichen Gestalten, blicke auf lebende Skelette, sehe Kinder, die den Brei nicht mehr schlucken können. Es werden noch viele sterben in Hoddur. Der Friedhof der kleinen Stadt wächst.

Die humanitäre Hilfe für Hoddur und den Rest Somalias, die seit dem Sommer 1992 geleistet wurde, hat abertausende Leben gerettet, egal, was man sonst auch immer von dem späteren UN-Einsatz halten mochte. Hilfe zum Überleben ist eine Sache, die andere Frage bleibt und wiederholt sich immer wieder: Kann man in Situationen wie damals in Somalia durch militärische Intervention auch Frieden erzwingen?

Nach dem grausamen Abstecher zu den hungernden Menschen in Hoddur nimmt mich nur Tage später eine der deutschen Transall-Maschinen mit nach Mogadischu. Wir schreiben Ende August 1992, es wird noch Monate dauern, bis die amerikanischen Militärs kommen werden und später dann die Blauhelme der Vereinten Nationen – das UNOSOM-Debakel beginnt. Davor, im Sommer 1992, herrschen in Mogadischu als einzige Regeln Hunger, Anarchie und Tod.

Plötzlich taucht ein Somale auf und macht mich unter den anwesenden Bleichgesichtern im UNICEF-Hauptquartier sofort aus. Neuankömmlinge in Mogadischu sind nicht schwer zu erkennen. Es dauert keine Minute, bis er sich neben mich stellt und leise fragt: »Brauchen Sie Transport?« Mohamed Hejr, wie der Mann sich später vorstellt, spürt ganz offensichtlich meine Unsicherheit. Und weil er weiß, daß sich in seiner Stadt niemand ohne Begleitung auf die Straße wagt, verlangt er von mir den Phantasiepreis von 400 Dollar. Dafür, sagt Mohamed Hejr, biete er einen ganzen Tag lang einen Geländewagen mit einem großen Maschinengewehr auf dem Dach; zudem würden hinten im Wagen noch drei Mann mit automatischen Gewehren mitfahren.

Draußen, vor dem schwer bewachten Tor der herrschaftlichen Villa, in die das Kinderhilfswerk der Vereinten Nationen eingezogen ist – sonst ist kaum noch ein Gebäude heil geblieben –, wartet die grausame Wirklichkeit: marodierende Banden, um Macht kämpfende Clans, und dazwischen hungernde Menschen. Wer sich in diese Hölle wagt und etwas Geld in der Tasche hat, ist bereit, jeden Preis für seinen Schutz zu zahlen. Doch dann willigt Mohamed Hejr ohne große Verhandlungen bei 80 Dollar ein.

Nichts ist berechenbar in Mogadischu, keine Überraschung unmöglich. Bei ihrem Anflug bekommt die deutsche Transall-Maschine diesmal kurzfristig Order, mit dem Hilfstransport »aus Sicherheitsgründen« nicht den Flughafen in der Stadt anzufliegen. Sie landet 50 Kilometer südlich auf einer erst kürzlich von »Privatleuten« errichteten Piste aus Sand und Schotter.

Dort steht als einziger Weißer UN-Mann Brian Stockwell. Er nimmt die Fässer mit schwerem Dieselöl für den Betrieb von Wasserpumpen in Empfang. Brian Stockwell bietet mir eine Mitfahrmöglichkeit unter der UN-Standarte an.

Zunächst geht es durch afrikanische Idylle: Lehmhütten,

Viehherden in der nach Regenfällen hier in der küstennahen
Region wieder ergrünten Landschaft, aufgeregte Hirten, die
ihre Kamele von der Fahrbahn treiben, immer wieder blühende Kakteen am Straßenrand. Nach einer Stunde dann
der erste Blick auf Mogadischu: Die Landschaft fällt sanft
zum Meer hin ab, aus der Ferne gesehen bilden die flachen
Häuser die mediterrane Silhouette eines süditalienischen
Städtchens. Schon ein paar Kilometer weiter aber die Spuren
des Terrors: Die Studentenwohnheime rechts und links der
Straße sind nur noch Skelette, zerschossene Wände ohne
Fenster und Dächer. Von der amerikanischen Botschaft ist
nur die lange Mauer mit ihrem mit Glasscherben gespickten
Beton intakt, die Gebäude – geplündert, zerschossen, ge-
schleift. Kein Haus, das nicht wenigstens Einschußlöcher
hätte, leer geplündert oder ganz zerstört ist. Die *Medina*, die
Altstadt, liegt in Schutt und Asche. Quer durch die Stadt
läuft die Frontlinie zwischen den Einflußzonen von Ali
Mahdi und Mohammed Farah Aidid.

Mahdi und Aidid sind Mitglieder des Clans der Hawiyeh,
der in der Region um Mogadischu lebt. Aus ihm ging die
Widerstandsbewegung *United Somali Congress* (USC) hervor. Gemeinsam mit dem schon 1981 aus dem Isaak-Clan
im Norden gegründeten *Somali National Movement* (SNM)
stürzten sie im Januar 1991 den Präsidenten Siad Barre, der
das Land in 21 Jahren heruntergewirtschaftet hatte. Barre
flüchtete. Doch USC und SNM konnten sich nicht auf eine
gemeinsame Politik einigen. Im Mai proklamierte sich der
Norden des Landes zum unabhängigen Somaliland, in
Mogadischu kam es zur Spaltung des USC: Ali Mahdi rief
sich zum Interimspräsidenten aus, Aidid, Vorsitzender und
»Eroberer von Mogadischu«, fühlte sich übergangen und
schlug gegen Ali Mahdi zu. Seitdem herrschen in Mogadischu blankes Chaos und Anarchie. Mindestens drei
Hawiyeh-Unterclans bekämpfen einander, bewaffnete Ban-

ditenhorden machen Jagd auf Eßbares; mächtige Händler unterhalten Privatarmeen, um Waffen, Lebensmittel und das aufputschende Rauschmittel Kath mit großem Profit ins Land zu schmuggeln.

Somalia ist zerfallen, zerbrochen in ungeordnete Einzelteile eines verwirrenden Puzzles von verschiedensten Einflußsphären rivalisierender Kriegsfürsten, Subclans und Räuberbanden. Dazu die lange Dürre, die das Land verwüstet hat. In Mogadischu herrscht nur noch das Recht des Stärkeren. Und der Stärkere frißt den Schwächeren. Durch die Trümmer dieser Apokalypse rasen Pickup-Wagen, sogenannte *technicals*, auf deren offene Ladeflächen Maschinengewehre oder Lafetten für Mörsergranaten geschweißt sind. Junge Männer, Patronengurte über der Brust gekreuzt, lungern mit glasigen Augen an Häuserecken, kauen Kath und halten ihre Kalaschnikows bereit. Und sie haben keine Hemmungen, auf alles zu schießen, auch auf Helfer oder Journalisten. Denn keiner will das von ihm eroberte Stückchen scheinbarer Macht teilen, keiner sich eine Blöße geben.

Wer keine Waffen hat, ist ein Niemand. »Sicherheit« nennen sie das hier, und als Fremder muß man diese »Sicherheit« mit Dollars kaufen. Außer den internationalen Hilfsorganisationen, die versuchen, Lebensmittel für die Hungernden in die Stadt zu transportieren, ist niemand mehr da aus unserer Welt. Also werden Helfer als gewinnbringende und hilflose Einnahmequelle ausgenommen, müssen Tribut entrichten, um denen ohne Waffen eine Überlebenschance zu bringen. Die Landung einer Hercules- oder Transall-Maschine kostet 300 Dollar, ein Lastwagen für den Transport der Hilfsgüter ist für 150, ein Geländewagen für 50 Dollar am Tag zu haben. Hinzu kommen der Fahrer und ein paar mit Maschinengewehren bewaffnete *guards* für 30 bis 40 Dollar und mehrere *technicals* zum Geleitschutz. Doch diese »Sicherheit« bleibt mehr als vage. »Eigentlich muß man noch einmal so viele *technicals* anmieten, die die anderen *technicals* in Schach halten«, sagt mir ein Helfer. Längst sind die Statthalter der Hilfsorganisationen zu Gefangenen ihrer eigenen sogenannten Beschützer geworden.

Aus dem Hafen von Mogadischu kommt nichts mehr heraus. Dort lagern 100 Tonnen Hilfsgüter für die Hungernden, die durch den Bürgerkrieg und die Dürre alles verloren haben. Doch die rivalisierenden Clans halten sich im Hafen mit je 450 Kämpfern gegenseitig in Schach. »Die Spannung ist sicherlich auch ein Vorbote für den Einsatz der UN-Soldaten. Viele hier haben Angst, ihren Job zu verlieren«, sagt der Schweizer Dominik Stillhart. Er koordiniert für das Internationale Rote Kreuz (ICRC) in Mogadischu die Einsätze. Seit Juni erst sind 50 UN-Beobachter in der Stadt. Ohne Waffen sind sie der Orgie der Gewalt ausgeliefert, werden wie Hasen gejagt. »Du schaust aus den Augenwinkeln immer danach, ob nicht gerade einer auf dich zielt«, sagt ein Blauhelm-Soldat aus Österreich. Einer seiner Kameraden liegt mit einem Lungenschuß in Nairobi im Krankenhaus.

Wenn es dann Spätnachmittag wird in Mogadischu, heißt es auch für die Mitarbeiter der Hilfsorganisationen, sich zur Sicherheit in die Büros zurückzuziehen. Aus dem Haus zu gehen, zu gefährlich. Aus dem Zentrum der Stadt sind Schüsse zu hören. Ein *technical* rast vorbei, hinter dem Maschinengewehr steht martialisch ein junger Mann mit Motorradhelm, das Visier des Helms hochgeklappt – Science-fiction live, billigstes Hollywood, nur real. Ob vor Einbruch der Dunkelheit eine Fahrt zum Hafen, zur grünen Linie möglich ist? Mein einheimischer Begleiter zögert. »Abends ist das nicht mehr so gut, da gehen die Sicherheitsleute, und die jungen Männer mit den Gewehren bleiben allein«, sagt er ablehnend.

Dann aber, als es schon völlig dunkel ist, wage ich mich doch noch einmal hinaus in einem alten, kaputten Auto ohne

Türen und Scheiben. Das fällt nicht so auf, haben sie mir gesagt. Nachts durch Mogadischu zu fahren ist wie eine Fahrt durchs Schattenreich des Hades. Nur die Schemen der Ruinen heben sich im Mondlicht vom Schwarzblau ab, seit Stunden schon ist kein Mensch mehr auf den Straßen. Vereinzelt werfen Feuer ihren Schein aus den Höhlen der Gemäuer. Stromleitungen gibt es nicht mehr. Sie sind eingeschmolzen und als Kupfer ins Ausland verschoben worden. Als die Ausländer und Diplomaten im Januar 1991 fluchtartig die Stadt verließen, wurden erst ihre Häuser geplündert, bald darauf kam die ganze Stadt dran. Auf dem ägyptischen Botschaftsgelände flattert noch die Nationalflagge mit dem Adler. Gegenüber starren die leeren Fensterhöhlen des von den Nordkoreanern erbauten Polytechnikums. Die Fensterrahmen sind herausgerissen, das Aluminium ließ sich verkaufen. Von einer kompletten, computerisierten Fleischfabrik, die die Italiener aufgebaut hatten, stehen nur noch Grundmauern. Die Infrastruktur der ganzen Stadt ist komplett zerlegt und von Kriegsgewinnlern außer Landes geschafft worden. Mogadischu ist tot, umgebracht und seine Leiche geschändet worden. Die Bobo-Stauden mit ihren fleischigen Blättern überwuchern längst schon das, was an Knochen übriggeblieben ist.

An einer Kreuzung dann, mitten in der Finsternis, blendet plötzlich ein helles Licht. Für einen kurzen Moment wird eine Gruppe von Männern sichtbar, die offenbar über einen Generator verfügen. Im Lichtkegel einer einsamen Glühbirne sitzen sie auf den Stufen eines zerschossenen Gebäudes. Ein Spuk nur, Sekunden später ist ringsum alles wieder von der Dunkelheit verschluckt. Die Menschen haben sich irgendwo zwischen den Ruinen voreinander versteckt, lauern ängstlich in den Baracken aus Wellblech und Plastikfolien und warten darauf, was der nächste Tag wohl bringt. Irgendwo knattern Schüsse.

Wieviel ist ein Mensch in Mogadischu noch wert? Ein hochrangiger Mitarbeiter, so erzählen sie mir im UN-Hauptquartier, habe seinen Fahrer entlassen wollen, weil er immer unzuverlässiger geworden sei. Doch der Somale wollte seine einzige Geldquelle nicht verlieren, also zog er seine Pistole und hielt sie dem UN-Mann an die Schläfe. Der wurde am selben Tag noch ausgeflogen, seine Nerven waren diesem existentiellen Dauerstreß nicht mehr gewachsen. Denn wer hätte den Somalen gerichtet, hätte er wirklich abgedrückt? Auf einer Fahrt in die Außenbezirke der Stadt bremst mein Fahrer scharf ab, er läßt eine Katze über die Straße. Kurz zuvor war er hupend weitergerast, hatte extra Gas gegeben, als eine alte Frau mit schwachen Schritten über die Fahrbahn schlich. Leben hängt nur noch von Situationen und Launen ab.

Hoddur und Mogadischu gehörten zu meinen ersten afrikanischen Abenteuern. Die Erfahrung der ersten Wochen dort hat mich persönlich nachhaltig verändert. Somalia bekehrte mich. In meiner sicheren, trägen europäischen Existenz war ich, dem Trend einer ganzen Generation folgend, ziemlich pazifistisch angehaucht gewesen. Krieg oder selbst Gewalt als legitimes Mittel lehnte ich zunächst grundsätzlich ab. Bis ich eben nach Somalia kam und Mogadischu erlebte. Was kann ein Pazifist gegen wildgewordene Horden von Kalaschnikowträgern ausrichten, die sich einen Dreck darum scheren, daß ihre Mitmenschen – ob Männer, Frauen oder Kinder – verhungern, an Seuchen krepieren, verdursten? Oder soll die Welt mit ihren technischen und militärischen Mitteln einfach zuschauen, wie einige Zehntausend Milizionäre und ihre Handvoll Chefs ein Land, ein ganzes Volk zugrunde richten und das Leben von Hunderttausenden oder Millionen von Menschen gefährden und auslöschen?

Das kleine Land Somalia am Horn des vergessenen Afrikas war für mich ein schmerzhafter Wendepunkt. Es hat mein ge-

samtes bis dahin gültiges Gedankengebäude von Gut und
Böse eingerissen. Statt dessen ist eine sehr viel kompliziertere
Moral gewachsen. Als einstiger Wehrdienstverweigerer plä-
dierte ich nach der Selbsterfahrung von Krieg, Hunger und
Anarchie in meinen Kommentaren und Reportagen für den
entschiedenen Einsatz bewaffneter Hilfe zugunsten der
Menschlichkeit, wo immer dies möglich ist. Ich setze mich
bis heute unumwunden für den massiven militärischen Eingriff im Namen der Menschenrechte in die inneren Angelegenheiten eines Staates ein, wenn dieser seinen Bürgern nicht
mehr ein Minimum an Überlebenschancen einräumt, sondern ihnen diese raubt. Wenn die Welt eine Chance sieht,
solch einem unmenschlichen Treiben ein Ende zu setzen,
muß sie dies auch tun. Moral und Vernunft, sonst so oft im
Widerstreit, müssen zusammenfinden.

In Somalia gab es eine solche Chance. Die amerikanische
Intervention im Dezember 1992 ging nur leider nicht weit
genug, sie war in der Sache nie konsequent. Denn die USA
glaubten, die streitenden Parteien an einen Tisch bringen zu
können, ohne sie alle gleich (schlecht) zu behandeln. Die
Amerikaner als Speerspitze der späteren UN-Intervention
hätten Somalia konsequent und brutal entwaffnen müssen.
Nur dann hätte es eine Chance gegeben, nicht nur den Hunger zu besiegen, sondern auch Voraussetzungen für einen
Frieden zu schaffen.

In Somalia wurde 1992 Weltgeschichte geschrieben. Somalia war und blieb die einzige humanitäre Militäraktion des
»Welt-Sheriffs« USA in diesem Jahrhundert. Washington
durchlebte gerade die letzten Tagen des republikanischen
Präsidenten George Bush. Dessen Nachfolger, der Demokrat
Bill Clinton, war bereits gewählt. Bush hatte also nichts mehr
zu gewinnen oder zu verlieren. Die USA marschierten in
Somalia ein, weil die einzig verbliebene Weltmacht glaubte,
bei solch massiver und öffentlich bekanntgewordener Inhu-

manität nicht tatenlos zuschauen zu dürfen. Moral war letztendlich der entscheidende Grund für dieses außenpolitische
Abenteuer, kein wie auch immer »realpolitisches« Welt-
machtinteresse. George Bush glaubte, in wenigen Monaten
Somalia befrieden und den Hunger besiegen zu können und
zu müssen.

Somalia war aber auch für die deutsche Außenpolitik ein
dramatischer Wendepunkt. Nie zuvor wurde die Bundeswehr
zu einem militärischen Einsatz außerhalb des Nato-Gebietes
geschickt. So ein Marschbefehl kam erst für Somalia. Das
wiedervereinte Deutschland konnte sich dem internationalen
Druck nicht länger entziehen, konnte als bedeutende Mittel-
macht nicht länger »neutral« und unbeteiligt abseits stehen
bleiben.

Belet Huen, Juni 1993. Die Übergabezeremonie findet mittags in der sengenden Sonne auf dem Exerzierplatz außerhalb der Stadt statt. Ich bin der einzige deutsche Nicht-Mili-
tär, der anwesend ist. Die Kanadier werden schon nach sechs
Monaten ganz aus Somalia abziehen. Die militärische Sicherung in Belet Huen übernehmen die Nigerianer. Aber angetreten sind, ganz rechts, auch die Deutschen. Sie schwitzen
genauso wie die anderen unter ihren blauen UN-Käppis. Die
kanadische Fahne wird eingeholt, und gemeinsam mit dem
Grün-Weiß-Grün der Nigerianer steigt auf Schwarz-Rot-
Gold der Bundesadler auf.

Belet Huen liegt gut 300 Kilometer nördlich von Mogadischu und nur knapp 30 Kilometer entfernt von der Grenze
zum umstrittenen Ogaden. Das UN-Camp liegt im Norden
Belet Huens, geradewegs auf der anderen Seite des »Flughafens«. Ein Stacheldrahtzaun umgibt die staubige Senke mit
den deutschen Zelten, in denen gearbeitet und geschlafen
wird. Das Wachhäuschen und die Schranke sind aus einfachen Holzbrettern gezimmert. Für den Transport fehlen noch
etliche Autos, die Funkverbindung zum deutschen »Haupt-

quartier« in Mogadischu am Kilometer 4, gleich an der amerikanischen Botschaft, läuft nicht recht, weil offenbar die falschen Geräte mitgenommen wurden. Zwei Küchen sind schon da, aber für sein Essen muß jeder Soldat noch selbst auf die hermetisch verpackte Marschverpflegung zurückgreifen. »Hygienische Gründe«, heißt es offiziell. Dabei sind schlicht und einfach die beiden Köche krank: Durchfall. Das passiert in diesem Klima jedem.

Und noch sind die 1700 deutschen Soldaten nicht eingetroffen, da erreicht die Situation in Somalia im Juli 1993 mit dem Mord an vier Journalisten – darunter auch dem deutschen AP-Photographen Hansi Kraus – eine neue Qualität. Nach abermaligen UN-Angriffen auf Stellungen Mohamed Aidids sind diesmal an den Kämpfen völlig Unbeteiligte umgebracht worden, und offenbar nur, weil sie Weiße waren. Der Mob macht ohne Unterschied Jagd auf den angeblichen Feind von außen. Die Taktik Aidids scheint ihre blutigen Früchte zu tragen: Wir gegen den Rest der Welt.

Vergessen scheint, warum die Vereinten Nationen nach Somalia kamen: um ein Land, in dessen Anarchie Hunderttausende verhungerten, vor dem gänzlichen Untergang zu bewahren. Dabei ist die Masse der Somalen des Bürgerkriegs seit langem müde. Sie wollen wieder ein normales Leben führen. Doch sie sind, wie inzwischen auch die UN, Geiseln einiger politischen Figuren geworden, die um die ganze Macht kämpfen und nichts mehr zu verlieren haben. Um der Anarchie Einhalt zu gebieten, die humane Katastrophe abzuwenden und dem Land am Horn Afrikas die Chance zu einem Neuanfang zu geben, ist im Dezember 1992 die amerikanische Vorhut ins Land gekommen. Aber die Amerikaner glaubten, mit oberflächlicher Beruhigung und dem Verteilen von Nahrung sei das Problem in kurzer Zeit zu lösen. Dabei arbeiteten gerade die USA anfangs mit Clanchef Aidid eng zusammen. Sie wollten schnelle Erfolge vorweisen können.

Eine Friedenskonferenz wurde einberufen, brachte aber nur Absichtserklärungen. Wer konnte auch glauben, daß die Kriegsparteien ihre Waffen freiwillig abgeben würden, bevor die UN auch nur ansatzweise ein Machtmonopol hatte und damit Schutz bieten und Strafe androhen konnte?

Spätestens damals hätte klar sein müssen: Aus der humanitären UN-Aktion mußte eine politische werden. Wer den Neuaufbau eines Landes will, muß zunächst Frieden schaffen – und das heißt: den streitenden Parteien die militärische Kontrolle gänzlich entreißen. Nur dann sind sie gezwungen, politische Lösungen zu suchen und zu finden. Angriffe aus der Sicherheit der Luft und dollarschwere Steckbriefe sind dafür kein akkurates Mittel. Sie zeigen nur die Ohnmacht, schüren den Haß und spielen in die Hand der Demagogen. So wird aus Mogadischu nur ein zweites Beirut.

In diese Situation hinein fliegen im Juli 1993 die ersten deutschen Blauhelm-Einheiten. Nach der Ankunft in Mogadischu kommen als letzte die 36 Pioniere aus Bayern aus dem Flugzeug. Aber dafür tragen sie stolz die weiß-blaue Rautenfahne vor sich her und schließen ganz schnell im Laufschritt zu den anderen deutschen Soldaten auf. Oberst Helmut Harff, Kommandant der deutschen UN-Truppen in Somalia, hat alle 250 Mann mit den blauen Baretts gleich auf dem Flugfeld in Mogadischu antreten lassen und hält eine kurze Ansprache zur Begrüßung. Freilich versteht wegen des Lärms der Maschinen und Bodenfahrzeuge kaum jemand ein Wort davon. Aber dann heißt es abtreten, und der Zugführer der Pioniere aus dem bayerischen Bogen, die auch diesmal die letzten sind, ruft seinen Leuten in der ersten Reihe vor dem offiziellen »Rechts um« für alle Fälle noch zu: »Dene andern geh ma jetzt einfach hinterher.« Nichts soll schiefgehen beim ersten Einsatz der Bundeswehr außerhalb des NATO-Gebietes.

Aber Mogadischu ist Kriegsland. Es herrscht offener Kampf zwischen der UN und General Mohamed Farah Aidid.

Der somalische Kriegsherr meldet sich rechtzeitig zur deutschen Ankunft zu Wort und läßt seinen Sprecher Xafiisha Guddoomiyaha erklären, die Deutschen sollten sich nicht »in den rücksichtslosen und brutalen Krieg hineinziehen lassen, den die Amerikaner für sich allein in Somalia führen«.

Vor allem die verbliebenen 2000 Mann der amerikanischen Schnellen Eingreiftruppe mit ihren schwarzen Cobra-Kampfhubschraubern führen die Vergeltungsschläge gegen die Stellungen Aidids und seiner Helfershelfer aus, seitdem dessen Freischärler am 5. Juni 25 pakistanische UN-Soldaten in einem Hinterhalt töteten. Aber die Amerikaner bekommen Aidid in dem Stadtdschungel Mogadischus nicht zu fassen. Doch UN-Sonderbotschafter Jonathan Howe hat 25 000 Dollar auf die Ergreifung Aidids ausgesetzt und wiederholt immer wieder, es bleibe das Ziel, Aidid zu fassen und vor Gericht zu stellen: »Wir sind offen für Gespräche, aber wir werden nicht mit Mohamed Farah Aidid verhandeln.«

Unterdessen versucht Aidid nicht ohne Erfolg, mit militärischen Nadelstichen und durch selektive Gesprächsangebote den Spaltpilz in die multinationale UN-Präsenz zu treiben. Vor allem der italienische General Bruno Voi schert nach dem Tod der ersten drei italienischen Soldaten Anfang Juli mit Rückendeckung aus Rom aus. Ohne militärische Strafaktionen, dafür aber durch Verhandlungen mit Emmissären Aidids schafft er es, den italienischen Kontrollpunkt *Checkpoint Pasta* im Nordteil der Stadt wieder zu beruhigen. Die Militäraktionen dürften den humanitären Einsatz der UN nicht gänzlich zurückdrängen, dieses Argument sprechen nicht nur die Italiener offen aus, sondern auch viele Hilfsorganisationen. Mittlerweile ist auch aus den Reihen der Verantwortlichen innerhalb der Vereinten Nationen leise Kritik an der Dominanz des Militärs zu hören: Auf rund 1,5 Milliarden Dollar im Jahr werden die Kosten für das militärische UN-Engagement in Somalia hochgerechnet, für das humani-

täre Hilfsprogramm dagegen, dessen Budget 166 Millionen
Dollar beträgt, hätten die Geberländer noch nicht einmal 15
Prozent einbezahlt, beklagt mir gegenüber Jan Eliasson, UN-
Abteilungsleiter für humanitäre Fragen.

» Wer Beirut gemocht hat, wird Mogadischu lieben.« Smith
Hempstone, der frühere US-Botschafter in Kenia, ist mit diesem Satz berühmt geworden. Er behielt recht mit seiner Pro-
phezeiung. Der erste US-Soldat wurde am 12. Januar 1993 in
Mogadischu getötet. Unvergessen aber die Fernsehbilder, als
im Oktober die Leiche eines Amerikaners durch die Straßen
Mogadischus geschleift wurde. Bis dahin waren an die 80
Blauhelme getötet worden. Über die Zahl der Somali, die
durch UN-Truppen ums Leben kamen, gibt es nur Mutma-
ßungen: Sie gehen in die Hunderte. » Zum ersten Mal wird
unter dem Banner der humanitären Hilfe getötet«, sagt Rony
Braumann von den Ärzten ohne Grenzen. Somalia ist für ihn
von UN und USA zum Testfall einer » permanenten militärischen Interventionstruppe« mißbraucht, die Nothilfe » vom
Recht auf Vergeltung« verdrängt worden. Mohamed Sahoun,
der Algerier, den UN-Generalsekretär Butros-Ghali wegen
dessen kritischen Tönen als Sonderbeauftragten für Somalia
entließ, meint: » In den Augen vieler sind die Vereinten Nationen nichts anderes geworden als nur ein weiterer Clan, der für
seine Ziele und sein Territorium kämpft.«

Das Territorium ist nicht viel größer als 32 Hektar: das frühere Areal der US-Botschaft, der UN überlassen, abgeschirmt
mit einer Betonmauer, an jeder Ecke geschützt mit » Maschi-
nengewehrnestern«. Zugegeben: Die USA haben viele Fehler
gemacht. Mal traten sie auf wie Rambo, mal als Missionar,
mal ließen sie sich am Zügel der UN führen, dann saßen sie
wieder peitschenknallend und mit der Zunge schnalzend auf
dem Kutschbock. Hätten sie also erst gar nicht kommen sollen? Der Vorwurf ist immer derselbe: enorme Ausgaben ohne
entsprechende Erfolge. Die UNOSOM-Ausgaben für sechs

Monate Mineralwasser (sechs Millionen Dollar) entsprächen
drei seiner Jahresetats, rechnet mir Ali Talib vom Welternährungsprogramm für Somalia vor. Und was wäre passiert,
wenn überhaupt niemand nach Somalia gekommen wäre?

Wie dem auch sei: Eine Leistungsbilanz errechnet sich
immer aus Aufwand und Nutzen, und da sieht es auch beim
deutschen Somalia-Abenteuer nicht sehr positiv aus. Offiziell
kostete allein der deutsche Einsatz rund 330 Millionen Mark
(Schätzungen gehen allerdings auf mehr als eine ehrliche
halbe Milliarde Mark). Dem stehen nach Bundeswehranga-
ben humanitäre Leistungen von knapp drei Millionen Mark
gegenüber. Aber für 1700 Soldaten mußte ein Zeltlager
errichtet und unterhalten werden, eine neue Landepiste für
die Versorgungsflüge angelegt, ein Kommandozentrum –
»Kastel Rühe« – eingerichtet werden. Militär verursacht
seine eigenen Kosten.

Das Deutsche Rote Kreuz bringt in einem Jahr mit knapp
zehn ausländischen Helfern und 100 somalischen Mitarbeitern Hilfe für fast zehn Millionen Mark, indem es in der
Region einen Basisgesundheitsdienst aufbaut, Brunnen reha-
bilitiert, Schulen hilft, Frauengruppen unterstützt. Dennoch:
»Wir haben eine große Hochachtung vor der Hilfsbereitschaft der Bundeswehr. Sie ist schließlich nicht als Hilfsorganisation ausgebildet, und den Soldaten ist nicht anzulasten,
daß sich ihr Auftrag mehrfach geändert hat.« Besser als mit
den Worten von Stefan Hagelüken, Einsatzleiter des Roten
Kreuzes, läßt sich das durch viele äußere Umstände behin-
derte Engagement der deutschen Soldaten in Somalia nicht
fassen.

Ein Jahr nach der fernsehwirksamen Landung der *Restore
Hope* am Dünenstrand von Mogadischu aber ist klar: Die
Welt geht wieder und wird so nicht zurückkommen. US-Botschafter Daniel Simpson weiß solche kurzen Sätze zu formulieren. Noch sind 10 000 Blauhelme in Somalia, zumeist Sol-

daten aus Dritte-Welt-Staaten. »Der Rückzug bis Ende März (1995) ist unwiderruflich, so steht es in der Resolution 954 des Weltsicherheitsrates«, bestätigt mir UN-Sonderbotschafter Victor Gbeho. So plötzlich das weltweite Engagement für Somalia vor zwei Jahren entstand, so schnell ist das Land am Horn von Afrika wieder in Vergessenheit geraten. Statt um das Warum für den Fehlschlag der größten humanitären Intervention zu Beginn der »neuen Weltordnung« heftig zu diskutieren, um beim nächsten Mal nicht dieselben Fehler zu begehen, wird der Somalia-Einsatz der Vereinten Nationen still und fast heimlich »abgewickelt«. Amerikaner, Briten und Franzosen eilen mit ihren Kriegsschiffen zum letztenmal heran, um den Rückzug der Reste des Interventionsheeres abzusichern. Doch die Frage bleibt: Warum war Somalia ein Fehlschlag?

Als in Somalia der Bürgerkrieg ausbrach, kümmerte sich niemand um den Untergang des alten Regimes und die Chancen eines demokratischen Neuanfangs. Im Gegenteil: Somalia wurde bis in die ersten Monate des Jahres 1992 völlig vernachlässigt, wenn nicht gar aufgegeben. Als Seismographen ihrer Hauptstädte flüchteten die Diplomaten als erste. Dafür tasteten sich private Hilfsorganisationen vor und versuchten, ihre humanitäre Arbeit aufzunehmen, trotz Bedrohung von Leib und Leben durch marodierende Milizen. Diese Helfer wurden für die von Hunger und Bürgerkrieg bedrohte Bevölkerung Somalias die einzigen Anbieter sozialer Dienste: für Nahrung, für Wasser, für medizinische Versorgung. Niemand hatte die ausländischen Helfer gerufen, niemand war legitimer Ansprechpartner für sie. In der Anarchie gab und konnte es keinen »Kontrakt« der Hilfe geben. Die Bevölkerung Somalias war auf den »guten Willen« der Helfer angewiesen, diese mußten selbst teuer für ihre Sicherheit bezahlen. Sogar das Internationale Rote Kreuz brach mit seinem Grundsatz und heuerte Bewaffnete an, um seine Hilfe an

Somali vor Somali zu schützen. Die Spirale des Irrsinns drehte sich: Aus der Überzeugung, helfen zu müssen und Hunderttausende vor dem sicheren Hungertod zu retten, finanzierte die Hilfe zugleich den Krieg aller gegen alle.

Deswegen riefen viele internationale Helfer immer lauter nach einer »humanitären Militärintervention«: UN-Soldaten sollten notfalls mit Gewalt sicherstellen, daß die Hilfe die Hilfsbedürftigen erreicht. Im Dezember 1993 marschierte unter amerikanischer Führung *Restore Hope* in Somalia ein. Und neben allen Fehlern, die während der Militärintervention dann noch begangen wurden: der Grundfehler von Anfang an war, daß man glaubte, das Humanitäre könne das Politische ersetzen.

Schon mehrmals hatten Helfer in Krisengebieten um militärischen Schutz gebeten. Daß sie ihn in Somalia nominell erhielten, hatte zeitbedingte Gründe: die Auflösung des Ost-West-Gegensatzes, der traumatische Jugoslawienkonflikt und die letzten Amtstage des amerikanischen Präsidenten Bush. Was sich die Welt in Jugoslawien politisch nicht traute, glaubte sie in Somalia riskieren zu können. Die Bilder des Hungers lösten solchen Druck aus, daß in den USA die Bereitschaft stieg, einen »kurzfristigen« humanitären Einsatz zu starten. Mit Maschinengewehren in der Hand verteilten US-Marines Schokolade, statt Milizen zu entwaffnen. Unter ihren Augen nahm noch im Februar 1993 ein Verbündeter Aidids die Stadt Kismayo ein: Statt Frieden zu schaffen, glaubte die Welt durch Entsendung von Soldaten neutral bleiben und dennoch humanitär helfen zu können.

Ein fataler Trugschluß: Humanität kann ein politisches Vakuum nicht füllen. Der UN-Einsatz in Somalia scheiterte nicht, weil es zu viel Politik und zu wenig humanitäres Engagement gab. Somalia scheiterte, weil die humanitäre Motivation zu schlechter und unschlüssiger Politik führte. Als *Restore Hope* in UN-Hand überging, war die »neutrale«

Militärmacht längst Spielball politischer Interessen geworden. Die Versuche, nachträglich »politische Konzepte« über den kopflosen Einsatz zu stülpen, mußten fehlschlagen. Der Einsatz degenerierte immer mehr zum Experimentierfeld anderer Interessen: Die USA schlossen politische Deals, um sich eine gute »humanitäre« Presse zu sichern und möglichst wenige Opfer zu bringen. Als dies fehlschlug, zogen sie sich sofort zurück. Bonn versuchte, sich in Somalia die Tür zur Vereinigung mit den westlichen Führungsmächten wieder zu öffnen. Lösungen für die Probleme Somalias selbst rückten eher in den Hintergrund.

Somalia wird sich so nicht mehr wiederholen. Kann man es deshalb einfach vergessen? Für UN-Einsätze in dieser Größenordnung wird sich in absehbarer Zeit niemand mehr zur Verfügung stellen, schon gar nicht die USA. Der Bombenteppich über dem Kosovo war etwas ganz anderes – hier halfen die USA militärisch, gaben den Europäern im wahrsten Sinne des Wortes Schützenhilfe, damit diese in ihrer unmittelbaren Nachbarschaft den serbischen Diktator Slobodan Milosevic in seine Schranken weisen konnten. Aber Zeuge wievieler Ruandas wollen wir werden, bevor wir offen über die Prinzipien einer humanitär notwendigen Militärintervention diskutieren? Erst zur Eröffnung der Generalversammlung der Vereinten Nationen im Herbst 1999 provozierte UN-Generalsekretär Kofi Annan die Welt mit seinem Satz: Der Schutz der Menschenrechte müsse vor das Recht auf Souveränität des Einzelstaates gehen. Als in Ruanda die Massaker begannen, zog die kleine UN-Friedenstruppe mit allen westlichen Ausländern so schnell wie möglich ab. Obwohl jeder im Fernsehen beobachten und in der Zeitung nachlesen konnte, was in Ruanda geschah, siegte damals die Politik über die humanitäre Notwendigkeit. Die Folge war der Genozid an mindestens 800000 Menschen. Wenn der Somalia-Einsatz gescheitert ist, was ist dann in Ruanda passiert?

KAPITEL 10

Audienz beim König der Löwen

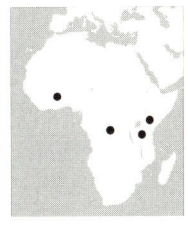 Mufasa, der alte Löwe, liegt gleich neben dem Trampelpfad für Autos, der um eine der *Kopjes* führt, wie sie die Steinhügel hier nennen. Der ständige Wind der Serengeti-Ebene weht ihm durch die dunkler werdende Mähne. Seine gelben Augen blitzen kurz auf, als unsere Blicke sich kreuzen, er stolz und selbstsicher im Gras liegend, ich in der Sicherheit des Wagens. Keine drei Meter sind wir voneinander entfernt. Nur Sohnemann Simba bekomme ich nicht recht zu Gesicht. Der versteckt sich weiter hinten im hohen Gras der Steppe. Mal ist nur ganz kurz sein Schwanzende zu ahnen, dann streckt er seine beiden Lauscher nach oben, so daß zumindest die Spitzen seiner Ohren deutlich über das schwankende Steppengras herausragen. Sofort setzt das Surren und Klicken der Kameras im Touristenbus nebenan ein, von dessen Fahrer ich den Weg hierher erfahren hatte. *Hakuna Matata*, keine Probleme: In der Serengeti Tansanias findet man immer Löwen, mehr als 500 dieser großen Raubkatzen leben dort noch.

Serengeti, die Heimat Simbas, ist Walt Disneys Zeichentrickfilm *König der Löwen* live und lebendig. *Serengeti* heißt in der Massai-Sprache »endlose Ebene«. 14 763 Quadratkilometer auf einem Hochplateau zwischen dem Ngorongoro-Hochland, der kenianisch-tansanischen Grenze bis hin zum

Viktoriasee, ein ganzes Ökosystem als Naturschutzzone, Steppe mit kurzem Gras, Hügellandschaften, Seen, Wäldchen, ein Nationalpark nur für Tiere. Serengeti lebt noch. Bernhard Grzimek, der Frankfurter Zoo-Direktor, mit dessen Fernsehsendung *Ein Platz für Tiere* wir, die inzwischen ältere Generation, in Deutschland noch aufgewachsen sind und der uns geschichtenerzählend in die ferne Tierwelt Afrikas entführte, kann beruhigt sein: Die Serengeti ist bis heute ein großer Tummelplatz für die wandernden Gnuherden geblieben.

Und hier, in der Serengeti, treffe ich sie auch alle wieder, die Vorbilder für die Zeichentrickhelden meiner Kinder aus Hollywood: die schiefmäuligen, hinterhältigen Hyänen, auf die sich im Film der verlogene Löwen-Onkel Scar verläßt, aber auch die Spielgefährten des »Königssohns« Simba, nämlich Pumbaa, das Warzenschwein, und Timon, das Erdhörnchen. Auch der »Schamanen«-Pavian Rafiki ist da. Nicht allein, sondern mit seiner ganzen Herde versperrt er den Feldweg und trollt sich nur langsam von dannen. Schnaubende Flußpferde lugen träge aus dem Wasser, und die eingebildeten Giraffen blicken näselnd auf mich herab. Im Südosten der Ebene fahren wir durch endlose Gnuherden und durch Tausende von Zebras. Fast alle Stuten haben dicke Bäuche, denn Ende Dezember, Anfang Januar kommt der Nachwuchs.

Mitten in diesem Tierparadies kommt weiter nördlich bei Lobo dann der Tierhüter Moto mit, Simba suchen. Schon als wir von den Hütten der Angestellten der *Lobo Lodge* den steilen Abhang herunterfahren, zeigt er auf den ersten Löwen, ein Weibchen. Es hat gerade beim nahen Wasserloch ein Warzenschweinferkel gerissen. Das kleine Ding, das ich noch kurz vorher mit dem Fernglas neben seiner Mutter haben spielen sehen, hängt leblos im Maul der Löwin. Die gute Mutter bringt ihre Beute zu ihrer hungrigen Familie, grausamer Alltag der Wildnis.

Moto mit seinem alten Gewehr kennt sich wirklich gut aus. Er stammt aus der Gegend. Die Suche mit ihm führt zum Erfolg. Nur wenig später findet er eine Löwenfamilie am Abhang der Berge, sechs Weibchen und zwei Junge, die sich in den Strahlen der wärmenden Sonne rekeln und ihr letztes Mahl verdauen. Idylle mit Raubkatzen. Bei solch friedlichen Bildern ist dann schnell vergessen, daß das Gesetz der Tierwelt lautet: fressen und gefressen werden. Doch Löwen haben keine wirklichen Feinde – außer einem, uns Menschen. Wir aber dürfen in die Serengeti nur als Dollar-zahlender Gast zum Tiereschauen kommen. Selbst die Massai, die viehzüchtenden Nomaden der ostafrikanischen Ebenen, sind verbannt aus ihrem ehemals eigenen Paradies.

Tierschutz über alles. »Wir Europäer neigen dazu, über ganz Afrika am liebsten eine Käseglocke stülpen zu wollen, um den großen Zoo zu erhalten«, macht sich Malte Sommerlatte über fanatische Tierschützer lustig. »Das kann nicht funktionieren.« Sommerlatte ist *game farmer,* lebt unter anderem davon, Gazellen- und Antilopenfleisch an die einschlägigen Restaurants in Nairobi oder Mombasa zu liefern, in denen die Touristen nach ihren Safaris auch ganz gerne die Tiere essen wollen, die sie gesehen und photographiert haben. Sommerlatte berät aber auch, meist im Auftrag der deutschen Entwicklungshilfe, afrikanische Länder wie Kenia, Tansania oder Simbabwe dabei, wie sie ihren Tierreichtum wirtschaftlich erfolgreicher nutzen und vor allem besser für ihre Bevölkerung einsetzen könnten.

Ein konkretes, gelungenes Beispiel ist der Selou-Park in Tansania: Nur ein Drittel des riesigen Parks ist für Fotosafaris reserviert, in drei Vierteln dieses Wildreservats aber können betuchte Jäger, die meist aus den USA oder Europa kommen, auch Tiere schießen. Die Lizenz zum Töten eines Zebras kostet rund 1000 Dollar. Der Clou dabei: Zum einen wird der Wildbestand durch strenge Lizenzierung erhalten, zum anderen fließen die Einnahmen zuallererst der örtlichen Bevölkerung zu. Das Fleisch wird den Dörfern am Rande des Parks zur Verfügung gestellt. Mit den Dollars sind Schulen, Brunnen und Straßen gebaut worden. Wilderei gibt es bei Selou fast gar nicht mehr. Die Menschen am Rande des Parks haben die Tiere als Einnahme-, ja als Lebensquelle erkannt und akzeptiert. Jetzt schützen sie ihren Park gegen Eindringlinge von außen. Niemand soll ihren Reichtum stehlen können, Wilderer haben kaum noch eine Chance. Und doch drohte das vor allem aus deutschen Mitteln finanzierte Projekt plötzlich unterzugehen: Japan wollte genau dort einen riesigen Staudamm bauen, um Tansanias Zentrum Daressalam mit Strom zu versorgen. Die Idee wurde gottlob wieder fallengelassen.

Mensch gegen Tier: Die Nationalparks und der Tourismus sind in Ländern wie Kenia oder Tansania zu den größten Einnahmequellen geworden. Die zahlenden Touristen wollen Tiere sehen, also werden die Tiere geschützt. In Narok aber, nahe dem berühmten Massai-Mara-Park Kenias, kommen – so der Durchschnitt der vergangenen Jahre – mindestens ein Dutzend Menschen jährlich allein durch Elefanten und Löwen ums Leben. Ähnliche Klagen sind immer wieder aus der Umgebung des Tsavo-Nationalparks zu hören. Als ich für die wöchentliche Fernsehsendung der *Süddeutschen Zeitung* einmal einen Film drehte zum Thema: Tiere schützen oder Menschen helfen, war es nicht schwer, eine Bauernfamilie zu finden, die gerade erst wenige Tage zuvor einen der Ihren durch einen Elefanten verloren hatte. Elefanten kennen keine Grenzen oder fremdes Eigentum – und Mais, egal, wo er wächst, schmeckt herrlich süß. Also holen die Dickhäuter sich den Mais. Wehe dem, der sich ihnen in den Weg stellt, und sei es »nur«, um seine Ernte vor ihnen zu sichern.

»Die lokale Bevölkerung muß stärker am Nutzen der Parks beteiligt werden«, sagt auch David Western, vier Jahre lang Chef der kenianischen Wildschutzbehörde. 70 Prozent der wilden Tiere leben in Kenia außerhalb der Parks. Sie bedrohen Ernten und Menschen. Es muß ein Ausgleich gefunden werden, ein organisiertes Miteinander, sonst überlebt allein der Stärkere.

Und es gibt keinen Zweifel, wer das ist, allein von der Zahl her. Kenias Bevölkerung hat sich in den vergangenen 20 Jahren verdreifacht, die Zahl der Elefanten dagegen war auf 20 Prozent des Bestandes gesunken. Seit einigen Jahren nimmt ihre Zahl wieder zu. Nur der Lebensraum für diese – endlich – wieder wachsende Zahl der Elefanten wird immer kleiner. Afrika leidet an Übervölkerung mit Elefanten. Deshalb zerstören die Tiere ihre unmittelbare Umwelt. David Ford, ein Engländer, der in Kenia geblieben ist, managt drei *Lodges* im Amboseli Park am Fuße des Kilimandscharo. »Der Grundwasserspiegel im Park steigt unaufhörlich«, klagt er. Kein Wunder: Amboseli ist für seine Elefanten berühmt. Ganz zu Anfang meines Afrika-Abenteuers war Amboseli deswegen eines meiner ersten Reiseziele. Damals schoß ich noch Photos von Bäumen und herrlichem Grün in Amboseli. Inzwischen haben die Elefanten fast alles zerstört. Der Park droht zu einem baumlosen, großen Sumpfgebiet zu werden. Denn wo das Wasser nicht mehr über die Blätter der Bäume verdunstet, die Wurzeln nicht mehr den Boden stabilisieren, steigt der Wasserspiegel. »Es sieht so aus, als ob die Elefanten ihre Ernährungsgewohnheiten verändert haben: Sie essen nicht mehr Blätter, sondern Sumpfgras«, sagt David Ford.

Und daß dies kein Geschwätz beim Sundowner mit Gin Tonic abends am Kamin ist, kann ich am nächsten Morgen schon erleben. Elefanten haben keine Tischmanieren. Man hört sie schon laut schmatzen, noch bevor sie, bauchtief im Sumpf stehend, zu sehen sind. Ein tödlicher Kreislauf, bis der ganze Park ertrunken ist und die Elefanten eigentlich

weiterziehen müßten, um anderswo Nahrung zu finden.
Doch da ist dann schon der Mensch und seine Maisfelder.
Afrika ist nicht mehr endlos.

Was die Elefanten für Amboseli bedeuten, sind die Flußpferde im Queen-Elizabeth-Park in Uganda. Dort leben so
viele dieser Dickhäuter im Wasser und entlang der Ufer, daß
alles überweidet ist. Der Park droht entlang des Ufers zu ver-
steppen. Mindestens 1000 Flußpferde pro Jahr müßten
geschossen werden, um das ökologische Gleichgewicht zu
erhalten. Doch welch ein Aufschrei würde da aus Europas
Tierschutz-Bünden herüberschallen. »Es gibt Millionen von
Menschen, welche die Tiere wie ich als eine Art Brüder anse-
hen, wenn auch Brüder mit Krallen«, schrieb der Populist
Grzimek. Doch um unsere »Brüder mit Krallen« zu schützen,
muß erst einmal für die Menschen gesorgt werden. Solange
Elefanten, Löwen, Zebras, Gazellen und Antilopen nur als
Konkurrenten um den knapper werdenden Lebensraum
angesehen werden, eine tatsächliche Bedrohung für Ernte
und das eigene Leben sind, helfen keine vom Westen finanzierten Zäune oder Wildhüter.

Aber Mythen sterben bekanntlich langsam. Patenschaften
für Nashörner zu vermitteln oder Spenden einzutreiben, um
deren Ausrottung zu verhindern, ist in Europa so viel leichter
als die Masse der Menschen davon zu überzeugen, daß nur
ein ökonomischer Vorteil durch den Wildbestand die Afrikaner dazu bewegen könnte, trotz eigenem hartem wirtschaft-
lichem Überlebenskampf die Tiere zu schützen statt abzu-
schießen und bestenfalls aufzuessen. Wenn keine eigenen
Vorteile spürbar werden, hilft der moralische Zeigefinger
wenig. Moral läßt sich bekanntlich nicht essen. Oder wie
würden wir reagieren, wenn aus Afrika die Forderung käme,
die Alpen endlich zu einem großen Nationalpark zu erklären,
für Skifahrer, Drachenflieger und Bergwanderer zu sperren,
um Steinböcken oder Adlern endlich wieder genügend

Lebensraum zu lassen? Allein der Tsavo-Park in Kenia ist flächenmäßig so groß wie Bayern.

Dabei gibt es auch in Afrika längst genug funktionierende Beispiele für rationale Wildbewirtschaftung. Auf der Segera-Ranch im Norden Kenias stellt Justin Mayhew seinen Betrieb gerade Schritt für Schritt um. Statt auf riskante Rinderzucht in diesem trockenen, von Parasiten durchsetzten Gebiet setzt er auf Antilopenfleisch, Strauße und Perlhühner, angepaßte Tiere, die in dieser Umwelt auch ohne Spritzen und regelmäßige Zusätze der westlichen Tiermedizin und ohne künstliche Wasserstellen auskommen und prächtig gedeihen. Von den kleinen lokalen Nachbarfarmen kauft er zudem die Abschußlizenzen der Regierung für Zebras auf, verwertet das Fleisch, darf aber, so die Gesetze in Kenia, immer noch nicht die Zebrafelle verkaufen.

»Wenn wir endlich auch die Häute verwerten dürften, könnte ich noch mehr Leute in meinem Betrieb beschäftigen«, rechnet mir auch Tom Cholmondeley vor. Der künftige Lord Delamere, Abkömmling einer der ältesten britischen Siedlerfamilien in Kenia, lebt auf der Familienfarm nahe Nakuru. Mehr als 200 Impala darf er im Jahr abschießen, um damit den Bestand auf eine für Natur und Umwelt verträgliche Größe zu halten. In seinen Lagerhallen stapeln sich die Impala- und Zebrafelle der vergangenen Jahre. Bei der Jagd geht es gar nicht um Elfenbein oder Rhinozeroshörner, sondern um Einnahmequellen aus kontrollierten, bewirtschafteten Herden wildlebender Tiere, ein in Ostafrika noch unerschlossenes Einnahmekapital, welches das Leben der Menschen verbessern und damit das Überleben auch der Tiere auf Dauer sichern könnte. Afrikas Tiere sind Teil seines Reichtums, eines Reichtums aber, der der Masse der Menschen kaum etwas einbringt.

Was damit gemeint ist? Moto, der Tierhüter in der Serengeti, ist das beste Beispiel, um selbst einen schon Missionierten nochmals zu bekehren. Moto weiß, daß jeder Tourist, den er durch das geschützte Wildparadies führt, pro Übernachtung so viel ausgibt, wie er als Wildhüter im Monat verdient. Und weil eben auch Moto gerne besser leben möchte, bietet er am Ende der Tour verstohlen und heimlich für zehn Dollar pro Stück etwas Verbotenes an: vier Krallen einer Löwin. Bei mir ist er darauf sitzengeblieben. Aber der nächste oder übernächste Besucher hat bestimmt zugegriffen. Nur wenn es den Menschen mehr bringt, Löwen leben zu lassen als sie zu schießen und in ihren Einzelteilen zu verkaufen, werden die Könige der Wildnis und alle ihre Untertanen sicherer überleben.

Die Tiere Afrikas sind nicht nur für die aus Europa oder Amerika anreisenden Touristen die große Attraktion. Auch die Ausländer, die sogenannten *expats,* die dort leben und arbeiten, kennen an Wochenenden oder Urlaubstagen vor allem einen Genuß: auf Safari gehen. In der ostafrikanischen Verkehrssprache Swahili heißt dies nichts anderes als auf Reisen gehen. Wie oft glaubte einer meiner Kollegen aus der Münchener Zentralredaktion fälschlicherweise, ich sei ein allzu dauerhafter Genießer, weil bei seinem Anruf einer meiner Angestellten die Auskunft gab, ich sei nicht zu Hause, sondern auf Safari, und damit sagen wollte, ich sei im Ausland, in so netten Gegenden wie Somalia, Ruanda oder dem Kongo, um über Bürgerkriege oder Völkermorde zu schreiben.

Als Familie haben wir über die Jahre immer wieder Safaris (in unserem Sinne) unternommen, anfangs fast jedes Wochenende. Dann kam die Zeit, in der wir viele Touren mit unseren Besuchern nochmals unternehmen mußten. Aber am liebsten bin ich allein mit einem meiner Kinder oder der ganzen Familie auf Safari gegangen. Manchmal sind wir auch einfach so, ganz spontan am Sonntag morgen in den Nairobi National Park gefahren, um dort zwischen Giraffen und Zebras zu frühstücken. In nicht einmal zehn Minuten waren wir von unserem Grundstück in der Savannenlandschaft Ostafrikas. Einzige wirkliche Gefahr beim Frühstück sind dort die Paviane – die sind wild auf Brötchen und Kuchen. Dann heißt es, schnell in den Wagen flüchten und das leckere Frühstück lieber aufgeben. Paviane, vor allem die großen Männchen, sind ziemlich starke, brutale Kerle, die keinen Spaß verstehen. Nicht einmal der große Wagenheber aus meinem Range Rover konnte einmal einen von ihnen überzeugen, endlich von unserem Marmorkuchen zu lassen. Den hatte meine Frau am Vorabend umsonst gebacken. Wir mußten hungrig von dannen ziehen, sehr zur Freude meiner drei Töchter, die am nächsten Tag in der Schule die herrliche Geschichte erzählen konnten, wie ein Pavian ihren Vater in die Flucht geschlagen hatte.

Doch dies sind die Erlebnisse, die man nie vergißt. Wie damals das Zusammentreffen mit der Elefantenkuh, die, weil sie um ihr Kalb fürchtete, einen schrecklichen Scheinangriff gegen uns startete, Staub aufwirbelte, ihre großen Ohren Windmühlen gleich aufstellte und dann trompetend auf den Wagen losstürmte. Elefanten sind unvorstellbar mächtige und auch schnelle Tiere. Oder das Spektakel des Ngorongoro-Kraters. Dieses Naturschauspiel ein einziges Mal zu sehen, oben zu stehen und die 700 Meter hinabzuschauen in den erloschenen Vulkan, dessen Ränder die Natur bisher nicht geschleift hat und der auch nicht durch Regen zu einem See gefüllt worden ist, rechtfertigt jede Strapaze. Nach einer beschwerlichen Fahrt aus der Trockensavanne rauf durch den Regenwald öffnet sich plötzlich, so groß wie die Fläche Berlins, das Panorama der Urwelt: Flauschige Wolken, nadelscharfe Sonnenstrahlen, wuchernde Vegetation, vor einem fällt ein schroffer Abhang schier ohne Ende hinunter und unten brodelt ein Kessel voller Tiere. Die sieht man freilich aus dieser Höhe nur mit dem Fernglas: Dort Elefanten, hier Büffel, da ein Herde Gnus, Zebras, und im See lassen sich schon die Flußpferde ahnen. Oben am Kraterrand steht ein Denkmal für die beiden Grzimeks, Vater Bernhard und Sohn Michael, der 1959 in der Serengeti mit dem Flugzeug abstürzte.

Expeditionen ins Tierreich, über solche Safari-Erlebnisse läßt sich vortrefflich am Kaminfeuer plaudern. In sieben Jahren Afrika haben wir endlos vieler solcher Geschichten erlebt. Damals die Elefanten auf der einzigen Brücke weit und breit im Sweet Water Camp, die uns nicht rüberlassen wollten, oder der Leopard im Baum nahe der Massai Mara, den meine Kinder mit offenen Mündern bewunderten, bevor er, schwupps, wieder im Dunkel der Nacht verschwand. Im Manyara-Park in Tansania konnte ich dem damaligen Entwicklungshilfeminister Spranger Löwen im Baum zeigen. Auf einer Fahrt mit meinem Schwager Mike griff uns ein Nashorn an. Wir haben Photos von *Cheetahs* (Geparden), die nur wenige Meter neben uns saßen wie aus Porzellan gegossen, waren einmal eingekeilt zwischen Hunderten von Büffeln, konnten nicht weiterfahren, weil eine Giraffe sich uneinsichtig zeigte und uns nur anglotzte, nicht aber vom einzig befahrbaren Weg ging. Und oben im trockenen Norden Kenias konnten wir einmal zusehen, wie sich nach starken Regenfällen das Hochwasser gleich einer neuen Schicht auf einem Fluß über dem »normalen« Wasser heranschob und vor unseren Augen mehrere Krokodile von ihren trockenen Steinen spülte. Unvergeßliche Erlebnisse, nicht nur für Kinderaugen.

Andere Menschen leben dafür, diese untergehende Welt zu retten. Anna Merz ist so eine. Sie lebt draußen, weitab jeder Zivilisation, in Ngare Sergoi, um bei ihren Tieren im kargen Steppenland Nordkenias zu sein: bei den Nashörnern. Sie hat sich mit Haut und Haaren dem Schutz der mächtigen Riesen verschrieben. Morgens, noch ist die Sonne nicht aufgegangen, sind wir unterwegs zu ihrem Haus. Es soll am Ende des Feldwegs in einer Senke zwischen den Hügeln von Lewa Downs liegen, einem gut 240 Quadratkilometer großen ehemaligen Farmgelände zwischen Nanyuki und Isiolo. Ein großgewachsener Samburu schreitet malerisch am Horizont durch die trockene Landschaft. Der Tag erwacht. Vögel zwitschern, feuerrot leuchten erste Sonnenstrahlen hinter der Bergkette im Osten hervor. Ein paar Thomson-Gazellen weiden im hohen Gras. Bald wird der Feldweg steiniger, fällt ab und schlängelt sich durch dornige Akaziensträucher. Das Haus ist schon zu sehen, geschafft, die Wegbeschreibung stimmt.

Dann, plötzlich, steht zwischen uns und unserem Ziel ein gewaltiges Hindernis: ein Nashorn, gut eine Tonne schwer, mit mächtigem Horn, selbstbewußt und ein wenig ärgerlich über die Störung. Längst hat es Witterung aufgenommen, hebt seinen Kopf und richtet die Ohren auf. Was jetzt? Einfach weiterfahren? Da bewegt sich noch etwas: Ein Junges steht bei dem Koloß. Besser also Abstand halten, Motor aus, warten.

Plötzlich flötet eine Stimme: *Sweetheart!* Der Koloß wendet sich ab, trabt davon, das Kalb hinterher. »Das ist Samia und ihr Sohn Samuel«, sagt Anna Merz bei der Begrüßung. Samia ist ein Spitzmaulnashorn. Anna Merz fand es als Neugeborenes neben der toten Mutter. Sie nahm Samia mit, ernährte sie dreieinhalb Jahre lang mit der Flasche und zog sie auf. Ihre Freunde sagen, nicht selten habe sie das Nashornbaby, um es zu wärmen, mit ins Bett genommen. Zehneinhalb Jahre später schläft Samia, obwohl sie frei ist und jederzeit gehen kann, nachts noch immer neben dem Haus. Samuel, das Kälbchen, wurde vor einem Jahr geboren. »Samia ist eine wunderbare Mutter«, sagt Anna Merz, stolz wie eine Großmutter. Jeden Morgen füttert die rüstige alte Dame Samia und Samuel mit saftigem Gras aus ihrem Garten und wirft als Leckerbissen Akazienzweige über den mächtigen Zaun. »Das ist ein Elefantenzaun, damit diese Viecher nicht hierher kommen«, erklärt Anna Merz verächtlich.

Als hätten diese Dickhäuter nur auf ihr Stichwort gewartet, hört man von der gegenüberliegenden Hügelseite das Geräusch knackender Äste und krachender Bäume: Eine Elefantenherde frühstückt. Die letzten wenigen Bäume knicken wie Zahnstocher um. »Diese Tiere machen alles kaputt«, schimpft Anna Merz. Wer Nashörner liebt, scheint Elefanten nicht recht zu mögen. Nashörner, doziert sie, äsen nur die Blätter von den Zweigen, Elefanten dagegen zerstören »aus Jux und Tollerei« ganze Wälder. Elefanten gehören zu den wenigen natürlichen Feinden der Nashörner: Während junge Nashörner etwa Leoparden zum Opfer fallen, können Elefanten auch ausgewachsene Rhinozerosse töten.

Ohne Menschen wie Anna Merz gäbe es längst überhaupt keine Nashörner mehr. Die Zukunft der urzeitlich wirkenden Kolosse liegt in umzäunten Farmen wie Lewa Downs. »Das ist leider so, solange das Horn in Südostasien für 50 000 bis 70 000 Dollar gehandelt wird«, sagt sie. Auf Lewa Downs, der Farm der Craig-Familie, die hier seit 1924 Rinder züchtete, begann Anna Merz 1983, ein Schutzgebiet vor allem für Spitzmaulnashörner einzurichten. Die Craigs hatten die Landwirtschaft aufgegeben und Anna Merz das gesamte Gebiet überlassen. Sie baute den elektrischen Zaun auf 147 Kilometer Länge aus und beschäftigte 150 Leute, 50 davon nur als Wächter für die Rhinos. Auch drei Schulen finanzierte sie, um die Bevölkerung einzubeziehen. »Das alles kostet mich im Jahr 360 000 Dollar.« Allein durch den Kompromiß, mehr Touristen auf die Farm zu lassen, ließ sich diese Summe nicht zusammenbringen. »Die Rhinosicherheit wird sich nie selbst finanzieren. Wir brauchen Spenden«, sagt Anna Merz. Täglich werden alle Rhinos gezählt: Als wir Anna Merz besuchen, leben 20 Spitzmaul- und 21 Breitmaulnashörner hier – eingefangen in Kenias Nationalparks oder von anderen Farmen überstellt. Anna Merz kümmert sich um sie, aber sie bleiben Besitz der Regierung. Die läßt immer wieder einige in Nationalparks aussetzen. Dank des Engagements von Leuten wie Anna Merz, die auf ihren Farmen Ähnliches machen, gibt es wieder rund 400 Nashörner in Kenia. In Südafrika oder Simbabwe läuft es genauso. »Unser Job ist es, die Rhinos zu schützen und sie ansonsten ihr Leben leben zu lassen«, umschreibt Anna Merz ihre einfache Philosophie. Nashörner können nur mehr in dieser organisierten Freiheit überleben – durch Zäune und bewaffnete Wächter vor Wilderern geschützt.

Ein Jahr nach meinem Besuch waren Samia und Samuel tot. Nicht Wilderer waren es gewesen. Ein Nashornbulle wollte was von Samia. Die Dame hatte aber keine Lust – und da der Bulle nicht lockerließ, stürzte Samia sich, freiwillig oder in Bedrängnis geraten, in eine Schlucht. Ihr Sohn Samuel folgte ihr blindlings nach. Anna Merz verkraftete diesen Verlust nicht. Sie verließ kurz darauf Kenia und ging nach Südafrika. Die Nashornfarm unweit Isiolos wird seither von privat bezahlten Naturforschern weiter gemanagt.

Ostafrika ist und bleibt der Teil Afrikas, in dem man am besten Safaris erleben und Tiere sehen kann. Keine andere Region kann so einen Reichtum an Tieren und unterschiedlichen Landschaften anbieten. Mag das südliche Afrika auch von der Tourismusbranche in den vergangenen Jahren bevorzugt werden: Die endlosen Weiten Südafrikas oder Namibias können mit der Serengeti und all den anderen kleineren Parks im Osten nicht konkurrieren. Auf zu vielen Quadratkilometern verteilen sich dort zu wenig Tiere, um dem Touristen in Zeitnot dieselbe Vielfalt in nur wenigen Tagen zu bieten.

Das wahre wilde Afrika freilich liegt in der Mitte des Kontinents, im »Herz der Finsternis«, dem Kongo. Dort traf ich

Marcel. Er war groß, stark und hatte 24 Weibchen. Marcel war ein Gorilla, ein Silberrücken, wie die Rudelführer bei den vom Aussterben bedrohten Berggorillas heißen. Marcel und seine Großfamilie lebten im Virunga-Nationalpark im Ex-Zaire – bis Wilderer ihn im Sommer 1995 töteten. Mein Freund Peter Kunz vom ZDF machte später einen kleinen Film über Marcels Tod. Ich hatte den *Silverback* noch zu Ostern 1994 auf einem aufregenden Trip gemeinsam mit Felix Schmidt von der Ebert-Stiftung in Nairobi besucht. Wir waren auf dem »Rücken« eines Lastwagens von Nairobi durch ganz Uganda bis zur Grenze des Zaire gefahren. In den Zaire marschierten wir dann zu Fuß ein. Denn die Grenzer wollten für den Laster Unsummen an Zoll verlangen. Also heuerten wir – ganz kolonial – einige Jungen an, unser spärliches Gepäck zu tragen, und marschierten die vielleicht noch 10 bis 15 Kilometer zum Virunga-Park querfeldein, vorbei an Hütten der Twas, der kleinwüchsigen Urbewohner, über Felder und Wiesen, dem Regenwald entgegen.

Am nächsten Tag dann ging die Suche los nach den Berggorillas. Wir hatten Glück, nach weniger als zwei Stunden stießen wir auf Marcels Familie. Das heißt: die Gorillas entdeckten uns zuerst. Denn plötzlich rollte ein schwarzes Wollknäuel neben mir den steilen Abhang in einen der erloschenen und inzwischen dicht bewaldeten Nebenkrater, ein Gorilla-Junges. Kurz darauf saß Marcel nur zwei Meter neben mir an einer wilden Bananenstaude und schmatzte.

»Sanfte Riesen« werden die Berggorillas genannt. Doch wenn neben dir plötzlich so ein Riese im Regenwald sitzt, sieht der gar nicht so sanft aus – sondern nur groß, stark, überlegen. Marcel kümmerte sich kaum um uns. Nur als er beschloß weiterzuziehen und ich in seinem Weg war, schubste er mich mit seiner Riesen-Pranke nonchalant zur Seite und ging verächtlich weiter. Wir folgten ihm in gehörigem Abstand und saßen kurz darauf mitten in seiner Familie. Ein

Weibchen räumte neugierig einen der Rucksäcke aus, während wir fasziniert Photos von den anderen Familienmitgliedern schossen.

Die Geschichte über den Besuch bei Marcel habe ich für meine Zeitung nie schreiben können. Denn kurz darauf brach der Bürgerkrieg und Genozid in Ruanda aus. Marcels Heimat nahe Goma bei den Virunga-Vulkanen wurde Schauplatz der größten menschlichen Tragödie. Wie da über Gorillas schreiben, wenn nur wenige Kilometer weiter fast eine Million Menschen massakriert werden und an die zwei Millionen Flüchtlinge im Elend darben?

Nicht nur Marcel und elf weitere Gorillas, auch 44 Wildhüter des Virunga-Parks, eines der ältesten Schutzgebiete Afrikas, wurden in nur zwei Jahren Opfer der Krise Zentralafrikas. In der heutigen Demokratischen Republik Kongo liegen vor allem im Osten viele einmalige Schutzgebiete, darunter außer Virunga die Nationalparks Garamba und Kahuzi-Biega sowie das Okapi Fauna-Reservat, die alle von der UNESCO zu den Stätten des Kulturerbes der Menschheit gezählt werden. Bei aller Not, Armut und dem Irrsinn der nicht enden wollenden Bürgerkriege werden deshalb auch in Afrika die wenigen hoffnungsvollen Inseln des bewußten Bewahrens immer wichtiger. Sonst werden uns künftige Generationen den berechtigten Vorwurf machen, wir hätten gar nichts gegen den Zerfall der Natur getan. Solche »Inseln« – Natur- und Tierschutzparks – gibt es nicht nur im Osten und Süden Afrikas. Einen kleinen, aber wunderbaren Naturpark habe ich auch in Ghana in Westafrika besucht: Kakum Forest.

Dieser Wald lebt. Überall schwirren Schmetterlinge, tanzen in den wenigen Sonnenstrahlen, die ihren Weg durch das grüne Dach finden und die feuchte, dampfige Luft wie Laserstrahlen durchschneiden. Kleine Vögel picken eifrig von den mächtigen Ästen der Tropenbäume gigantische

Ameisen auf. Dann, wie auf das Zeichen eines im Immergrün versteckten Dirigenten, schwillt das Zirpen und Grillen an, so laut dröhnend, daß das kurze Fortissimo jedes andere Geräusch übertönt.

Kakum Forest liegt 30 Kilometer von Cape Coast auf der Straße nach Twifo Praso beim Dorf Abrafo. Als ich ihn gemeinsam mit meiner Frau besuchte, war dies der erste Nationalpark der Zentralregion Ghanas, 350 Quadratkilometer tropischen Regenwaldes, die erst fünf Jahre zuvor unter Schutz gestellt worden waren. Viele Pflanzen und Tiere (mehr als 500 Schmetterlings- und 220 Vogelarten, aber etwa auch Waldelefanten) in diesem empfindlichen Ökosystem sind vom Aussterben bedroht. Und da Ghana nur schützen kann, was den Menschen, die bisher davon lebten, eine Chance auf ein anderes Einkommen gibt, soll Kakum Forest nicht nur Naturmuseum sein, sondern das Mekka des Öko-Tourismus werden.

Deshalb haben sie die Hängebrücken gebaut: äußerst schmale und wackelige Stege, die an dicken Tauen befestigt nur knapp unter der Wipfelhöhe von Baum zu Baum führen, mit kleinen Plattformen zur Rast rings um die Riesen des Waldes. Bis zu 40 Meter hoch streift man quasi wie die Affen durch das geheimnisvolle Grün auf diesen Brücken, von denen die längste 60 Meter mißt. Anfangs ein Erlebnis für sich selbst, den Tritt zu finden auf dem nur fußbreiten, schwankenden Pfad. Doch bald fesseln die Ausblicke die ganze Neugier, und Robert, der Wildhüter, wird von uns mit Fragen überschüttet: Dort ein Baum, erklärt er, dessen Blätter und Rinde zu traditioneller Medizin gegen Magenschmerzen und Malaria genutzt werden, oder der Baum, dessen Name übersetzt so viel heißt wie »Sex mit der Schwester«, aus ganz hartem Holz, das junge Burschen als Teil ihres Männlichkeitstests mit nichts als Buschmessern fällen müssen, bevor sie heiraten dürfen.

Bis jetzt gibt es in Kakum Forest sechs solcher Hängebrük-ken. Sie sind fertiggestellt worden mit Geldmitteln von *USAid* und der Hilfe amerikanischer Bergsteiger, die diese Brücken schon durch Regenwälder in Peru, Malaysia und China bauten. Ghanas Kakum Forest ist weltweit der vierte Ort, wo es so etwas gibt. Der Regenwald reichte einst von der Pfeffer-küste Liberias über die Elfenbeinküste, Ghanas Goldküste bis über die Sklavenküsten Togos, Benins und Nigerias weit südlich des Äquators nach Kamerun. Doch heute ist der tropische Regenwaldgürtel Westafrikas nur noch Stückwerk. Trotz internationaler Konferenzen und Boykotte wird kräftig weiter für den Export abgeholzt. Deutschland bleibt einer der Hauptabnehmer. Afrikas Länder brauchen dringend Devisen, Tropenholz bringt gutes Geld. Ob in Kumasi im Ashanti-Land Ghanas oder in Man an der Elfenbeinküste, überall waren und sind die Massengräber der Tropenriesen zu finden: Stamm an Stamm liegen sie da aufgereiht, nackt, aller Blätter und Äste beraubt, tot. Die Baumriesen, dicker als ein Mensch jemals groß wird, werden dann auf Sattel-schlepper gehievt und zur Küste verfrachtet.

Öko-Tourismus kann nie so viel Geld ins Staatssäckel bringen, schon gar nicht ausreichend Einkünfte für die lokale Bevölkerung, die unter dem schützenden Walddach für den Export Kakao, Kaffee oder Ölpalmen anpflanzt, um ein Einkommen zu erzielen, und die auch ihre Nahrung und Medizin aus dem Wald gewinnt. In Ghana verschwinden zudem durch die Goldgewinnung im Tagebau die letzten Waldreste: Jeden Tag, so die Regierung, werden 0,2 Hektar Regenwald durch illegale Goldschürfer abgeholzt. Vom offiziell lizenzierten Raubbau zur Goldgewinnung spricht keiner. So schön also die Hoffnung auf Rettung des Regenwaldes durch den Öko-Tourismus auch klingen mag, viel mehr als kleine Inseln wie den Kakum Forest wird diese Art von Kapital-transfer auf Dauer nicht schützen können. Wer anderes glaubt, dem sei die Geschichte der engagierten deutschen Diplomatenfrau erzählt, die bei ihrem ersten Trip außerhalb der Hauptstadt die vielen kleinen Garküchen und Feuerstellen am Straßenrand sah und entsetzt aufschrie: »Die Leute verbrennen hier ja Tropenholz!« Ihr Begleiter antwortete darauf nur in ruhigem Ton: »Aber Madam, es gibt hier kein anderes Holz.«

Doch zurück zu Afrikas Tierwelt. Diese lebt nicht nur in den weiten Steppen oder den feuchten Tropenwäldern. Afrikas Küsten und Meere sind ein mindestens so farbenfrohes, lebendiges Erlebnis. Und vor dem Fisch sind alle gleich. Meine Familie und ich haben so oft wie möglich Urlaub an Kenias Küste des Indischen Ozeans gemacht. Dabei sind wir meist nicht in Touristen-geflutete Orte wie Mombasa gefahren, sondern haben uns lieber in ruhigere Buchten wie die von Watamu zurückgezogen.

Zuerst genossen meine Kinder vor allem das warme Meer und seine nur leichte Brandung hinter dem Riff, während Papa rausfuhr zum Hochseeangeln. Aber bald schon fingen meine Töchter im nahe gelegenen Marine-Nationalpark zu schnorcheln an. Dort schwimmt man wie in einem Aquarium durch Hunderte von herrlichen und ungefährlichen Fischen der Korallenwelt, zebragestreift, metallisch blau schimmernd, rund, länglich. Und irgendwann fing auch meine Frau an mit dem Hochseefischen. Sie holte bald ihren ersten *sail fish* (Sägefisch) heraus – nur für ein Photo. Dann wurde auch dieser »Prinz des Meeres« wieder in sein angestammtes Naß zurückgelassen. Auch meine beiden älteren Töchter wagten sich bald mit mir raus – durch die schäumende Brandung am Riff und dann über die bis zu vier Meter hohe Dünung dem Fisch entgegen. Dabei hatte meine älteste Tochter Sarah mit ihrem ersten Fang Pech. Sie zog nach großen, langen Mühen nur den Kopf des Bonitos heraus. Den Rest hatten die anderen Fische bereits verschlungen. Auch im

Meer gilt das Gesetz des Stärkeren. Aber später hat auch Sarah ganze Thunfische und Bonitos zu Hauf geangelt. Selbst Rebecca, das erste Mal mit acht Jahren mit draußen und kräftig seekrank, schaffte es, kleine Fische alleine herauszuziehen und Papa so zumindest mit Ködern für die großen Kerle zu versehen.

Dennoch habe ich nie einen Marlin tot mit an den Strand geschleift. Dafür waren mir diese mächtigen Sägefische einfach zu majestätisch. *Tag and release* – es reicht die Befriedigung des Jagdinstinktes, sie bis ans Boot längsseits gebracht zu haben, den Haken raus, dafür eine kleine Markierung angebracht, die auch der Forschung über diese Wanderfische dient. Dann lädt sich der Fisch, bewegungslos im Wasser liegend, wieder auf – taucht plötzlich ab und steigt dann manchmal gleich einer Fontäne weit hinter dem Boot mit ausgeklappter Rückenflosse aus dem Wasser. Was für ein Schauspiel.

King fish dagegen schmeckt einfach zu gut, um ihn wieder frei zu lassen. Und wenn man nach zehn Stunden auf dem Ozean im Sonnenuntergang mit dröhnenden Maschinen volle Kraft voraus das goldene Meer durchpflügt und an den heimischen Strand zurückrauscht, womöglich noch rote und schwarze Wimpel hissen kann für gefangene Sägefische oder Marlins: Das ist ein Moment, für den sich zu leben lohnt! Später dann steht man, noch immer mit männlich stolz geschwellter Brust, an der Bar, ein kühles Bier vom Faß in der Hand, und tauscht mit den anderen, die draußen waren oder am nächsten Morgen rauswollen, Geschichten vom Tag aus, während der Fang längst in der Küche verschwunden ist und fürs Abendessen vorbereitet wird. Hemingway-Gefühle pur. Und auch wenn mich meine Frau für diesen Satz zu Recht verachten wird: Afrika ist immer noch einer der wenigen Plätze auf diesem Planet, auf denen ein Mann noch ein Mann sein kann.

KAPITEL 11

Ruanda – Spirale der Gewalt

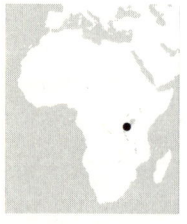 Ruakari ist Ruandese. Der kleine Junge mit den großen, viel zu alten Augen, der mit 210 anderen Waisen im SOS-Notaufnahmedorf in Ngarama im Norden Ruandas lebt, ist Tutsi. Sein Alter kann er nicht sagen, ein Arzt bestimmt es am Kariesbefall seiner Zähne: etwa sechs Jahre. »Der Junge ist stark traumatisiert«, sagt der Arzt, »aber fragen Sie ihn, das hilft.«

Einmal gefragt, erzählt Ruakari in gleichbleibendem Flüsterton jedes Detail der grausamsten Geschichte seines Lebens: wie der Nachbar seine Familie warnte, daß die Interahamwe-Miliz des Hutu-Regimes käme, und daß diese Leute als erste eine alte Frau auf den Boden schmissen und ermordeten. Dann war sein Vater dran; dem schnitten sie die Kehle durch. Kaum zu glauben, ein Jahr ist das her, aber jeder Name ist dem Jungen noch präsent, als wäre es gerade gestern geschehen, nichts hat er vergessen, nichts verdrängt, kein Detail scheint er auszulassen, er redet sich unaufhaltsam den Schmerz von der Seele, berichtet, wie seine Mutter versuchte, den Männern Geld zu geben, vergeblich, auch sie wurde mißhandelt, zerschnitten, zerhackt.

Am Ende saß Ruakari alleine da. Außer ihm war nur noch die Lehrerin des Dorfes am Leben. Die kannten einige der Milizionäre gut, deshalb wurde sie verschont. Die Lehrerin, sagt Ruakari nach fast 20 Minuten ununterbrochener Rede, hat ihn dann mitgenommen und den siegreichen Tutsi-Rebellen übergeben. So ist er hierher gekommen. Sagt es, und dann schweigt er, sagt kein Wort mehr, bleibt fortan stumm. All dies geschah 1994, ein Jahr bevor ich diesen kleinen Jungen auf den immergrünen Hügeln treffe.

Ruakaris Leben steht für das Schicksal Hunderttausender in Ruanda. Der Tod des Diktators Juvenal Habyarimana zündete eine längst vorbereitete Mordmaschine. Massenweise wurden Hutu-Oppositionelle, vor allem aber Tutsi massakriert. Interahamwe-Miliz und Hutu-Armee versuchten die »Endlösung«. Mindestens 800 000 Menschen wurden in 100 Tagen umgebracht. Die ethnische Karte war Trumpf in der totalen Ideologie der Diktatur, die Hutu oder Tutsi sogar in den Paß stempeln ließ.

Von Ruakaris sicherer neuer Heimat in Ngarama führt eine Straße durch den Akagera-Nationalpark in Richtung der Hauptstadt Kigali, und auf dem holprigen Weg wird deutlich, wer auf dem Schlachtfeld siegte und bis heute in Ruanda das Sagen hat: Wohin das Auge reicht, nur Rinder, kein wildes Tier ist auf den sanften Hügeln mehr zu sehen, nur Abertausende von Ankole-Rindern, Kühe und Bullen mit ihren schier endlosen Hörnern. Die Tutsi haben sie aus ihrem Hauptrefugium Uganda wieder zurückgetrieben in ihre neue, alte Heimat. Von hier waren sie als herrschende Minderheit nach dem großen Hutu-Aufstand 1959 zum Ende der belgischen Kolonialzeit vertrieben worden. »Ruanda ist heute der sicherste Ort für Tutsi«, sagt ein Diplomat in Kigali. Deshalb kommen sie alle zurück.

Die Hauptstadt Kigali ist wieder voller Leben, ein summender Bienenkorb mit vielen neuen Läden und Buden. In kleinen Cafés am Straßenrand trinken die Leute Sodas oder Tee, immer mehr Restaurants öffnen für die neuen Reichen und die unzähligen weißen Helfer. Und das Übermaß ausländischer Aufbauhilfe ist ständig präsent: kaum ein Auto, das nicht die Aufschrift einer Hilfsorganisation trägt. Allein Deutschland sagte nach dem unfaßbaren Geschehen 100 Millionen Mark zu. Am Geld kann der Neuanfang nicht scheitern, doch Geld allein kann nicht alles zudecken.

Gleich unterhalb des Marktes in Kigali steht als ein Relikt der belgischen Kolonialzeit aus den 30er Jahren ein großer Backsteinbau mit Türmchen und Mäuerchen. Auf dem gelben Schild über dem fest verschlossenen Tor steht *Gereza Ya*: das Gefängnis von Kigali. Mit 7000 Gefangenen ist es heillos überfüllt. Im ganzen Land gibt es neun Monate nach dem Verbrechen schon mehr als 25 000 Häftlinge, die meisten sitzen wegen angeblicher Verbrechen während der Kriegsmonate April bis Juli. Das Morden ist lange vorbei, einem Richter aber ist bisher kaum einer vorgeführt worden. »Es gibt keine Richter«, sagt der Schweizer Alain Sigg, einer der 80 Menschenrechtsbeobachter der UN in Ruanda. Schuld und Sühne: Die juristische Aufarbeitung scheint unmöglich. Inzwischen aber sterben täglich etwa 30 Gefangene an mangelnder Hygiene oder Unterernährung. Eine Amnestie schließt der neue starke Mann Paul Kagame aus. Nach dem, was passiert ist, müsse Strafe sein. Aber wie soll dies praktisch vor sich gehen?

Der Vorwurf an die neuen Herren von Kigali wird lauter: Sie regieren, aber sie entscheiden nicht. »Die Regierung ist in sich gespalten. Kabinettssitzungen dauern meist zehn Stunden, aber am Ende wurde nur über neue Nummernschilder diskutiert«, sagt ein westlicher Diplomat. In der neuen Regierung gibt es Hutu und Tutsi, Militärs und Zivilisten und verschiedene politische Parteien. Die RPF-Guerilla der Tutsi war schlau oder mutig genug, als Symbol des Neuanfangs einen Hutu zum Präsidenten und auch einen Hutu zum Regierungschef zu machen. Aber der Tutsi Kagame, der Rebellenchef, ist als Verteidigungsminister und Vize-Präsident allein bestimmender Drahtzieher geblieben. Ohnehin paralysiert sich die kunstvoll gebildete Regierung selbst. Denn auch zwischen den »neuen« und »alten« Tutsi, den Exilanten und den Hiergebliebenen bestehen Interessengegensätze. Die Kinder des Exils wollen keinen Wiederaufbau, sie wollen ein neues Ruanda schaffen.

Rose Kabuye ist so eine »Neu-Tutsi«. 33 Jahre jung, ist sie in Uganda geboren und aufgewachsen, nachdem ihre Eltern 1959 dorthin geflohen waren. Nun ist sie Bürgermeisterin von Kigali. »Wir regieren das Land«, hatte sie mir schon kurz nach Kriegsende gesagt. Jetzt beim Wiedersehen fallen mir die beiden ständigen Leibwächter mit ihren Maschinengewehren auf. Die hatte sie bei unserem letzten Treffen im August nach dem Krieg noch nicht. »Wir haben immer noch dieselben Probleme«, meint sie. Noch haben nicht alle Stadtteile Wasser, Strom und Telephon, vor allem Wohnungen fehlen, und viele Schulen müssen wieder hergerichtet werden. Lehrer dagegen sind genug da. Die meisten sind wie Rose Kabuye aus dem Exil in Uganda zurückgekommen. Und was würde den neuen Kulturkampf Ruandas besser ausdrücken als die Überlegung der Bürgermeisterin: »Wir denken zur Zeit über einen zweigleisigen Unterricht nach, französisch und englisch, bis alle beide Sprachen sprechen können.«

Keine Frage, Ruanda ist wieder Tutsi-Land. Ob in den Ministerien, Rathäusern, ob Polizisten, Soldaten an den Straßensperren, Restaurant- oder Ladenbesitzer: alle, die etwas zu sagen haben, sind Tutsi. Die Kinder der Vertriebenen übernehmen das Land. »Wir fragen nicht nach Hutu oder Tutsi, es zählen nur Qualifikation und gute Kontakte zu den Behörden«, sagt der Missionsleiter einer Hilfsorganisation schuldbewußt, »schon deshalb sind die meisten unserer Mitarbeiter Tutsi.« Nach 35 Jahren kehrt die Minderheit an die Macht zurück, eine Vision ohne Zukunft, denn keine Mehrheit läßt sich das auf Dauer gefallen.

Und doch lebt Ruanda wieder auf. Im Land der tausend Hügel sind die Felder wieder bestellt, die Hütten bewohnt. Oberflächlich betrachtet ist die Normalität zurückgekehrt. In Gitarama, in das sich die Ex-Regierung zurückgezogen hatte und das wochenlang schwer umkämpft war, stehen neue Straßenlaternen, die meisten Häuser sind repariert, die Frauen tragen ihre Waren auf dem Kopf zum Markt. Aber der Schein trügt. Ende Februar 1995 wurde in Gisenyi der Chefarzt des Krankenhauses ermordet, ein Hutu. Jetzt kam bei einem Attentat der Präfekt der Universitätsstadt Butare ums Leben, auch ein Hutu. Beides waren namhafte Männer, die mit der neuen Regierung zusammenarbeiteten. Doch die in den Zaire geflüchtete Ex-Regierung schlägt zurück. Sie schickt ihre Häscher. Die morden ihnen bekannte »Kollaborateure«, um weiter zu spalten und Aufruhr zu bringen: Arbeitest du mit den neuen Herren zusammen, werden wir dich töten, sie können dich nicht schützen, ist ihre blutige, tödliche Botschaft.

Die Unsicherheit wächst. Der alte Mann, zu dem mich der Mitarbeiter einer englischen Hilfsorganisation bei Gikongoro führt, will nicht, daß ich seinen Namen nenne. Er war Flüchtling und ist aus Bukavu im Zaire wieder zurückgekehrt, ein Hutu. Dort, sagt er und zeigt auf den nahen Hügel gegenüber, liege sein Feld. Er habe Mais und Bohnen zum Essen angepflanzt und sich eine Hütte aus Holz und Gras gebaut. All die Hilfe, die vom Ausland komme, das Essen und die Plastikplanen, brauche er nicht. »Gebt uns Sicherheit.« Doch Schutz vor wem? Keine Antwort. Bei aller Freundlichkeit reden sie hier auch mit Fremden nicht offen. Immer und überall herrscht Mißtrauen. Denn jeder Überlebende trägt seine belastende Geschichte mit sich.

Und zugleich sollen die Toten nicht vergessen werden. Jede Gemeinde hat ihr Schicksal, zum Beispiel Kaduha, dort wurden im April 1994 rund 12 000 Menschen, die bei der Kirche

Zuflucht gesucht hatten, abgeschlachtet. Alyosia Inyumba, die Frauenministerin, die ich dort am Mahnmal treffe, nutzt die Gelegenheit zu einem politischen Schwur: »Dies ist nicht nur eine Frage der Emotionen, sondern auch der Verantwortung, und rechtfertigt unseren Kampf zum Sturz der Leute, die für diese Morde verantwortlich sind.« Ohne den einenden Feind scheinen die neuen Herren im Land nicht auszukommen. Gut und Böse werden so allzu leichtfertig für politische Mobilisierungsphrasen mißbraucht.

In Ruanda wie im Nachbarland Burundi dominierten über Jahrhunderte die Tutsi über die weit zahlreicheren Bauern, die Hutu. Der traditionelle Konflikt zwischen Hirten und Bauern wurde in der Kolonialzeit zunächst von den Deutschen, dann von den Belgiern dazu benutzt, ohne große Eigenanstrengungen die Hügel vor dem undurchdringlichen Dschungel des Kongo-Beckens zu kontrollieren. Man herrschte mittels der *Mwami*, der Tutsi-Könige. In Ruanda war dies ein absoluter Monarch, in Burundi eine in sich selbst konkurrierende Adelsschicht. Die Feudalstrukturen wurden verfestigt, der Haß zwischen Tutsi und Hutu bis zur Unabhängigkeit 1962 nur vertieft. Die Überbevölkerung in beiden Ländern des Mangels ließ das Bedürfnis nach Land ins Unermeßliche steigen. Ethnische Zugehörigkeit entscheidet bis heute über die Chancen im Leben jedes einzelnen.

Doch in Ruanda geschah das Unvorstellbare: Menschen massakrierten sich offenbar nur, weil der eine Hutu, der andere Tutsi ist. Viele – meist Europäer, Akademiker oder selbsternannte Fachleute – sagen zwar, in Ruanda existiere der ethnische Gegensatz von Hutu und Tutsi de facto gar nicht mehr. Beide hätten sich längst so vermischt, daß sie auch äußerlich nicht mehr zu unterscheiden seien. Dies mag stimmen. Dennoch bleibt das alles Theorie, zählt nicht, denn maßgeblich ist nur, was in den Köpfen der betroffenen Menschen vorgeht – und dort existiert der Unterschied weiter.

Allzu viele haben aus alter Zeit noch eine Rechnung gegen einen Angehörigen der anderen Ethnie offen. Läßt sich das Greuel in Ruanda also einfach entlang der Hutu-Tutsi-Linie erklären?

Ja und nein; Ruandas Problem ist vielschichtiger, politischer als dieser einfache ethnische Gegensatz. Unter dem bei dem mysteriösen Flugzeugabsturz am 6. April 1994 ums Leben gekommenen Präsidenten Habyarimana war Ruanda eine Diktatur. Der Präsident war Hutu, aber er hatte 1973 gegen eine demokratische Hutu-Regierung geputscht. Belgien, ehemals Kolonialmacht, lieferte deshalb keine Waffen mehr nach Ruanda. Dies besorgte seitdem Paris. Nach dem Kollaps sind die Franzosen die ersten, die ihre Leute rausholen. Dann schieben sie den Schwarzen Peter weiter: Andere sollten die Bescherung aufräumen, sie könnten nicht Afrikas Polizei sein. Aber auch die UNO zieht sich aus dem Chaos fast ganz zurück, obwohl sie in Ruanda ist, um den Übergang zur Mehrparteiendemokratie zu überwachen.

Diesen Übergang hatten Rebellen und die Regierung Habyarimana im August 1993 unterzeichnet. Umgesetzt ist die Vereinbarung noch lange nicht, als alles losgeht, als der Unmensch über jede Menschlichkeit siegt. Habyarimana und seine Clique taten alles, den Übergang hinauszuzögern. Seine Armee und Präsidentengarde kämpfen 1994 ihre letzte Schlacht. Das erklärt vielleicht ihr grausames Endzeit-Verhalten.

An Orten wie der Rusumo-Brücke scheint sich alles zu verdichten, was sich nicht begreifen läßt, nicht erklärt werden kann, nicht in diesem April 1994 oder später. Die Brücke markiert die Grenze zwischen Ruanda und Tansania. Kurz zuvor stürzt der Kagera-Fluß einen Wasserfall hinab. In den Strudeln an seinem Fuße unweit der Brücke hält die aufschäumende Gischt das Treibgut des Flusses mit unsichtbaren Händen für einige Zeit fest: tote Leiber, Leichen von

Frauen, Männern genauso wie von Kindern, manche ent-
hauptet, viele verstümmelt. »Seit Tagen schwimmen jede
Stunde 60 bis 70 Leichen vorbei«, sagt Sybella Wilkes vom
Hohen Flüchtlingskommissar (UNHCR). Und nicht nur die
junge Frau: jeder hier, den man unter den Helfern im tansanischen Ngara bei den rund 250 000 Flüchtlingen aus Ruanda
trifft, redet zunächst von dieser Brücke, dem Wasserfall und
dem menschlichen Treibgut.

Seit Tagen jedoch hat kein Flüchtling mehr die Brücke von
ruandischer Seite her überquert. Sie kamen fast alle am
1. Mai-Wochenende, als es das »Fluchtfenster« gab, die Zeit-
spanne, als die Soldaten der Regierungsarmee den Grenzposten schon verlassen hatten und die Einheiten der Tutsi-
Rebellen der Patriotischen Front Ruandas (RPF) noch nicht
da waren. »Sie kamen wie ein einziger Schwall, es war hier
wie in einem Ameisenhaufen«, sagt ein hartgesottener Mitarbeiter des Roten Kreuzes, der den Exodus fast einer Viertel-
million Menschen in weniger als zwei Tagen miterlebte.
»Aber das waren andere Flüchtlinge als die damals aus
Somalia«, meint der Franko-Kanadier, »wohlgenährt und
gesund.« Und dann sagt er den zunächst so unverständlichen
Satz: »Da fliehen Täter, aus Angst vor der Rache der Tutsi-
Rebellen der RPF.«

Ein ganzes Volk scheint zu Bestien mutiert zu sein, und keiner weiß vom anderen, ob er nun Täter oder Opfer ist. Nambaje Aphrodis ist mit seinem ganzen Dorf über den Fluß gekommen. Die etwa 50 Menschen aus Lisumo haben nicht
mehr die Brücke genommen. Wie fast all die anderen aus
der Rusumo-Provinz im Südosten Ruandas sind Nambaje
Aphrodis Leute Hutu. Seit die RPF-Rebellen die Brücke kontrollieren, trauen sie sich nicht mehr rüber. Die RPF wird von
Tutsi angeführt. »Die haben die Grenze gesperrt«, sagt der
junge Hutu, obwohl die RPF über ihren eigenen Radiosender
Muhabura seit Tagen das Gegenteil behauptet und die

Flüchtlinge aufgefordert, in ihr Land zurückzukehren. Auch die neutralen Helfer der UNO und anderer Hilfsorganisationen haben keine gewaltsame Sperrung der Grenze beobachten können. Aber die Hutu haben Angst, daß die Rebellen-Soldaten auf sie schießen könnten. Also kommen sie in Booten über den Fluß, jeden Tag 150 bis 200 Menschen, sagt Sybella Wilkes vom UNHCR.

»Wir sind abgehauen, als die Rebellen näherrückten«, erklärt Nambaje Aphrodis. In der Sicherheit von Tansania spricht er offen davon, für die Regierung zu sein. Aber auch er sagt: Beide Seiten würden vor allem die Männer töten, die RPF genauso wie die Regierungssoldaten und auch die Milizen. Deswegen seien sie aus dem Grenzgebiet geflohen, hätten die Boote gemietet und für jede Person ungefähr 300 Mark für die Überfahrt bezahlt. Der junge Mann steht offen Rede und Antwort, will über das Erlebte sprechen. Doch immer wieder zittert er fast unmerklich. Was er durchgemacht hat, läßt ihn nicht los, er sei mitgenommen, auch von den Leibern, die sie treibend im Fluß gesehen hätten, und der Angst, ins strudelige Wasser zu fallen und zu ertrinken; ja, davon spricht er immer wieder.

Es ist Regenzeit, regelmäßig schüttet es in Strömen, die unbefestigten Lehmstraßen werden zu Seifenpisten. Aber die Welt beginnt sich um die Opfer zu kümmern, denen die Flucht gelungen ist, doch den Grund ihrer Flucht zu bekämpfen, wagt sie nicht. Ruanda liegt in Afrika, ist nicht Jugoslawien, und niemand will ein zweites Somalia wagen. »Wir sind 30 Helfer, UNHCR, Welternährungsprogramm, Rotes Kreuz und alle anderen Hilfsorganisationen zusammengenommen, und uns stehen 250 000 Flüchtlinge gegenüber«, läßt Sybella Wilkes die nackten Zahlen sprechen.

Aber die Flüchtlinge sind aus der Hölle raus, die sich am 6. April 1994 für sie aufgetan hatte. Kurz nach dem Absturz der Präsidentenmaschine begann das Grauen Ruanda wie ein

Strohfeuer zu entfachen: Zu den ersten Opfern gehörte die Premierministerin Agathe Uwilingiyimana, die eigentlich berufen worden war, als Oppositionspolitikerin eine Übergangsregierung zu bilden. Frau Uwilingiyimana wurde, so berichteten Augenzeugen, von Einheiten der Präsidentengarde, zumeist Hutu aus Gisenyi, dem Heimatgebiet des ermordeten Präsidenten, umgebracht, obwohl auch sie Hutu und zudem schwanger war. Zehn belgische Blauhelme, die die Premierministerin schützen wollten, wurden entwaffnet und ebenfalls ermordet. Die meisten Ausländer aber wurden in den ersten Tagen des Chaos in einer Großaktion in Sicherheit gebracht. Dann blieben die Ruandesen unter sich, und es begann das Schlimmste. Dabei konnte die Formel, Hutu brächten Tutsi um und umgekehrt, von Anfang an das grausame Geschehen allein nicht erklären.

»Die Sprache in Ruanda ist Kinyarwanda. Es gibt nur ganz geringe Abweichungen in den Kulturen der Hutu und Tutsi. Die Unterschiede sind von der Führungsclique aufgebauscht worden, um ihr Kleben an der Macht zu rechtfertigen«, sagt Theogene Rudasingwa, Generalsekretär der RPF-Rebellen. Das mag alles stimmen. Aber jahrhundertelang regierte eben eine absolute Tutsi-Monarchie. Bis Ende der 50er Jahre ein Aufstand der Hutu-Mehrheit die kleine Tutsi-Elite aus dem Land fegte, zumeist nach Uganda. Ruanda ging mit einer Hutu-Regierung in die Unabhängigkeit.

Doch dann kam 1972 der Putsch des damaligen Verteidigungsministers Juvenal Habyarimana gegen Präsident Kaibanda. Der Nord-Hutu stürzte die Macht des Hutu aus Gitarama in Mittel-Ruanda und baute seine Macht, gestützt auf seine eigene Heimatregion, diktatorisch aus. Die afrikanische Tragödie begann. Seit 1990 herrschte in Ruanda, das zu den ärmsten und uberbevölkertsten Ländern der Welt zählt, auch wieder Bürgerkrieg: Die vertriebenen Tutsi drangen mit 10 000 Mann von Uganda aus in den Norden des

Landes ein. Die Armee schwoll von 5000 auf 30 000 Mann an, Waffen wurden zumeist aus Ägypten, Frankreich und Südafrika importiert. Die Einheitspartei des Präsidenten unterhielt eine Jugendmiliz, die *Interahamwe* (»Die, die gemeinsam angreifen«), und auch die noch radikalere Republikanische CDR-Partei, die lange die Ausrottung der Tutsi forderte, hatte ihre Miliz, die *Impuzamugambi* (»Die, die dasselbe Ziel haben«).

Im Sommer 1993 dann das Aufatmen: Nach zähen Verhandlungen und viel Druck von Seiten der Hutu-Opposition und aus dem Ausland einigten sich beide Seiten im tansanischen Arusha auf einen Waffenstillstand, die Bildung einer Übergangsregierung und demokratische Wahlen bis Ende 1995. Ruanda schien gerettet. Die Organisation Afrikanischer Einheit OAU und die UNO stellten Beobachter, die den Übergang überwachen sollten. Eine Oppositionelle wurde zur Regierungschefin berufen, sogar 600 bewaffnete Rebellen in die Hauptstadt gelassen, um ihre Vertreter in der künftigen Interimsregierung zu schützen. Aber der erwartete Übergang zum Jahreswechsel kam nicht, Habyarimana und seine Clique, so der Vorwurf der Opposition und der Rebellen, blockierten die Bildung einer Übergangsregierung. Anfang April versuchte Tansania erneut zu vermitteln. Auf dem Rückflug von diesen Gesprächen zerschellte die Präsidentenmaschine – die Schleusen barsten und die aufgestaute Gewalt entlud sich.

Haß, Rache, Gewalt, Vertreibung: Wie will Ruanda nach alledem, was geschehen ist und weiter geschieht, wieder zusammenfinden? Samuel Karemera hat drei Tutsi umgebracht. »Ich habe drei Menschen mit einem großen Stock erschlagen, einen Mann und zwei Frauen. Sie waren meine Nachbarn, ich kannte sie gut«, sagt der 41 Jahre alte Bauer aus Kibongo. Karemera ist Mitglied der Hutu-Miliz Interahamwe gewesen, der die meisten Schlächtereien angekreidet werden. Karemera, der von den Rebellen gefangen wurde und im Kabuga-Gefängnis 16 Kilometer südöstlich von Kigali einsitzt, sagt, eine Woche nach dem mysteriösen Flugzeugabsturz, am 13. April, habe der Bürgermeister Jean-Baptist Gatate von Murambi die Hutu aufgefordert: Tötet alle, die nicht Parteimitglieder sind, und tötet alle Tutsi. »Also mußten wir losziehen und es tun, sonst wären wir selbst getötet worden als Verräter oder Tutsi-Sympathisanten.« Jetzt in Gefangenschaft bedauert er, was er getan hat: »Ich hoffe, die RPF gibt mir eine Chance und begnadigt mich.«

Ich ruhe mich zwischendrin ein paar Tage in Nairobi aus, versuche zu vergessen, was ich gesehen, gerochen, gehört habe. Da flattert auf meinen Schreibtisch ein Bericht der Menschenrechtsorganisation *African Rights*. Danach war das Massenmorden in Ruanda kein »spontaner Ausbruch«, sondern von langer Hand vorbereitet, und die Hauptschuldigen seien bekannt. Der Bericht hat 442 Seiten. *Tod, Verzweiflung und Herausforderung* heißt er und glaubt belegen zu können, daß das Morden nur kurz nach dem Tod des Präsidenten organisiert begann und daß die ersten Opfer Oppositionelle, unabhängige Journalisten, Menschenrechtsaktivisten, Rechtsanwälte und hohe Beamte waren. »Das Massenmorden war ein Versuch, die Hutu hinter einer extremistischen Plattform zu vereinen, um die Tutsi und alle moderaten politischen Oppositionellen auszulöschen.« Die Extremisten seien »Männer und Frauen, die alle Organe der Staatsmacht kontrollierten und diese über Monate und Jahre hin zu ihrem Projekt des Völkermords ausrichteten«. Ihnen sei es darum gegangen, den Übergang zu Frieden und Demokratie zu blockieren. Inzwischen gehen offizielle Schätzungen von bis zu einer Million Toten aus.

Dabei klagt *African Rights* nicht nur die Mitglieder der Übergangsregierung, der Präsidentengarde, des Militärs und der Interahamwe-Milizen an, sondern rückt namentlich auch die (bis heute – 1999! – immer noch in Frankreich und Kenia im Exil lebende) Frau des getöteten Präsidenten und mehrere ihrer Brüder in den engsten Kreis der Hauptschuldigen. Die inzwischen regierende Rebellenbewegung RPF sei zwar Kriegspartei, nicht aber am Massenmord beteiligt gewesen, auch wenn es zu Racheakten einzelner RPF-Kämpfer gekommen sei, heißt es. Frankreich habe noch während des Völkermords über seinen Geheimdienst Waffen geliefert, die USA hätten sich lange geweigert, die Vorfälle in Ruanda als Genozid einzustufen. Die rasche Reaktion auf die humanitäre Flüchtlingskrise in Goma zeige vor allem »den moralischen Bankrott der vorangegangenen Politik«.

Ruanda läßt mich nicht mehr los. Ich fliege in die Flüchtlingscamps im Zaire. Der Blick der blinden Frau erbarmt einen. Ihr linkes Auge ist nichts mehr als eine milchige Gallertmasse, trübe, undurchdringlich, aber starr auf ihr Gegenüber gerichtet, als ob Alphomine Mukandamage versucht, den Geräuschen und Worten um sich herum mit den Augen zu folgen, nicht aufgeben will, zu erkennen und zu sehen. Aber es ist hoffnungslos. Auch ihr rechter Augapfel ist nach einer Entzündung eingetrocknet, bis zur Unkenntlichkeit geschrumpft, in der Augenhöhle verschwunden. Wie es diese Frau schaffte, in den Wirren des Bürgerkrieges, der Massaker und schließlich der Massenflucht von Bjumba in Ruanda bis hierher zum Flüchtlingscamp Kibumba nördlich von Goma zu kommen, bleibt ihr Rätsel. Der kleine Junge mit der triefenden Nase, ihr einziges Kind, führt sie noch immer sicher durch die matschigen Gassen zwischen den Zelten und Hütten. Die beiden sind allein, aber sie geben nicht auf.

Flüchtlingselend so weit das eigene Auge reicht: Kibumba ist nur eines der sechs offiziellen Camps, die der UNHCR bei Goma eingerichtet hat. Rund zwei Millionen Menschen sind im Juli aus Ruanda über die Grenze in den Zaire geflohen. Die schrecklichen Massenepidemien haben Zehntausende dahingerafft. Aber es ist inzwischen viel geschehen: Die internationalen Helfer haben Toilettenanlagen, Wasseraufbereitung, Feuerholzstellen errichtet, Hospitäler aufgebaut, Plastikplanen zum Schutz gegen den Regen verteilt, der einfach nicht mehr aufhören will. Allein in Kibumba leben, hausen mindestens 160 000 Menschen, sagt der zuständige Feldoffizier des UNHCR. Doch das Camp hat längst seine Grenzen gesprengt. Zehntausende siedeln außerhalb. Niemand kann mehr sagen, wo Kibumba anfängt oder aufhört. Zelte, Hütten, Unterstände reichen bis an die Abhänge der Virunga-Vulkane, wo Nebel – oder sind es die Wolken – den weiteren Blick versperren.

Ortstermin im Vorhof der Hölle: Nur die Tüchtigsten und Gesündesten können hier überleben. Aber der zwölfjährigen Nyiramadirida fehlt das rechte Auge – eine Schußwunde. Mit nur einem Auge wird das Mädchen in ihrer Kultur nie heiraten können. Oder ist das ein abseitiger Gedanke in dieser Situation? Daneben ein blindes Kind, das einen Gegenstand im Auge hatte. In Kigali ist es noch operiert worden, jetzt fehlt die Nachbehandlung.

»Für Ausländer gibt es bisher keine direkte Bedrohung, aber es besteht durchaus Gefahr durch die allgemeine Unsicherheit.« Christine Larsen, eine Norwegerin, ist stellvertretender Sicherheitsoffizier des UNHCR, und mit »allgemeiner Unsicherheit« umschreibt sie die ziemlich reelle Chance, von einem Querschläger getroffen zu werden. »Sie sind zu einem schlechten Zeitpunkt gekommen«, sagt Christine Larsen. Jim Vale, ihren Chef, bekommt man dieser Tage so gut wie gar nicht zu Gesicht. Die Unruhen im Norden, vor allem um das Katale-Camp, sind noch nicht unter Kontrolle. 19 Tote und 56 Verletzte gab es offiziell bei den Schießereien Ende November in und um Katale, das am nächsten zur Grenze nach Ruanda liegt. Aber diesmal waren es keine Unruhen zwischen Hutu und Tutsi oder zwischen alten Hutu-Milizen und Rückkehrwilligen. Diesmal haben zairische Militärs und Gendarmen brutal das Feuer auf die Flüchtlinge eröffnet. Was genau und warum es vorgefallen ist, weiß niemand so recht zu sagen.

Dennoch geht kaum einer der Flüchtlinge zurück nach Ruanda. An den Wänden des ehemaligen Bankgebäudes in Goma, in dem der UNHCR sein Hauptquartier aufgeschlagen hat, hängen die Computerausdrucke der vergangenen Wochen und Monate. Kein Tag, an dem mehr als 100 Flüchtlinge zurück nach Ruanda transportiert wurden. Mindestens so viele Babys werden jeden Tag in den Camps geboren. Aber auch wenn die Menschen immer stärker spüren, daß sie auf Dauer im Zaire nicht willkommen sind: Größer ist offenbar die Angst zurückzukehren, die Ungewißheit, was in Ruanda unter der neuen Regierung auf sie wartet, die Angst, daß die Milizen der alten Regierung, die mit ihnen im Exil in Bukavu oder Goma in den teuren Hotels haust, ihre Rückkehr gewaltsam verhindern. Mit einzelnen darüber zu sprechen ist hoffnungslos. Sie geben entweder keine Antworten, wollen oder können einen plötzlich nicht mehr verstehen, oder geben Ausflüchte: »Ich muß an morgen, nicht an übermorgen denken.«

»Die warten auf einen Befehl von oben«, sagt ein Helfer. Doch was ist oben? Die Exil-Regierung, die neue Regierung in Kigali, die Hutu-Milizen in den Camps, der UNHCR, die zairischen Soldaten und Gendarmen, die unmittelbaren Nachbarn, die Großfamilie? »Es gibt politische Strukturen in den Camps«, bestätigt mir die Medizin-Koordinatorin Claire Bourgois. In Mugunga ist es zwar gelungen, Milizen und »einfache« Flüchtlinge zumindest räumlich zu trennen. In Katale aber sind die Strukturen für die Helfer von außen noch unübersichtlicher. Die Unsicherheit bleibt. Die Menschen bleiben ihren Herren über Leben und Tod ausgeliefert.

Ist Ruanda ein Einzelfall, einmalig in Afrika? Natürlich,

ja. Diktator Habyarimana baute ein für Afrika einzigartiges, modernes totalitäres System mit einer Rassenideologie auf. Der Zugriff auf den einzelnen war vollkommen, die Medien staatlich kontrolliert, die Kirchenführung saß jahrelang im Zentralkomitee, nicht nur Militär und Polizei waren fest in Hutu-Hand und hörten auf das Kommando der Führung, sondern die Kontrolle reichte über die Interahamwe-Milizen bis auf jeden Hügel, in jede Hütte. Deshalb auch das schließlich unfaßbare Ausmaß des Genozids: Jeder achte Ruandese wurde umgebracht, jeder siebte war danach Flüchtling.

Dennoch bleibt Ruanda bei aller Einzigartigkeit in vielem ein extremes und trauriges Beispiel für Entwicklungen, die ganz Afrika immer wieder erschüttern und daran hindern, Fuß zu fassen. Allzu schnell führen Probleme zu offener Gewalt, da andere Mechanismen der Konfliktlösung schlicht fehlen. Kaum ein Land verfügt über eine unangefochten legitimierte Regierung. Die meisten Herrschenden sind durch Putsche oder Siege ihrer Freiheitsbewegungen an die Macht gekommen. Dies gilt für Habyarimana (Putsch) wie für die jetzige Regierung in Kigali (Rebellensieg). Haben sie die Fäden erst in der Hand, werden zwar die Demokratisierung angekündigt und meist auch Wahlen abgehalten. Aber mit Hilfe des staatlichen Apparats wird der Verlust der Macht für einige Zeit mit allen Mitteln meist erfolgreich verhindert: bis der Druck zu groß wird und die Rebellenbewegung der Gegenseite zu stark.

Der Umstand, daß die Demokratisierung verweigert und die Herrschaft des Rechtes verhindert wird, führt früher oder später zur Destabilisierung, oft zu Bürgerkrieg und schlimmstenfalls zum Verfall der Staatlichkeit. Auch das Regime Habyarimanas unterschrieb, der militärischen Not gehorchend, eine international unterstützte Vereinbarung, nach der die RPF-Rebellen für die Zeit des Übergangs zur Demokratie an der Regierung beteiligt werden sollten. Doch es tat danach alles, die Umsetzung zu verhindern. Und dort, wo es in der Euphorie der *winds of change* nach dem Ende des Ost-West-Konfliktes und unter dem Druck westlicher Geber-Mentalität zu einem Machtwechsel durch Mehrparteien-wahlen kam, greift das zweite Momentum der (nicht allein ruandischen und afrikanischen) Selbstzerstörung: die Ethni-sierung der Politik.

Wo man auf dem großen Kontinent auch hinsieht: Ob Regierende oder Opponierende, sie definieren sich zualler-erst nach ihrem Stamm oder Volk. Deshalb wird der Kampf im Namen der eigenen sozialen Kohorte auf Kosten der anderen Kohorten im selben Staate geführt. Ein Widerspruch in sich: Der Kontinent, der vor 40 Jahren das Joch des Kolo-nialismus abschüttelte, unterdrückt sich heute selbst. Die einmal schöpferische Kraft des Nationalen wurde offenbar gänzlich im Widerstand gegen die weißen Fremdherrscher verbraucht. Den meisten Staaten fehlt das einigende Band. Es gibt keine afrikanischen Nationen.

Ruanda freilich mit seiner gemeinsamen Geschichte, Spra-che und Kultur kommt dem noch am nächsten. Darin ist es wieder einer der wenigen Sonderfälle: Hutu und Tutsi wur-den nicht durch fremde Mächte in ein Staatsgebilde gezwun-gen. Sie lebten schon über Jahrhunderte zusammen. Die Kolonisten zogen keine neuen Grenzen, sie nutzten vielmehr das gewachsene Feudalsystem schamlos zur indirekten Herr-schaft. Erst 1959 am Ende der belgischen Kolonialzeit gingen 400 Jahre Tutsi-Macht durch einen Aufstand der Hutu-Mehrheit zu Ende.

Afrika ist nicht alleingelassen worden, und unsere Ein-flüsse verstärken bis heute seinen Verfall. Auch hier ist Ruanda Beispiel: Was die Welt beim Aufbau und Ausbruch des Grauens zu wenig getan hat, nämlich sich einzumischen, übertreibt sie, seit es vorbei ist. Während des Völkermordes brachten wir unsere Landsleute in Sicherheit. Erst als Hunderttausende außer Landes flüchteten, verteilten wir Essen. Nun überhäufen wir die neuen Machthaber mit Aufbauhilfe und richten einen Sondergerichtshof ein, um die jahrzehntelang von uns unterstützten Schuldigen zu brandmarken. Doch für die UN-Menschenrechtsbeobachter im Lande selbst, das zwar an die Hunderttausend Gefangene, aber kaum Richter hat, geht das Geld aus. So hilft man dabei, neue Katastrophen zu entwickeln.

Eine Nacht in Ruanda, Jahre später, im November 1997, der Ort heißt Giciye, liegt im Nordwesten des hügeligen Landes, nur rund 65 Kilometer von der Hauptstadt Kigali entfernt. Im Schutz der Dunkelheit schleichen sich dort Hutu-Rebellen an. Sie versuchen, das Gefängnis zu stürmen, wollen ihre Kampfgenossen befreien, die dort immer noch auf ihre Prozesse wegen des Völkermordes warten. Es wird eine blutige Nacht in Ruanda. Denn glaubt man den präzisen Angaben, die Militärsprecher Richard Sizibera erst Tage später in Kigali veröffentlicht, kommen beim Sturm auf die Haftanstalt in dieser einen Nacht in Giciye 200 Hutu-Rebellen, 88 Gefängnisinsassen und zwei Soldaten um. 93 Häftlingen gelingt die Flucht. Aber sie werden verfolgt, heißt es.

Ruanda kommt nicht zur Ruhe. Wie soll man die Berichterstattung über solche Ereignisse nennen? Ab wann spricht man eigentlich wieder von Bürgerkrieg? Was in Giciye passierte, war nur in Zahlen größer, spektakulärer als etwa das Morden im Dorf Mukamura. Dort starben kurz vorher 27 Zivilisten. Offenbar zu wenig für eine Schlagzeile aus Ruanda. Denn seit Wochen, Monaten herrscht in Ruanda wieder die Inflation der Todeszahlen; hier Hutu, dort Tutsi. Dabei liegt das Informationsmonopol bei der von Tutsi dominierten Regierung. Von außen kommt seit langem kein Unabhängiger mehr in den Nordwesten des Landes, militärisches Sperrgebiet, wo seit Mai 1997 mehr oder minder offener Bürgerkrieg herrscht.

Und Giciye kommt dabei mehr als nur symbolische Bedeutung zu. Denn hier liegt die Heimstatt der von den Tutsis drei
Jahre zuvor gestürzten Diktatur der Hutu. Aus Giciye und
den Nachbargemeinden Karago und Nkuli stammten die
meisten Spitzenpolitiker des Ex-Diktators Juvenal Habyarimana. Die Verlierer haben sich nie zur Ruhe gesetzt. Immer
wieder überquerten Hutu-Kämpfer aus den Flüchtlingscamps im Zaire die kaum zu kontrollierende Grenze. Im
November 1996 schließlich, als diese Camps gewaltsam aufgelöst wurden und die rund eine Million Hutu-Flüchtlinge in
endlosen Menschenschlangen wieder nach Ruanda zurückströmte, kehrten in ihrem Schutz offenbar auch die Hutu-
Soldaten und Kämpfer der Interahamwe-Milizen zurück.

Seitdem steht der Feind der Tutsi-Sieger wieder im Land,
und das Schlagwort von der »Nationalen Versöhnung« hallt
hohl. »Wir haben uns entschieden, die Flüchtlinge heimkehren zu lassen und sie dann erst zu registrieren. Niemand
wurde nach Waffen durchsucht«, sagt ein Regierungsbeamter in Kigali. Offiziell heißt es immer wieder von seiten der
Regierung, man sei sich des Risikos bewußt gewesen. »Aber
wir denken, wir können die Rebellen hier im Land besser
unter Kontrolle bringen als außerhalb.« Und ein Militärsprecher versicherte auch nach Giciye: »Wir haben sie militärisch
unter Kontrolle.« Doch auf lange Sicht scheint die Tutsi-
Armee hilflos in einem Bürgerkrieg, den sie gegen die Mehrheit der Bevölkerung nie und nimmer gewinnen kann.

Dann 1998 – kurz vor dem 4. Jahrestag des Genozids –
geschieht das Unvermeidliche: In Ruanda sind die ersten
Drahtzieher des Völkermordes exekutiert worden. Die ersten
21 Männer und eine Frau sterben jetzt für das, was sie sich
damals zuschulden kommen ließen. Die Straflosigkeit für
die barbarischen Massaker und unmenschlichen Verbrechen
hat endlich ein Ende. Selbst die grundsätzliche Ablehnung
der Todesstrafe relativiert sich angesichts der Verbrechen

gegen die Menschlichkeit, die gesühnt werden sollen. Und doch hinterlassen die öffentlichen Hinrichtungen mehr als einen bitteren Nachgeschmack.

Denn die alles entscheidende Frage bleibt bestehen: Hilft diese »öffentliche Lektion« wirklich dabei, Ruanda mit sich und seiner Vergangenheit auszusöhnen? Strafe trägt in sich immer das Element der Rache. Die Opfer von 1994 und ihre Angehörigen, die das Unvorstellbare überlebten, verlangen danach. Sie haben ein Recht dazu. Damals schritt niemand für sie ein, niemand versuchte ihnen und ihren Familien zu helfen, als der wild gewordene, durch die rassistisch-faschistoide Hutu-Diktatur organisierte Mob über sie herfiel. Die Opfer verlangen nach Gerechtigkeit, Auge um Auge, Zahn um Zahn. Doch ein Völkermord kann nach diesem Grundsatz nicht gesühnt werden. Gleiches mit Gleichem zu vergelten, hieße nur, die Vorzeichen umzukehren und das Massenmorden fortzusetzen.

Ist es aber nicht gerade das, was in Ruanda geschieht – Siegerjustiz? Die 22 jetzt Exekutierten waren allesamt Hutu. Auch die mehr als 100 bereits zum Tode Verurteilten, die noch ihrer Hinrichtung harren, darunter zwei Priester, gehören dieser Bevölkerungsmehrheit an. In den heillos überfüllten Gefängnissen sitzen inzwischen mehr als 120 000 weitere Menschen unter dem Verdacht des Genozids; ihnen – ausnahmslos Hutu – soll der Prozeß noch gemacht werden. Ruanda ist eine geteilte Gesellschaft, in der es nach Völkermord und Bürgerkrieg immer noch Sieger und Besiegte gibt. Und in ihrer eigenen Wahrnehmung ist die Hutu-Mehrheit gegenüber der Tutsi-Minderheit von 10 bis 15 Prozent der Bevölkerung die Gruppe der Verlierer. Denn es sind Tutsi, die die Regierung dominieren, die Armee kontrollieren, die Wirtschaft bestimmen.

Doch diese Teilung ist ein unverrückbares Erbe der Vorgeschichte. Dem steht das klare Bemühen der neuen Regierung

Kigalis seit 1994 gegenüber, zumindest die juristische Aufarbeitung der Massenmorde an der Tutsi-Minderheit und den
zur Diktatur in Opposition stehenden Hutu nach rechtsstaat-
lichen Grundsätzen auszurichten. Die Voraussetzungen dafür waren im gänzlich zerstörten Ruanda mehr als schlecht:
Es gab keine Gerichtsgebäude, keine Richter, keine Staats-
anwälte, kein Gesetz. All das mußte erst geschaffen werden.
Und bei aller berechtigter Kritik an den ersten Verfahren, die
im Dezember 1996 begannen: Inzwischen haben die Prozesse
ein rechtsstaatliches Niveau erreicht, das sich im afrikanischen Vergleich durchaus messen lassen kann. Nur Haupt-
tätern droht die Todesstrafe.

Westliche Kritik, ob nun aus dem Munde des Papstes, der
USA, der Europäischen Gemeinschaft oder von Menschen-
rechtsorganisationen, sollte sich immer vor Augen halten,
was der Rest der Welt denn bisher beigetragen hat: Der Internationale Gerichtshof für Ruanda, von der UNO im tansanischen Arusha eingerichtet, fällte bis dahin noch kein einziges
Urteil. Und gegenüber der Todesstrafe in Afrika messen wir
allzu schnell mit unterschiedlichen Standards. Seit Anfang
dieses Jahres sind allein in der Demokratischen Republik
Kongo mehr als 50 Menschen – vor allem Soldaten – zum
Tode verurteilt und zumeist auch exekutiert worden. In
Kenia erhielt erst kürzlich ein Angeklagter für einen bewaffneten Raubüberfall mit einer Beute von knapp 100 Mark ein
Todesurteil. Wo waren da die weltweiten Empörungsrufe?

Ruanda scheint überall die Emotionen in besonderer
Weise anzuheizen. Die Vollstreckung der Todesurteile, längst
eine Notwendigkeit aus Sicht der nach Sühne lechzenden
Hinterbliebenen, könnte aber den Funken zum nächsten Alptraum auslösen: nämlich die Mehrheit der Hutu-Bevölke-
rung endgültig in die Arme der Extremisten der gestürzten
Diktatur treiben. Der Nordwesten Ruandas ist seit der Rückkehr der Hutu-Flüchtlinge 1996 völlig außer Kontrolle.

Genozid-Prozesse finden dort keine mehr statt, ausländische Helfer sind abgezogen. Der tödliche Schwelbrand frißt sich immer tiefer. Und ob dies nun die Fortsetzung des alten Krieges oder längst ein neuer ist: Die Uhr tickt gegen den Frieden in Ruanda.

Vielleicht aber hat sich auch deshalb die Regierung in Kigali jetzt ein Herz gefaßt und mit der abstoßenden öffentlichen Inszenierung der Vollstreckungen begonnen: Um auf der anderen Seite die Handlungsfreiheit zu gewinnen, endlich ebenso mit Massenamnestien der Trittbrettfahrer und Mitläufer des Völkermordes zu beginnen. Die schiere Zahl der Inhaftierten zwingt sie früher oder später sowieso dazu. Versäumt die Tutsi-dominierte Regierung Ruandas aber nach dem Beginn der Rache diesen zweiten Schritt hin zur Versöhnung und Vergebung, würde sie den »Genozid-Bonus«, der ihr seit langem entgegengebracht wird, endgültig aufbrauchen.

Ich bin auch später immer wieder nach Ruanda gereist, habe über die Zwangsumsiedlungen im ehemals unruhigen Nordwesten berichtet, darüber, wie die Masse der Menschen, Lemmingen gleich, den Anweisungen der grauen Herren in Kigali still und ohne offenen Widerspruch gefolgt ist. Ich habe auch Hutu-Milizionäre drüben im Kongo getroffen. Sie haben nicht aufgehört, ihren Haß zu pflegen, auf Rache zu sinnen.

Was in Ruanda kommen wird? Frieden, der mehr ist als Abwesenheit von Krieg, braucht keinen Sieger, sondern einen Deal zwischen den Antagonisten, einen Kompromiß, bei dem jede Seite geben muß und zugleich etwas gewinnt. Das gibt es in Ruanda nicht. Kagame und die Seinen wollen eine Zukunftsgesellschaft erzwingen. Zwang zu Glück aber endet in Gewalt, im Ausbruch der Unfreien, egal, wie gut es der gute Diktator mit seinen Untertanen meint. Aber Kagame steckt in einer Zwickmühle, er muß zugleich ja auch seine

Tutsi-Minderheit am Leben halten, vor einem weiteren Genozid schützen. Also kann er nicht ein Jota von deren Macht aufgeben. Das käme einem Selbstmord gleich. Warum sollte dann aber die Mehrheit der Hutu sich mit dieser Unge-rechtigkeit auf Dauer zufriedengeben?

Nein, Ruanda ist nur ein auf Zeit schlummernder Vulkan. Ich hoffe wirklich, ich irre mich, aber noch nie war ich mir so sicher: Der Vulkan wird wieder ausbrechen. Keine Ahnung, wann und wie. Aber es wird noch grausamer, endgültiger als das letzte Mal werden. Hoffentlich irre ich mich.

KAPITEL 12

Mit Steinen den Acker bestellen

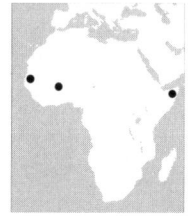 Auf dem afrikanischen Kontinent sind Sonne und Regen zugleich Fluch und Segen. Denn es gibt von beidem entweder zuviel oder zuwenig. Für die Menschen in den Trockengebieten bedeutet Wasser Lebenselixier, wenn es aber in historischen Fluten die Wadis überfüllt und plötzlich Flüsse über ihre Ufer treten, die sonst nur als trauriges Rinnsal durch die braungelbliche Steppe ziehen, wird Wasser zur lebensgefährlichen Bedrohung. Nicht anders ist es mit der Sonne. An Regen und Wolken gewöhnte Europäer können sich kaum vorstellen, daß scheinbar ewiges Sonnenlicht gleichsam tödliche Strahlung bedeuten kann. Afrikas Menschen leben mit und gegen diese Natur, die auf dem Kontinent so herrlich, überladend fruchtbar und zugleich so grausam und vernichtend sein kann. Und nicht zuletzt stellt der Mensch in dieser fragilen Umwelt für sein eigenes Leben die wohl gefährlichste Bedrohung dar.

Wenn es denn stimmt, daß sich die Kargheit von Landschaften auf Menschen übertragen kann, dann trifft dies bestimmt auf Guigma Pierre zu. Er spricht kein Wort zu viel, seine Sätze sind ohne jede Ausschmückung. Stumm zeigt er mir die Fläche aus sandigem, rötlich schimmerndem Laterit-Staub. Selbst jetzt, nur wenige Wochen nach der Regenzeit, wächst dort nicht einmal ein Büschel Gras. Seine Großeltern,

erzählt Guigma Pierre dann, hätten hier noch Ackerbau be-
trieben. Aber als der Ertrag immer geringer geworden sei,
mußten sie schließlich auch dieses Stückchen Erde aufgeben. Jeden dieser Sätze beendet der Bauer mit einem kehli-
gen »Mmmh«, als wolle er das Gesagte noch einmal unter-
streichen.

Es klingt absurd, aber die geschundene Landschaft im
Norden von Burkina Faso hat ihren eigenwilligen Reiz. Sie
fasziniert durch ihre monumentale Trostlosigkeit. Rings um
das Dorf Kayon, in dem Guigma Pierre lebt, sieht es nicht
anders aus als auf dem Feld, das einst seine Großeltern
bestellten: Nur vereinzelt ragen noch Bäume empor, stehen
hie und da einige wenige Sträucher und ein paar Büschel Ele-
fantengras – ansonsten nackter Boden, so zerfurcht wie das
Gesicht von Guigma Pierre. Die Erde ist sandig, staubig, tot.

Das Zentralplateau von Burkina Faso gehört zur Zone des
trockenen Sudan-Sahel. Dabei fällt hier sehr wohl Regen:
Mit 550 Millimetern im Jahresdurchschnitt sind die Niederschläge nur unwesentlich geringer als in Deutschland. Aber
dieser Regen konzentriert sich auf drei bis vier Monate im
Jahr, fällt irgendwann zwischen Juni und November und
von Region zu Region ganz unterschiedlich. Regnet es
schließlich, dann überflutet das Wasser oft die Felder, spült
sie aus und schwemmt wegen der fehlenden Vegetation die
obere Schicht des Bodens weg. Bis zu 200 Tonnen an sich
fruchtbares Erdreich pro Hektar können so in einem Jahr
abgetragen werden. Was der Regen nicht fortwäscht, trägt
der Harmattan davon, der Wüstenwind aus dem Norden,
der nach der Regenzeit einsetzt und den Himmel durch
Staubwolken verdunkelt.

Von der Hauptstadt Wagadugu führt der Weg in die Provinz Bam im Norden des Landes nur fünf Kilometer über
asphaltierte Straße. Die restlichen 150 Kilometer nach Kayon
geht es dann über Sand- und Schotterpisten. Burkina Faso ist

ein sehr armes Land. Morgens und abends, wenn es etwas kühler ist, ziehen Karawanen von Eselskarren am Straßenrand entlang. Sie bringen Feuerholz nach Wagadugu. Vor dreißig Jahren noch soll die Hügelkette, die sich von Südosten nach Nordwesten durch Burkina Faso zieht, von Wäldern bedeckt gewesen sein. Inzwischen sind die Hänge kahl. Die Plünderung des Waldes, Buschfeuer zur Rodung neuer Felder für den Wanderackerbau und schließlich die Herden, die den kleinsten grünen Trieb abfressen, haben sie nackt und braun werden lassen. Die Menschen hier lebten auf Kosten ihrer Umwelt. Und jetzt gibt es nicht mehr genügend natürliche Ressourcen, um die wachsende Bevölkerung mit den überkommenen Anbaumethoden zu ernähren. Nur zu 80 Prozent kann Burkina Faso seine Einwohner noch selbst ernähren, der Rest muß eingeführt werden.

»Die Umweltproblematik ist hier eine Überlebensfrage«, konstatiert Martin Orth von der deutschen Gesellschaft für Technische Zusammenarbeit (GTZ). Die Leute sähen sehr wohl die ökologischen Zusammenhänge von Ursache und Wirkung ihres Handelns, doch die Frage sei, welche anderen Möglichkeiten ihnen blieben, sagt Orth auf der Fahrt über Staubpisten und Feldwege nach Kayon. Dort angekommen, treffe ich dann den Bauern Guigma Pierre und etwa dreißig Männer und Frauen aus seinem Dorf, als sie dabei sind, in der sengenden Hitze vor dem ehemaligen Feld seiner Großeltern Steinwälle aufzuschichten, »damit wir hier wieder anbauen können«, wie sie sagen.

Kayon, die 280-Einwohner-Gemeinde in der Provinz Bam, ist nicht das einzige Dorf, in dem sie begonnen haben, sich mit *diguettes,* wie die Schutzwälle genannt werden, gegen die weitere Bodenerosion und damit gegen die Vernichtung der eigenen Lebensgrundlage zu wehren. »Man sieht große Unterschiede zwischen Flächen, wo wir das machen und wo nicht«, sagt Guigma Pierre. »Auch auf Feldern wie diesem hier, die nackt waren, wächst nach dem Bau der Steinwälle wieder etwas.« Die sandige Fläche unterhalb der Bodenerhebung, sagt er, werde nun das Feld seines älteren Bruders. Der wolle hier im nächsten Jahr wieder Sorgum und Erdnüsse anbauen.

Das Prinzip der *diguettes* ist ganz einfach: Die Außenmauern werden aus schweren Granitsteinen aufgeschichtet, innen werden leichte Laterit-Brocken gleichsam als Filter eingefüllt. Dank des Schutzwalls wird der Boden nicht weiter ausgewaschen, denn das Regenwasser kann an der »eingezäunten« Stelle langsam versickern, und die Erde kann Feuchtigkeit speichern. Wird der Boden dann noch mit organischen Abfällen wie Ernteresten gedüngt, kann wieder angebaut werden, das Land beginnt wieder Früchte zu tragen. Die Erträge steigen bereits im ersten Jahr durchschnittlich um 40 Prozent.

Diese Ergebnisse ihrer eigenen Arbeit sind die stärkste Motivation der Bauern, sich weiter anzustrengen. Das Projekt Ressourcenschonende Bewirtschaftung auf dem Zentralplateau (PATECORE) ist ein Vorzeigemodell der Entwicklungshilfe: konsequente Hilfe zur Selbsthilfe für die Menschen von Burkina Faso, und zwar mit Mitteln, die ihnen in ihrem Land zur Verfügung stehen. Dies ist keiner der vielen gescheiterten Versuche, mit technischen Mammutprojekten oder dem Export westlicher Hochtechnologie die Probleme der Dritten Welt zu lösen. Nur eine Handvoll GTZ-Berater ist hier seit 1988 tätig. Ihre Aufgabe ist es, zu beraten, auszubilden und die örtlichen »Dorfberater« zu unterstützen. Als technische Hilfsmittel haben sie vor allem ein paar Lastwagen zur Verfügung, um die Steine für die *diguettes* zu transportieren. Die Entscheidung aber, ihr Leben zu verändern und die schwere und langwierige Arbeit aufzunehmen, müssen die Bauern selbst fällen. Inzwischen ist das Projektgebiet zweieinhalb Mal so groß wie das Saarland, 2500 Kilometer *diguettes* stehen schon, jedes Jahr gewinnt man 30 000 bis 40 000 Menschen für den Bau der Steinwälle hinzu. 300 Dörfer haben sich mittlerweile in den Provinzen Bam und Passore dem Projekt angeschlossen.

Konkret sieht das dann so aus wie in Tora, einem Weiler 20 Kilometer östlich von Kayon. Tora hat 590 Einwohner, unter denen es Moslems genauso wie Katholiken, Protestanten und Animisten gibt. Sie alle sind Angehörige der Mossi, des Hauptstammes auf dem Zentralplateau, von dem aus ihre mächtigen Könige herrschten, bis vor ziemlich genau hundert Jahren die französischen Kolonialherren kamen. Gleich von Anfang an, seit 1988 also, machte das Dorf bei PATECORE mit. In Tora wohnen zwölf Clans, zu denen jeweils fünf bis sechs Familien gehören. Zur Begrüßung gibt es klares Wasser und Hirsebier. Im Schatten des Versammlungshauses berichtet Sawadogo Regna, Sprecher des *groupments,* wie die auf staatliche Initiative gegründeten Zusammenschlüsse der Dörfer heißen, über die vergangenen vier Jahre. Bis heute, sagt Regna, hätten schon 30 Familien von den Verbesserungen profitiert. Auf einem großen Brett sind mit Filzstift die Arbeiten aufgeschrieben, die die Dorfbewohner untereinander aufgeteilt haben. Nach Jahreszeiten geordnet, steht da, wer was wann machen soll und wer der Nutznießer der nächsten *diguettes* sein wird, die gemeinsam vom Dorf aufgeschichtet werden.

Auf einem vergrößerten Luftbild ist die Umgebung Toras zu sehen, sind die verschiedenen Felder und die Beschaffenheit ihrer Böden eingezeichnet. Blaumarkierte Schutzwälle und rote Kreuze kennzeichnen ein Gebiet, in dem die Dorfgemeinschaft die Wiederaufforstung eines Schutzwaldes plant. In Tora haben sie wirklich schon einiges geschafft. Auch eine dieselgetriebene Getreidemühle ist da, sie haben sich darauf geeinigt, wo das Vieh weiden soll und wo Hirse oder Sorgum angepflanzt wird. Die Auswahl der Felder, die als nächstes durch den Bau der *diguettes* verbessert werden sollen, hängt von der Beschaffenheit des Bodens ab. »Mit dem schlechtesten Boden wird angefangen«, sagt Sawadogo Regna unter beifälligem Nicken der Dorfältesten, »die Auswahl geht nicht nach Personen.« Deshalb sei auch die Abwanderung unter den Bewohnern von Tora zurückgegangen, sagt Regna voller Stolz.

Das Zentral-Plateau von Burkina Faso ist ein labiles Ökosystem. Das alte Steinrelief ist ausgelaugt, der Nährstoffkreislauf kurz, die Niederschläge sind unregelmäßig, die Wasservorkommen schwer erschließbar. Wegen der geringen Regenerationsfähigkeit des Bodens, so erklärt Dietmar Schorlemer von der GTZ, der bei PATECORE mitarbeitet, bedarf es einer angepaßten Nutzung mit verschiedenen Fruchtfolgen und organischer Düngung anstatt des üblichen Abbrennens der Felder. Die traditionelle Brache funktioniert nicht mehr, wegen der Dürren, vor allem aber, weil so viele Menschen Platz und Nahrung brauchen. Ungenutzte Flächen zur Neuerschließung gebe es kaum noch, der Zwang zur Nutzung der schon ausgelaugten Stellen werde immer stärker.

In Burkina Faso, dem »Land der freien Menschen«, wie das ehemalige Obervolta seit der Revolution 1987 heißt, leben 50 Einwohner pro Quadratkilometer. Die Bevölkerung von insgesamt neun Millionen wächst jedes Jahr um 3,2 Prozent. Die Hälfte der Menschen ist jünger als 15 Jahre. Weil viele im eigenen Land kein Auskommen finden, leben zwei Millionen Burkinabes gleichsam als Umweltflüchtlinge in reicheren Nachbarstaaten wie der Elfenbeinküste. Doch auch dort sind die Jahre des Wirtschaftsglücks vorbei, werden für die Wanderarbeiter die Chancen immer schlechter, Geld zu verdienen.

Viele kehren deshalb nach Burkina Faso zurück. Vor diesem Hintergrund ist die Verzweiflung von Pierre Baudr zu verstehen, dem technischen Berater des Umweltministers in

Wagadugu. In seinem spärlichen Empfangsraum flattern im Wind der Ventilatoren noch Touristenprospekte aus der Zeit, als das Land noch Obervolta hieß. »Der Erhalt der Umwelt in der Sahelzone ist vor allem ein Problem der Armut«, sagt Baudr. Priorität müßten deshalb die Bekämpfung der Armut und die Sicherung der Ernährung haben. »Solange diese Probleme bestehen, läßt sich schlecht von Umweltschutz sprechen.« Doch PATECORE versucht gerade, das Gegenteil zu zeigen: Überleben und Umweltschutz sind untrennbar miteinander verbunden. Schon lange vor der *Agenda 21*, in der die Teilnehmer des Umweltgipfels von Rio sich künftigem Handeln verpflichteten, haben das die deutschen Entwicklungshelfer begriffen – vor allem aber auch die Bauern von Kayon und Tora.

Und auch die Menschen in Bayend Foulgou, einem anderen kleinen Weiler im Norden des Mossi-Plateaus, betreiben seit drei Jahren Zukunftvorsorge durch Umweltschutz. Gemeinsam haben sie damals beschlossen, 50 Hektar noch bewaldeten Landes zunächst für fünf Jahre aus der Produktion herauszunehmen und dort keine Felder mehr anzulegen. Es steht Strafe darauf, in diesem Wald Holz zu schlagen oder Tiere weiden zu lassen. Sawadogo Lazare, der Präsident des dörflichen Schutzwald-Komitees, läßt keinen Zweifel daran, wozu dieser Verzicht gut sein sollte: »Unser Ziel ist es, nutzbares Land für unsere Kinder zu sichern.«

Die Bauern des Sahel haben längst begriffen, daß Umweltpolitik für sie vor allem Verzicht heißt, Verzicht zugunsten einer besseren Zukunft nicht für sie, sondern für die künftigen Generationen. Wenn der Mensch sein Leben und Wirtschaften nicht heute ändert, wird es uns so, wie wir sind, nicht mehr allzu lange geben. Die Steinwälle in Burkina Faso mögen jedem einsichtig sein. Und doch gab mir einer der deutschen Mitarbeiter des Projektes dann einen Satz mit auf meine Heimreise nach Nairobi, der bis heute bei mir hängen geblieben ist: »Wir Entwicklungshelfer lernen hier Techniken beherrschen, die wir bald auch bei uns in Europa einsetzen werden müssen – ob in den übervölkerten Alpen, in den trockenen Sierras in Spanien, wer weiß.« In Afrika, dem endlosen Kontinent, wird dies für die Menschen mit ihren einfachen Agrartechniken und wenig entwickelten, kaum arbeitsteiligen Gesellschaften heute schon spürbar – weil es immer mehr Menschen sind, die sich denselben Kontinent teilen müssen.

Und Afrika ist nicht einmal zur Hälfte geeignet, Landwirtschaft in der traditionellen oder mechanisierten Form zu betreiben. Lebensraum wird immer knapper, das Überleben hängt immer stärker vom Schutz des Bestehenden ab. Denn der afrikanische Bauer oder das ganze Dorf können nicht mehr einfach weiterziehen und einige Kilometer weiter den Wald roden oder die Savanne pflügen, wenn der alte Boden unfruchtbar geworden ist – außer sie wollen einen Krieg um Ressourcen, einen Umweltkrieg also, vom Zaun brechen. Ökologie und Ökonomie müssen schon heute eine Zwangshochzeit eingehen, wenn es ein menschenwürdiges Morgen geben soll. In der Notwendigkeit, in der Überlebensdramatik ist Afrika uns in dieser Frage um einiges voraus.

Afrika, so das Vorurteil, ist vor allem der Kontinent der Sonne. Während für uns Mitteleuropäer dieses Wort immer gute Assoziationen auslöst, an Urlaub, Erholung und sorgenfreies, gutes Leben denken läßt, lernt man in Afrika die Sonne durchaus hassen. Im Sahel zerstört sie nicht nur die Ernten, sondern trocknet auch uns Menschen aus. Ein Kollege aus Köln, der mit mir durch Burkina Faso zog, wollte dem Rat nicht folgen, zumindest tagsüber jede Stunde mindestens einen halben Liter Wasser zu trinken. Prompt dauerte es keine drei Tage, bis er hohes Fieber bekam, über fürchterliche Kopfschmerzen klagte, kaum mehr laufen konnte und lebensbedrohlich lethargisch nur noch schlafen wollte. Schließlich mußte er ins Krankenhaus. Dabei fehlte ihm nichts – außer Wasser.

Natur kann grausam sein. Die Menschen Afrikas haben sich in Jahrtausenden an ihre Natur gewöhnt, ihren Lebensstil ihrer Umwelt angepaßt. Jetzt besteht diese Forderung für eine neue, vielversprechende Technologie: Wenn nicht in Afrika, wo sonst ließe sich Sonnenenergie so gut nutzen, die Bedrohung Sonne sich in nützliche, saubere, schadlose Energie ummünzen?

Faoye ist ein ruhiges, friedliches Dorf im Senegal. Und wenn dort die Sonne am höchsten steht, dösen die Dorfältesten mittags im Schatten des mächtigen Baobab-Baumes auf dem Platz gleich neben dem Brunnen. Eine junge Frau setzt gerade ihre mit Wasser gefüllte Plastikwanne auf den Kopf und schreitet majestätisch über den sandigen Boden der Dorfstraße. Kinder schaben am gemauerten Brunnenrand mit Muscheln, die überall verstreut am Boden liegen und aus dem Siné stammen. Schon lange führt dieser Fluß kein Süßwasser mehr, dafür aber läuft er mit Wasser aus dem Kilometer entfernten Atlantik voll. Einige Dorfbewohner sind Fischer, sie stopfen im Schatten der Hütten ihre Netze. Die meisten aber sind Bauern geblieben. Denn das Dorf mit seinen 700 Einwohnern liegt in der Savannenebene um Kaolack, seit den französischen Kolonialtagen eines der traditionellen Erdnußanbaugebiete im Senegal.

In Faoye wohnt auch El Hadj N'Gor Bass. Der kleine alte Mann ist Mitglied der Dorfaristokratie, also schon etwas Besseres, und unter den gegebenen Umständen ist er auch wohlhabend zu nennen. Das bedeutet freilich noch nicht viel. Denn seit die Weltmarktpreise für Ölsaaten wie Erdnüsse so tief gefallen sind, geht es den Bauern hier noch schlechter. Aber N'Gor Bass besitzt mehrere Häuser und – er hat vor allem Strom. »Ich bin sehr zufrieden«, sagt er stolz. Über dem Dach seines Lehmhauses streckt sich ein Solarmodul dem blauen Himmel entgegen, um die Batterie aufzuladen, aus der vier Glühbirnen und eine Steckdose gespeist werden können. Und für N'Gor Bass steht fest: »Der Unterschied zwischen dem Leben auf dem Dorf und in der Stadt ist geringer geworden. Die jungen Leute bleiben jetzt länger, wenn sie zu Besuch kommen, weil sie Fernsehen sehen und Radio hören können.«

Und genau darum geht es den Entwicklungshelfern bei ihrem Sonnenenergieprojekt im Senegal. »Unser Ziel ist es, die Lebensbedingungen auf dem Lande zu verbessern«, sagt Gerd Schäfer, Leiter dieses GTZ-Projekts. »Die Elektrifizierung Afrikas auf dem Lande ist in den nächsten zehn bis 20 Jahren nur über die Sonnenenergie möglich.« Zentrale Anschlüsse an ein landesweites Stromnetz sind allen Geberländern zu teuer, von den afrikanischen Regierungen allein sind sie schon überhaupt nicht zu finanzieren. Eine Stichleitung von der Haupttrasse etwa 20 Kilometer durch die Landschaft zu einem Dorf mit 50 Haushalten koste zwei Millionen Mark, rechnet Schäfer vor. Dagegen komme eine »Familienanlage«, wie N'Gor Bass bereits zwei besitzt, umgerechnet auf nur 1200 Mark.

Und auch die verändert das Leben. Jeden Donnerstag, erzählt N'Gor Bass, wenn das nationale Fernsehen vor dem moslemischen Feiertag abends stundenlang eine populäre Koransendung ausstrahlt, versammeln sich bei ihm Nachbarn und Freunde vor dem kleinen Schwarzweißapparat. Freilich: die Zeitschriftenausschnitte mit den Konterfeis beliebter Fußballstars auf der Anrichte in seinem »Wohnzimmer« belegen, daß sich im Hause N'Gor Bass nicht nur geistig erbauliche Sendungen großer Beliebtheit erfreuen.

Ein deutscher Haushalt verbraucht mit durchschnittlich zehn Kilowattstunden 50mal so viel Strom wie ein afrikanischer. Denn einen Eisschrank hat hier kaum einer, und

»Strom als Kochenergie in der Dritten Welt ist viel zu teuer«, sagt Schäfer. Der Aufwand, dafür aus Sonne saubere Energie zu erhalten, steht in keinem Verhältnis zu den Kosten. Zum Kochen bleibt da Holz leider immer noch billiger. Aber auch die kleinen Solaranlagen werden den Bauern im Senegal nicht geschenkt. Sie müssen sie kaufen. »Ab 20 Mark monatlicher Kosten für Diesel, Bhutan-Gas oder Batterien ist die Anschaffung eines Solarpanels als Alternative auch wirtschaftlich«, errechnet Schäfer.

»Nachfrage besteht, doch früher gab es Fünf-Jahres-Kredite, um die Anlagen zu finanzieren«, sagt Leopold Faye, Vertreter einer bäuerlichen Selbsthilfegruppe. »Heute gibt's das nicht mehr. Entweder ist der Kaufpreis gleich bar auf den Tisch zu legen oder in Raten über ein Jahr abzustottern.« Bei Leopold Faye können die Bauern die Anlagen kaufen, er installiert, wartet und repariert notfalls auch. »Die häufigsten Probleme sind kaputte Glühbirnen, Sicherungen und defekte Schalter.« Sein »Laden« liegt an der geteerten Nationalstraße 1 nach Kaolack bei N'Diosmane, acht Kilometer Sandpiste entfernt von Faoye. Bisher hat er schon 200 Systeme installiert. Über ihn und sieben andere »Zwischenhändler« hat die GTZ seit 1989 schon 900 solcher »Familiensysteme« verkauft.

Doch nur wenige auf dem Land können sich so eine Anlage leisten. Fernsehen auf dem Dorf bleibt ein schwer erreichbarer Luxus. In Faoye haben nur ganze 23 Haushalte solche »Familienanlagen« und dadurch nachts vor allem elektrisches Licht. Doch auch N'Gor Bass sagt: »Die sozialen Unterschiede auf dem Dorf sind spürbar: Es gibt Leute, die gerne eine solche Anlage hätten, sie sich aber nicht leisten können.« Privatbanken geben dafür keinen Kredit. Strom für eine Glühbirne ist noch keine produktive Investition, und Senegal, das ehemalige Musterland in der französischen Einflußzone Westafrikas, ist so pleite, daß es nicht einmal ausreichend Kredite für Saatgut der Bauern stützen kann, geschweige denn für Solaranlagen.

In Diaoule, 15 Kilometer abseits der Asphaltstraße, probiert die deutsche Entwicklungshilfe deshalb einen anderen Weg aus. Hier speist ein Solarkraftwerk mit 560 Modulen die zentrale Stromversorgung des Ortes. Eine Million Mark haben Kraftwerk und lokales Netz gekostet; hinzu kommen die laufenden Kosten für Wartung und Verwaltung. Mit 220 Haushalten sind inzwischen 90 Prozent der Bevölkerung an den Strom angeschlossen, neun Haushalte haben sogar einen Kühlschrank. Kein Wunder bei dem hoch subventionierten Strompreis von nur 18 Mark im Jahr. Monhamadou Bamba N'Diaye, Kassier des Dorf-Komitees, rechtfertigt aber den Tarif mit dem sozialen Argument: »So haben möglichst viele Haushalte die Chance, sich anzuschließen.« Auch Samba Diallo, Generalsekretär des Komitees, lobt die Vorteile der Elektrifizierung: Die Einwohnerzahl sei auf 3500 gestiegen, die Jugend könne jetzt Tanzabende veranstalten, und seit auch in Diaoule elektrisches Licht brenne, kämen Verwandte aus Frankreich und Deutschland zurück und bauten sich hier Häuser.

Doch Diaoule ist kein Beispiel, das Schule machen wird, auch wenn die Regierung in Dakar gern mehr solcher prestigeträchtigen zentralen Stromversorgungseinheiten auf dem Land hätte. Der Strom aus dem Solarkraftwerk kostet das zehnfache des verlangten Tarifs. Allein für die Investitionskosten könnten 900 Familiensysteme angeschafft werden. Kein Geber ist mehr bereit, Entwicklungshilfe als Verteilung von guten Gaben und Geschenken mit dauerhaften Folgekosten zu betreiben. Selbst bei der solargetriebenen Wasserpumpe in Diokhar, einem kleinen Weiler, müssen die Familien zumindest 60 bis 90 Pfennig im Monat »Wassergebühren« zahlen, die, auf einem Sparkonto angelegt, die laufenden Kosten der Anlage decken. Die Pumpe aus Deutschland funktioniert seit drei Jahren. Jetzt gibt es eine Viehtränke, Wasserhähne für die Frauen und einen »Wassergalgen« für die Leute, die aus der Umgebung kommen, um ihre Fässer auf den Eselskarren zu füllen. 1300 Menschen und 1200 Tiere im Umkreis von fünf Kilometern haben so Wasser immer verfügbar. Und eine Sprecherin der Frauen sagt zufrieden: »Früher mußten wir den ganzen Tag am Brunnen warten, um Wasser zu schöpfen, jetzt haben wir mehr Zeit für anderes.«

Afrika kennt nur Extreme. Und das Gegenteil zu Trockenheit ist – Überschwemmung.

Sie sind nicht ganz vergessen hier im Dorf Yaqle am Shabelle-Fluß. Kaum hören sie die Motoren der zwei kleinen Alu-Boote der deutschen Diakonie, strömen sie ans Ufer. Das Wasser reicht bis an die zwei Lagen Sandsäcke, die hier bisher das Schlimmste verhindert haben. Das Dorf Yaqle selbst war nicht überschwemmt. Beim Anlegen der Boote aber schwappen die kleinsten Wellen schon über den notdürftig erhöhten Uferrand. »Seit 70 Tagen ist kein Auto mehr hierher durchgekommen«, sagt Xaji Mayow Weheliye, Vorsteher von Yaqle und vier benachbarten Dörfern im Balad-Distrikt Somalias, kaum 100 Kilometer von Mogadischu entfernt. Yaqle ist abgeschnitten von der Außenwelt. Die Ernte ist in Gefahr, der Hunger wächst. Kinder essen die letzten unreifen Bananen. Der Segen des Shabelle-Wassers ist zum Fluch geworden.

Entlang der beiden somalischen Flüsse Juba und Shabelle herrscht im November 1997 seit vier Wochen Notstand. Nach Meldungen der großen Hilfsorganisationen starben bereits mehr als 2000 Menschen. Wieviele ihre Heimstatt verloren haben, läßt sich nur in Hunderttausender-Zahlen schätzen. Großteile der Ernten entlang der Flüsse sind vernichtet. Für Zehntausende Menschen droht der Hunger. Malaria und Cholera nehmen zu. UNICEF meldet aus der

Hafenstadt Kismajo, die Flüsse Juba und Shabelle hätten dort vor ihrem Eintritt in den Ozean weite Landstriche überflutet und sich vereint. Letztmals geschah dies bei der Jahrhundertflut von 1961. Damals kamen in Somalia Zehntausende um.

Wieder einmal spielt das Wetter verrückt. Die Regengüsse, die über ganz Ostafrika herunterprasseln, haben in Somalia, das seit dem Sturz Siad Barres 1991 ohne Zentralregierung ist, entlang der beiden großen Flüsse eine Katastrophe ausgelöst, der niemand Herr zu werden scheint. Juba und Shabelle werden aus Äthiopien gespeist. Die meiste Zeit über gleichen sie halb ausgetrockneten Wadis, die sich durch die braun verbrannte Landschaft schlängeln. Aber auf den feuchten Lehmböden entlang der Flüsse wächst fast alles. Entlang ihren Ufern liegen die »Kornkammern« Somalias, das sonst nur Kamele und Ziegen züchtende Nomaden ernährt.

Aber im Juba- und Shabelle-Tal grünt es immer. Hier gedeihen üppige Pampelmusenfarmen und Bananenhaine, angelegt noch von den italienischen Kolonialherren. Inzwischen sind diese meist im Besitz mächtiger somalischer Geschäftsleute, die am Obstexport verdienen. Vor allem das Shabelle-Tal, das sich – ein Irrwitz der Natur – über fast 300 Kilometer hinter den mächtigen Sanddünen fast parallel zur Ozeanküste entlangzieht, gleicht in der Dürre einem Garten Eden.

Doch der wochenlange Regen hat alles auf den Kopf gestellt: Ganz Somalia grünt. Selbst die sonst so staubigen Dünen entlang des Ozeans sind mit blühenden Sträuchern und sattem Gras bedeckt; Kühe, Ziegen und Kamele fressen sich dort plötzlich so richtig satt. Gleichzeitig aber saufen die Menschen entlang der Flüsse ab. Die, die dort in der Landwirtschaft arbeiten, gehören meist der verachteten Minderheit der Bantus an – der »Neger«. Diese existieren dort weitgehend als rechtlose Farmarbeiter, sind nicht eingegliedert in das komplizierte Clan-System der Nomaden-Gesellschaft. Aber das lebensspendende Wasser ließ über die Jahre auch viele andere Somalen in die Flußnähe ziehen.

Seit gut zwei Wochen schon überschlagen sich die Hilfsagenturen in ihren Anstrengungen, sowohl auf die Katastrophe aufmerksam zu machen, als auch den Menschen dort zu helfen. Zehn Millionen Dollar seien mindestens notwendig, Hubschrauber bräuchte es, Boote, um Leute rausholen zu können. 5,6 Millionen Dollar an Spenden sind bereits eingegangen. Doch Lastwagenkolonnen, wie eine des Roten Kreuzes auf dem Weg nach Jilib, bleiben auf überspülten Lehmstraßen immer wieder stecken. Und auch nach der unmittelbaren Katastrophe werden die betroffenen Menschen vor allem Nahrung und Saatgut brauchen. Denn ihre Vorräte sind vom Wasser vernichtet, Ernten verfault oder weggespült.

Und schon beginnt, wie nach dem Bürgerkrieg 1991 und während des UNOSOM-Friedenseinsatzes bis 1995, das leidige Somalia-Syndrom zu greifen: *Warlords* nutzen die Hilfsbereitschaft aus. Sie beginnen, »Zölle« für Transporte zu verlangen. Bootseigner, so Michele Quintaglie, Sprecherin des Welternährungsprogramms (WFP), kassieren sechs Dollar pro Kopf für eine Rettungsfahrt aufs Trockene. Auch die Sicherheit der Helfer wird immer mehr zum Thema. Und der anarchische Machtkampf geht weiter. In Baidoa, auf das die Wassermassen langsam zukriechen und wohin sich viele geflüchtet haben, wird zwischen einer lokalen Miliz und Kämpfern des »Präsidenten« Hussein Aidid aus Süd-Mogadischu heftig gekämpft.

Ich aber habe es erst einmal bis Bardera geschafft. Dort steht am anderen Ende der Brücke Mahad Abdi, dort, wo eigentlich das rechte Ufer des Juba-Flusses lag. »Hier war einmal ein Dorf«, sagt er und deutet auf das erdbraune Wasser, das sich in tosenden Strudeln verfängt, im Kreis dreht und dann vorbeirauscht mit einer Kraft, die alles mit sich reißt, was sie zu fassen bekommt. »Weggeschwemmt, das ganze Dorf«, sagt Mahad, der junge Somale, der sich das Tuch um den Kopf gebunden hat zum Schutz nicht gegen die Sonne, sondern gegen den schon wieder beginnenden Regen.

Hier, mitten über dem Strom, endet die Brücke, nicht, weil sie 1978 von den Holländern nicht fertig gebaut worden wäre oder jetzt kaputtgegangen ist; nein, der Fluß, der Juba ist ausgebrochen und fließt an dieser Stelle einfach mindestens doppelt so breit, wie sein übliches Bett es vorsieht.

Somalia, das Land am Horn von Afrika, scheint alle Katastrophen an sich zu ziehen: Diktatoren, Bürgerkrieg, Dürre, Hunger, mißlungene UN-Friedenseinsätze, Clankriege, blutige Anarchie – und jetzt den Zorn der Natur. Trauriger Zwischenstand: Mindestens 230 000 Somali haben seit Oktober ihr Zuhause verloren, 21 000 Stück Vieh sind umgekommen, 60 000 Hektar Ernte und Ackerland zerstört, untergegangen, weggeschwemmt, überspült. All das sind nur Zahlen. Die Brücke von Bardera kann man noch anfassen. Doch nur zwei Handbreit unter den Stahlträgern lauert das glucksende Wasser, macht schwindelig mit seinen reißenden Strudeln. Mahad Abdi zeigt mit ausgestreckter Hand auf den Baum, dessen höchste Zweige gerade noch zu sehen sind, und ruft, um das Getöse des Wassers zu übertönen: Dort habe die Hütte gestanden, in der das 12jährige Mädchen wohnte. »Ein Krokodil hat es gefressen.«

Das alles ist schon mehr als vier Wochen her. Die letzte Oktoberwoche war die schlimmste Zeit; darin stimmen alle überein. Die Brücke, über die wir zumindest bis zur Mitte des Stromes schon wieder laufen können, stand fast gänzlich unter Wasser. Angeschwemmte Baumstämme zerschlugen das massive Geländer. Der Fluß kam bis hinein in die Stadt im Nordwesten Somalias. Er überschwemmte den Markt. Noch stehen dort überall die Pfützen, riecht der Moder, wächst der Schwamm. Der Pilz gedeiht, es bröckelt der aufgeweichte Lehm der Hauswände. Und der Regen hört nicht auf. Die Marktleute sind umgezogen, haben ihre Stände entlang der sumpfigen Hauptstraße aufgeschlagen, gleich hinter dem Torbogen der »Revolution« und unter dem Minarett der Moschee. Die Stände stehen wieder, aber es fehlen die Kunden.

Bardera, die Stadt am Fluß, in dessen Auen sonst dank der Bewässerungsanlagen auf fruchtbarem Lehmboden Tabak und Zwiebeln gedeihen, Bardera, an dessen Brücke sich sonst die Überlandstraßen aus der Hauptstadt Mogadischu nach Äthiopien und Kenia gabeln, ist so gut wie abgeschnitten. Nicht nur der zu kurzen Brücke wegen. Alle Pisten – die Straßen sind hier nie viel mehr als glatte Sand- und Staubbahnen –, alle diese Pisten sind Matsche, unpassierbar. Selbst der kurze Weg vom Landeplatz für Flugzeuge zur Stadt ist nur zu Fuß zu bewältigen, weil die Betonplatten, die sie als befahrbare Furchen in die Seitenarme des Flusses gelegt hatten, unter den Wassermassen zusammengebrochen sind, und Lastwagen, die versuchten, sich daneben einen neuen Weg zu bahnen, steckengeblieben sind und die Durchfahrt nun komplett blockieren.

Bardera, die Stadt am Fluß, war einmal Hochburg des alten Aidid. Nach dessen Tod übernahm Sohn Hussein dessen Macht. Inzwischen wird die Stadt von Ali Mahdis Koalition kontrolliert, also der anderen Seite im komplizierten Koalitionswechsel des Bürgerkrieges. Für die Menschen ändert es nicht viel, in welcher Einflußzone sie gerade leben. Nur daß Bardera ruhig ist, verhältnismäßig sicher, das hilft. Aber es reichte nicht, um zu überleben. Gewehre allein machen noch keinen Staat. Gegen Naturkatastrophen sind solche Waffen stumpf.

In Bardera leben rund 30 000 Menschen, in der umliegenden Gedo-Region noch mal 50 000. Wie läßt sich die Katastrophe für sie, die keine Verwaltung in Computern führt, fassen? Reicht da eine Statistik? 556 Kamele, 320 Kühe, 1650 Ziegen, 400 Schafe und 59 Esel haben sie verloren, liest der Veterinär von seinem Zettel. Doch was heißt das für den einzelnen, der kein Kamel mehr besitzt, keine Ziege mehr melken oder verkaufen kann? Davon leben sie hier, geben ihren Kindern Milch, können sich vom Erlös die alltäglichen Dinge auf dem Markt kaufen, die sie nicht selbst herstellen und nicht in der rauhen Natur der somalischen Steppe finden können, die jetzt so grün wie nie zuvor.

Aber es sind die Menschen am Fluß, die verzweifeln, nicht das Somalia der Hirten und Nomaden. Doktor Kassim führt das Krankenhaus von Bardera, ein ruhiger, bedachter und müder Mann in weißem Kittel. »Die Krankenzahlen sind durch die Fluten rapide gestiegen.« Malaria und Durchfall sind es meistens. UNICEF und Rotes Kreuz flogen in den vergangenen Tagen Medizin herein. In zwei Wochen behandelte Doktor Kassim 2200 Menschen damit. »Wir sind auch mit den zwei Booten des WFP rausgefahren.« Die Mehrzahl der Leute brauche nichts besonderes. »Viele verletzen sich schlicht dabei, wenn sie durchs Wasser waten, um ihr Hab und Gut zu retten.« Aber der Arzt hat kein Desinfektionsmittel, keine Binden, kein Pflaster mehr. Das Einfache fehlt, das ganz Selbstverständliche.

Die Natur als Katastrophe: Die Menschen Afrikas sind ihr in weit stärkerem Maße ausgeliefert als wir. Mögen auch alle Umweltschützer jetzt laut aufschreien, gerade unsere Zivilisation zerstöre unsere Natur doch in ganz anderen Dimensionen. Das ist wohl richtig. Ein Amerikaner, so errechnete der *Club of Rome*, verbrauche soviel Strom wie 750 Äthiopier und damit entsprechend mehr Öl oder andere Brennstoffe. Wir kanalisieren Flüsse, zerstören so die Auen und provozieren damit Überschwemmungen. Doch zugleich halten sich die Zahlen der menschlichen Opfer in unseren Breitengraden bei sogenannten Naturkatastrophen in Grenzen. Selbst Hochwasser sind bei uns beherrschbar geworden. Denn wenn die Natur ausbricht, ihre Gewalten in Fluten, Wirbelstürmen oder Schneemassen ausbrechen und durch Europa oder die Vereinigten Staaten wüten, haben wir auch für diesen Fall andere Mittel, uns zu helfen: ob es gilt, schnell Menschenleben zu retten, großflächige Seuchen einzudämmen, oder einmal Zerstörtes wieder aufzubauen.

Und damit kein Zweifel bleibt: Auch Afrikaner verursachen Öko-Katastrophen, auch sie verbrauchen ihre Natur in immer stärkerem Maße, laugen Böden aus, roden Wälder, verschmutzen Wasser, ohne daß es auch nur ansatzweise eine Politik oder ein gesellschaftliches Aufbegehren gäbe, umzusteuern und an morgen zu denken. In Afrika wird in viel lebensbedrohlicherer Weise heute schon klar, daß künftiges Haushalten mit der Natur, sie uns nutzbar zu machen und sie zugleich doch zu erhalten, entscheidend für unser aller Leben werden kann. Ob Sahelzone oder kenianisches Hochland, Ruandas Hügel oder die Steppen Botsuanas: Die wachsende Masse Mensch in Afrika verbraucht immer mehr von ihrer Natur, auch, weil mangelnder technischer Fortschritt den Agrarsektor ineffektiv bleiben läßt. Eine Hacke pflügt schlechter als ein Pflug, Abbrennen der Felder nach der Ernte führt dem Boden keine Nährstoffe zu.

Aber Wasser, Sonne und Luft sind keine gottgegebenen Dinge, um die der Mensch sich nicht weiter zu kümmern braucht. Sie sind Voraussetzung für unser aller Leben. Denn wir Menschen sind Teil der Natur. Doch Afrikas hohle Staaten organisieren keinen Umweltschutz. Das Bäuerlein steht auch bei dieser Menschheitsaufgabe alleine und verlassen da. Und wer heute einen hungrigen Magen hat, dem fällt es schwer, an künftige Generationen zu denken, der will heute leben – und schießt das letzte Wild, verbraucht den letzten Humus, fällt den letzten Baum.

KAPITEL 13

Weißer Mann, was nun?

 Die Bilder gleichen sich auf dem ganzen Kontinent: Ob in Angola, Liberia, Somalia, Ruanda oder im Sudan. Überall sind Menschen auf der Flucht, Frauen, Kinder, Alte, Junge – Menschen, die versuchen, sich vor Bürgerkriegen in Sicherheit zu bringen. Der Krieg zerstört ihre spärlichen Lebensgrundlagen. Also flüchten sie in eilig aufgebaute Camps und bleiben dort, wo sie von internationalen Hilfsorganisationen mit dem Allernotdürftigsten versorgt werden: mit Wasser, Essen, medizinischer Grundversorgung.

Afrika ist der Kontinent der Flüchtlinge, der Erdteil, der die meiste Nothilfe verschlingt. Doch das Fatale daran: Es ist gerade diese Hilfe, die die Kriege nährt und in ihrer Unmenschlichkeit erst möglich macht. Die internationale Solidarität mit den Opfern verpflichtet zu ständigem humanitärem Einsatz. Dieser verschlingt jedes Jahr aberwitzige Milliardenbeträge durch Lufttransporte, Schiffsladungen voller Hilfsgüter, die über die Ozeane kommen, Lastwagenflotten, die den Kontinent durchqueren. Ganze Bürokratien der Hilfe sind entstanden, von den Helfern vor Ort wird jedesmal fast unmenschliches Engagement gefordert. Die Welt läßt sich immer aufs Neue aufrütteln durch die Bilder sterbender Kinder und ausgemergelter Menschengestalten. Für die Schuldigen, die Kriegstreiber aber ist dies mitleidvolle

Aufbegehren und Helfen von außen längst fester Bestandteil ihres Kalküls geworden. Da andere die Verantwortung für die Menschlichkeit übernehmen, können sie sich auf ihren Machtkampf konzentrieren.

Wie anders wäre es denn möglich, daß im Sudan, je nach Jahreszeit, die Regierungssoldaten in den Süden vorstoßen oder die Rebellen wieder Gelände gut machen, die unterschiedlichen Rebellengruppen ständig gegeneinander kämpfen – und dennoch immer noch Menschen dort leben? Seit fast zehn Jahren wird jeden Tag Hilfe eingeflogen. Auf dem Rückweg nehmen die Maschinen von *Operation Lifeline Sudan* (OLS) Verletzte mit zu dem eigens eingerichteten Rot-Kreuz-Krankenhaus im kenianischen Lokichokio. Dort werden sie operiert, geheilt, mit Prothesen versorgt und dann zurückgeflogen. Eine wahrlich schizophrene Hilfe.

Wie anders könnten im Bürgerkriegsland Angola noch Menschen überleben? Seit Jahrzehnten wird Nothilfe in die ehemalige portugiesische Kolonie geschafft. An sich schon ein Widerspruch, denn Nothilfe soll doch kurz und schnell das Schlimmste verhindern. Aber nicht anders ist es in Liberia oder Somalia. General Aidid und sein Rivale Ali Mahdi mußten sich in Somalia nicht um die Hungernden kümmern, sie konnten sich auf den Krieg gegeneinander konzentrieren. Und in Ruanda? Die Flüchtlingswelle im Juli 1994, das waren vor allem Soldaten der geschlagenen Diktatur und Milizionäre samt ihren Familien. Die internationale Nothilfe versorgte sie in schnell errichteten Camps, die unter der Kontrolle der Machthaber der gestürzten Hutu-Diktatur standen – internationale Nothilfe baute so die Infrastruktur zur Fortsetzung des Ethno-Krieges von Hutu gegen Tutsi jenseits der Grenze.

Angesichts dieser Fakten kann nur der Afro-Pessimismus siegen. Wir wollen helfen, fördern aber durch unsere zum Großteil gutgemeinte Hilfe nur den Untergang eines Kontinents. Denn was für die Nothilfe bei Katastrophen und Bürgerkriegen im speziellen gilt, hat auch generell Gültigkeit für die Entwicklungshilfe. Was haben die Milliarden verändert, die seit 40 Jahren in den Kontinent fließen? Abgesehen von Staudämmen, Flughäfen, anderen Prestigeobjekten, die im Kalten Krieg genehme Diktatoren je nach Lager erhielten, abgesehen vom Eigeninteresse, durch die Hilfe der eigenen Wirtschaft Aufträge zuzuschanzen (worin die Deutschen übrigens am schlechtesten sind): bekämpft werden soll die Armut, Unterernährung, Beschäftigungslosigkeit, die medizinische Unterversorgung, das Analphabetentum. Aber wäre Entwicklungshilfe ihren Zielen in den vergangenen Jahrzehnten auch nur ein bißchen nähergekommen, sie hätte sich längst überflüssig machen müssen.

Doch das Gegenteil ist der Fall: Afrika, der Kontinent der Not, verarmt weiter und weiter. Immer mehr Menschen leiden Armut, immer weniger finden Arbeit, die Infrastruktur an Straßen, Strom, Wasser, Schulen, Krankenhäusern verfällt, der Anteil der Wirtschaft am Weltmarkt sinkt. Immer mehr Staaten zerfallen. Die Hilfe von außen verhindert allenfalls die sofortige Implosion. Sie greift vor allem dort ein, wo der Kessel zu explodieren droht. Doch so wird nur der Druck von den eigenen Eliten genommen, die Dinge endlich selbst zu ändern. »Die schwarzen Eliten und die weißen Helfer« seien seit der Unabhängigkeit am erbärmlichen Zustand der Länder ihres Kontinents schuld, sagt Axelle Kabou, eine Intellektuelle aus Kamerun. Ein gefährlich richtiger Satz.

»Der Scherbenhaufen in Afrika ist eine Konsequenz der massiven technischen Hilfe der vergangenen 30 Jahre«, meint Anyang Nyong'o, Professor und Oppositionspolitiker in Kenia. Sein Argument: Die technische Hilfe, also Geräte von der Wasserpumpe bis hin zum Computer sowie die »Beratung« durch ausländische Fachleute, habe keinen Technologietransfer ausgelöst. Statt dessen erschwere der ein-

seitige »Austausch« die Nutzung vorhandener Kapazitäten.
Kurz: Entwicklungshilfe behindert Eigenentwicklung.

Zudem, so sagt Anyang Nyong'o, führe dieser – für die
Länder der Dritten Welt enorme – Ressourcentransfer zur
Korrumpierung der Bürokratien sowohl bei den Empfängern
als auch bei den Helfern. Anders und deutlicher formuliert:
In den »Flaschenhälsen«, durch die der gut gemeinte Ausgleich zwischen reichem Norden und armen Süden fließt,
bleiben die Filetstückchen der Hilfe meist hängen, sei es illegal durch Korruption oder »legal« in Form von Verwaltungs-
und Personalkosten. Am Ende der Hilfs-Pipeline tropft es nur
noch müde.

Alex de Waal, Mitbegründer der Menschenrechtsorganisation *African Rights*, wird an einem Beispiel sehr konkret:
Somalia. »Entwicklung« sei dort ein Hauptschuldiger am
Untergang gewesen. Obwohl Präsident Siad Barre der
schlimmste Übeltäter gewesen sei, wurde sein »nationales
Zerstörungsprogramm großzügig durch internationale Hilfe
finanziert. Überall kam es durch Hilfe zu Konflikten.« Damit regierungstreue Clans Land in Besitz nehmen konnten,
bohrten Ausländer Brunnen, Flüchtlingscamps wurden zur
Ansiedlung der »richtigen« Leute in regierungsfeindlichen
Gegenden über Jahre hin versorgt, die Regierung jedes Jahr
mit rund 250 Millionen Dollar überhäuft. Nur so konnte
sich das autoritär-paternalistische System so lange halten.

Somalia war ein völliger Scherbenhaufen, als Siad Barre
1991 gestürzt wurde. Daran konnte auch der Wahnsinnsauf-
wand der UN-Intervention nichts ändern. *Straße zur Hölle*
betitelte der Amerikaner Michael Marren, selbst früher
»Entwicklungshelfer« in Somalia, sein Buch. Auch seine
Grundthese: Somalia ging an Hilfe von außen zugrunde.

Und diese Rechnung läßt sich übertragen: Mobutu wäre im
Zaire nicht so lange oben geblieben, Daniel arap Moi hätte in
Kenia nichts mehr zu lachen, Robert Mugabe wäre in Sim-

babwe längst gestürzt, aber auch »gute Diktatoren« wie
Yoweri Museveni in Uganda oder Jerry Rawlings in Ghana
wären erfolglos geblieben, wäre da nicht die Hilfe von außen.
Denn egal, ob diese gutgemeint oder als politische »Beloh-
nung« vergeben wird: Das »Gift der guten Gaben« ermög-
licht vor allem den Mächtigen, an der Macht zu bleiben. Hilfe
stabilisiert Herrschaft und damit meist den Status quo. So
bewirkt sie unterm Strich beinahe das Gegenteil von dem,
was sie beabsichtigt: Entwicklung. Daran hat weder das Ende
des Ost-West-Konfliktes noch die Konditionierung der Hilfe
etwas geändert, die bisher ohnehin noch nirgends konsequent
umgesetzt wurde.

Sollen wir die Hilfe dann nicht besser einfach ganz einstellen und einen großen Zaun um Afrika bauen? »Weniger wäre
mehr gewesen«, resümiert Karl-Heinz Böhm seine Erfahrung
aus mehr als einem Jahrzehnt bewundernswerter privater
Initiative in Äthiopien mit seinem Projekt »Menschen für
Menschen«. Zu viel Hilfe tötet eigenes Engagement und
lähmt eigene Kräfte. Ohne Unterstützung von außen aber
haben beide keine Chance. Zugleich kann sich niemand aus
der politischen Verantwortung stehlen, die seine Hilfe, auch
die humanitären Gaben, in der Konsequenz verursacht.
Mobutu mißachtete die Menschenrechte, der Westen unterstützte ihn dennoch jahrzehntelang – wir haben uns mitschuldig gemacht.

Einmal ganz ketzerisch gefragt: Was wäre eigentlich aus
Europa geworden, wenn im Mittelalter das chinesische Kai-
sertum ihm das Geld und die Mittel gegeben hätte, mit den
alten Problemen weiterzuleben? Ein gefährlicher Gedanke,
denn: Wenn das Ende der Hilfe von außen wirklich den Umbruch in Afrikas Gesellschaften befördern würde, so müßten
Hunderttausende, wenn nicht Millionen unweigerlich noch
mehr Elend leiden oder ihr Leben lassen. Also werden wir
weiter helfen und weiter helfen müssen, damit das Kind, die

Frau, der Mann, der einzelne Mensch eine Chance hat zu überleben und hoffentlich vor Krieg, Krankheit und Hunger gerettet wird.

Aber braucht es zu dieser Hilfe heutzutage wirklich noch die fremden Helfer? Es gibt sie überall in Afrika, die »Weißen« aus Europa oder Amerika. Bei aller Hochachtung vor ihnen, die unter harten, zum Teil extremen Bedingungen ihrem Job nachgehen: Nach 30 Jahren Ausbildung von Eliten in den Ländern des Südens gibt es dort längst genügend Fachleute für technische Verbesserungen. Was weiterhin fehlt, ist meist das Geld für solche Projekte. Den weißen Experten aber braucht es nur noch in den seltensten Fällen. Der weiße Entwicklungshelfer ist ein Auslaufmodell.

Gegen den Helfer von außen wird immer schon argumentiert, er verkenne allzu leicht die soziokulturellen Verhältnisse seines Gastlandes. Oft trete er als Macher und Zwangsimporteur westlicher Ideale auf. So verhindere er häufig eine Entwicklung aus den Gegebenheiten des jeweiligen Landes heraus. Diese Art von weißem »Entwicklungsengel« sei nur die Personifizierung der »Neo-Kolonisation« Afrikas über die Hilfeschiene, er symbolisiere nur den Hochmut, wir wüßten es sowieso besser als die eigenen Fachleute.

Dem halten Institutionen wie die deutsche Gesellschaft für Technische Zusammenarbeit (GTZ) entgegen, bei ihnen gelte seit langem schon das Prinzip der Partizipation der Betroffenen. Experten seien nur noch Moderatoren der Selbsthilfe. Diese werde mit einem meist einheimischen Team umgesetzt. Muß aber wirklich wenigstens der Projektleiter Ausländer sein, wenn es darum geht, die Agrarproduktion zu steigern, die medizinische Versorgung zu verbessern, Schulen zu bauen, Brunnen zu graben, Slums aufzuwerten?

Hilfe bedeutet immer Einflußnahme. Bei Entwicklungshilfe geht es in erster Linie um die Überwindung von Armut. Dies hat immer etwas mit der Beseitigung von Diskriminirung und Unterprivilegisierung zu tun. Nur wenn politische Rahmenbedingungen verändert und die Besitzstände der privilegierten Schichten angegangen werden, können Entwicklungsprojekte dauerhaft Erfolg haben. Also geht es um Politik: um Menschenrechte, Demokratisierung, marktwirtschaftliche Orientierung, überprüfbares Regieren, um Bekämpfung der Korruption.

Kann dies alles ein ausländischer Experte besser umsetzen als ein lokaler Fachmann? Ja, sagen die einen, da der Ausländer unabhängig von der Regierung des Gastlandes handeln kann. Also bringt er bessere Voraussetzungen mit, sich einzumischen. Doch was soll ein Agrarexperte gegen entwicklungshemmende Landbesitzverhältnisse unternehmen? Sind GTZ-Experten nicht darauf angewiesen, sich eben gerade nicht in die Politik des Gastlandes einzumischen – das sich dies auch ausdrücklich verbietet. Die »weißen Experten« sollen ihr Fachwissen vermitteln und genügend Geld für das Projekt mitbringen – Schluß. Kein Schritt weiter, kein Wort mehr.

Genau hier beißt sich die Katze in den Schwanz: Was »weiße Helfer« besser machen *könnten,* dürfen sie nicht. Technisches Expertentum aber gibt es inzwischen zur Genüge in der Dritten Welt selbst. Also braucht es den traditionellen Entwicklungshelfer schlicht nicht mehr. Dessen Rolle kann ein einheimischer Spezialist bestens übernehmen. Damit würden wir zudem unseren »Partnerländern« helfen, Strukturen mit einheimischem qualifizierten Personal aufzubauen – und Fachleuten der Dritten Welt, deren Ausbildung wir seit Jahrzehnten fördern, auch Beschäftigungsmöglichkeiten in ihren eigenen Ländern verschaffen.

Es hat sich in den vergangenen Jahren viel getan, verändert, weiterentwickelt, auch bei den Entwicklungshelfern. So gibt es in Marsabit im Norden Kenias seit einigen Jahren den ersten schwarzen, nicht-deutschen Projektleiter der

GTZ. Marsabit ist etwas ganz Besonderes, es ist eine grüne Bergoase inmitten einer Wüstenlandschaft. Der dicht bewaldete Bergrücken überragt noch aus der Ferne die staubige Ebene mit unzähligen erloschenen Vulkankratern, um die herum selbst die stacheligen Akazien hart um ihr Überleben ringen müssen. »Ich sitze gern hier und schaue zurück«, sagt Francis Chabari, als wir uns nach kurzer Rast wieder ins Auto quälen. Noch eine Kurve auf der Staubpiste über die nächste Bergbarriere bei Ilaut und die karge, aber spektakuläre Schönheit dieser unwirtlichen Gegend versinkt hinter dem Horizont.

Francis Chabari, der Kenianer, hat immer in trockenen Gegenden gearbeitet. Der Sohn eines Kaffeepflanzers aus Meru im satten Hochland des Mount Kenya ist ein kleiner, ruhiger Mann um die 50 Jahre, von der Ausbildung her Agrarökonom. Er ist Teamleader der GTZ für das *Marsabit Development Programm* (MDP). »Ich bin wahrscheinlich der Mitarbeiter, der am längsten im Projekt ist«, scherzt er, als ich ihn zum erstenmal treffe. Das ist auf der kurzen Landepiste in Marsabit, dem Ort auf dem Berg.

Pilot Nigel von der *Missionary Aviation Fellowship* (MAF) läßt die kleine Cessna durch die immerwährenden Böen zwischen den Gipfeln hindurchspringen und landet hart, aber sicher. Das »Mittwochsflugzeug« nennen sie die Maschine hier. Es ist der einzige »Linienflug« nach Marsabit. Nach kurzer Begrüßung fahren wir gleich aufs Gelände der GTZ: nützliche Flachbauten, dafür aber schön gelegen am Rande des geschützten, dichten Waldes etwas außerhalb der »Stadt«. Vorige Woche, meint Chabari dann in einem Nebensatz, habe ein Leopard sein Schaf und ein Zicklein hier zwischen den Häusern getötet. Marsabit ist unmittelbar.

Doch Francis Chabari ist gern hier. Das Marsabit-Projekt ist ein typisches »integriertes Programm« der GTZ. Eigentlich sollte es vor allem um die Verbesserung der Viehzucht in den trocken-heißen Tiefebenen des Distriktes gehen. Doch bald wurde deutlich, daß nicht nur die Versorgung der Kamele, Rinder oder Ziegen im Argen lag. Über seinem Schreibtisch hat Francis Chabari eine kleine Computergraphik mit der Prioritätenliste aus einer Umfrage hängen. »33 000 Haushalte haben wir befragt, in 37 Siedlungen«, erklärt Chabari. Das sind mehr als 200 000 Menschen. Und mit unerreichbarem Abstand führt ein Punkt diese Wunschliste klar an: »Wasser«. Erst weit abgeschlagen folgt »Ausbildung und Schule«. Und die Nutztiere, für die die GTZ ursprünglich kommen wollte, rangieren erst an vierter Stelle. Auch die Menschen brauchen dringend Wasser, Basis-Gesundheitsdienste oder Schulen, Anleitung und Hilfe beim Management des Grund und Bodens, Beratung beim landwirtschaftlichen Anbau oder dem Erhalt der natürlichen Ressourcen, sie suchen alternative Einnahmemöglichkeiten und die Frauen Anreize und Unterstützung, um ihre Rolle selbständiger auszufüllen.

Marsabit ist ein kaum erschlossener Verwaltungsdistrikt in Kenia weitab von der Hauptstadt Nairobi an der vergessenen Grenze zu Äthiopien. Von Regierung, öffentlicher Verwaltung, gar staatlichen Dienstleistungen ist hier kaum etwas zu finden. Hier kann man keine Einzelheiten verbessern, sondern nur versuchen, integrativ alles zumindest zu stabilisieren, wenn möglich die Lebenschancen insgesamt ein wenig zu verbessern. Also mußten »die eigenen Erwartungen den Realitäten angepaßt werden«, wie Chabari sagt. Das Projektziel wurde umgeschrieben.

Kaum einer kennt diese Vorgeschichte des Projektes so gut und inwendig wie er. Denn bereits in der Planungsphase Ende der 80er Jahre wurde er als Berater hinzugezogen. Er organisierte die Workshops mit, auf denen die bis heute gültige Idee immer mehr Gestalt annahm; 1991 wurde er schließlich selbst GTZ-Mitarbeiter in Marsabit, als Agrarökonom zuständig für den Viehbestand, und zugleich stellvertretender Teamchef. Da der erste Leiter Marsabit nach drei Monaten bereits wieder verließ, verwaltete der Kenianer damals bereits für ein halbes Jahr das Projekt. Bis im Februar 1992 der Deutsche Florian Menzel kam. »Der baute das Team wirklich auf, jetzt ging's richtig los«, erinnert sich Francis Chabari mit Wehmut an den ehemaligen Chef und Freund.

Florian Menzel war es, der bei der Einweihung der schließlich erstellten GTZ-Gebäude und in Anwesenheit eines kenianischen Staatssekretärs schon im Dezember 1992 ohne Vorankündigung alle überraschte und bekanntgab: »Ich bleibe noch ein paar Jahre, aber dann wird Francis übernehmen.« Chabari erinnert sich an jedes Wort, erzählt äußerlich ruhig, aber doch mit spürbarer Aufregung über seinen GTZ-Werdegang. Seit März 1996 ist der Kenianer nun für das deutsche Marsabit-Projekt allein verantwortlich. Inzwischen ist er der Chef der rund 30 Mitarbeiter, ist er Ansprechperson der Partner und Bittsteller, ist er alleiniger Prügelknabe, zeichnet für ein Budget von rund einer Million Mark im Jahr. Doch prahlt er nicht damit, im Gegenteil: diese Details muß man ihm aus der Nase ziehen. Francis Chabari ist ruhig, höflich, aber doch bestimmt, nie unüberlegt, eher zögerlich, und doch durchsetzungsfähig, wenn er von einer Sache überzeugt ist.

Bei Besprechungen mit seinen Projekt-Mitarbeitern im Seminarraum nimmt er natürlich den Platz am Kopf des Tisches ein; er ist der Chef, auch wenn er doch nur der erste unter gleichen ist. Denn immer noch ist er zuständig für den Bereich Viehzucht. Das hat er sich nicht nehmen lassen. Schließlich studierte er in Kenia und in den USA Agrarökonomie mit der Spezialisierung *livestock economist*. Acht Jahre lang arbeitete er nach dem akademischen Abschluß für die kenianische Regierung, in Wajir, Isiolo, Samburu und Turkana, den ebenso trockenen Nachbarbezirken Marsabits. Dann war er für zwölf Jahre in die Forschung abgewandert, an das *International Livestock Research Institute* in Nairobi. Bevor er endgültig zur GTZ überwechselte, war er ziemlich erfolgreich als freier Berater tätig.

Nun sitzt er das achte Jahr in Marsabit. »Viele erwarteten nach Menzels Abgang Veränderungen, aber warum etwas ändern: Die Ideen waren gut«, denkt er laut über seinen eigenen Führungsstil nach und spricht des öfteren von »uns Entwicklungs-Agenten«, wenn er die deutsche GTZ meint. Bis er schließlich, direkt gefragt, ob er nun als kenianischer Leiter eines deutsch finanzierten Projektes nicht hin- und hergerissen sei zwischen zwei Seelen, fast erstaunt antwortet: »Ich bin Kenianer, aber ich stehe hinter der Institution GTZ und ihrer Politik.«

Und doch ist es etwas anderes, als Kenianer in Kenia eine solch mächtige, weil für die lokalen Verhältnisse in Marsabit über enorme Geldmittel verfügende Stellung auszufüllen. Ob er Druck spüre, weil er Kenianer sei? Ja, sagt er zögerlich, es sei schon mehr geworden. Denn früher habe er »vieles ableiten« können auf Menzel. Doch immerhin habe er den großen Vorteil, nicht aus dem Projektgebiet selbst zu stammen. In diesem Sinne ist er auch Fremder. »Ich schulde hier niemandem etwas«, sagt er spitzfindig. Das ist anders für die meisten seiner Mitarbeiter, die aus Marsabit stammen und damit familiär, ethnisch, über Clans und Sub-Clans selbst eingebunden sind in die Gesellschaft, die sie von außen zu verändern, zu modernisieren helfen sollen und wollen. Von solchen »Gefälligkeiten«, in Kenia eine Selbstverständlichkeit, wenn nicht sogar eine Lebensnotwendigkeit, fühlt sich Francis Chabari völlig frei. Und die lokalen Politiker, sagt er, akzeptierten das Programm und »unsere« Politik, also die der deutschen GTZ. »Wir arbeiten transparent, das verhindert Druck, denn jeder kann alles nachvollziehen.«

Und doch gibt es andere, kleine Hürden, über die Chabari täglich hüpfen muß. Zwar schickte die GTZ ihn im Sommer

1994 nicht nur auf ein Projektmanager-Seminar, sondern auch auf einen Deutschkurs. Während der Zeit in Deutschland büffelte Chabari auch jeden Tag für eine halbe Stunde die neue, schwere Sprache. Doch hier in Marsabit hat er inzwischen, wie er niedergeschlagen einräumt, das meiste vergessen, »auch wenn ich Briefe zumindest dem Inhalt nach verstehen kann.« Aber es gibt niemanden, mit dem er in Marsabit deutsch üben könnte. Doch drei Viertel des GTZ-Archivs im Büro sind deutsch – und auch »der *Code of Regulations,* oder wie das auf deutsch heißt«, sagt er leicht verzweifelt. Aber gottlob könne er Briefwechsel selbst mit der Zentrale auf englisch abfassen. Wo es dennoch Sprachprobleme gebe, bei Formularen zum Beispiel, da helfe ihm das Regionalbüro der GTZ in Nairobi. »Wir haben hier ja Telefon und Fax.«

Francis Chabari, der Kenianer, mag der Entwicklungs-Helfer der neuen Generation sein. Er kommt selbst aus dem Land, in dem und für das er arbeitet; seine fachlichen Qualifikationen unterscheiden sich durch nichts von denen studierter »weißer« Gesichter. Auch er, der Meru, ist stolz, daß unter den drei Fahrern des Projektes immerhin zwei Frauen sind. »Da schauen die Leute oft«, meint er bedeutungsvoll. Gleichzeitig freilich hat auch er noch nicht so weit den Sprung aus der Tradition geschafft, daß er für sich oder gar einen Gast selbst kochen würde. »Bei den Merus darf ein Mann halt nicht in die Küche …, aber ich setzte mich schon mal dazu, wenn meine Frau und meine Töchter das Essen zubereiten«, sagt er und zuckt ein wenig mit den Achseln.

Doch dann ist auch er froh, daß wir raus wollten aus dem Büro, runter vom Berg von Marsabit zu den Menschen in die *low lands,* den Gabra, Boran und Rendille-Nomaden mit ihren Kamelen und Ziegen, um die es ja in dem Projekt eigentlich geht. Unterhalb des Berges Bayo bei der *Manyatta* des stolzen Lengima erlebe ich dann einen anderen Francis Chabari, der mit den Rendille-Hirten die Behandlung eines Kamelkalbs nach einem schlimmen Hyänenbiß diskutiert, selbst Hand anlegt, als sie, wie in einem der Kurse in Korr gelernt, einen alten Ziegenbock kastrieren, oder auch als die Frauen als *contact heerders,* als »Semi-Veterinäre« ihre Ziegen impfen. Es sei schön, rauszukommen, meint Francis Chabari wieder im Auto. Als Teamchef habe er dazu leider noch weniger Zeit als früher.

Chabari ist nur ein konkretes Beispiel dafür, wie sich die Jobbeschreibung »Entwicklungshelfer« bereits geändert hat. Außer dem gezielten politischen Willen sind für diese Wandlung freilich noch ganz andere Gründe ausschlaggebend: Vor allem sind immer weniger weiße Spezialisten bereit, für längere Zeit in entlegene oder gar gefährliche Gegenden Afrikas zu gehen. Da greifen die GTZ und in noch stärkerem Maße die UN-Organisationen dann gerne auf die zudem billigeren und willigeren Ortskräfte zurück. Und wie mir bei Chabari mehr als deutlich wurde: Ein Qualitätsverlust ist dies wahrlich nicht. Es schafft vielmehr Entwicklung im doppelten Sinne: Projekte können von technischen Spezialisten weitergeführt werden, und zugleich werden Verdienstmöglichkeiten für qualifiziertes Personal aus der Region geschaffen. Denn allzu schnell wandern die besonders gut ausgebildeten Praktiker und Akademiker der Dritten Welt sonst in Richtung gut bezahlten Westen aus. Wer kann ihnen das auch verdenken. Ein niedergelassener Arzt verdient in Kenias Provinz weniger, als ein Asylbewerber in Deutschland an Unterstützung erhält. Da ist es allemal besser, den Kenianer mit seiner Kompetenz in einem deutschen Projekt in seinem Heimatland zu halten – statt ihn, wegen Arbeitsverbots untätig, in Deutschland bis zur Asylentscheidung jahrelang durchzufüttern.

Asyl ist neben der Entwicklungshilfe – gerade in Deutschland – ein weiteres Reizthema in unserem Verhältnis zur Dritten Welt, und besonders auch zu Afrika. Mir fällt auch nach langem Nachdenken kein einziger afrikanischer Staat ein, aus dem ein Verwaltungsgericht in Deutschland pauschal keine Antragsteller prüfen müßte, weil in diesem Staat Rechtsstaatlichkeit herrschen und jeder politisch Andersdenkende nicht nur verfassungsmäßige Meinungsfreiheit genießen würde, sondern diese auch vor unparteiischen Gerichten einklagen und sich etwa vor Übergriffen der Sicherheitsorgane sicher fühlen könnte. Und dennoch können wir nicht alle asylsuchenden Afrikaner bei uns in Deutschland aufnehmen, um die wenigen wirklich Verfolgten zu schützen.

Aber ein konkretes Beispiel aus Nigeria, noch zu Zeiten der Militärdiktatur, verdeutlicht besser als alle Theorie, daß es so einfach nicht ist mit den Afrikanern in Europa. Die Geschichte von Mister O., so wie er sie selbst erzählt, läßt sich recht kurz zusammenfassen. Anfang 1992, sagt der heute 40jährige Nigerianer, sei er zum Vorsitzenden einer »eigenständigen« lokalen Regierung in seiner Heimatregion Akaetinam gewählt worden. In Zusammenhang damit kam es am 5. August desselben Jahres in Uyo zu politischen Unruhen. Dabei kamen mehrere Regierungssoldaten ums Leben. Mister O. wurde festgenommen und kam ins Gefängnis von Calabar. Doch im Dezember gelang ihm die Flucht aus dem Gefängnis und aus Nigeria, und er schaffte es bis Deutschland. Hier beantragte Mister O. politisches Asyl.

Ein Fall von Zigtausenden Afrikanern, die Jahr für Jahr nach Europa und in die Bundesrepublik kommen, um, wie sie sagen, der Bedrohung von Leib und Leben und der politischen Verfolgung zu entkommen. Daß Mister O. Nigerianer ist, macht seinen Fall nachträglich zu etwas Besonderem: Seit Vollstreckung der mehr als fragwürdigen Todesurteile gegen die neun Minderheitenführer des Ogoni-Volkes im ölreichen

Niger-Delta, darunter Ken Saro-Wiwa, den Schriftsteller, ist Nigeria mit seiner Militärjunta unter General Sani Abacha plötzlich zum internationalen Paria avanciert. Nach den Hinrichtungen von Port Harcourt gilt für Asylbegehrende aus Nigeria erst einmal ein Abschiebestop.

Aber davor war Nigeria wie die meisten afrikanischen Länder als kaum akzeptables »Herkunftsland« eingestuft worden. Afrikaner gelten vor allem als »Wirtschaftsflüchtlinge«, als Menschen, die »nur« schwierigen ökonomischen Lebensverhältnissen entrinnen wollen. Und gerade Nigerianer wurden ziemlich pauschal als Schwindler und Asylerschleicher verdächtigt, als potentielle Rauschgiftboten oder Dealer, die nur aus Gewinnsucht in den »goldenen« Westen wollten.

So erging es auch Mister O., als es zur Anhörung und Verhandlung in Deutschland kam. Alles, was er vorbrachte, stufte die deutsche Justiz als ziemlich unglaubwürdig ein, sowohl die Existenz von Unruhen in Uyo, vor allem aber, daß er durch Bestechung aus dem Gefängnis von Calabar frei gekommen sei. Aber auch die Schilderung seines Irrweges bis nach Deutschland konnte nicht überzeugen. Also lehnte das Verwaltungsgericht Köln den Asylantrag von Mister O. ab. Genauso erging es seinem Asylfolgeantrag, bei dem er noch ein Schreiben eines Anwaltes aus Nigeria vorlegte, gegen ihn bestehe in seinem Heimatland ein Haftbefehl. Es nützte nichts. Die deutschen Richter befanden, das Schreiben dieses Anwalts, voller formaler Mängel, sei nur ein Gefälligkeitsgutachten. Also wurde Mister O. nach Beschluß des Amtsgerichtes Siegburg in Abschiebehaft genommen und am 27. Oktober 1995 nach Lagos zurückgeschickt. Der Fall war entschieden. Wieder war einer der Zigtausende Asylanträge erledigt und konnte zu den Akten gelegt werden. Die nächsten warteten schon.

Szenenwechsel zur Deutschen Botschaft in Lagos in Eleke

Crescent auf Victoria Island: ein langweiliger, rechteckiger Betonbau mit mehreren Stockwerken und großen Antennen auf dem Flachdach. Das Grundstück mit Tennisplatz und einigen Palmen ist von einem hohen Sicherheitszaun umgeben. Das Wachhäuschen am Tor kann man von der Straße aus schon in den frühen Morgenstunden vor Menschen kaum mehr sehen. Jeden Werktag braut sich diese Traube zusammen. Schon am Tor soll, so gut es geht, die Spreu vom Weizen getrennt werden. Lokal angestellte Sicherheitskräfte treffen die erste Auswahl. Nur wer ein ernstzunehmendes Anliegen und die richtigen Papiere hat, darf hinein. Ein machtvoller Posten, ein heilloses Geschiebe und Gedränge. Bei den Holländern drüben, erzählt ein westlicher Diplomat, hätten sie alle Angestellten am Tor entlassen müssen. Dort hatten sie Visumsformulare nicht mehr frei ausgegeben, sondern nur noch verkauft. Ein attraktives Nebengeschäft bei knapp 100 Mark Monatsverdienst.

Vor dem deutschen Tor herrscht Tag für Tag »Belagerungszustand«, und meist geht es denn auch um den Stempel im Paß, der die Tür nach Europa öffnet. »Nicht mehr tragbar«, stöhnt der Vertreter einer deutschen politischen Stiftung. Er war gerade ziemlich verärgert, hatte er doch erst kürzlich seinen Fahrer, einen Nigerianer, geschickt, seinen neuen Paß abzuholen. »Der Mann hatte keine Chance reinzukommen.« Schließlich mußte der Deutsche selbst zur Botschaft, beim chaotischen Verkehr in Lagos ein Unternehmen, das mindestens den Vormittag kostet. Aber weiße Haut wirkt Wunder, um überhaupt erst einmal durchs Tor reinzukommen. »Für unsere nigerianischen Geschäftsfreunde ist das nicht mehr zumutbar«, schimpft ein deutscher Unternehmer über das Gedrängel. Dennoch: Nigerianer müssen persönlich ihr Visum beantragen und abholen. Dafür hat die Konsular- und Rechtsabteilung im Erdgeschoß einen Extra-Schalter eingerichtet.

»Ohne Visum nimmt dich kaum eine europäische Airline mehr mit, und in Frankfurt kommst du erst gar nicht aus dem Flugzeug«, sagt mir ein junger Mann vor dem Tor. Er kennt sich aus. »Flüchtlinge?« fragt drinnen ein Beamter der Botschaft rhetorisch zurück. »Nein, die wirklichen Oppositionellen wollen doch wenn, dann meist nach England. Schon der Sprache wegen, und da läuft doch auch die Innenpolitik, sendet der Weltdienst der BBC täglich wieder hierher zurück. Dort kann man was bewegen. Nach Deutschland dagegen wollen doch nur die Wirtschaftsflüchtlinge.«

Im zweiten Stock der Botschaft in Lagos sitzt der höhere Dienst, sind die »Politischen« untergebracht, die mit dem Tagesgeschäft der Konsularabteilung nichts zu tun haben. So harsch und unmenschlich diese Einschätzung von dort oben auch klingen mag, so richtig scheint sie dennoch zu sein. Da ist zum Beispiel der sehr engagierte Journalist des *Guardian* – einer erstaunlich mutigen Tageszeitung in Lagos, die von General Abacha deshalb vorübergehend geschlossen wurde und erst nach einem öffentlichen Kniefall der Redaktionsleitung wieder erscheinen durfte. Der Reporter, den ich fragte, ob er manchmal daran dächte, sich ins Ausland abzusetzen, meint nur: »Natürlich! Ich lege ständig Spuren und sammle alle Unterlagen, um meine Verfolgung für diesen Fall belegen zu können. Notfalls mache ich dann eben von London aus weiter.«

Oder Owens Wiwa, der Bruder des hingerichteten Ken Saro-Wiwa: Als er noch in seinem Versteck irgendwo in Lagos saß, mußten er, seine politisch ebenso aktive Frau sowie der kleine Sohn spüren, wie schwer es geworden ist, in dieser Notsituation als wirklich Verfolgte überhaupt mit westlichen Botschaften in Kontakt zu treten, um ordentliche Einreisepapiere für Europa zu erhalten. Echte Flüchtlinge haben kaum die Zeit und schon gar nicht die Möglichkeit, es jeden Tag wieder vor einem der Botschaftstore zu versuchen. Also ist Owens Wiwa schließlich mit falschen Papieren und über den Landweg zunächst nach Benin, dann Ghana gewechselt, bis ihm jetzt endlich die Flucht nach England glückte.

Falsche Papiere zu bekommen, ist in Nigeria schlicht eine Frage des Geldes. Kollege Wallace vom amerikanischen Fernsehsender NBC etwa kaufte sich selbst in Lagos einen nigerianischen Paß für 200 Dollar, keine Fälschung, sondern einen echten Paß mit Stempeln und Siegeln. »Die Papiere sind meist ›echt‹, und auch bei Amtshilfeersuchen, etwa der Überprüfung von Geburtsurkunden, können wir nie sicher sein, daß die nigerianischen Kollegen nicht bestochen sind und für Geld alles bestätigen«, sagt im privaten Gespräch ein deutscher Konsularbeamter. Offiziell dürfen deutsche Beamte über diese Tagesprobleme nicht reden. »Maulkorb«, wehren sie sofort ab und hüllen sich in Schweigen.

Die Wege nach Deutschland sind vielfältig, und keinem deutschen Konsularbeamten kann ein Vorwurf daraus gemacht werden, in einem Land wie Nigeria immer wieder einmal einem geschickt eingefädelten Betrugsmanöver aufzusitzen. Bis hinein in den bestechlichen Beamtenapparat wird von der anderen Seite mit hoher krimineller Energie gegen ihn und seine Korrektheit gearbeitet. ›Echte‹ falsche Dokumente sind da nur eine Variante. Ebenso gibt es auch Firmen in Deutschland, die aus Naivität oder – so leider die Vermutung – auch für Geld Einladungen an Nigerianer aussprechen, nur damit diese in Lagos ein Visum erhalten. Sind die »Geschäftsfreunde« dann erst einmal in Deutschland, schikken sie ihren Paß sofort wieder zurück, damit ein nächster denselben Weg versuchen kann.

Dabei, sagt ein Auslandsdeutscher, der seit Jahren in Nigeria lebt, sind seiner Meinung nach die großangelegten Schieberbanden, die früher Asylsuchende aus Nigeria über Ostblockstaaten in die Bundesrepublik schleusten, inzwischen

offenbar auf lukrativere »Waren« wie Rauschgift umgestie-
gen, das aus Lateinamerika via Lagos den Weg nach Europa
findet. Dennoch können sich nicht nur die deutschen Paßbe-
amten in Lagos des Verdachts nicht erwehren, daß sie gegen
eine wohlorganisierte Clique ankämpfen, die auf rechtliche
Veränderungen in den Zielländern immer rasch eine neue
Antwort findet.

Und bei manchen Vorgehensweisen gibt es einfach fast
keine Chance, »echt« von »falsch« zu unterscheiden. Oder
wie ist es zu erklären, daß täglich mindestens zwei bis zu fünf
deutsche Frauen ausgerechnet Nigerianer heiraten wollen?
»Da mag manche Ehe aus Liebe oder auch persönlichen
Problemen dabei sein, manch anderer Bund fürs Leben wird
freilich wohl eher aus einem mir nicht nachvollziehbaren
politischen Engagement geschlossen – und schließlich sind
bestimmt auch für Geld arrangierte Ehen dabei«, ist aus
einem sonst so verschwiegenen Beamtenmund zu hören.
Ähnliches haben ich auch schon in Angola oder Ghana in
den deutschen Botschaften aufgeschnappt, verbunden mit
dem Hinweis, es gebe gar ein spezialisiertes »Heiratsinstitut«
in Norddeutschland. Dennoch muß jedes Pärchen in der Botschaft vorsprechen und sich einer kurzen Befragung unterziehen. »Haben sie aus Liebe geheiratet...« Wen wundert da
noch die Antwort. Aber solange das persönliche Interesse
das nationale nicht wirklich gefährdet, bleibt dem Repräsentanten des deutschen Staates – gottlob – keine andere Wahl,
als den Nachzug des Ehegatten zu genehmigen.

War also Mister O., den wir am 27. Oktober 1995 aus
Deutschland wieder in das vom Militär beherrschte Nigeria
zurückschickten, wirklich nur einer von diesen Asylschwind-
lern? Daß er per Bestechung aus dem Gefängnis rauskam,
war das wirklich so unglaubwürdig? »Nein, das ist hier
durchaus üblich, und für viele die einzige Möglichkeit«, sagten uns mehrere für die Menschenrechte engagierte Anwälte

in Lagos. Was aber ist aus Mister O. in Nigeria geworden? Anfang November klingelte bei einer Unterstützergruppe in Deutschland das Telephon, und überraschend meldete sich Mister O.: Er sei festgenommen und wieder in das Gefängnis von Calabar eingeliefert worden. Ferngespräche aus dem Knast? Aber in Nigeria ist ja alles möglich. Haben wir Mister O. also das schlimmste Unrecht angetan und ihn seinen Häschern wieder direkt in die Hände geliefert?

KAPITEL 14

Kraut-Hill in Nai-Robbery

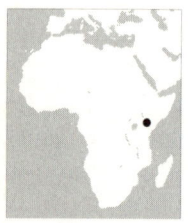 Wir hatten ein kleines Haus in Afrika unweit der Ngong-Berge. Dieses Häuschen mit dem großen Garten lag zwar nicht in Nairobis noblem Vorort Karen, wo die berühmte Frau Blixen lebte. Aber der Stadtteil Lavington ist auch eine schöne und interessante Gegend. Dort verbrachten wir unsere afrikanischen Tage zwischen besser situierten Kenianern, schwarzen und weißen, hatten auch viele Inder als Nachbarn und manchen Europäer. Dazwischen lagen immer wieder mal Grundstücke mit den Residenzen afrikanischer Botschafter oder den Büros und Wohnhäusern privater Hilfsorganisationen. Und in Lavington, dem letzten Stadtteil, den die englischen Kolonialherren in Nairobi noch planten, findet nicht zuletzt auch manche Rebellenbewegung ihre Exilunterkunft, wie etwa die des Sudanesen Riak Machiar, oder – leider – auch die Witwe des letzten Hutu-Diktators von Ruanda eine ihrer Bleiben. Lavington ist »ziemlich durchwachsen«, ein buntes Kaleidoskop der eher zufälligen Stadtgesellschaft in der afrikanischen Metropole Nairobi, ein zusammengewürfeltes Völkergemisch.

Gleich hinter Lavington mit seinem alten Baumbestand an blau-violett blühenden Jacarandas, Flammen- und Pfefferbäumen, gleich dahinter, nur eine Gehminute von unserem Häuschen in der Amboseli Road entfernt, beginnt dann,

was jeder Europäer als einen Slum betiteln würde – Karang-
ware, eine riesige Siedlung mit ihren guten und schlechten
Ecken, gänzlich ohne die üppige, farbenfrohe tropische
Vegetation. Dort eröffnet sich plötzlich eine ganz andere
Welt, eingetaucht in das schmutzige, trostlose Rotbraun des
afrikanischen Lateritbodens. Bevölkert wird Karangware
von mindestens 350 000 Menschen. Diese hausen teils in
Steinhäusern, in ihrer Mehrheit freilich in Wellblechhütten
und Holzverschlägen, ohne eigenen Stromanschluß oder
Wasserhahn.

In einem Teil dieses Karangwares, den sie Kongo nennen,
wird illegal besonders starkes Bier gebraut. Nicht weit entfernt davon stehen dann zum Teil mächtige Kirchen der
unterschiedlichsten Religionen und Sekten sowie schäbige
Schulen, unsaubere Krankenstationen, improvisierte Auto-
werkstätten oder eilig errichtete Holzhandlungen, da ein Fri-
seur, dort Handwerker, die ihre Dienste unter der prallen
Sonne anbieten. Eine abgeschlossene Welt für sich und doch
Alltag für die Masse der Menschen in Nairobi. Kenias
Hauptstadt wird nur im Stadtzentrum mit den Wolkenkrat-
zern und vierspurigen Avenuen seinem Image gerecht, eine
der europäischsten Städte Afrikas zu sein.

Außerhalb dieses Zentrums aber, näher an Stadtteilen wie
Karangware, sind überall *Dhukas* zu finden, jene kleinen
Läden mit wirklich allem Lebenswichtigen von Waschpulver
bis Kaugummi, von Milch bis Zigaretten, die auch noch spät
abends zu haben sind. Das ist auch gut für bessergestellte,
aber vergeßliche Raucher in der Nachbarschaft. Die treibt
die Sucht dann irgendwann doch aus ihrem sicher umzäunten Haus. Zu den *Dhukas* kann man in solchen Notsitua-
tionen dann im Dunkeln selbst über die unbefestigten und
unbeleuchteten Straßen Lavingtons und die völlig ausgewa-
schenen Feldwege von Karangware stolpern. Beim Neuanfang in Nairobi fehlt einem meist noch der Mut zu so einem

unheimlichen Vorstoß in unbekannte Gefilde. Aber dann schickt man halt einen seiner hilfreichen Hausgeister, zum Beispiel Francis, den Nachtwächter, der ganz dankbar ist für eine Abwechslung in seinem sonst recht eintönigen Dasein.

Doch es gibt noch ganz andere Viertel in dieser riesigen Stadt: Muthaiga zum Beispiel, das alte, traditionelle Elitenviertel. Früher fristeten hier britische Lords und Großfarmer die angenehmsten Tage ihres Koloniallebens, heute residieren dort neben deren Erben vor allem die westlichen Botschafter in Anwesen, die locker Platz für Tenniscourt und Swimmingpool bieten und von denen es nur einen Katzensprung zum gleichnamigen 18-Loch-Golfplatz ist, alles angenehm und bequem mitten in der Stadt.

Oder Runda, von Lavington aus gesehen ein Viertel am anderen Ende der Stadt. In Runda wohnen die meisten der immerhin fast 2000 Deutschen. Denn gleich um die Ecke liegt auch die Deutsche Schule. Runda wird deshalb im Volksmund gern *Kraut-Hill* genannt. Auch da gibt es wie in Muthaiga mehr asphaltierte Straßen als in Lavington – aber dafür kaum *Dhukas,* kein pulsierendes Leben und kaum noch ein wahrnehmbares Stückchen Afrika. Beides zusammen gibt es nicht, scheint sich auszuschließen. Runda, wo vor gut zehn Jahren noch die Kaffeesträucher blühten, ist inzwischen fast gänzlich zugebaut mit Häusern, umgeben von winzigen Gärtchen mit dünnen, schnell wachsenden Bäumen. Alles hier ist zumeist Ausländern vorbehalten – Entwicklungshelfern, UN-Mitarbeitern, Botschaftsangehörigen, Missionaren oder Geschäftsleuten, Menschen, die bereit sind, teure Mieten zu zahlen, um unter sich zu bleiben, oder deren Arbeitgeber selbstverständlich für die Unterkunft im fernen Ausland sorgen.

Diese mehr oder minder gehobenen und angenehmen Wohnviertel der Dreimillionenstadt Nairobi haben zwei Dinge gemeinsam: Die Masse der Kenianer kann es sich nicht leisten, so zu leben. In den Häusern und Villen wohnen »wir«: das sind die *expats*, Leute, die aus ihrer eigentlichen Heimat hierhergekommen sind, um für ein paar Jahre mit Gehältern auf Dollar- oder D-Mark-Basis in der Dritten Welt zu arbeiten und in Nairobi ihre Zeitheimat zu finden.

Das eigentliche Kenia erreicht diese Viertel und vor allem deren Bewohner hinter den hohen Mauern oder den mit Stacheldraht gesicherten Zäunen meist nur in Gestalt der Hausangestellten, Köche, Gärtner, Kindermädchen, Torwächter. Diese »guten Geister« leben entweder in eigens auf den Grundstücken errichteten Minimalbehausungen, sogenannten *servant quarters*, Bedienstetenzimmern – allerdings im Gegensatz zu Karangware mit Strom und fließend Wasser. Oder sie strömen bei aufgehender Sonne morgens pünktlich aus ihren Massensiedlungen mit Sammeltaxis, den berüchtigten *Matatus*, hin zu ihren feineren Arbeitsstätten. Diese erreichen sie dann aber von der nächsten Hauptstraße aus meist erst nach längerem Fußmarsch. Tag für Tag, Jahr für Jahr betreten sie so diese andere Welt und verlassen sie auch wieder, pünktlich vor Sonnenuntergang. Nairobi liegt nur 100 Kilometer südlich des Äquators. Da ändert sich das ganze Jahr über nicht viel am Sonnenrhythmus. Und der bestimmt nach wie vor das Leben in dieser Stadt.

Die andere Gemeinsamkeit all dieser Ausländerviertel ist: Ein Tourist in Nairobi würde sich nie nach Lavington oder Runda verirren. Nairobi zu besuchen oder dort zu leben, das sind zwei ganz verschiedene Dinge. Und das erkennt man schon an der Kleidung. Auf die Delamere-Terrasse des Norfolk-Hotels mit seinem köstlichen *cashew-nut*-Eis setzen sich gerne alternde amerikanische Touristen zur teuren Erfüllung ihres Traumes, Afrika auf den Spuren Hemingways kennenzulernen. Dort dominieren die Safari-Westen, Khaki-Shorts und Leatherman-Messer am Gürtel. »Oh Gott, schau mal, Touris«, lamentiert meine mittlere Tochter Rebecca jedesmal lautstark, wenn sie ihren Dickschädel wieder einmal durchsetzt und uns alle zum Fleischfressen ins Carnivore-Restaurant am Stadtrand schleppt. Im Carnivore werden frisch vom Holzkohlegrill Zebra, Gnu, Giraffenhals und mit ein bißchen Glück Krokodilschwanz serviert, so lange, bis der Gast von sich aus abwinkt – eine beliebte Touristenfalle, aber eben auch mit riesigem Kinder-Abenteuerspielplatz. Das Carnivore ist ein von einem geschäftstüchtigen Inder speziell für Touristen erfundenes Lokal, damit diese nach ihren Photo-Safaris die Tiere der Wildnis auch noch schmecken können.

Und sie schmecken! Noch besser allerdings der zarte Rükken einer Impala-Antilope oder ein Steak eines jungen Zebras draußen beim Horseman in Karen, einem meiner Lieblingsrestaurants – vor allem wegen seiner Fischsuppe *Sansibar* mit reichlich Kokosnußmilch. Beim Horseman – dessen Besitzer übrigens Schmidt heißt, aus Südwestdeutschland stammt und einer der besten Polospieler und Sportschützen Kenias ist, sein mit ihm verkrachter Bruder betreibt den beliebtesten Party-Service der Stadt –, bei diesem Horseman trifft sich sowohl das politische Establishment Kenias als auch einige etablierte Oppositionelle wie Paul Muite – und eben die *expat*-Gemeinde, durchmischt mit einigen *Kenyan Cowboys,* den nach der Unabhängigkeit hiergebliebenen Weißen. Touristen verirren sich hierher selten.

Es läßt sich schon aushalten in Nairobi. Wer richtig Lust auf Fisch oder Schalentiere (und keine Angst vor Gelbsucht) hat, kommt am Tamarind nicht vorbei, einem der nobelsten Restaurants der Stadt, in der Innenstadt unweit der ehemaligen US-Botschaft gelegen, die 1998 in die Luft gesprengt wurde. Nein, Essen gehen in Nairobi wird immer besser: Japaner aller Preisklassen bieten Sushi oder knusprig frittiertes Tempura, südafrikanische Steakhäuser und Hamburgerketten eröffnen Filialen, ein, zwei Franzosen versuchen im anglophilen Stammland ihr Glück – und ein Schweizer, in dritter Ehe mit einer Kenianerin verheiratet, sattelte um, verkauft keine Aufzüge mehr, sondern eröffnete ein *lifestyle*-Lokal mit dem schönen Namen Lord Eroll in Runda – teuer, aufgesetzt und eine weitere mittelmäßige Insel der Glückseligkeit.

Und genau so läßt sich das Leben als *expat* in Nairobi am besten beschreiben: als »Inselhüpfen zwischen goldenen Käfigen«. Das klingt ein wenig abschätzig, und doch hat so ein Leben durchaus seine Reize, ist so unangenehm nicht. Du lebst zu Hause in deinem »goldenen Käfig«, so, wie du ihn dir eingerichtet hast, mit so vielen helfenden Händen, wie du es dir leisten willst oder kannst, gehst abends zu Freunden in deren »goldenen Käfig«, oder diese kommen zu dir. Tagsüber besuchen die Kinder eine Auslandsschule, fahren hin und zurück mit deren eigenem Schulbus. Am Wochenende geht die Familie mit oder ohne Freunde mal auf Safari. Es muß nicht immer eine Lodge oder ein Luxus-Camp sein, das eigene Zelt tut's hin und wieder auch. Oder man besucht neue Bekannte oder Freunde in Naivasha oder unweit von Nakuru auf deren Farmen. Ein anderes Mal verabredet man sich im Kino – die vier großen Lichtspielhäuser zeigen inzwischen auch in Nairobi internationales Programm.

Anschließend geht es auf ein kühles Bier ins Gypsy's, einer Minimalkneipe mit einfachen Holzstühlen, Tischen und Zapfhahn für Bier in Westlands, einem der wenigen Orte, an dem man einfach draußen stehen kann, Leute gucken, Leute treffen, wo man abstürzen kann so wie »zu Hause«, früher in Europa. Im Gypsy's triffst du Kollegen, Kenianer wie Europäer, auch andere Somali-Fahrer, Ruanda-Geschädigte oder Kongo-Rückkehrer, die dort für internationale Organisationen Feldarbeit zumeist im Dienste des Guten betreiben und sich davon zwischendrin in Nairobi wieder erholen.

Das ist es dann aber schon, das gute Leben im Nairobi der
Ausländer und Bessergestellten. Viel mehr Abwechslung gibt
es nicht. Da mag es unglaublich klingen: Doch wenn du
zurückkommst aus Somalia, gerade den Bürgerkrieg im
Kongo hinter dir gelassen hast, in Sierra Leone die verstüm-
melten Menschen interviewen mußtest, dann ist dies alles
sehr erstrebenswert, ist die Rückkehr nach Nairobi jedesmal
ein schönes *home-coming*. Die Vorfreude, gleich wieder zu
Hause zu sein, durchfährt dich spätestens, wenn das Flugzeug während des Anflugs in den Böen über den Ngong-Ber-
gen leicht wackelt. Dann, da links, grüßt schon die Skyline
der City. Ein kurzer Blick runter auf die Mombasa Road,
Sekunden später: Bodenhaftung, Landung, Hetze durch den
Flughafen, um bei der Einreise möglichst weit vorne in die
Schlange zu kommen. Ein freundliches »*Jambo, Habari*«,
schon ist wieder ein Stempel mehr im Paß. Die Treppe runter,
das Gepäck gottlob nicht aufgegeben, die Reisetasche hängt
schon über der Schulter, noch ein kurzes Gefecht mit den
Taxifahrern, die immer wieder versuchen, dich wie einen
Touristen übers Ohr zu hauen. Dann raus, endlich bist du
richtig angekommen, wieder zu Hause, sitzt in einem Mercedes oder Toyota Baujahr Ende 60 und »rast« mit 100 Stun-
denkilometern und kaputten Bremsen durch den chaotischen
Verkehr auf den einzigen wirklichen Autobahnkilometern
Kenias vom Jomo Kenyatta-Flughafen auf Nairobi zu, froh,
wieder hier zu sein in der vergleichsweise ordentlichen Welt,
zu Hause in der »grünen Stadt unter der Sonne«, wie Nairobis Werbeslogan lautet.

Das mit der Sonne stimmt wirklich. Aber sonst haben
Metropolen der Dritten Welt so ihren eigenen Charme, und
eines ist wohl unumstritten: Die Stadtkultur stammt nicht
aus Afrika, das sonst gerne euphorisch die »Wiege der
Menschheit« genannt wird. So gibt es in Nairobi auch kaum
ein wirkliches »Kulturleben« – außer man zählt einfallslose

zairische Bands oder fünftklassige südafrikanische Jazzer dazu, die regelmäßig durchreisen. Konzerte oder Ballettaufführungen finden meist nur in europäischen Kulturinstituten statt, vor allem in den Einrichtungen der Franzosen oder Briten (der deutsche »Goethe« hat so gut wie kein Geld mehr). Theater – meist britische Komödien, von Kenianern gespielt, das allein ist irrwitzig und schon deshalb mindestens einmal sehenswert – tut man sich dann doch noch gelegentlich an, aus einem offenbar anerzogenen Bedürfnis heraus.

Und doch wird einem das Leben nicht langweilig. Denn auch wenn man aus Sicherheitsgründen hinter hohen Mauern lebt und sich im Privatleben weitgehend unter Seinesgleichen bewegt – so intensiv lernt man Menschen nirgendwo kennen wie in ihren »goldenen Käfigen«. Ist man aufeinander angewiesen, so öffnen sich Herzen, bleiben Meinungen auf Dauer nicht versteckt, werden Sympathien und Antipathien ziemlich bald offen ausgetragen. Freundschaften und ewige Feindschaften sind da schnell geschlossen. Du kennst nicht nur die Mitschüler deiner Kinder, sondern selbstverständlich auch deren Eltern. Die Lehrer sowieso, mit drei Kindern kommt man nicht darum herum, irgendwann in den Vorstand der Schule gewählt zu werden, Verantwortung zu übernehmen, Dinge mitzugestalten, sich neue Freunde und Feinde zu machen. Ein intensives Leben in einem überschaubaren Freundeskreis, und der verändert sich ständig. Denn kaum einer aus den Diplomatenkreisen oder Cliquen der Entwicklungshelfer bleibt länger als vier Jahre, Korrespondentenkollegen aus Deutschland, England oder den USA schon mal fünf. Konstant bleiben nur die paar Inder, die *Kenyan Cowboys,* die man kennt – und die wenigen, sehr wenigen Kenianer, mit denen der Kontakt über das Berufliche hinausgeht.

Besuchern aus Europa fallen in Nairobi freilich ganz andere Sachen auf als uns nach mehr als sechs Jahren Nairobi-Routine. Sie beklagen den Dreck und offensichtlichen

Verfall der Stadt und vor allem ihrer Straßen, sie sehen die krassen Unterschiede noch, erschrecken über die Zahl der Straßenkinder, erstaunen über die schreiende Armut und zugleich die üppige Vegetation. Und dann kommen nach einigen Tagen immer dieselben beiden Fragen: »Warum habt ihr so wenig kenianische Freunde?« Und: »Wie ist das mit so vielen Hausangestellten?«

Die Antworten darauf werden zur Routine: Wie sehr du dich auch bemühst, du wirst immer ein Fremder bleiben in dieser Stadt, auch wenn Nairobi längst deine Zeitheimat geworden ist, du dich hier zu Hause fühlst. Die wenigen kenianischen Kollegen wie etwa der Karikaturist Gado kommen zwar gerne zu dir nach Hause. Aber auf eine Gegeneinladung kann man ewig warten. Gado, einen brillanten, spritzigen, selbstkritischen Kopf, sprach ich darauf einmal ganz offen an. »Die Gegend, in der ich lebe, meine Wohnung sind viel zu schäbig, um euch dahin einzuladen – und um euch in ein gutes Lokal auszuführen, verdiene ich nicht genug.« Nicht anders verhält es sich mit kenianischen Professoren an der Universität Nairobis oder den vielen Künstlerfreunden meiner Frau, eine studierte Kunsthistorikerin.

Bei den Künstlern freilich kommt noch eines hinzu: Natürlich sehen sie in uns Weißen den einzigen lohnenden Absatzmarkt für ihre Werke. Kenianer, selbst die ganz, ganz reichen, von denen es so wenig gar nicht gibt, würden sich nie moderne kenianische Kunst ins Wohnzimmer hängen oder stellen. Und irgendwann ist es deshalb mit der jungen persönlichen Freundschaft zu diesen Künstlern vorbei und das Verhältnis eher ein geschäftliches. Denn natürlich eröffnete meine Frau gerne Vernissagen oder stellte bei uns zu Hause aus oder half dabei, Ausstellungen von Kenianern in Deutschland oder Amerika vorzubereiten. Schade, aber damit muß man leben, man richtet sich darauf ein, das Verhältnis kann ja trotzdem ein herzliches bleiben.

Und dann die Frage mit den Hausangestellten, ein lästiger Dauerbrenner. »Wieviele habt ihr?« heißt es immer wieder ungläubig während des Heimaturlaubs in Europa. Wir hatten fünf: James als Koch und »Hofmeier«, Tom, der inzwischen fließend deutsch spricht, als Gärtner und Helfer in Sachen Büro und Bürokratie, Anna, die Frau von James, und nach deren Tod dann Judy, das Putz- und Gute-Laune-Wunder, die sich beide um die Kinder und den hinteren Teil des Hauses kümmerten – und dann noch Francis und Peter, die abwechselnd Tag und Nacht Büro, Grundstück und uns selbst vor ungebetenen Besuchern schützten.

Als Auslandskorrespondent in Nairobi ist man zwar immer noch »nur« Lohnschreiber für eine deutsche Zeitung, aber eben zugleich Haushaltsvorstand von mindestens sechs Familien. Denn neben den Sorgen und Nöten mit meiner Frau und den eigenen drei Kindern kamen auch noch James und Anna, Tom und Judy und natürlich auch Francis und Peter wegen jeder Kleinigkeit genauso wie mit jedem großen Schicksalsschlag auf mich zu. Als Anna an Malaria starb, finanzierten wir und sogar noch mein Vorgänger Stefan Klein, damals schon jahrelang in Singapur, die Beerdigung für den Witwer James, der seit mehr als zwei Jahrzehnten das eigentliche Kontinuum der *Süddeutschen Zeitung* in Nairobi darstellt. Die Kosten für das Grab, zwei Prediger, einen ganzen Kirchenchor, einen »Beerdigungsleiter«, zwei Monate Kühlung im Leichenschauhaus, eine Woche freies Essen für alle Verwandten, betrugen inklusive Transportkosten gut und reichlich das Jahresgehalt, das James verdient.

Dann sind da immer noch das Schulgeld für die Kinder von James und Tom, Geburten, Hochzeiten in den Familien, tote Tanten und Onkels, da sind Brüder, die immer wieder »ungerechtfertigt« ins Gefängnis geworfen werden, für die dann Kautionen hinterlegt werden müssen. Wer das zahlt? Natürlich ich, der *Buana*. Nicht immer aber geht es nur ums Geld.

Da passiert ein nächtlicher Überfall, nach dem James, der Lebemann, mit blutüberströmtem Kopf, bis auf die Unterhose ausgeraubt, um drei Uhr morgens und volltrunken schnellstens ins nächste Krankenhaus gebracht werden muß, damit die Kopfwunde genäht wird, zwei Dutzend Stiche waren nötig.

Ja, es gibt auch nette Geschichten – zumindest in der Rückschau –, wie etwa die mit Regelmäßigkeit wiederkehrenden Nächte, in denen wir nach feuchtfröhlichen Gesellschaften hupend vor unserem finsteren Tor standen. Francis, unser Nachtwächter, öffnete nicht. In diesen Minuten gehen dir alle möglichen Gedanken durch den Kopf – vor allem, wenn wieder einmal seit Stunden Stromausfall ist, also auch die Sicherheitsbeleuchtung nicht funktioniert und du nicht weißt, was in den Stunden seit deiner Abfahrt geschehen sein mag mit Haus und Hof und deinen Kindern. Warum macht er nicht auf?

Irgendwann bin ich da immer aus dem Auto rausgesprungen und über den Zaun gestiegen – und mußte Francis unter lautem Gebell unserer vier Labradore wachrütteln. »Aber *Bwana*«, entschuldigte er sich dann erschrocken und spontan, »mein Körper braucht den Schlaf!« Was für ein Nachtwächter! Da kocht die Wut. Aber rausschmeißen wollten wir Francis einfach nie. Der alte kleine Mann – bayerisch würde man ihn »Zwetschenmanderl« nennen – hätte nie wieder einen anderen Job bekommen. Und wir hatten uns an seine Eigenarten längst gewöhnt. Francis gehörte wie all die anderen längst zur Familie – und weniger zur wirkungsvollen Abschreckung der tatsächlichen Gefahren jenseits des Zaunes.

Oder der »Zauberer«, mit dem Peter, unser Tagwächter (der früher in einer Webfabrik in Thika arbeitete und deshalb auf dem einen Ohr halb taub ist) am Tor tagelang intensiv über den Preis verhandelte, um zumindest spirituell wieder

Kontakt zu seiner verlorengegangenen Tochter aufzunehmen. Ich habe Peter schließlich eine Woche freigegeben und dazu das Geld für den Überlandbus, damit er seine erwachsene Tochter wirklich suchen konnte – und, zugegebenermaßen, um den seltsamen »Geisterseher« vor meinem Tor endlich loszuwerden. Der trieb einem mit seinem starren Blick die Gänsehaut über den Rücken.

Die meisten Kollegen schreiben irgendwann über ihre Angestellten ausführliche Reportagen – Schmunzetten oder Sittengemälde von Arm und Reich, oft literarisch überhöht und gut zu lesen. Ich habe mich dagegen immer gewehrt. Zu recht, wie ich meine. Afrika ist nicht der Kontinent der Hausangestellten. Amerikanische oder japanische Kollegen in Berlin berichten ja auch nicht über ihre Putzfrauen oder Au-pair-Mädchen, obwohl sie alle welche haben. Ich habe mich lieber an Präsidenten oder Rebellenchefs gehalten, Oppositionelle und Intellektuelle, einfache Bauern oder Hungeropfer beschrieben, die ich außerhalb meines »goldenen Käfigs« aufgespürt habe. So will ich es hier auch halten. Was erzählen diese Hausangestellten-Geschichten schon wirklich über das andere Leben auf diesem uns so fremden Kontinent? Daß Menschen für 400 bis 500 Mark im Monat plus Wohnung und für einige wenige Sonderleistungen arbeiten? Die Hausangestellten in weißen Häusern gehören sowieso zu den bessergestellten Menschen im Land – denn sie haben zumindest ein geregeltes Geldeinkommen. James etwa läßt Lohnarbeiter seinen heimischen Acker bestellen. Und über ein geregeltes Einkommen verfügen fast 70 Prozent der Kenianer nicht. Um die aber geht es doch eigentlich – und die zwei bis drei Prozent Blutsauger an der Spitze.

Aber für dich und deine Familie heißt es plötzlich in einer völlig ungerechten Armutsgesellschaft zu leben – und du kannst dir für das, was in Europa ein Hungerlohn wäre, alles leisten, was es gibt. Eigentlich ein ganz angenehmes Gefühl, zunächst. Aber es ist eben auch schwierig, bedrohlich, ja regelrecht gefährlich, reich zu sein. Die Armbanduhr, das dünne Goldkettchen um den Hals, das Feuerzeug, diese Nichtigkeiten: Alles das ist plötzlich schon Symbol von »Reichtum« und damit auch lohnendes Diebesgut. Und nicht allein deine Hautfarbe verrät dich. Schau nur auf die Schuhe und schon weißt du, wer vor dir steht: Weißer oder Afrikaner. Die Menschen hier sind schrecklich arm, auch und gerade in Nairobi, und die Mehrheit wird immer ärmer, die Wirtschaft des Landes immer schwächer. Die steigende Zahl der Straßenjungen zeigt das auch dem flüchtigen Touristen aus dem satten Europa, der plötzlich davor erschrickt, in welchem Saus und Braus, in welcher Ordnung und Sicherheit er sonst lebt.

Die Rechnung ist ganz einfach: Ein deutscher Tourist, der sich vom Sonnenstrand in Mombasa mal in die »Großstadt« wagt, womöglich auf dem Weg zu seiner ersten Tier-Safari, dieser Tourist hat vermutlich sein Urlaubshandgeld hinten rechts in der Hosentasche. Angenommen, in seinem Geldbeutel stecken ganze 1500 Mark: Der Tagelöhner auf einer Baustelle in der Innenstadt Nairobis erhält etwa 2 Mark pro Tag, und nur an dem Tag, an dem er arbeiten darf, einen Job hat. Also sollte man sich eher wundern, daß nicht mehr Überfälle passieren auf die *Mwazungi* (die Weißen), die wir fürs Koffertragen »großzügig« zwanzig Schilling Trinkgeld geben – umgerechnet rund 50 Pfennig – und gleichzeitig für das Hotelzimmer im Norfolk 200 Dollar die Nacht löhnen.

Aber natürlich passiert viel. Es gibt auch das »feindliche« Nairobi. Deshalb der Spitzname dieser Stadt – Nai-Robbery. Zum Beispiel das mit unserem früheren Nachbarn: Der war deutscher Entwicklungshelfer. Er hatte sich einen tollen Geländewagen gekauft. Diese vierradgetriebenen Autos sind recht beliebt, auch im angrenzenden Somalia oder in Tansania. Am hellichten Tag, als Herr Nachbar mittags zum Essen nach Hause kam, verfolgte ihn ein Pick-up. Der überholte ihn vor seiner Hofeinfahrt, stellte sich quer und zwei, drei Leute sprangen runter. Einer riß die Wagentür auf und hielt dem Nachbarn einen Revolver an die Schläfe – weg war der Wagen.

Im Jahresdurchschnitt werden in Nairobi 1600 Autos geklaut, fast alle mit vorgehaltener Waffe und unter Mitnahme der Insassen bis jenseits der Stadtgrenzen. Wir haben all die Jahre Glück gehabt – und wohl auch die richtigen Autos gefahren, alte, sehr alte Range Rover (Baujahr 1976 und 1987). Aber zwei der besten Freundinnen meiner Frau erwischte es – samt Kindern, mindestens ein Dutzend *car napping*-Opfer sind uns persönlich ziemlich gut bekannt. Da beginnt auch bei dir tief drinnen immer stärker die Angst zu wachsen, fängt plötzlich eine Schere im Kopf an zu arbeiten und bestimmen immer häufiger Überlegungen und Phobien deinen Alltag: Soll ich jetzt da oder dorthin fahren – oder ist es zu gefährlich? Vor allem, wenn gerade wieder einmal jemand erschossen wurde.

Jeder muß mit dem subjektiven Gefühl einer solchen Bedrohung fertig werden. Meine Frau und ich hatten eine stillschweigende Vereinbarung: Wenn wir uns zusammen – oder auch nur einer alleine – nicht mehr heraus trauen aus unserem »goldenen Käfig«, dann müssen wir weg, dann hat uns der Schrecken eingeholt. Aber uns ist es immer gut ergangen. Nie ist etwas wirklich Schlimmes mit dem Auto passiert, nur ein Einbruchsversuch auf dem Grundstück, letztendlich von den Hunden vereitelt, obwohl sonst in der Amboseli Road in fast jedes Haus mindestens einmal eingebrochen wurde in den Jahren, die wir dort wohnten.

Wenn uns heute jemand fragt, was wir, zurück in München, am meisten vermissen oder genießen, fällt die Antwort gar nicht so leicht. Natürlich ist es schön, wieder ein funktionierendes Telefon zu haben, sicher zu sein, daß im Haus das

Wasser läuft und auch warm aus der Leitung kommt, der
Strom geht und die Kinder mit dem Fahrrad in die Schule
und zu Freunden fahren können. Oder ein Eis auf der Leo-
poldstraße zu schlecken. Es ist auch herrlich, spontan entscheiden zu können, ob man ins Theater, Kino oder Kabarett
gehen will, oder einfach in einen Buchladen schaut und sich
ein Buch kaufen kann, im Plattenladen eine CD! Und es
macht auch unsäglich Spaß, mit einem neuen, glänzenden
Wagen ohne Angst vor Autodieben über glatte deutsche Straßen zu schweben und nicht auf metergroße Schlaglöcher
oder nachts auf unbeleuchtete Busse und Lastwagen mitten
auf der Fahrbahn achten zu müssen. Staus hatten wir auch
in Nairobi jeden Morgen und Abend.

Und doch: Es fehlt etwas, es fehlt die Intensität des Lebens,
eines Lebens, bei dem man einfach heute nicht sicher weiß,
was morgen kommt. Dieses Stückchen Abenteuer ist es, dieses Stück Freiheit, das man aufgeben muß, um all die hiesigen
Annehmlichkeiten des »zivilisierten Lebens« wieder um sich
zu haben. Und es fehlen einem die Menschen, das ganze
Gemisch von ihnen – schwarz, weiß, braun, gelb – mit denen
man so intensiv zusammengelebt hat und manches zusammen durchgemacht hat.

Vom Wetter ganz zu schweigen.

KAPITEL 15

Madame Sery, Foundi Ibrahim und die Frankophonie

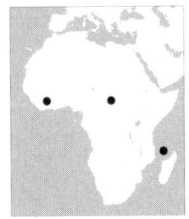

Madame Sery habe ich in der Ama-Boutique in Treichville getroffen. Treichville ist ein von westafrikanischem Leben pulsierender Stadtteil Abidjans, der Metropole der Elfenbeinküste. Und auf dem Markt dort, an dessen Rand die Boutique liegt, gibt es nichts, was es nicht gibt: Seife, Gemüse, Töpfe, Hosenträger, Kerzen, Stoffe, Kassettenrecorder oder Hühner. Da ist die Ama-Boutique schon etwas anderes. Hier findet sich Pariser Chic aus französischer Produktion, luftige Kleider, elegante Kostüme oder schmale Damenschuhe mit graziösen Absätzen, gerade so, wie Madame Sery sie trägt.

Madame Sery, noch keine 30, ist eine typische Ivoirerin aus offensichtlich guter Familie, wohlhabend, nicht reich, selbstbewußt, auch weil wirtschaftlich unabhängig, und doch sehr weiblich. Das kamelhaarfarbene Kostüm unterstreicht den dunklen Teint ihrer weichen Haut, die Goldkette um den Hals zieht Blicke an. Sery macht in Modeschmuck und Stoffen. Diese verkauft sie an Boutiquen wie die Ama. Zudem nennt sie zehn Taxen ihr eigen. Davon läßt sich, sollte man denken, gut leben. Aber dennoch klagt auch sie: »Das Geld ist knapper geworden, die Leute nehmen seltener ein Taxi, dafür sind Benzin und Ersatzteile teurer.« Und die Besitzerin der Ama-Boutique, die den Schmuck aus Madame Serys Produktion immer gern in ihr Sortiment aufnimmt, fällt der Lieferantin bestätigend ins Wort: »Die Frauen kaufen nicht mehr so viel wie früher!«

Die Elfenbeinküste, ehemals Frankreichs Vorzeigekolonie und Musterländle des frankophonen Afrikas, mußte 1994 massiv abwerten. Die Währung, der CFA, drei Jahrzehnte fest an den französischen Franc gebunden, war plötzlich nur noch die Hälfte wert. Das sind bittere Bohnen für ein verwöhntes Volk, es trifft jeden, der sich an die vielen kleinen importierten Annehmlichkeiten gewöhnt hatte, die vormals billig und fast ausschließlich aus Frankreich kamen. Die Währungsreform beutelt die einst reiche Elfenbeinküste und hilft doch der lebenswichtigen Kakao- und Kaffeeproduktion wieder auf die Beine. »Mein Leben hat sich nicht verändert«, sagt zwar Venance Konan, Chefredakteur der regierungseigenen Boulevard-Zeitung *Ivoir Soir.* Aber das Zweitauto für seine Frau, nach der Abwertung doppelt so teuer, kaufte er dann doch nicht. »Wir haben den Zeitpunkt verschoben, alles ist doch teurer geworden«, erklärt auch er. Für ihn, der der »gehobenen Mittelklasse« angehöre, wie er meint, sei dieser Preisschub noch finanzierbar. »Aber die schlechter Verdienenden hat es härter getroffen.«

Alle 13 frankophonen Staaten Westafrikas und die Komoren im Indischen Ozean jammerten laut über die 50 prozentige Abwertung ihres CFA-Francs durch Paris. »Es ist, als ob wir Waisen geworden sind«, trauert ein Regierungssprecher des Senegals nach der Bekanntgabe. Sein Bild der elternlosen Kinder beschönigt die ganze Wahrheit: 14 Patienten« wurden aus einer Privatklinik entlassen. Die hielt sie zwar 46 Jahre lang am Leben, und auch der Chefarzt verdiente gut, indem er ihnen gleichzeitig Blut abnahm. Doch die Patienten waren zu schwach geworden und der Chefarzt der Kosten müde. Deshalb änderte er die Behandlung radikal: Bei Notfällen überwies er nun an das »öffentliche Krankenhaus« – Weltbank und Internationaler Währungsfonds (IWF).

Der Notfall trat in allen CFA-Ländern ein. Denn die unmittelbare Auswirkung hieß: Drastische Verschlechterung des Lebensstandards. Alles, was importiert wird, kostet nun doppelt so viel. Dies trifft nicht nur die verwöhnten Eliten mit Autos, Mineralwasser oder Rotwein aus Frankreich. Die meisten CFA-Länder sind darauf angewiesen, Grundnahrungsmittel zu importieren, haben keine Industrieproduktion, geschweige denn Arzneimittel. All das kam bisher meist aus Frankreich zum Kurs von 50 CFA für einen FF. Der kostet nun 100 CFA. (CFA stand für »Communauté française« und wurde nach der Kolonialzeit umbenannt in »Communauté financière africaine« für West- und »Coopération financière en Afrique« für Zentralafrika.)

Nach der Unabhängigkeit half den meisten CFA-Staaten die feste Bindung an Frankreich, Stabilität und Wirtschaftswachstum zu erreichen. Aber das Wundermittel der fest konvertierbaren Währung verkehrte sich in Gift. Der französische Franc, eingebunden ins europäische Währungssystem, veränderte laufend seinen Wert, aber 46 Jahre lang nicht sein Verhältnis zum CFA. Die Überbewertung, von den afrikanischen Machteliten zum Privatvorteil gewünscht und von Paris geduldet, höhlte die Wirtschaftskraft der Länder aus. Zu CFA-Preisen waren deren Güter auf dem Weltmarkt nicht konkurrenzfähig, die Arbeitslöhne zu teuer: Die Lohnkosten der Elfenbeinküste zum Beispiel waren doppelt so hoch wie die Malaysias, viermal so hoch wie in Ghana oder Nigeria.

Die CFA-Länder lagen hilflos am Boden. Für Frankreich stieg der Preis, den es für seinen politischen Einfluß bezahlen mußte. Paris exportierte zwar 1992 immer noch mehr in seinen wirtschaftlichen Hinterhof, als es von dort importierte; am französischen Exportanteil aber erreichten die CFA-Länder nur noch 1,4 Prozent. Demgegenüber mußte

die Zentralbank in Paris im selben Jahr neun Milliarden
Franc für den Aufkauf von CFA ausgeben. Die strömten
tonnenweise nach Europa auf Privatkonten der Staatschefs
und Schwarzhändler. Mitte 1993 schob Paris einen ersten
Riegel vor: Der CFA wurde nur noch innerhalb der CFA-
Zone konvertierbar.

Volkswirtschaftlich bietet die lang herausgezögerte
Abwertung des CFA für das frankophone Westafrika jetzt
die Chance zum Neuanfang: Sie kann dabei helfen, neue
Investitionen anzulocken, allem voran bei Rohstoffen wie
Öl in Kamerun oder im Tschad sowie beim Gold in Mali.
Auch sollte die Neunotierung der Währung die CFA-Zone
gegenüber dem Hauptkonkurrenten Ferner Osten bei Ex-
portgütern wie Kokosnüssen, Baumwolle, Kaffee, Kakao
und Holz wieder konkurrenzfähiger machen. Aber die
Lasten der Abwertung treffen die Länder sofort, mögliche
positive Auswirkungen dagegen werden Zeit brauchen.

Zurück zum konkreten Beispiel, der Elfenbeinküste,
einem Land in Afrika, das schon immer im Spagat zwischen
zwei Welten lebt: Es ist nicht weit von Frankreich und doch
schon Afrika. Auf dem Plateau in Abidjan, Ausdruck post-
kolonialen Stolzes mit seinen mächtigen Wolkenkratzer-
fassaden, Geschäften, die immer noch mit Importwaren
überquellen, feinen Restaurants, Computershops und Plat-
tenläden, glaubt man sich ins mediterrane Südfrankreich
versetzt. Renault-Taxen schleichen auf der Suche nach Fahr-
gästen hupend durch die Avenuen, Zeitungsjungen verkaufen *Le Monde*. *Petite France* am Golf von Guinea.

Aber der Traum von vorgestern zerrinnt. Afrika erobert
die Côte d'Ivoire Stück um Stück zurück, je weniger das Vor-
bild Frankreich bereit ist, die materielle Absicherung des
Vorzeigestaates zu übernehmen, so daß die Preise für die
Rohstoffe der Elfenbeinküste in den Keller gefallen sind.
Der Lebensstandard fällt seit 1980 kontinuierlich. Früher er-

reichte das Land Wachstumsraten von sieben Prozent, seit mehr als einem Jahrzehnt aber sinkt das Bruttosozialprodukt jährlich um 4,5 Prozentpunkte. Längst ist die Elfenbeinküste kein Mittel-Einkommensland mehr. Ende der 80er Jahre lebten nach Weltbankangaben 30 Prozent der Ivoirer unter der Armutsgrenze, Mitte der 90er Jahre 60 Prozent. Die Handelsbilanz sank von 1987 bis 1991 um 40 Prozent, die Einkommen um ein Viertel.

Doch die Schuld für den wirtschaftlichen Niedergang suchen die Ivoirer nicht bei sich, sondern beim Weltmarkt und seinen ungerechten Preisen. Schließlich halten sie sich für etwas Besseres, denen so etwas selbstverschuldet nicht passieren könne. Ein entwickeltes Straßennetz, Bahn, Busse, funktionierende Telefone: kein Nachbarstaat kann da mithalten. Doch die Infrastruktur stammt aus der Boomzeit der 60er und 70er Jahre, als sich die »kolonialen« Naturerzeugnisse noch gut verkauften. Damals verschwand der Regenwald für Anbauflächen, dafür wuchsen die Bürohäuser in Abidjan in den Himmel.

Das Land ist zerrissen zwischen den Welten: Die Elfenbeinküste setzte auf den Kapitalismus. Solange der Franc rollte, lösten sich alle Probleme von selbst. Armut wurde durch Wachstum bekämpft, dort allerdings, wo man richtig absahnen konnte, blieb der Profit Franzosen und politisch Mächtigen im Land vorbehalten. Noch immer werden die Bananen von einer französischen Firma teuer in Plastik verpackt. Der Export aus dem Hafen gehorchte noch nie Marktgesetzen, die Ladungen werden einer französisch dominierten Firma zugeteilt. Und dann Yamoussoukrou, die neue »Hauptstadt« mitten im Dschungel: Der verblendete Traum des Gründungspräsidenten Felix Houphouët-Boigny mit der dem Peters-Dom nachgebauten Riesenkathedrale, einem Präsidentenpalast, umringt von Krokodilen, einer pompösen politischen Stiftung und einer Luxusuniversität – auch diesen

Wahnsinn baute, gewinnträchtig, eine französische Firma, als Kakao- und Kaffeeboom längst vorbei waren und auf Kredit gelebt wurde.

Kein Wunder also, daß die Elfenbeinküste mit 20 Milliarden Dollar ein Land mit einer der höchsten Auslandsschulden pro Kopf wurde. Paris konnte und wollte für sein teures Lieblingskind nicht länger aufkommen. Kaum starb im Dezember 1993 sein greiser »Adoptivsohn«, Präsident Houphouët-Boigny, kam flugs im Januar schon die 50prozentige Abwertung des CFA – Voraussetzung dafür, daß nicht mehr Paris, sondern nun vor allem Weltbank und Internationaler Währungsfonds sich des Schuldenhimalayas annehmen. »Die Abwertung war für den Import eine Katastrophe, ein furchtbarer Schock für uns«, sagt Bassim Jaber, ein Libanese, selbst Nutznießer der Jahrzehnte währenden CFA-Schutzzone. Doch als Tausendsassa der Ökonomie, wie das fast alle Libanesen Westafrikas sind, weiß Jaber auch von der Abwertung zu profitieren.

Bassim Jaber wurde in Dakar im Senegal geboren. Er fühlt sich als weißer Afrikaner und ist Chef einer noblen Supermarktkette, in denen Ober- und Mittelschicht zu beinahe französischen Preisen alles vom Mineralwasser bis zum Steak und auch den Wein aus Frankreich kaufen. »65 Prozent unserer Ware war importiert«, sagt er. Seit der Abwertung allerdings mußte er 15 Prozent der Produkte aus den Regalen nehmen, zu teuer. »Vieles aber haben wir aus lokaler Produktion substituieren können.« Und genau das ist eines der Ziele der Abwertung: die lokale Produktion zu stärken und unproduktive Konsumimporte zu drosseln. Inzwischen verkauft Jaber in seinen Märkten zu 70 Prozent einheimische Produkte oder Gemüse aus dem CFA-Nachbarstaat Burkina Faso. Er gibt den Makro-Ökonomen recht: »Der CFA-Markt wächst.«

Und während sein eines Auge über die Abwertung noch

immer weint, lacht sein anderes bereits. Denn ein Mann wie
Bassim steht wirtschaftlich natürlich auf mehreren Beinen.
Als Lizenznehmer einer amerikanischen Textilfirma produ-
ziert er seit der Abwertung wieder wettbewerbsfähiger. Die
Löhne, durch die starre Bindung an den französischen Franc
für ein Dritte-Welt-Land extrem hoch, haben sich im Verhältnis zum Weltmarktniveau halbiert. »Für den Industrie-
sektor wäre eine zweite Abwertung nötig«, sagt Bassim, der
Produzent. »Die Konkurrenz in Südafrika und Asien ist
immer noch billiger.« Doch Bassim, der Händler, weiß, daß
ein weiteres Drehen an der Währungsschraube das ganze
CFA-System erschüttern würde und in den meisten der 14
CFA-Länder West- und Zentralafrikas sozial nicht mehr
abgefedert werden könnte.

Die Elfenbeinküste aber ist das Land der CFA-Region, das
von der Abwertung am meisten profitiert. Denn als welt-
größter Kakaoproduzent ist es vor allem ein Exportland,
und die Produktion für den Export lohnt sich jetzt wieder.
»240 CFA bekamen wir für das Kilo Kakao vor der Abwertung. Dafür wollte niemand arbeiten, viele Felder wurden
nicht kultiviert«, sagt Laugan Tanau, ein Kakaobauer, den
ich bei Tiassale auf seiner Plantage treffe. »Jetzt erwarten
wir einen Preisanstieg.« Also wird wieder angebaut. Kakao
ist ein mühsames, aber bald wohl wieder lohnendes Geschäft. Laugan Tanau erzählt, während er mich durch seine
Plantage führt und immer wieder liebevoll auf die Knollen
an den Stämmen und Ästen deutet.

Kakao wächst auf Bäumen. Die Frucht bildet sich aus der
Blüte, aus der reifen Frucht müssen die Bohnen geschält werden. Die Kakaofrucht wird geöffnet, die Bohnen fermentiert
und getrocknet. Vom Feld im feuchtwarmen Regenwaldgürtel wird die Ernte auf dem Kopf zum nächsten Sammelplatz
getragen, von dort dann mit Trekkern ins Lagerhaus geschafft, wo meist mit primitiven Handsieben die großen von

den kleinen Bohnen getrennt werden. Dann kommen die libanesischen Händler und kaufen auf, oder die Kooperativen schaffen die Säcke selbst nach Abidjan.

Ein Kakaobauer, so Laugan Tanau, der einen Hektar Anbaufläche hat, kann, wenn die Ernte im Oktober beginnt, auf rund 500 Kilo Kakao kommen. Bisher erhielt er dafür 120 000 CFA. Dann legt die Regierung gerade die garantierten Festpreise nach der Abwertung neu fest: Das Kilo bringt nun 315 CFA, ein Hektar also fast 160 000 CFA. Das ist ein Drittel mehr für den Bauern, obwohl damit die Entstehungskosten, umgerechnet auf die harten Währungen des Weltmarktes, durch die 50prozentige Abwertung immer noch um ein Drittel billiger sind. Zahlenhexerei, aber die Bauern freut es, wieder mehr Geld im Säckel zu haben – und für die Elfenbeinküste kann es ein Neustart sein.

Doch Geld allein macht noch nicht französisch. Die Frankophonie – auch und nicht allein in Afrika – baut auf noch ganz anderen Säulen und Werten auf. Doch Anfang 1997 ging eine kleine Meldung um die Welt, von vielen unbeachtet und doch epochemachend: Jacques Foccart ist tot. Mit ihm ging ein Zeitalter zu Ende. Denn Foccart war die »graue Eminenz« Frankreichs für Afrika, sowohl unter Charles de Gaulle als auch Georges Pompidou »Berater« der französischen Präsidenten. Foccart aber war mehr, als sein schnöder Titel suggeriert: Er formulierte über Jahrzehnte Frankreichs Afrikapolitik, bewachte eifersüchtig die französische Einflußsphäre, war immer wachsam gegenüber dem anderen Afrika. In »seinem« Afrika setzte er Präsidenten ein und ab. Nun war Foccard mit 83 Jahren gestorben. Spricht Gott in Afrika deshalb nicht mehr französisch, wie die Zeitschrift *Le Monde diplomatique* schon vor Jahren fragte?

Es scheint so. Mit dem Ende Mobutus in Zaire läutete laut das Totenglöcklein auch für die Frankophonie in Afrika, jene sprach- und kulturpolitische Maginot-Linie, die, wie so viele Kritiker meinen, von Paris nur zur Fortsetzung seiner Hegemonialansprüche gezogen wurde. Aber die Festung hält nicht mehr. Zuerst fiel Ruanda und seine von Paris bis in die Flüchtlingscamps hinein unterstützte Hutu-Diktatur. Danach verließen mit der unaufhaltsamen Machtübernahme der Rebellen der Kongo und damit das Herz Afrikas die französische Welt.

Der Kulturkampf scheint verloren. Das ist richtig und bleibt dennoch nur Halbwahrheit. Denn die Masse der Bevölkerung des Ost-Kivus sprach untereinander sowieso nie französisch, sondern benutzt als Verkehrssprache Kiswahili. Daß sich aber diejenigen, die weiter oder neu zur Elite gehören wollen, auf die in Ostafrika dominierende (»Händler«-)Sprache Englisch einlassen, zeigt nur deren Realitätssinn: Der alte König ist tot, es lebe der neue! Wirtschaftsgeographisch gehörte der Kivu immer schon mehr zu Ostafrika als zum fernen Kinshasa. Von dort aus wurde er immer nur ausgebeutet. Aber die Macht im Westen, die französisch sprach, war nun gebrochen. Paris hatte es zu lange mit diesen Diktatoren gehalten. Die gingen jetzt unter, auch weil Frankreich ihnen nicht mehr helfen konnte – und wollte. Die politische Frankophonie aber wird ohne ihren militärischen Arm aus Paris zahnlos. Sie funktionierte immer nur über die Eliten, die Masse der Menschen erreichte sie nie.

Frankophonie war außerhalb Frankreichs schon lange zu einem Schimpfwort geworden. Sie wurde gleichgesetzt mit (bislang erfolgreicher) kultureller Hegemonie zum Schutz des politischen und vor allem wirtschaftlichen Einflusses von Paris. In Burkina Faso antwortete ein Kulturreferent der Deutschen Botschaft mir vor Jahren noch auf die Frage, was er dort so an Deutschem anbiete, ehrlich und offen: »Ich lege mich doch nicht mit den Franzosen an!« Von den Burkinabe kein Wort. Hier Frankreich, dort der Rest der Welt.

Demokratie oder Selbstbestimmung hin oder her, was soll's:
Französische Suprematie und »Zivilisation« funktionierten
als Deckmantel kleinbürgerlicher Wirtschaftsinteressen.
Oder entlarvt sich Frankophonie gar als proto-faschistische
Unterdrückungsideologie zur Sicherung des »Lebensraums«
Frankreichs in der Dritten Welt?

Der Begriff Frankophonie rührt von dem Kolonial-Geo-
graphen Onésime Reclus her, der ihn 1880 – so Stefan Brüne
vom Hamburger Institut für Afrika-Kunde – im Geist der
französischen Aufklärung benutzte. Frankophonie sollte
nichts anderes ausdrücken als das Selbstverständnis »eines
republikanischen Patriotismus, der zwischen dem Mutterland und dem ›allgemeinen‹ Frankreich unterschied und in
der französischen Sprache ein willkommenes Mittel sah,
den Revolutionsidealen von 1789 auch außerhalb des Hexa-
gons zur Geltung zu verhelfen«. Es gibt da etwas, was wir
Deutschen nicht kennen: einen linken Nationalismus. Der
ließ auch Albert Camus formulieren: »*Ma patrie, c'est la
langue française.*«

Und die ersten Verfechter der Frankophonie im unabhängigen Afrika waren keineswegs Franzosen, sondern afrikanische Intellektuelle und Präsidenten wie etwa Hamani Diori
aus dem Niger, allen voran aber Leopold Senghor aus dem
Senegal mit seinem Artikel *Le Français, langue de culture* in
der linkskatholischen Zeitschrift *Esprit* 1962. Darin stellte
der ehemalige Sprachlehrer und das spätere Mitglied der ehr-
würdigen *Academie Française* Senghor die französische
Sprache und Kultur über sein eigenes »negro-afrikanisches«
Erbe. Frankophonie als Instrument der Entwicklung des
»Primitiven«, wie Senghor selbst die afrikanischen Sprachen
nannte – und dennoch wird er bis heute als einer der geistigen
Vordenker der sogenannten Unabhängigkeit des Kontinents
gefeiert.

Das hatten Frankreichs Kolonialherren anders gemacht als

ihre britischen Konkurrenten: Sie setzten das Französische und Frankreich als Ideal und einzigen Bezugspunkt der west- und zentralafrikanischen Elitenkultur durch. »Was sollen wir denn untereinander teilen, die Armut?« fragte einmal Felix Houphouët-Boigny, der verstorbene Gründungsvater der Elfenbeinküste und wie Senghor einst Mitglied der *Assemblée Nationale* in Paris. Frankreich war das Vorbild, die Sonne; wer konvertierte, durfte sich an ihr wärmen, wer zur Elite gehören wollte, mußte in die Kulturfalle tappen.

Indirect rule nannten dagegen die Briten ihr Herrschaftssystem in den Kolonien via lokale Führer und Häuptlinge. Nach der Unabhängigkeit der Kolonien überlebte das britische Weltreich im *Commonwealth* als Gruppe gleichberechtigter Staaten. Frankreich dagegen bildete sich auf eigenen Schulen in den Kolonien und auf seinen Universitäten daheim die Eliten zu kleinen Franzosen aus. Ihnen garantierte es auch nach der Unabhängigkeit mit offener militärischer und wirtschaftlicher Hilfe das Überleben an der Spitze des jeweiligen Staates. Von Republikanimus keine Spur, die Hierarchie sollte gewahrt bleiben. Frankreich blieb Sonne.

Aber die Sonne wärmt nicht mehr. Paris steht vor den Ruinen einer nie gänzlich durchgeführten Politik. Das »Mutterland« und das »allgemeine Frankreich«, Anspruch und wirkliche Möglichkeiten klaffen immer weiter auseinander. Auf welche Fragen könnte denn die Frankophonie auch Antwort sein? Afrika übernahm nicht die »höherstehende« französische Sprache und Kultur und gab deshalb Paris Macht über sich. Es war genau andersherum: Weil Frankreich die Macht hatte, mußte das kolonisierte Afrika sich dessen Kultur und Sprache beugen. Alles andere war Ideologie. Denn je weniger Frankreich über wirkliche Macht verfügte, um so weniger überzeugte seine Kultur.

Frankophonie war nicht viel mehr als ein defensiver Reflex. Zur offiziellen und institutionalisierten Politik stieg sie erst mit dem beginnenden politischen Niedergang von Frankreichs Einfluß in Afrika auf. Erst im Februar 1986 wurde – symbolträchtig in Versailles – der erste Frankophonie-Gipfel abgehalten. Fünf Jahre später versuchte der Sozialist Mitterrand mit seiner »Doktrin« von La Baule für freie Wahlen und Mehrparteiensysteme in Afrika die Frankophonie wieder zu dem zu machen, als das sie vor mehr als 100 Jahren erdacht wurde: zur republikanischen Speerspitze. Vergebens, denn Jacques Chirac, der sich damals noch öffentlich als Parteigänger afrikanischer Einparteien-Regimes zu erkennen gab, äußerte sich seit seiner Übernahme des Präsidentenpostens dazu nicht mehr recht vernehmlich. Allerdings setzte er beim siebten Frankophonie-Gipfel, der in Hanoi stattfand, durch, die Frankophonie nach dem Vorbild des *Commonwealth* zu einem »politischen Machtfaktor« umzugestalten. Zu spät, weil zahnlos. Nur die Geschichtsbücher werden es vermerken. Denn wie schrieb Nigerias Nobelpreisträger Wole Soyinka so treffend: *»Le tigre ne proclame pas sa tigritude.«*

Doch was heißt das konkret, Frankreich zieht sich aus Afrika zurück, will nicht mehr seine Soldaten, keine Fremdenlegionäre mehr dorthin schicken oder gar fest stationieren? Die Zentralafrikanische Republik, traurig berühmt geworden durch ihren »Kaiser« Bokassa, mag als ein weiteres Beispiel dafür stehen, daß die »Befreiung« von der Frankophonie allein noch nicht die Glückseligkeit bringt, sondern zunächst vor allem Instabilität und Unsicherheit, ein Vakuum, in das alle Kräfte zu stoßen versuchen.

Bangui, Hauptstadt der Zentralafrikanischen Republik, Ende Juni 1997, auf dem Weg zum Chef der Meuterer: Das Treffen soll bei Renaldy Sioke daheim arrangiert worden sein. Keine Ahnung, ob es wirklich klappen wird. Denn am Telefon kommen nur Andeutungen, wohl aus der berechtigten Angst, der präsidententreue Geheimdienst höre mit.

Siokes Haus liegt in einem Teil Banguis, der Hauptstadt der Zentralafrikanischen Republik, der schon »Rebellengebiet« ist. Also geht die Fahrt vorbei an der rostenden Fähre über den Oubangui, den Grenzfluß zum Ex-Zaire, vorbei am einzigen internationalen Hotel, das noch funktioniert. Inzwischen markiert das Hotelgebäude die unsichtbare Trennlinie zwischen loyalen Soldaten und Meuterern. Ein paar Blindgänger hat es schon abbekommen.

Fahrt durch die Stadt am großen Fluß: Das ist die real existierende Absurdität, Schlachtfeld und zugleich doch eine ganz normal funktionierende, wenn auch längst vergessene Hauptstadt mitten in Afrika. Geschäfte sind offen, Menschen auf dem Weg zur Arbeit, Kinder gehen in die Schule, Jungen versuchen als Schuhputzer oder Zigarettenverkäufer ein paar Centimes zu verdienen. Selbst in Ministerien und Behörden arbeiten sie, obwohl niemand in den vergangenen fünf Monaten bezahlt wurde. Tägliche Routine in einem Land, dessen Staat sich langsam, aber sicher auflöst.

Deshalb gleich neben dieser Normalität: Soldaten, Straßensperren, Präsidentengardisten mit Maschinengewehren, vor allem nahe der Radiostation, wo während der dritten Meuterei innerhalb eines Jahres im November 1996 noch so schwer gekämpft wurde. Mitten in der Stadt liegt eine Häuserzeile noch zerschossen und ausgebrannt da. Daneben strahlen schon wieder neu verputzte Fassaden, ein Supermarkt, ein Restaurant, das wieder offen hat. Eine französische Militärpatrouille huscht vorbei; seit dem »Friedensschluß« im Januar übertrugen die Franzosen, immer noch heimliche Herren hier, die Sicherung der Ordnung ihren »Kollegen« aus frankophonen Ländern wie Senegal oder Togo. MISOB lautet das Kürzel dieser Truppe. Sie lungert in der tropischen Hitze hinter Sandsäcken geschützt herum. Ringsum aber wurschteln die Menschen irgendwie weiter.

»Wir sind komplett blockiert, das ganze Volk«, sagt

Renaldy Sioke. Endlich bei ihm eingetroffen, bittet der ehemalige Uni-Rektor gleich in die Sicherheit seines Wohnzimmers. Die Kassai-Kaserne, Zentrum der Meuterer, ist nah. Drinnen im Haus aber erst einmal die Enttäuschung: Kein Rebell wartet. Statt dessen versucht Sioke, ein agiler, kluger Mann Anfang 40 mit säuberlich zurechtgestutztem Schnauzbart, die Dinge aus seiner Sicht zu erklären. Und die ist wichtig, denn Sioke ist nicht nur im Führungskreis der Partei des bei Wahlen gestürzten Diktators Andre Kolingba, sondern wirkt seit Ausbruch des Aufstandes in der Armee als politischer Berater der Meuterer.

Über die meisten Fakten dieser »Dauer«-Meuterei gibt es kaum Streit. Alles fing damit an, daß den Soldaten der Sold nicht reichte. Es gab Händel mit der Regierung. Doch Präsident Ange-Felix Patasse nahm Zusagen wieder zurück. Also folgte auf die April-Meuterei der Mai-Aufstand und wieder keine tragfähige Lösung. Im November wurde es dann richtig ernst: Die Meuterer eroberten den Rundfunk, verlangten den Rücktritt des Präsidenten, forderten Neuwahlen. Die Franzosen mischten sich ein, halfen den »demokratischen Institutionen«, erzwangen die »Vereinbarung von Bangui«. Doch der Kompromiß funktionierte nicht.

In je mehr Einzelheiten sich Sioke beim Erzählen verliert, desto klarer wird, daß sich in der Zentralafrikanischen Republik die tödliche Pandora-Büchse einer typischen afrikanischen Nemesis geöffnet hat. Der Präsident wurde 1993 demokratisch gewählt, aber er regierte autokratisch, stand dabei meuternden Soldaten gegenüber, die mehrheitlich vom abgewählten Militärdiktator aus dessen Minderheit, dem Stamm der Yakoma, rekrutiert worden waren. Also wurden im Gegenzug Zivilisten bewaffnet, angeblich zum Schutz ihrer Stadtviertel, Milizen entstanden. Und hinzu kamen noch unkontrollierbare Einflüsse von außen: Aus Ex-Zaire sind Soldaten des gestürzten Mobutu und auch

Hutu-Milizionäre über den Fluß gekommen; sie mischen angeblich auf seiten der Meuterer mit; auf Regierungsseite wiederum kämpfen auch Ex-Rebellen aus dem Tschad. Welch ein Durcheinander in einem Land, das zwar doppelt so groß ist wie die Bundesrepublik, aber nur rund drei Millionen Einwohner hat. Seinen Menschen aber kann der Staat so gut wie nichts bieten außer Armut und Chaos. Und dies schon seit der offiziellen Unabhängigkeit von den Franzosen, als die Menschen hier bereits Diktator Bokassa erleiden mußten, jenen Despoten, der sich trotz himmelschreiender Armut auf einem goldenen Pfauenthron à la Napoleon selbst zum Kaiser krönte.

Doch Bokassa ist längst Geschichte von vorvorgestern. Inzwischen knattern nachts, wenn Ausgangssperre ist, Gewehrsalven und explodieren vereinzelt auch Granaten. Denn in der Meuterei werden »die politischen und sozialen Probleme« offenbar, wie Sioke, der Berater der Meuterer, vorträgt. »Wir haben es mit einer allgemeinen Vertrauenskrise zu tun, auch zwischen Staat und ausländischen Gebern.« Geld vom westlichen Ausland gibt es nicht mehr. Die Geber verlangen erst Stabilität. Aber, sagt Sioke, das durch Wahlen konstituierte pluralistische System sei ohne Konsens. »Wir brauchen neues Vertrauen, brauchen einen neuen Anfang; allein Neuwahlen sind die Lösung.«

Das klingt so demokratisch und ist dennoch nichts als ein weiteres Puzzleteil im Szenario des sicheren Zerfalls. Denn wer soll als rettende Alternative gewählt werden? Etwa Kolingba, der Ex-Diktator? Oder gibt es einen neuen Mann, der alles besser machen könnte? Abdel Goumba etwa, der Oppositionschef, der nur knapp die Stichwahl gegen Patasse verlor? »Damals ist betrogen und gefälscht worden«, sagt Goumba bei unserem Treffen. Als alter Linker wohnt er in einem ärmeren Stadtviertel. Kein Bild des Präsidenten, sondern sein eigenes, groß und repräsentativ, schmückt sein

Heim. Auch er ist in seiner ganz persönlichen Eitelkeit gefangen. Einst war Abdel Goumba der erste Arzt mit Examen in der Zentralafrikanischen Republik, war mit 27 Jahren jüngster Premier. Unter Bokassa und Kolingba dann saß er für seine politischen Überzeugungen im Gefängnis. Das ehrt und adelt ihn noch immer. Aber inzwischen ist er 70 Jahre alt und verkörpert keine Zukunft mehr. Auch seine Kritik ist rückwärtsgewandt. Er wirft Patasse vor, schon unter Bokassa gedient zu haben und nun die Demokratie auf eine Einparteien-Herrschaft zurückzuschrauben. »Clan-Politik für Funktionäre«, schimpft der alte Mann und kramt in seinen Unterlagen, um zu belegen, daß so gut wie alle neuen Verwaltungspräfekten aus der Regierungspartei berufen wurden. Seine Minister zog er aus dem Allparteien-Kabinett zurück, nachdem drei Meuterer auf dubiose Weise auf einer Polizeistation umkamen. Ansonsten, sagt Goumba, verbinde ihn mit den Meuterern nur die Forderung nach Neuwahlen. Die würde er gewinnen, »wenn alles mit rechten Dingen zuginge«.

Also doch Neuwahlen? »Patasse würde gewinnen, Kolingba, der hinter der Meuterei steckt, trotzdem die Macht wollen, die ethnischen Probleme würden richtig aufbrechen«, meint Präsidentenberater Prosper N'Douba. Ein Diplomat umschreibt diese Haltung mit »Bunkermentalität«. Doch N'Douba formuliert geschickt, es sei nicht gut für die Demokratie, »unter Druck einen Wechsel zu erzwingen«. Patasse ist bis 1999 gewählt. Nichts rührt sich, nichts bewegt sich, niemand ist bereit, Argumenten zu folgen, Blockade total bis zum großen Knall.

Angesichts dieser perspektivlosen Situation mußten jüngere Leute, die gegen die alte *classe politique* nicht zum Zuge kommen, verzweifeln. Premier Gberzera Bia etwa, noch keine Fünfzig, ein Dynamiker mit Abschlüssen in Jura und Wirtschaft, der zur eigenen Beruhigung ständig mit einem

Malachitstein in der Hand spielt. »Wir müssen unsere Probleme selbst lösen«, lautet sein Credo. Es sei auch eine gute Sache, »daß wir Afrikaner dies selbst in die Hand nehmen«, lobt er die Anwesenheit der Friedentruppe MISOB. Doch während er spricht, läßt ihn sein französischer »Berater« keine Sekunde aus den Augen, schreibt jede Antwort akkurat in einen Notizblock – drei Jahrzehnte nach der offiziellen Unabhängigkeit. Aber noch immer bestimmen die Franzosen hier das gute wie das schlechte Wetter. Das mag alles mitverursacht haben, wahrscheinlich aber hat es auch Schlimmeres verhindert, einen Militärputsch etwa.

Und dann, an einem anderen Tag, als Renaldy Sioke mich bittet, nochmals zu ihm zu kommen, ist endlich Leutnant Parfait MBay bei ihm, der Sprecher und damit so etwas wie der Chef der Meuterer. Ein junger, kräftiger Mann, nicht in Uniform, sondern einem Anzug aus buntem afrikanischem Stoff, mit Goldkettchen und Mobil-Telephon eher eine recht zivile Erscheinung. »Ich bin ein Moderater, aber es gibt auch andere«, droht er unterschwellig im Gespräch, das sich lange um die vielen kleinen und großen Vertrauensbrüche zwischen Militär und Präsidentenlager dreht. Wenn alles funktioniere, meint MBay schließlich, hätten Militärs in der Politik nichts verloren. Aber Patasse habe das Vertrauen aller verspielt. Und so gebe es eben Situationen, »in denen das Militär als Wächter der Demokratie auftreten muß«.

Welch Satz mit tödlicher Sprengkraft. Und beim Auf-Wiedersehen vor dem Haus biegt dann plötzlich eine von loyalen Militärs mit schweren Maschinengewehren abgesicherte Wagenkolonne in die Straße mitten im Rebellengebiet ein, ganz offensichtlich auf dem Weg zur sonst verwaisten Residenz des französischen Botschafters nur drei Häuser weiter. Da wird Rebellenchef MBay richtig böse. »Eine Provokation«, sind die letzten seiner noch laut zu vernehmenden Worte. Danach spricht er nur noch leise in sein Mobiltelefon.

Die Woche darauf wird in Bangui wieder heftig gekämpft. Auch tagsüber detonieren Granaten, eine auch auf dem Gelände der französischen Botschaft. Zwei Soldaten der afrikanischen Friedenstruppe werden bei Straßenkämpfen schwer verletzt. Nach Angaben des Roten Kreuzes sterben mindestens 100 Zivilisten. Erst als französische Truppen wieder Stellungen in der Stadt beziehen, beruhigt sich die Situation etwas. Der große Knall ist das noch nicht. Aber er wird kommen. Denn niemand füllt das Vakuum, das die Franzosen hinterlassen.

Doch vor dem Zukunftsknall im Zentrum des Kontinents brach – für alle unerwartet – etwas ganz anderes aus: verzweifelte Nostalgie – und das ausgerechnet auf einer weltvergessenen Inselgruppe im Indischen Ozean. Auf den Komoren wünschten sich die Bewohner einer ehemaligen Kolonie erstmals die Fremdherrschaft zurück und probten im Sommer 1997 deshalb den Aufstand gegen ihre eigene Regierung.

Dabei war Ibrahim Abdulla schon wegen seines Alters kein wirklicher Rebell. Der Koran-Lehrer, der *Foundi,* wie sie ihn auf der Komoren-Insel Anjouan alle respektvoll nennen, war mit seinen 75 Jahren in diese Rolle mehr gezwungen worden. Aber öffentliche Erniedrigung macht eben Revolutionäre. So auch beim *Foundi,* dem Lehrer. Und das Schlüsselerlebnis für ihn und Anjouan, dieses vergessene Tropenparadies im Indischen Ozean, war ein Freitag, der moslemische Tag des Gebetes in der Moschee. Danach erst nahmen die Dinge wirklich ihren Lauf. Und schließlich flatterte über Anjouan wieder die französische Trikolore, und die Menschen, die ihre Freiheit wollten, riefen nach der ehemaligen Kolonialmacht Frankreich. Welch absurde Episode der Geschichte.

Aber zurück zu jenem Freitag im März 1997. Damals wehte schon längst die rote Fahne des letzten, von Frankreich noch freien Sultans Anjouans als Symbol des Protestes gegen die Hauptinsel Grand Comore auf dem Haus der *Préfecture* in Mutsamudu. Anjouan fühlte sich von der Zentralregierung in Moroni vernachlässigt. Doch niemand in der Welt nahm diesen Protest wirklich wahr. Soldaten kamen und zwangen den Alten, nach der Moschee die Straßensperren aus ein paar Steinen eigenhändig wegzuräumen. Welch Schmach gegen den hier so angesehenen Koran-Lehrer.

Das erst brachte die Emotionen endgültig zum Überkochen. Jetzt machte sich der Groll, das Aufbegehren Luft. Kein Weg führte mehr zurück. »Unabhängigkeit ist die einzige Lösung gegen die Versklavung durch die Zentralregierung«, erklärte der *Foundi* definitiv, als der Botschafter Pierre Yere von der Elfenbeinküste als Vermittler der Organisation Afrikanischer Einheit im August kam. Da war Ibrahim Abdullah bereits zum Präsidenten des sich für unabhängig erklärten Anjouan ausgerufen. Und neben den roten Fahnen des Sultans wehte auf der Komoreninsel Anjouan als Zeichen der neuen Freiheit: die Trikolore.

In der Verzweiflung brach sich da koloniale Nostalgie Bahn. Rekolonisierung als Befreiung! Doch der Ruf an Frankreich: »bitte herrsche wieder über uns«, stieß auf wenig Gegenliebe. Paris lehnte dankend ab. Dies passe nicht ans Ende dieses Jahrhunderts. Seitdem liegen die Komoren da und wissen nicht recht, wie es weitergehen soll.

Willkommen in Moroni, Epizentrum politischer Absurditäten, Hauptstadt der Komoren. 18 Putsche und Umsturzversuche hatten sie hier in ihren 22 Jahren Unabhängigkeit. Der vorläufig letzte fand 1995 statt. Wieder einmal war es der inzwischen alternde französische Legionär Bob Denard, der mit einer Handvoll weißer Söldner die Armee der 800 Soldaten im Handstreich ausschaltete. Rein statistisch wäre es wieder einmal an der Zeit für einen solchen Putschversuch. Vielleicht passiert's schon morgen.

Die Stimmung taugte dazu. Ein Flugblatt kursierte bereits. Darin gab eine »Öffentliche Erlösungsarmee« der »Clique«

um Präsident Abdullah Taki genau zehn Tage, die Probleme mit den Separatisten auf den anderen Inseln zu lösen, sonst würde was passieren. Welch traumatische Tropen diese Komoren doch sind, auf denen so etwas durchaus möglich scheint – auch wenn der im Flugblatt gesetzte Termin bereits abgelaufen war. Doch dies ist eine verquere Welt zwischen Baguette und moderatem Islam, zwar lieblich umspült vom immerblauen Meer, mit der Hauptstadt Moroni und seiner arabesken Altstadt, in deren engen Gäßchen sich der Geruch abgestandenen Brackwassers mit der frischen Brise des Indischen Ozeans vermischt. Aber alles scheint möglich. Politik, wie wir sie kennen, ist nur eine von vielen Optionen.

»Wir können die Uhr nicht zurückdrehen.« Darin ist sich die etablierte Politik allerdings einig. Oppositionschef Abbas Djoussouf lehnt wie die Regierung eine Rückkehr zu Frankreichs Oberhoheit brüsk ab. Dennoch sieht er eine Sonderrolle für Paris. »Was wir wollen, ist französische Vermittlung. Frankreich muß Präsident Mohamed Taki Abdoulkarim zur Vernunft bringen, wenn nötig mit Druck, damit er eine Lösung für das Anjouan-Problem findet.« Paris habe die Komoren 150 Jahre lang beherrscht und sei am besten geeignet zu vermitteln. Lieber Kolonisator, hilf uns.

Für Abbas, der Taki gut ein Jahr zuvor bei den ersten wohl freien demokratischen Wahlen unterlag, ist »die Krise jetzt der Höhepunkt eines langen Verfall-Prozesses«. Abbas, der auch im Haus seine Sonnenbrille trägt, raucht Zigaretten in Kette; kein Wunder, daß er so hager ist. »Viele der Separatisten-Führer haben doch noch vor einem Jahr Wahlkampf für Taki gemacht«, schüttelt er über die Entwicklung den Kopf und gesteht dann selbst ganz offen ein: »Ich weiß auch keinen Weg aus dieser Krise.«

Wie sollte er, denn auch Abbas will eines nicht wahrhaben: Der Aufstand auf den Komoren mit dieser verrückten Idee, sich lieber wieder kolonisieren zu lassen als weiter von den eigenen Leuten ausgebeutet zu werden, hat viel damit zu tun, daß die einfachen Menschen die Schnauze voll haben vom eigenen politischen Establishment. Sie trauen denen nicht mehr, die seit der Unabhängigkeit vorgeben, Politik für sie zu machen. Sie wollen die herrschenden Cliquen loswerden; aber sie wissen nicht recht wie.

Eine typisch afrikanische Erfahrung, auch wenn Politik auf den Komoren ob des Völkergemischs aus Afrikanern, Polynesiern, Arabern und Einwanderern aus dem Persischen Golf wenig mit Tribalismus, dafür um so mehr mit Nepotismus und Geklüngel aus Großfamilien, Clans und mit Regionalismus zu tun hat. Präsident Taki versprach seinen Wählern noch alles. Sein eingängiger Slogan hieß *Rehemani* – »Das Paradies auf Erden«. Dafür wählten ihn im März 1996 mehr als 60 Prozent. Aber dies Versprechen kann er natürlich nicht erfüllen; nicht einmal die Zusage, alle ausstehenden Gehälter wenigstens seit seiner Wahl bis zum 31. Dezember 1996 zu bezahlen. Taki verlor so ziemlich alle Freunde. Und er machte als Präsident zu viele Auslandsreisen im Privatjet, ohne die Wirtschaftsprobleme des Landes auch nur anzugehen. Auf alle Probleme aber antwortete er mit Repression statt Dialog.

Die »Inseln des Parfüms« stecken im eigenen Morast fest. Lange lebten die Komoren ganz gut von der Produktion ihres L'Ylang-Ylang und der Vanille. Das Destillat des Ylang-Ylang-Busches, 1909 aus den Philippinen eingeführt, wird zur Stabilisierung von Parfüms und Kosmetik gebraucht. Immer noch sind die Komoren Weltproduzent Nummer eins, aber die Produktion stockt, die Qualität läßt zu wünschen übrig, auch bei der Vanille. Die Konkurrenten, vor allem das nahe Madagaskar und Indonesien, machen alles besser, schneller und billiger.

Die objektiven Probleme, die das Land mit etwa 600 000 Einwohnern in die Krise stürzten, sind schnell umrissen:

Übervölkerung, Armut und eine unfähige Verwaltung. Das Ergebnis verwundert nicht: Eine frustrierte Bevölkerung und nun die Separatistenbewegungen. Daß alles auf der Insel Anjouan losging, ist verständlich: Dort leben gut doppelt so viele Menschen pro Quadratkilometer als auf Grand Comore, die Wälder aber sind für die Destillation von Ylang-Ylang weitgehend abgeholzt, Nahrungsmittel wie Reis müssen importiert werden. Und was den Menschen in Anjouan zudem fehlt, sind die Überweisungen der Auslands-Komoren. Mehr als 100 000 davon leben zumeist im französischen Marseille. Doch die stammen fast ausnahmslos von Grand Comore. »Diese jährlichen privaten Rücktransfers entsprechen ungefähr dem Jahresbudget der Regierung der Komoren«, schätzt Hans-Werner Ottomeyer von der EU. Doch das Geld, das so zurückkommt, hilft nur den Verwandten auf der Hauptinsel. Die anderen gehen leer aus.

Deshalb schauen die Menschen von dort wehmütig auf die vierte Insel der Komoren, auf Mayotte. Das bleibt – trotz Protesten der UNO und der OAU – nach einem Referendum 1975 französisch. Und dort, nur 70 Kilometer weiter über das Meer, gibt es scheinbar alles, was hier fehlt: Straßen, Schulen, Mindestlöhne, Gesundheitsfürsorge, Krankenhäuser, Strom, eben einfach alles, was der französische Wohlfahrtsstaat so bietet. Noch konkreter: Ein Schullehrer verdient auf Mayotte das Fünffache seines Kollegen in Anjouan, und der bekommt diesen Hungerlohn zudem seit Monaten nicht ausbezahlt.

Foundi Abdallah Ibrahim auf Anjouan verspricht seiner Gefolgschaft nicht mehr als Zustände wie auf Mayotte. Und auf Moheli, der anderen abtrünnigen Komoreninsel, ahmt ihn der ehemalige Armeeoffizier Said Mohamed Souef nach. Jetzt ist Souef auf Moheli »Präsident«. Doch da von Anfang an ausgeschlossen war, daß Frankreich die Inseln wieder zurücknehmen würde, realisieren die Anstifter der Revolte immer mehr, wie verfahren ihre Situation zu werden droht. Und nur Wochen nach Beginn des Aufstandes sagt *Foundi* Ibrahim Abdullah deshalb bereits: »Wir wollen keine Rekolonisation durch die Franzosen, sondern eine Assoziation mit ihnen.« Die Trikolore hätten sie nur gehißt, um endlich Aufmerksamkeit zu erlangen.

Doch wer schaut hin? Niemand. Afrika wird in der Zukunft mit sich selbst fertig werden müssen. Paris und alle anderen haben andere Sorgen. Präsident Taki starb im November 1998 angeblich an einem Herzinfarkt, nur Stunden, nachdem er von einer seiner vielen Auslandsreisen auf die Komoren zurückgekommen war. Sein Nachfolger wurde 1999 gewaltsam gestürzt. Wieder ein Putsch auf den Komoren. Es kümmerte niemanden.

KAPITEL 16

Blaue Ritter, graue Papageien und die Rassenfrage

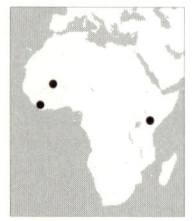 Es ist, als wäre die Zeit auf ewig stehengeblieben: Die Frauen haben auf den sandigen Boden Matten gelegt und ihre Waren darauf ausgebreitet, Tamarind-Blätter zum Beispiel oder getrocknete Tomaten oder für die Zubereitung von Heiltees schwarzes, fein zerriebenes Henna und graues Baobab-Pulver. Daneben liegen grobe Tabakstreifen und getrocknete Tierblasen, um den Tabak darin frisch zu halten. Als Delikatesse in dieser staubigen Gegend gibt es Kokosraspeln, und an der Ecke werden auf einem kleinen Holzkohleöfchen Bananen in Fett rausgebraten.

Die Düfte des Orients vermischen sich mit denen Afrikas. Die Augen werden nicht müde, immer wieder Neues zu entdecken: Markt in Timbuktu, schon dieser Name läßt die Gedanken in frühere, sagenhafte Zeiten entfliehen. Und diesen Traum können auch die massenhaft angebotenen Suppenwürfel kaum stören, die aus der anderswo bereits existierenden Zukunft ihren Weg bis hierher gefunden haben. Denn schon haftet der Blick wieder auf einer alten Frau mit zerfurchtem Gesicht. Sie zersägt mit sichtbarer Mühe eine Platte versteinerten Salzes, wie sie seit Jahrhunderten von hoch droben aus dem Norden der Sahara in den Salzminen in Taoudenni gewonnen und dann auf Kamelkarawanen mehr als 700 Kilometer weit durch die Wüste hierher gebracht werden.

Timbuktu, ein Mythos, ein geschichtsträchtiger Ort: Im 12. Jahrhundert von den Senaga-Berbern gegründet, war es später Residenzstadt der Songhrai-Könige, Mittelpunkt ihres Reiches, bevor es Ende des 16. Jahrhunderts von den Marokkanern erobert wurde. Die Stadt war ein Kultur- und Handelszentrum der islamischen Welt, eine Metropole mit einmal 100 000 Einwohnern, in der sich berühmte Ärzte und Gelehrte niederließen, durch die Gold- und Sklavenkarawanen von Westafrika bis zum Mittelmeer zogen und auf ihrem Rückweg das Salz mitbrachten.

»Stadt des Propheten« nannte der deutsche Afrikaforscher Heinrich Barth den Wüstenort noch in seinen Reisenotizen; er kam 1853 hierher. Inzwischen erinnert an Barth und die vergangene Pracht nur noch eine Gedenktafel an einem der wenigen renovierten Lehmhäuser. Dieses Haus schmückt noch eine reich verzierte und kunstvoll geschnitzte Tür aus Holz von der Elfenbeinküste. Die drei Moscheen wie die meisten anderen Häuser im verlassenen »Marokkaner-Viertel« drohen entweder im Sand unterzugehen oder vom Regen weggewaschen zu werden. Kaum 20 000 Menschen leben hier noch, zumeist »schwarze« Malier. Die Tuareg – die »Araber« oder die »Weißen« nennt man sie hier – sind längst geflüchtet. Die Schwarzen wollen uns töten, haben die Tuareg gesagt. »Das ist nicht falsch«, sagt Moulai Bakari, der junge Malier, der mich unaufgefordert durch den entzauberten Mythos begleitet.

Timbuktu ist nur noch ein vergangener Traum. Ein Fleck in der Wüste ohne jede wirtschaftliche Bedeutung. Deshalb stöhnt auch der Besitzer des wohl einzigen Videoladens, in dem es außerdem Autozündkerzen, Seifen, Andenken und alles mögliche andere zu kaufen gibt. Vor der Rebellion, meint er, sei es ihm noch gutgegangen. »Aber jetzt sind wir nur mehr eine Enklave.« Touristen kommen kaum noch. Wie auch: Nur zweimal die Woche ist die Stadt von Malis

Hauptstadt Bamako aus zu erreichen, entweder in einer veralteten Antonow (samt russischer Flugcrew) oder per Fluß-
dampfer in fünf Tagen auf dem Niger, der Wasserstraße
durch die Wüste.

Timbuktu, die Stadt am Wüstenrand, ist Teil des »Nord-
problems« geworden. Damit wird fast 1000 Kilometer südwestlich in Bamako euphemistisch umschrieben, daß der
Norden Malis seit Jahren der staatlichen Kontrolle eigentlich
entglitten ist. Die Regierung spricht von einer Rebellion der
Tuareg, Menschenrechtsgruppen in Europa dagegen von
Völkermord an den als »blauen Rittern der Wüste« oft ver-
klärten Wüstennomaden. »Die Tuareg, das ist ein altes Problem, das die Geschichte Malis durchzieht«, sagt nüchtern
Amadou Toumani Toure. Im Volksmund wird der ehemalige
Fallschirmspringer nur »ATT« genannt. Er stürzte 1991 den
Diktator Moussa Traore, der Mali 23 Jahre lang regierte.
Und als Übergangspräsident glaubte ATT einen Tag vor den
demokratischen Wahlen am 12. April 1992 mit der feier-
lichen Unterzeichnung des *Pacte National* das wieder aufge-
flammte Tuareg-Problem eigentlich gelöst zu haben.

Mittlerweile weiß der General mit Schnauzbart und Kurz-
haarschnitt so gut wie jeder, daß sich das »Nordproblem«
seit der Unterzeichnung des Paktes eher verschärft hat. Es ist
ein versteckter Kleinkrieg im Wüstengebiet geworden, bei
dem alle nur verlieren können und von dem die Welt kaum
Notiz nimmt. Im Jahr 1994 sind dabei mehr als 300 Menschen ums Leben gekommen, durch Rebellenangriffe, Vergeltungsschläge der Armee oder Attacken der neuen »Bürger-
wehren«. Im Norden Malis traut sich kaum jemand mehr aus
Städten oder Siedlungen hinaus auf die Felder, in Militärkon-
vois schlagen sich zweimal pro Woche nur diejenigen bis
nach Gao im Nordosten durch, die auf dem Landweg durch
Tuareg-Gebiet müssen. Daß vor allem seit dem Aufkommen
der Selbstverteidigungsgruppen *Ghanda Koy* (»Uns gehört

der Boden«) im Frühjahr allein mindestens 90 000 der Tuareg
in Flüchtlingscamps in Mauretanien hausen, 10 000 andere
nach Algerien oder Burkina Faso flüchteten, weil sie sich
ihres Lebens in Mali nicht mehr sicher waren, wird kaum
wahrgenommen. Doch ATT, der Friedensstifter, weiß, warum »sein« Pakt bisher nicht funktioniert: »Er ist nicht umgesetzt worden.«

Da ist viel Wahres dran, und schuld sind, nach seiner Meinung, alle außer ATT selber: die jetzige Regierung in
Bamako, »die sich nur um Details, nicht aber um den großen
Wurf kümmert«, einige radikale Elemente unter den Tuareg,
und natürlich die internationale Gebergemeinschaft, »die
keinerlei Hilfe zur Verfügung stellt«, die im Pakt von ihm
gemachten Zusagen auch zu finanzieren. Denn zugesagt wurden damals die Aufnahme der Tuareg-Kämpfer in Armee,
Gendarmerie und Polizei, um ihnen ein Auskommen zu
sichern, besondere Anstrengungen für die Entwicklung des
jahrzehntelang vernachlässigten Nordens von Mali, um für
die Menschen eine ökonomische Lebensgrundlage aufzubauen, sowie die Dezentralisierung der Regierungsmacht,
um mehr Selbstverwaltung zu schaffen. »Das ganze ist ein
Problem der Lebensbedingungen. Wenn die verbessert würden, gäbe es keine Rebellion«, meint Maître Idrissa Traore,
früher Justizminister und Botschafter Malis in den USA.
»Aber die Realitäten erlauben es nicht, die Versprechen des
Paktes zu erfüllen.«

Die Katze beißt sich in den Schwanz: Die westlichen Geber
haben mehr als 250 Millionen Dollar zur Hilfe für den Norden Malis zugesagt. Doch ist davon so gut wie kein Cent
abgeflossen. »Solange wir dort nicht arbeiten können, kein
Auto in der Nähe von Timbuktu sicher ist, geht nichts«, sagt
ein westlicher Diplomat. Keine Hilfe, solange die Sicherheit
nicht gewährleistet ist, aber keine Sicherheit, solange die
Menschen in der Öde der Wüste nur durch Raub von Vieh

oder Autos überleben können. Ein Teufelskreis, in dem Mali und die Tuareg gefangen scheinen.

Und der Oktober 1994, in dem ich diesmal durch Malis Norden reise, ist ein blutiger Monat: Bei einem Angriff auf die Hafenstadt Gao am Niger werden 13 Menschen getötet und 17 verletzt, mehrere Wohnhäuser und eine Tankstelle beschädigt. Knapp zehn Tage zuvor war der Koordinator der Schweizer Entwicklungshilfe, Jean-Claude Berbera, der zudem schweizerischer Konsul in Mali war, mit seinem Begleiter auf dem Weg nach Niafounke bei Timbuktu umgebracht worden, offenbar nur wegen seines geländegängigen Autos. Wieder sollen es Tuareg gewesen sein. Insgesamt 40 Tote allein in diesen vier Wochen.

»Wenn ein Bandit ein Auto stiehlt, geht man nicht gegen ihn vor, sondern veröffentlicht ein Kommuniqué: Die Tuareg haben wieder angegriffen. Das ist doch Stimmungsmache«, sagt Yehia Ag Mohamed Ali. Der Mann in dem weiten blauen *Bou-Bou* hat eine ziemlich dunkle Haut, aber die klaren Gesichtszüge mit der schmalen Nase weisen ihn als Tuareg aus. Für Mohamed Ali ist es erst seit 1990, seit Ausbruch der Rebellion, ein Problem geworden, als Mitglied einer Minderheit angesehen zu werden. Die untergehende Diktatur Moussa Traores habe die Tuareg als Minderheit abgestraft, sie als Sündenböcke mißbraucht, um einen gemeinsamen Feind zu kreieren. Deshalb sei der unterschwellige Rassenhaß gegen die »weißen« Wüstennomaden geweckt worden. Damals wie heute aber begehe die Regierung in Bamako den Fehler, die Rebellen als Wortführer aller Tuareg anzusehen.

Für Yehia Ag Mohamed Ali, den Tuareg, der sich in die malische Gesellschaft integriert hatte, der mit einer Bambara-Frau verheiratet ist wie viele seinesgleichen, ist eine Welt zusammengebrochen. »Es gab 1990 keinen Grund für eine Rebellion der Tuareg«, meint er verzweifelt. Viele Tuareg empfänden die Gründung der 1990 entstandenen Tuareg-Bewegungen als ihr Unglück. Nach Niederschlagung der ersten, lokal begrenzten Revolte bei Kidal 1963 kurz nach der Unabhängigkeit Malis sei es vor allem die Dürre von 1973 gewesen, die die traditionellen Lebensgrundlagen der Tuareg vernichtet hätte. Aber, so Mohamed Ali, es seien Zentren entstanden, wo sich Tuareg niederließen, Händler oder Handwerker geworden seien. Es war möglich, so meint er, sich zu integrieren.

Yehia Ag Mohamed Ali selber war Filialleiter einer Bank in Sikasso. Aber infolge der Rebellion gab es dort am 20. Mai 1991 ein Massaker an Tuareg. Mohamed Ali schrieb deshalb einen Zeitungsartikel, wurde selbst zur Zielscheibe, ging außer Landes nach Togo und dann an die Elfenbeinküste. Endgültig kündigte er 1992 bei der Bank. Seine Frau und die Kinder hielten es in der Provinz nicht mehr aus. Sie kamen zu ihm nach Bamako. Hier schlägt er sich als »Berater« durch. Einen festen Job bekam er nicht mehr. »Man behandelt mich wie einen Aufständischen. Früher war ich ein Malier, inzwischen fühle ich mich mehr als Tuareg. Aber ich bin kein Rebell!«

Die zweite Rebellion der Tuareg in Mali hatte am 28. Juni 1990 begonnen: Rund 40 Kämpfer griffen den Wüstenort Menaka im Osten Malis an, töteten zehn Menschen, erbeuteten von Militär und Polizei Waffen sowie vier Geländewagen einer Hilfsorganisation. Bouday Ag Mohamed von der Zeitung *Union,* selbst Tuareg, sagt, diese Kämpfer seien »arbeitslose Söldner« der Islamischen Legion Libyens gewesen und »Söhne der 63er Revolte, die ihren Heimatboden wiederhaben wollten«. Der Zeitpunkt schien gut gewählt. Die »Schlacht von Menaka«, wie die Tuareg den Überfall nur nennen, destabilisierte den Norden. Die Armee des durch die Rufe nach Demokratisierung in Bedrängnis geratenen Regimes Mouassa Traores wurde mit ihren Panzern der

Wüstenguerilla nicht Herr. Also versuchte der angeschlagene Diktator seine »Nordfront« durch weitgehende Zusagen zu beruhigen und unterzeichnete im algerischen Tamanrasset im Januar 1991 einen entsprechenden Pakt. Doch im Süden Malis gingen die Schüler und Gewerkschafter weiter auf die Straße. Zwei Monate später stürzten nach blutigen Zwischenfällen Unteroffiziere unter der Führung von ATT Amadou Toumani Toure den Diktator und übernahmen als Übergangsregierung bis zu den Wahlen die Macht.

Das sich demokratisierende Mali aber kam von den einmal gemachten Zusagen nicht mehr herunter – es konnte sie aber nicht erfüllen. Doch Bouday Ag Mohamed, der Tuareg-Journalist, sagt: »Die Tuareg glauben, ein Recht auf diese Zugeständnisse zu haben.« Also dreht sich der Teufelskreis weiter. Seit Juni 1990 gibt es im Norden des Landes praktisch keine Verwaltung, keine Schulen, kein Gesundheitswesen, der Handel mit Algerien ist zum Erliegen gekommen, die Viehzucht unmöglich geworden. »Das öffentliche Leben steht still«, sagt mir Alhousseni Taore, ehemaliger Außenminister, selbst in Gao im Norden geboren. »Das Land ist de facto zweigeteilt: Im Norden gibt es keinen Staat mehr, keine Normalität, im Süden verunsichert der politische Wandel zwar, aber das Wirtschaftsleben geht weiter.«

Inzwischen rebelliert im Norden die örtliche »schwarze« Bevölkerung gegen den Staat, der sie nicht zu schützen vermag. Deshalb, sagt Alhousseni Taore, hätten sich seit Mai diesen Jahres die *Ghanda Koy,* die Selbstverteidigungsgruppen, gebildet, angeblich von meuternden Unteroffizieren der frustrierten Armee Malis gegründet. Auch ATT meint, eine solche Entwicklung sei »gefährlich, aber verständlich«. Die malische Armee habe nicht die Mittel, den ganzen Norden zu »bewachen«. Und die Abwesenheit der Armee zwinge die Bevölkerung ja zum Selbstschutz, umschreibt Friedensstifter ATT, was korrekter Selbstjustiz genannt werden müßte.

Inzwischen ist die Armee unter Mißachtung des Paktes, aber auf Beschluß des Parlaments und der Regierung in Bamako wieder in den Norden einmarschiert.

Ziele, Mittel, Abmachungen, Winkelzüge: In dem Wüstenkonflikt, bei dem es um Leben oder Tod, um Selbstbestimmung oder staatliche Einheit geht, verschwimmen alle Grenzen. Die angeblichen Tuareg-Rebellen kämpfen nicht gegen die Armee, sondern überfallen Dörfer, morden unbeteiligte Menschen und berauben internationale Hilfsorganisationen, die Armee und die *Ghanda Koy* rächen sich an denen, die sie fassen können – und das sind selten Rebellen. »Zwei Jahre Pakt haben nur mehr Tote gebracht«, sagt Ex-Außenminister Alhousseni Taore aus Gao. Die Rebellenchefs haben seiner Meinung nach weder eine Legitimation in den eigenen Reihen, noch militärisch oder politisch ausreichend Einfluß auf die Tuareg-Gesellschaft. Die traditionellen Chefs der stark zergliederten Nomadengesellschaft seien nicht integriert. »Was wollen die Rebellen eigentlich?« fragt Taore schließlich ratlos.

Darauf kann mir auch Saouti Haidara, Chefredakteur der unabhängigen Zeitung *Républicain,* keine befriedigende Antwort geben. Die Tuareg, sagt er, sind seit Jahrzehnten sich selbst überlassen. Sie erhalten keinerlei Unterstützung von seiten des malischen Staates. Deshalb müssen sie sich abgeschoben fühlen. »Jetzt haben sie zu den Waffen gegriffen, um ihr Recht auf ein besseres Leben einzufordern. Und die übrige Bevölkerung wehrt sich dagegen.« Denn nun fühlen sich wiederum die schwarzen Bewohner des Nordens von ihrem Staat, der doch eigentlich schwarz regiert wird, im Stich gelassen.

Das Tuareg-Problem in Mali ist nichts anderes als eines der eklatanten Minderheitenprobleme, bei denen offen der Rassismus des Schwarzen Kontinents aufbricht. Denn allzu simpel diktiert die Mehrheit ihr Votum: Bist du nicht schwarz, gehörst du nicht hierher, egal wie lange schon deine Vorfahren hier leben, über wie viele Generationen du und deine Vorväter auch immer die Geschicke des Kontinents und dieser Region mitbestimmt haben, hier gelebt, hier ihr Zuhause gehabt haben. Das Mehrheitsprinzip als Totschlagargument. Minderheitenschutz und damit die Menschenrechte werden als oktroyierte Werte nicht afrikanischer Kultur entwertet.

Zeidan Ag Sidalamine ist außenpolitischer Sprecher der Tuareg-Dachorganisation *Les Mouvements et Fronts Unifiés de L'Azawad* (MFUA). Ausgebildet als Lehrer, hört sich der 34 Jahre alte Mann aus der Gegend um Gao gerne selbst reden. Obwohl er so viel spricht, ist er dennoch ein schlechter Vertreter der Sache der Tuareg. Denn er gibt auf die drängenden Fragen keine klaren Antworten. Lieber verliert er sich – ganz französisch – in politischer Lyrik. »Das Tuareg-Problem ist ein politisches Problem, ein Kampf um Selbstbestimmung und Dezentralisierung«, sagt er. »Die Lösung ist der Pakt, der Pakt aber ist nur eine Idee.« Und gleich darauf heißt es aus seinem Mund: Der Pakt sei wichtig, aber der wichtigste Text seien die Menschenrechte. Wer will da widersprechen. Aber warum einige der Tuareg-Bewegungen schon längst nicht mehr kämpfen, sich andere Gruppierungen geteilt haben, warum mehr als 600 Tuareg-Kämpfer, die gemäß der Vereinbarung, allen »Kriegern« ein Auskommen zu gewährleisten, in die Armee und Gendarmerie aufgenommen worden sind, samt ihren Waffen wieder in der Wüste verschwanden, auf all diese Fragen gibt er keine Antworten.

Aber vielleicht ist das auch zuviel verlangt von einem Vertreter der Dachorganisation so unterschiedlicher Bewegungen. Zeidan Ag Sidalamine ist zudem noch Generalsekretär der Tuareg-Organisation, in der vor allem »Intellektuelle« ihre Heimat gefunden haben, der Volksfront zur Befreiung Assawads (FPLA). Daneben gibt es noch die »Traditionalisten« in der Volksbewegung für Assawad (MPA), dann die

Revolutionsarmee zur Befreiung des Assawad (ARLA), in der die jungen Söldner zu finden sind, sowie die aggressivste Bewegung der Mauren, die Islamisch-Arabische Front für Assawad (FIAA), die für die meisten Überfälle verantwortlich gemacht wird. Vier ganz verschiedene Bewegungen, jede mit unterschiedlichsten Mitgliedern, Zielen und Mitteln, manche zudem in sich zersplittert. Und keine der Fraktionen kann als alleiniger Vertreter der ganzen Volksgruppe auftreten, die gemäß ihrem Lebensstil als Nomaden noch nie einen Staat bildete oder wenigstens eine gemeinsame Interessenvertretung. So wie die Wüste langsam Timbuktu überdeckt und unter sich begräbt, so hat die Moderne mit ihren nationalen Grenzen und der fortschreitenden Besiedelung entlang des lebensspendenden Wassers des Niger die Lebensgrundlagen der Tuareg und ihrer Clans überrannt und vernichtet. Ihnen ist nur eines gemeinsam, wie Zeidan Ag Sidalamine sagt: »Wir sind allein gelassen: Im Norden der Sahara gelten wir nicht als Araber, im Süden aber heißen wir Weiße.«

Kein einfaches Schicksal, nirgendwo dazuzugehören. Mohamed Ag Ahmed ist so ein »Weißer«, ein stolzer Tuareg, der auch durch Bamako in seinem traditionellen hellblau wehenden Gewand schreitet, den kunstvoll geflochtenen Turban auf dem erhobenen Kopf. »Ich kann meine Haut nicht schwärzen und meine Sprache nicht leugnen«, sagt er. Er sei sich sicher, daß die Menschen, die in der Rebellion umgekommen sind, ihrer Hautfarbe wegen gestorben sind. Mohamed Ag Ahmed ist nicht Mitglied irgendeiner Bewegung, das betont er. Die Tuareg hätten viele Fehler begangen. Aber er wolle nicht, daß dafür jetzt alle Tuareg verurteilt würden. »Ich bin ein malischer Bürger. So kann es nicht weitergehen.«

Mohamed Ag Ahmed ist etwas Besonderes – namlich ein moderner Tuareg. Und wenn man erklärt, was das ist, ein moderner Tuareg, so spiegelt sich in dieser Erklärung wie im

Leben von Mohamed Ag Ahmed das scheinbar unlösbare
Problem dieser Sahara-Nomaden: Mohamed Ag Ahmed ist
Chef von Dofala, nicht weit von Timbuktu, und Dofala ist
ein Tuareg-Dorf, das Ende der 50er Jahre von seinem Vater,
Scheich Achmed, einem Marabou, gegründet wurde. Die
Idee war einfach: Die Tuareg-Nomaden müßten wegen der
anhaltenden Trockenheit ihre Lebensweise ändern. Sohn
Mohamed Ag Ahmed ist seit 1982 Dorfchef und glaubt, seitdem zwei Ziele erreicht zu haben: »Keine der 82 Familien ist
mehr weggezogen, und niemand hat gegessen, was er nicht
selbst angebaut hat.«

Trotz der Rebellion und der Wirren seither gilt in Dofala
der Beschluß, daß niemand das Dorf verläßt. »Wir hatten
bis auf die generelle große Unsicherheit bis 1994 keine größeren Probleme«, sagt Mohamed Ag Ahmed. Dann aber, Mitte
August, kam eine Militärstreife aus dem Nachbardorf und
erschoß insgesamt zwölf Dorfmitglieder aus Dofala. Darunter war auch der älteste Sohn von Mohamed Ag Ahmed.
Nach diesem Ereignis ist das ganze Tuareg-Dorf geflohen,
die eine Hälfte nach Mauretanien, die anderen haben sich in
der Gegend versteckt. Mohamed Ag Ahmed, der stolze Tuareg, der seit zwei Monaten nicht weiß, wo seine Familie ist,
will dennoch nicht aufgeben, auch wenn er sagt: »Es gab
keine Rebellen in Dofala. Man hat Unschuldige getötet.«

Afrika ist ein Kontinent, auf dem Minderheiten kaum eine
Chance haben. Dominiere oder stirb, heißt das Gesetz des
Überlebens. Entweder die Minderheit regiert, unterdrückt
die Mehrheit – wie etwa die Tutsi in Ruanda oder Burundi –,
oder sie verliert die Macht und damit die Kontrolle, dann
wird sie gemordet. Die Tuareg in der Sahara – verstreut vor
allem über Mali und Niger – sind ein besonderes Problem:
Sie gehören weder zur arabischen noch zur afrikanischen
Welt. Sie haben als Mittler zwischen den beiden gelebt,
waren angewiesen auf das Wasser im Süden und den Handel

mit dem Norden. Den Handel gibt es seit Jahrhunderten so nicht mehr. Schon die Seefahrt der frühen Neuzeit löste die Karawanen durch die Sahara ab. Technischer Fortschritt ist keine Erfindung des 19. oder gar des 20. Jahrhunderts. Und das Wasser im Süden beanspruchen die »Afrikaner« inzwischen selber. Die »schwarzen« Bauern sind die natürlichen Feinde der »weißen« Tuareg. Der Bauer schützt seine Scholle am Flußufer, der Nomade aber muß seine Herden frei zum Wasser treiben. Ein unlösbarer Konflikt – und der Aufstand der »blauen Ritter« in den 90er Jahren wird wohl eine ihrer letzten großen Schlachten gewesen sein, bis sie endgültig verlieren, ihre Kultur sich auflöst und sie sich als Volksgruppe atomisieren. Denn die Mittler zwischen Afrika und Arabien werden nicht mehr gebraucht, ohne nützliche Aufgabe aber sind sie nur noch ein grenzüberschreitendes »Problem« für die keimenden Nationalstaaten am Südrand der Sahara. Die Tuareg sind zum Treibsand zwischen den Welten geworden.

Andere versuchen erst seit wenigen Generationen, in Afrika ihre neue Heimat zu finden. In Afrika aber, schrieb V. S. Naipaul, bissiger Bruder des berühmten Schriftstellers, in Afrika muß man schwarz oder weiß sein – nur ja nicht braun. Er meinte damit den offenen Rassismus, der vor allem den Indern in Ostafrika entgegenschlägt. Und was die Inder im ehemals britischen Ostafrika, sind die Libanesen im Westen: vor zwei bis drei Generationen eingewandert aus Not, inzwischen aber die Herren der Wirtschaft – tüchtig, fleißig, vernetzt, korrupt, unersetzlich, dafür gehaßt und doch auch wieder heimlich bewundert.

Der »Boss« vom Mamba Point Hotel in Liberias Hauptstadt Monrovia hat ein wirkliches Hobby oder, wie er selbst sagt, einen völligen Spleen: Papageien. Das sind *african greys,* erklärt Chawki Bsaibes stolz zwischen hektischen

Gesprächen über sein Mobil-Telephon und harschen Anweisungen an sein schwarzes Personal. Dann beugt sich Chawki (sprich: Schaoi), beleibt wie er ist, wieder aus dem Lehnstuhl rüber und krächzt »hallo, hallo«, während ich versuche, mich mit ihm zu unterhalten. Für die beiden habe er »viel Geld« hingelegt, sagt er. Dennoch hat er den älteren Papagei so gut wie aufgegeben und in die Pizzeria abgeschoben. All seine Hoffnung liegt nun auf dem jungen Papagei, der, ungefähr zwei Jahre alt, noch sprechen lernen soll.

Deshalb steht auch hinter dessen Käfig ein kleines Tonband, auf dem Herrchen sein »hallo, hallo« gesprochen hat für die Zeit, in der er sich nicht persönlich dem Vogel widmen kann. Und das ist meistens. Hoffentlich wird das Tier das erste Wort bald lernen. Denn der »Boss« ist wirklich allmächtiger Herr über seine kleine Welt. Und niemand ahnt so recht, wie tief diese Macht in die Grauzonen des undurchschaubaren Liberias hinein reicht, in dem, mitten während des Bürgerkrieges, Bsaibes sein Hotel aufbaute. Typisch, daß es ein Libanese war, der diese Idee hatte.

Was für ein Platz. Hotels wie das Mamba Point mit seinen Gästen kann es nur in so ausgefallenen Plätzen wie Liberias Hauptstadt Monrovia geben: Hier wohnt Stan, der britische Kaufmann, oder Mitsotakis, der griechische Schieber, aber auch Kapitän Müller aus Deutschland oder Karim, der libanesische Grundstücksmakler, der mit seinen 28 Jahren momentan vor allem eine Frau zum Heiraten sucht. Daneben treiben sich gelangweilte Diplomaten herum und enttäuschte Mitarbeiter von Hilfsorganisationen.

Von der Terrasse aus sieht man durch Palmen hindurch, wie die Wellen des Atlantiks sich am Strand brechen. Aber niemand hält sich bei 35 Grad und extremer Luftfeuchtigkeit gerne draußen auf. Zudem brummen Tag und Nacht Chawkis Diesel-Generatoren. Eine andere Stromversorgung gibt es in Monrovia nicht. Aber das Mamba Point Hotel ist klimatisiert. »Leitungswasser« wird angeliefert. »Westlicher Standard«, sagt Chawki und wartet auf Komplimente.

Der Schöpfer dieses Paradieses wirkt überarbeitet. Jede Minute des Tages muß er seine Kunstwelt am Leben erhalten. Deshalb die hektischen Telefonate und schroffen Anweisungen an das Personal. Über der Bar läuft immer der Fernseher. Die Satellitenantenne empfängt amerikanische, englische und französische Kanäle. Zudem dröhnt Musik, alles gleichzeitig und einfach nur deshalb, weil es hier vorhanden ist und sonst nirgendwo in Monrovia. Glücklicher Ausnahmezustand in einem untergehenden Land.

Abends, die Ausgangssperre gilt bereits: Acht amerikanische GIs in Zivil, aber dennoch an Haarschnitt, Akzent und den Walkie-talkies in den hinteren Hosentaschen deutlich erkennbar, gehen nach einigen Bierchen wieder zur nahen US-Botschaft. Zwei Mitarbeiter der Ärzte ohne Grenzen in ihren Sandalen tanken Kraft in dieser Insel westlicher Glückseligkeit. Zu späterer Stunde kommt noch ein amerikanischer Diplomat herein, der Gäste zum Abendessen ausführen will. Diplomatenstatus, UN-Ausweise oder schlicht die weiße Hautfarbe helfen dabei, auch nachts die Straßensperren zu überwinden. Und das Mamba Point Hotel ist der Ort, an den man sich aus seiner eigenen »Burg« mit Mauer, Stacheldraht und Wächtern zur Abwechslung gerne flüchtet.

Vor einem Jahrzehnt noch war das Haus die niederländische Botschaft, dann wohnte der zweite Mann der US-Botschaft darin. Dann übernahm Chawki das Gelände und baute mitten im Bürgerkrieg um, setzte auf Zukunftswerte. Daneben, von Vertriebenen zu ihrer Heimstatt gemacht, liegt die Ruine des Gesundheitsministeriums, rechts davon am Strand das Außenministerium. Wieder daneben will Chawki bald noch einen Komplex mit Swimmingpool und Tennisplatz bauen. Er glaubt an ein besseres Morgen für Liberia, muß daran glauben, da er hier in insgesamt elf Jahren schon so viel investiert hat.

Und sollte Liberia wirklich jemals Frieden finden und dank seiner Bodenschätze wieder prosperieren, ist das Stadtviertel Mamba Point die beste Adresse in Monrovia. Hier residiert immer noch die US-Botschaft, haben sich auch alle UN-Organisationen mit ihrem wahnsinnigen Aufwand an Autos und »Experten« einquartiert. Deshalb sind kaum Blechhütten, kaum Flüchtlinge oder Vertriebene zu finden. Hier ist es nicht wie im Rest der Stadt, wo kein Schritt möglich ist, ohne daß dich irgend jemand bedrängt, du solltest ihm etwas geben, Geld, Uhr oder am besten gleich das Auto.

»Dies ist ein reiches Land, die wissen nur nicht, wie man es managen müßte, damit alle, vor allem die Tausenden an Armen davon profitieren könnten.« Nennen wir ihn Stan, der das sagt. Stan, der Brite, ist Gast im Mamba Point Hotel. Ein ruhiger Zeitgenosse, immer korrekt gekleidet und mit geregeltem Tagesablauf. Punkt 19 Uhr steht er jeden Tag frisch geduscht an der Bar auf ein Bier vor dem Essen. Stan, aufgewachsen als Sohn eines englischen Professors an der amerikanischen Universität in Beirut, spricht arabisch und ist Geschäftsmann. Er arbeitet für ein Handelshaus, das auf »Parallelgeschäfte« spezialisiert ist. Das läuft so: Stan kauft in Monrovia zum Beispiel US-Zigaretten auf, die billig ins Land kommen, und verschifft diese dann nach Fernost. »Das rentiert sich, nicht nur mit Zigaretten, wir nehmen auch Gummi oder was sonst noch da ist.«

Und es ist viel da: Diamanten, Gold, Eisenerz, Tropenholz, Naturgummi – und auf Transit nicht nur Zigaretten, sondern auch Drogen aus Lateinamerika auf dem Weg nach Europa. Das Chaos des Bürgerkrieges läßt Liberia zum Umschlagplatz der Schieber verkommen. Seine Boden- und Naturschätze sind zur Plünderung freigegeben. Es gibt niemanden, der ordnend eingreift. In diesem Wirrwarr kennt Chawki, der Libanese, alle wichtigen Leute. Seine Frau Anna, eine Irin, spielt mit den einflußreichen Damen Tennis. Ab und zu finden bei ihnen rauschende Partys statt – für Anna zu wenige, für Chawki zu viele. Am irischen Nationalfeiertag, dem *St. Patricks Day,* bekommen sie von der Brauerei Bier sogar vom Faß und können dies dank der selbst importierten Lebensmittelfarbe auch in grün ausschenken. Zeitvertreib in der Einöde. Jeder kommt da mal vorbei.

Für gewöhnlich genießt es Chawki, als einer zu gelten, der jeden Kontakt herstellen kann. Doch dieser Tage wird er ziemlich wütend ob seiner unerwarteten öffentlichen Bekanntheit. Eine der fünf Zeitungen Monrovias bringt ihn in Zusammenhang mit einem Eisenerz-Deal, den einer seiner Gäste, ein Grieche, den wir mal Mitsotakis nennen wollen, gerade einfädelt, für 9 statt 16 US-Dollar Weltmarktpreis pro Tonne. »Ich bin Hotelier und kein Händler«, empört sich Chawki, das Unschuldslamm. »Die nehmen das zurück oder ich verklage sie.«

Aber natürlich werden zwischen Bar und Restaurant vor allem Geschäfte besprochen und abgeschlossen. Dazwischen läuft der zweieinhalbjährige Chawki junior mit seinem liberianischen Kindermädchen herum – der ältere Sohn ist mit sieben Jahren wegen der Schule im vergleichsweise sicheren Libanon – oder trinken die Piloten des von der UN gecharterten deutschen Hubschraubers ihr abendliches Bier. An der Theke steht auch Kapitän Müller, der mit seinem Tanker seit 15 Jahren an der Küste Westafrikas entlang schippert: »Es gibt hier kein besseres Hotel.« Auch die Küche sei exzellent. Mit dem chinesischen Koch aus Shanghai kann wirklich selbst die US-Botschaft nicht mithalten. »Alles importiert«, schmunzelt Chawki. Dafür sind seine Preise vergleichsweise zivil. 80 US-Dollar verlangt er, plus 10 Prozent Steuern, an wen auch immer er die abführt. Und die Fahrt vom und zum Flughafen war gratis. Kein schlechter Preis für eine Übernachtung im kleinen Paradies des Mamba Point Hotel in Monrovia. »Empfiehl uns weiter«, ruft er mir beim Abschied nach.

Und wer weiß: Als ich 1999 Charles Taylor besuchte, den zum gewählten Präsidenten aufgestiegenen Kriegsherren, der den ganzen Bürgerkrieg auslöste, präsentierte der mir stolz seinen Wagenpark. Ein Rolls Royce – ohne Nummernschilder – war darunter. Und die britische Luxuslimousine sowie all die Mercedes-Karossen für Taylors Minister stiftete ein Libanese, ein guter Bekannter von Chawki, erfuhr ich später. Als »kleine« Gegenleistung billigte ihm Taylor das Monopol des Benzinverkaufs im Lande zu. So werden Deals gemacht.

Libanesische Händler und Geschäftsleute habe ich überall im Westen getroffen, an der Elfenbeinküste im Kakaogeschäft ebenso wie in der Stahlbranche, in Ghana, im Senegal als »Import-/Exportspezialisten« und bis runter nach Port Harcourt in Nigeria, wo das Öl aus dem Nigerdelta sprudelt und die internationalen Erdölkonzerne und ihre Mitarbeiter bereit sind, für jede Dienstleistung in harten Dollars viel zu bezahlen. Die Libanesen werden von niemandem geliebt, aber jeder braucht sie, sie leben, sie feiern, sie heiraten untereinander, sind eine verschworene Gesellschaft, in die von außen so gut wie niemand wirklich reingelassen wird. Und doch kennen sie alle Mächtigen und wichtigen Menschen in ihren Gastländern, sind mit Präsidenten, Ministern und Zöllnern auf Du.

Ihr Gegenstück im Osten des Kontinents sind die Inder. Doch was haben 3,2 Tonnen angeblich BSE-verseuchten Rindfleisches mit der Rassenfrage zu tun? In Kenia vieles. Da war zum einen jene besagte Lieferung: Sie lag – hoffentlich – immer noch im Hafen von Mombasa. Die Einfuhrpapiere waren alles andere als in Ordnung. Also wurde die Verkaufslizenz der Supermarktkette als Käufer der Lieferung kurzfristig aufgehoben. Seither aber durfte die Nakumatt-Kette ihre Geschäfte wieder öffnen.

Denn der Direktor ging in die Gegenoffensive. In ganzseitigen Anzeigen ließ er wissen, alles sei nur ein Komplott gegen ihn, den Inder, gewesen. Kein Rindfleisch-, sondern ein Rassenkrieg also. Vor Entzug der Lizenz sei er nämlich aufgefordert worden, Bestechungsgelder von umgerechnet 1,3 Millionen Mark zu zahlen – oder rechtlich in die Knie gezwungen zu werden. Da beim Lizenzentzug ohne Vorankündigung offenbar wirklich nicht alles mit rechten Dingen zuging, verkündete die Regierung, Nakumatt dürfe sofort wieder öffnen.

Damit war der ganze Rindfleischskandal erst einmal abgelegt in den explosiven Ordner »schwelender Rassenkrieg in Kenia«. Denn die Vorurteile gegen die indische Minderheit von etwa 70 000 Seelen gegenüber fast 28 Millionen schwarzer Kenianer sind grenzenlos. Viele zündeln damit, nicht nur der Nakumatt-Direktor.

Erst kurz davor hatte Kenneth Matiba, Ex-Minister und ziemlich erfolgloser Politiker der oppositionellen Ford-Asili-Partei, den Rassismus mit einem 14 Seiten langen Papier angeheizt. Darin listet er »asiatische« Banken, Firmen und Einzelpersonen auf, die seiner Meinung nach die Wirtschaft Kenias sabotieren. Dem nicht genug, kündigte Matiba noch ein weiteres Papier an, in dem er eine »Endlösung« für das »Asiaten-Problem« vorschlagen wolle.

Solche Rassisten-Worte rufen in Ostafrika sofort die Grausamkeiten in Uganda in Erinnerung. Dort ließ in den 70er Jahren der Schlächter Idi Amin alle Inder ausweisen und enteignen. Und auch fast dreißig Jahre danach fielen die rassistischen Entgleisungen in Kenia leider auf fruchtbaren Boden. Auch wenn Präsident Moi sich sofort vor die Minderheit stellte und warnte, solch eine »Kultur des Hasses« könnte die Einheit der Nation gefährden. Aber, muß man da leider sagen, Moi ist ein schlechter, weil in den Augen vieler Menschen parteiischer Moralapostel: Bei fast allen größeren Korruptionsskandalen, in die seine Regierung verwickelt ist, spielen eben gerade Inder meist die Rolle der »Geldwäscher«.

Um so wichtiger war es deshalb, daß auch Paul Muite, Rechtsanwalt und damals noch heimliche Galionsfigur vieler Oppositioneller, Pauschalurteile wie das von Matiba verdammte und seine Landsleute mahnte, mit sich selbst mal ehrlich zu sein: »Jeder korrupte Inder hat mindestens fünf afrikanische Partner bei seinem Verbrechen. Kein Inder ist bisher Staatssekretär oder Minister für Finanzen, Gouverneur der Zentralbank oder Kontrolleur im Präsidialamt gewesen.« Die Mehrheit der Inder führe ein ehrliches Leben.

Doch leider sind es die Inder selbst, die, wie der Soziologe Peter Sewe sagt, das Ihre dazutun, die Vorurteile gegen sich zu schüren. »Sie sind sich selbst ihre schlimmsten Feinde. Sie sind nicht einfach nur reich, sondern haben auch diesen notorischen Drang, mit ihrem Reichtum in diesem Meer der Armut zu protzen.« Wohl wahr: Viele von ihnen fahren die dicksten Limousinen, bauen sich Tempel als Häuser und verkehren privat fast nur untereinander. Söhne und Töchter studieren meist in England und schmeißen während der Ferien in Kenia mit Geld nur so um sich. Kein Wunder, daß Sozialneid entsteht.

Ohne die Inder aber wiederum ginge in Kenia wirtschaftlich gar nichts. Meine Kinder wollten eine aktuelle Musik-CD jetzt und hier – der Inder, der auch eine der am besten sortierten Videotheken in Nairobi führte, besorgte die Metallscheibe aus England in knapp einer Woche. Ein Grundstück kaufen? Das Dach neu decken lassen? Verkäufer oder Besitzer des Handwerksbetriebes heißen Singh oder Patel und tragen oft den »Turban« der Sikh. Unser Vermieter in Nairobi: Inder. Unser Versicherungsmakler: Inder. Meine beste »Insider-Quelle« zu Informationen und Einschätzungen aus dem Präsidialamt: Inder. Im neuesten Mercedes oder Porsche: ein Inder.

Was die Inder – zumeist Nachfahren der von den kolonialen Briten zum Eisenbahnbau nach Ostafrika zwangsbeschäftigter »Untertanen der Krone« – anfassen, scheint zu Gold zu werden. Sie beschäftigen, so wird geschätzt, ungefähr 80 Prozent der formal in Kenias Privatwirtschaft Angestellten und tragen etwa zu 60 Prozent der gesamten Produktion dieses ostafrikanischen Landes bei. Offenes Geheimnis dabei ist, daß viele ihrer Firmen in den höheren Rängen lieber oder ausschließlich Inder einstellen. Dies steht sogar manchmal ganz offen in entsprechenden Suchanzeigen für Personal des gehobenen Dienstes.

Und dann diese Rindfleisch-Saga um Nakumatt – Wasser auf die Mühlen. Der Direktor der Supermarkt-Kette spielte sogar selbst kunstvoll alle Töne auf der Rassenflöte – wie er meinte, zu seinem Vorteil. Denn wiederum in ganzseitigen Anzeigen bedankte er sich artig bei allen, die trotz der vorübergehenden Schließung ihnen die Treue gehalten hätten. Und dann räumte er ganz offen ein, daß das Rindfleisch, um das es gehe, in Brasilien verarbeitet worden sei, aber natürlich aus Großbritannien stamme. Japanische Elektronik werde doch auch überall auf der Welt verarbeitet und nicht nur in Japan. Was sei also so schlimm daran?

Der »Rassismus« der Afrikaner gegen die wirtschaftlich so erfolgreichen, aber andersfarbigen Minderheiten auf ihrem Kontinent sitzt tief. Ob Libanesen oder Inder, sie schüren diese Vorurteile zu einem Gutteil auch selbst. Dennoch, es sind nicht alle Inder korrupt, nur weil einer oder eine Clique von ihnen in Kenia ganz oben mitmischt. Wie viele Schulen erhalten Spenden gerade reicher indischer Kaufleute, wie oft geben indische Geschäftsleute bei *Harambees*, den öffentlichen Sammlungen, gerade für soziale Zwecke das meiste Geld. Aber natürlich fahren sie an Feiertagen auch in die teuersten Strandhotels, kaufen sich die schönsten Grundstücke am Meer oder in der City, bauen darauf protzige Paläste,

genießen ihr Leben als erfolgreiche Wirtschaftsschicht. Doch
für diesen Erfolg zahlen sie mit ständiger Angst, daß der
soziale Neid der Mehrheit der Habenichtse ganz plötzlich
umschlagen kann und dann, wie in Uganda in den 70er Jahren, Mord, Vertreibung und Enteignung sie heimsuchen.
Auch deshalb schaffen die Inder im Osten wie die Libanesen
im Westen einen großen Teil ihres Reichtums raus aus den
Ländern. Die Inder meist nach England oder in die Heimat
ihrer Vorväter, die Libanesen zurück in den Zedernstaat,
aber öfter auch nach Frankreich oder in die USA. Doch dieser
Export des Wohlstandes läßt beide Volksgruppen auf Dauer
in ihrer neuen Heimat Fremde bleiben. Der Export ihres
Wohlstands wird in Afrika als Ausbeutung verurteilt, ihr
wirtschaftlicher Erfolg schafft ihnen kaum Freunde, sondern
nur wieder zusätzliche Feinde. Und so bleiben sie, obwohl
die meisten hier geboren sind, Kenianer oder Ivoirer nur auf
Abruf, und sind immer zum Sprung bereit, sollte sich der
Rassismus gegen sie plötzlich entladen und lebensbedrohlich
werden.

KAPITEL 17

Treffpunkt Abidjan – Reisen und Arbeiten

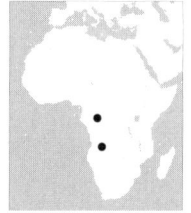 Das Leben eines Korrespondenten in Afrika besteht vor allem aus Arbeiten und Reisen. Wenn wieder einmal irgendwo ein Bürgerkrieg ausbricht oder endlich mal nichts Aktuelles los ist und damit Zeit bleibt, in den Tiefen des Kontinents ein Dorf zu besuchen, heißen die ersten Fragen immer: Wie komme ich dorthin? Wie lange wird es dauern, an die Geschichte ranzukommen? Wie kann ich sicherstellen, die richtigen Leute auch zu treffen? Und nicht minder wichtig ist gleich zu Anfang oft auch die Überlegung: Wie komme ich da wieder raus? Wo kann ich dann in Ruhe (und mit Strom für den Computer) schreiben – und schließlich die Story auch nach Deutschland absetzen?

Nachträglich erzählt, klingen viele der Geschichten faszinierend. Afrika-Erlebnisse atmen kräftig den Hauch eines permanenten und bezahlten Abenteuerurlaubs. Und das sind sie auch, spannend, aufregend, anstrengend, atemlos, und für eine gewisse Zahl von Jahren ist so ein Leben auch wunderschön und befriedigend. Dabeisein ist alles. Orte wie Timbuktu, Wagadugu oder Bobo Dioulassou nicht nur dem Namen nach zu kennen, sondern auch schon mal dort gewesen zu sein, beim zweiten Mal in dem einzigen »Hotel« namentlich begrüßt zu werden, dort Leute zu kennen, vielleicht sogar den Präsidenten, der beim letzten Besuch noch der machtlose Oppositionsführer war, das ist schon was. Den anderen Planeten Afrika erleben von all diesen Seiten weder die Rucksack- noch die Pauschal-Touristen, weder die Entwicklungshelfer noch die Geschäftsleute, schon gar nicht durchreisende Politiker. Sie alle kennen nur einen kleinen Ausschnitt.

Ein Afrika-Korrespondent hat es da besser. Der muß alles mitmachen: Präsidenten treffen und Hungerflüchtlinge interviewen, im Einbaum auf dem Kongo schippern oder sich von einer einmotorigen Cessna in der Mitte des Sudans aussetzen lassen – mit 20 Liter gefiltertem Wasser, Dosenessen für drei Tage und schließlich dem Abschiedsgruß des Piloten: »Ich hole dich in einer Woche wieder ab – wenn nichts dazwischenkommt.« Er kam wieder. Beim nächsten Trip sitzt du dann im Linienflugzeug in der ersten Klasse, weil kein anderer Platz mehr frei war. Aber dieser Flug ist womöglich bis auf weiteres der letzte rein nach Bujumbura, wo sie gerade den ersten gewählten Hutu-Präsidenten ermordet haben. Du hast kein Visum im Paß, ahnst nicht, was dich bei der Einreise erwartet, geschweige denn, wo du übernachten wirst. Ob sie in der Stadt schießen oder ob wieder alles ruhig ist? Ob die Telefone noch gehen? Und wann und wie wirst du wieder rauskommen?

Nur zu gut erinnere ich mich eines Fluges vor Jahren mit meinem damals neuen Kollegen Wolfgang Kunath von der *Stuttgarter Zeitung* in Richtung Westafrika. Irgendwann nachts landeten wir mit *Ethiopian Airlines* in Kinshasa zwischen. Nach stundenlangem Sitzen im Flugzeug nutzten wir die Unterbrechung und stellten uns an die offene Kabinentür. Die feuchtnasse, klebrige Nachtluft der Tropen schlug uns ins Gesicht. Draußen standen im geheimnisvollen Dunkel schrottreife Düsenmaschinen rum, daneben wurden aus einer silbern glänzenden neuen Hercules-Transportmaschine mit amerikanischen Hoheitszeichen große Holzkisten ausge-

laden. Und in den wenigen gleißenden Kegeln der noch funk-
tionierenden Flutlichter jagten Fledermäuse und Fliegende
Hunde handtellergroße Insekten. In dieses wilde Bild hinein
sagte Kollege Kunath nur: »Wir haben schon einen geilen
Beruf.«

Über Jahre wurde das ein geflügeltes Wort unter den wenigen deutschen Kollegen in Nairobi. Doch als wir damals
nach weiteren drei Zwischenlandungen endlich in Abidjan
an der Elfenbeinküste, unserem Reiseziel, angekommen
waren, war der Kollege auch nicht mehr so begeistert von seiner Berufswahl und wünschte sich wohl für einen kurzen
Moment lieber eine deutsche Beamtenstelle mit Gleitzeit.
Denn nach rund elf Stunden Flug und sechs Zwischenlandungen ging es um die Einreise – und er hatte ausgerechnet seinen
Impfpaß vergessen. So ein Versäumnis kostet alle Nerven,
Zeit und Geld.

Einreisen in afrikanische Länder haben ihre eigene Qualität. Ganz am Anfang, wenn man noch nicht »afrikaerfah-
ren« ist, sind dies oft schreckliche Minuten der Ungewißheit
und manchmal auch Stunden der Angst, die es zu durchleben
gilt. »Dann müssen wir Sie jetzt eben gegen Gelbfieber und
Cholera impfen«, lacht dich da bitter ernst ein Beamter des
Gesundheitsdienstes an. Impfen? Mit einer schmutzigen Nadel gestochen werden? Aids gleich pur in den Körper geschossen bekommen! Wie komm ich da jetzt drum herum?

Meistens mit fünf Dollar. In Angola, am Flughafen in
Luanda, erwischte es mich einmal kurz vor Mitternacht –
überraschend bei der Ausreise. Da saß, nach erfolgreichem
Einchecken und glimpflich verlaufener Paßkontrolle, plötzlich so ein Mensch in weißem Kittel an einem alten, wackeligen Holztisch. »Impfpaß«, forderte er im Befehlston. »Bitte
sehr«, meine gelassene Antwort. In meinen abgenutzten gelben Seiten waren alle Impfungen dieser Welt gestempelt. Das
»Büchlein« hatte ich mir in Addis, Äthiopien, in einer

befreundeten westlichen Botschaft einmal neu machen lassen, um Menschen wie diesem Angolaner nicht mehr in die
Falle zu laufen. Denkste. Er akzeptierte einfach die Stempel
nicht – aber er ist Geschäftsmann genug, mir zugleich ein
alternatives Angebot zu unterbreiten: zwei Dollar für den
notwendigen Gelbfieber-Stempel oder das günstigere Pauschalangebot zu fünf Dollar für einen kompletten zweiten
Impfpaß mit freier Auswahl der Impfstempel. Keine Frage,
ich entschied mich, nach kurzer Überlegung, für das »günstigere« Pauschalangebot. Mit diesem Impfpaß – natürlich ein
Original der Weltgesundheitsorganisation WHO – reise ich
bis heute durch die Welt. Er ist nie wieder beanstandet worden.

Mit Geschichten über Ein- und Ausreisen in afrikanische
Länder könnte man ein ganzes Buch füllen. Zum Beispiel
die Zentralafrikanische Republik (ZAR): Wer von Nairobi
in Kenia dorthin fliegt – über Addis, Äthiopien, dann Ndja-
mena im Tschad, dort umsteigen nach Bangui – kann sich
vorher kein Visum für die Einreise besorgen. Die ZAR unterhält keine Botschaft in Nairobi – und läßt sich auch von niemandem, nicht einmal von den Franzosen, dort vertreten. In
solchen Fällen ist es eigentlich üblich, daß man bei der Einreise am Flughafen ein Kurzvisum erhält, das man dann, in
mühevoller Kleinstarbeit, bei der Ausländerbehörde des
jeweiligen Landes in ein richtiges Visum umwandeln lassen
kann. Bei meiner Ankunft in Bangui ging ich also wohlgemut
auf den verwaisten Schalter mit der Aufschrift »Einreise-
Visa« zu. Nach 30 Minuten Suche hatte ich dann auch den
zuständigen Beamten gefunden und bat um einen Stempel.
»Das kostet 800 Dollar«, meinte dieser lapidar. Hoppla, das
war mein ganzes Bargeld, gut geschätzt, ich äußerte entschlossenen Widerspruch. Da legte er mir ein vielfach ge-
stempeltes Schreiben des Innenministeriums vor, in dem
stand, seit drei Tagen hätten sich die Bestimmungen… Um

es kurz zu machen: Der Zufall half nach, ein deutscher Diplomat, der zufällig Botschaftspost am Flughafen abholte, regelte meine Einreise, ich sollte mir in den kommenden Tagen ein Visum besorgen. Ich bekam es auch, zahlte nicht einen Dollar dafür. Denn am ersten Abend in Bangui traf ich in einem Restaurant einen Herren aus dem Gesundheitsministerium. Der hatte früher im Innenministerium gearbeitet und kannte zufällig gut den zuständigen Staatssekretär. Er nahm also meinen Paß – und für ein weiteres, nettes Abendessen war die Sache geregelt.

Das ist das Schöne an Afrika: Alles ist möglich – wenn du jemanden kennst, der jemanden kennt, der die Person gut kennt, auf die es ankommt. Sprung zurück ins Jahr 1994, Genozid in Ruanda, die Franzosen »marschieren« vom Osten, vom Zaire aus, in Ruanda ein. Das ist natürlich wieder ein Reportagethema. Aber wie so oft in Afrika: Es gibt immer Geschichten, das Problem ist nur, wie kommt man hin? Nairobi liegt bekanntlich im Westen des Kontinents, durch Ruanda kannst du nicht fahren, es herrschen Bürgerkrieg und Massenmord. Die Grenze des Zaire zu Ruanda liegt von Kinshasa, der Hauptstadt des heutigen Kongo, zwar nur zweieinhalb Flugstunden entfernt. Aber um über Kinshasa an die Grenze zu kommen, braucht man ein Visum, dann noch die Flüge – also mit viel Glück und Geschick mindestens ein bis zwei Wochen. Als Journalist aber mußt du jetzt sofort dort sein.

Also flog ich mit Kollegen auf gut Glück nach Burundi. Dort organisierten wir noch am selben Abend unseren Transport in einem nicht allzu schlechten 4 × 4 durch die Berge des Kongo nach Bukavu. Visa für den Zaire »kauften« wir in Bujumbura. Tagsüber sind sie dort für 40 Dollar zu haben, abends, wenn der besagte Herr mit dem offiziellen Stempel ins Hotel kommen muß, verdoppelt sich der Preis auf 80 Dollar. Am nächsten Morgen ging es los. Das Warten an der Grenze Burundi-Zaire dauerte Stunden. »Muzungus rösten«, nenne ich so etwas gerne, den weißen Mann warten lassen. Denn der glaubt ja, nie Zeit zu haben, und kauft sich dann gerne frei. Wir Weiße haben die Uhren, die Afrikaner aber dafür alle Zeit der Welt, heißt die dazu passende Lebensweisheit.

An der Grenze von Burundi nach Zaire haben wir uns aber nicht freigekauft. Nach sechs Stunden durften wir endlich auch ohne Zusatzzahlung weiterfahren. Auf den folgenden 90 Kilometern Teerstraße im Zaire, damals noch unter Mobutu, mußten wir dann allerdings mindestens fünf Polizeikontrollen »auszahlen«, uns dann noch 60 Kilometer über Feldwege durch die Berge quälen, bis wir endlich abends in Bukavu ankamen. Was für ein Trip, 150 Kilometer in einem Tag. Und noch waren wir nicht in Ruanda, sondern »nur« an der nächsten Grenze. Abenteuerurlaub pur – doch es ist dein Job, und du hast keine Zeit.

Mit den Grenzern des Zaire am Schlagbaum rüber nach Ruanda hatten wir Zeitungsleute bald einen Dauerdeal geschlossen – 20 Dollar pro Tag. Die Absprache hielt auch – bis später all die internationalen Fernsehteams kamen. Beim Fernsehen spielt Geld offenbar keine Rolle. CNN ist am schlimmsten. Die Kollegen zahlten bereitwillig 100 Dollar pro Auto pro Tag. Dabei mache ich den vier Jungs im Grenzhäuschen nicht einmal einen Vorwurf. Wir Journalistenmeute, mit Taschen voll echtem Geld, waren für die ein Geschenk des Himmels. Sie hatten schon seit Monaten keinen Sold mehr erhalten, und der Sold hätte sowieso nicht gereicht, sie und ihre Familien zu ernähren. Aber wo bleibt die Moral? Machen wir Nachrichten-Habichte uns nicht mitschuldig an der sonst von uns immer so lautstark geschmähten Korruption, wenn wir – aus Zeitnot – Grenzer oder Zollbeamten bestechen?

Peter Baumgartner, ein Schweizer Kollege, den wir damals

in Ruanda in einem weißen Leih-Peugeot mit schadhaften
Bremsen in Cyangugu trafen und mit dem wir uns für abends
drüben im Zaire im Hotel verabredeten, verkündete laut, er
werde den Grenzern auch die vereinbarten 20 Dollar nicht
bezahlen, das sei unmoralisch. Abends in Bukavu dann kam
und kam Baumgartner nicht an. Schließlich gingen wir anderen alle essen, konnten und wollten nicht länger auf ihn warten. Und als wir schon alle fast fertig waren, über gutem Pri-
mus-Bier versuchten, die Greuel des Tages drüben in Ruanda
zu vergessen, ging plötzlich die Tür auf und Peter Baumgartner mit seiner Pfeife im Mund kam endlich doch herein.
Nein, Geld habe er keines bezahlt an der Grenze, gab er auf
unsere stürmischen Fragen schmunzelnd zur Antwort. Dafür
hatte er den Zairern im Grenzhäuschen schließlich mehrere
Schweizer Messer da gelassen, davon kostet jedes mehr als
20 Dollar. Irgendwann zahlt jeder.

Als Journalist aus Europa, Amerika oder Asien bleibst du
in Afrika immer ein Fremder, egal, wie lange du bleibst. Denn
jeder erkennt dich an deiner Hautfarbe. Das hat gute und
schlechte Seiten. Der amerikanische Kollege Keith Richburg
von der *Washington Post* hat viel über die Probleme geschrieben, als Schwarz-Amerikaner seinen Job auf diesem Kontinent zu erfüllen. Auch wenn ich Richburgs schrecklich ober-
flächlichem Buch *Out of America* in fast allen Punkten
entschieden widerspreche, in einem hat er doch recht: Journalist in Afrika zu sein, ist einzigartig. Und gerade als Weißer
steckt man manchmal arg im Schlamassel.

Nur zu gut erinnere ich mich an eine Szene im Mogadischu
des Jahres 1993. Die Hatz auf General Aidid erreichte gerade
einen ihrer Höhepunkte. Die Amerikaner hatten ihr Kopf-
geld auf den somalischen Kriegsherren ausgesetzt, in der zer-
störten Hauptstadt Somalias fand deshalb eine der größten
Pro-Aidid-Demonstrationen statt. Ich war dort, mittendrin,
als die amerikanischen Kampfhubschrauber vom Typ Cobra

anflogen. Erst standen sie weit über den Tausenden von
Demonstranten am Himmel. Aber dann senkten sie sich
bedrohlich tiefer und immer tiefer, wirbelten Staub und
Steine auf, ließen das Schlagen ihrer Rotoren wie Peitschen-
hiebe über die Masse knallen, verdunkelten die Sonne, wollten Angst einjagen – und stachelten damit nur die anti-ame-
rikanischen Emotionen ins Unermeßliche.

Mit meinem weißen Gesicht, einer bekannten amerikanischen Sonnenbrille und einem deutlich gefärbten Amerika-
nisch-Englisch war ich bald in der Bredouille: Denn die auf-
gebrachte Menge um mich herum hielt mich für einen
Amerikaner. Selten habe ich mich über meinen deutschen
Paß mehr gefreut. Als es immer enger wurde, die Beschimp-
fungen langsam immer deutlicher in Körpersprache und erste
ernste Rempeleien übergingen, zückte ich den Ausweis – und
siehe da, zwei meiner potentiellen Peiniger hatten schon einmal in Frankfurt gelebt, nahmen mich in den Arm, diktier-
ten mir ihren Zorn auf die Amerikaner in den Block. Glück
gehabt.

Ein anderes Mal – kein Krieg, keine Gefahr – saß ich beim
sambischen Informationsminister in Lusaka im Büro mit
mehreren Vertrauten des Präsidenten Chiluba. Den wollte
ich eigentlich interviewen, kämpfte um einen Termin. Doch
plötzlich fand ich mich in einer Diskussion, als ob ich selber
Partei sei, Botschafter Deutschlands oder Europas: »Warum
wollt ihr uns unser Geld nicht geben?« Das Streitgespräch
ging um die Entscheidung der EU und mehrerer europäischer
Staaten – auch der Bundesrepublik –, wegen undemokratischen Verfassungsänderungen vor den Wahlen in Sambia die
Entwicklungshilfegelder erst einmal einzufrieren. Ich habe
mich gut eine Stunde lang als Vertreter der »anderen« Welt
argumentativ geschlagen. Daß aber ein Journalist eigentlich
erst einmal keine Meinung hat, schon gar nicht sein Herkunftsland, geschweige denn seine »Rasse« vertritt, sondern

als neutraler Beobachter neugierig fragt, Zitate sammelt – diese selbstverständliche Schwelle ist schnell übertreten. Du als Weißer gehörst immer zu den anderen, du wirst entweder von den Politikern benutzt oder stellvertretend angegriffen. Und draußen auf den Dörfern, an den Garküchen oder beim Buhlen um Weitertransport kannst du dich auch nicht in der Masse verstecken – denn die hat schlicht eine andere Hautfarbe als du. Das macht das Arbeiten nicht immer leichter.

Dann kommt noch dazu, daß sich ein Journalist in Afrika allein schon wegen der mangelnden Infrastruktur, sei es beim Transport oder beim schlichten Überleben mit sauberem Wasser, sicherer Nahrung und moskitofreier Übernachtung, allzu oft auf andere verlassen muß – wenn er nicht nur Hauptstadt-Journalismus betreibt, was in Afrika noch sinnloser ist als anderswo. Also reist ein Reporter nicht allein, sondern mit Agenturen der Vereinten Nationen wie dem Kinderhilfswerk Unicef oder dem Hohen Flüchtlingskommissar UNHCR oder anderen privaten Hilfsorganisationen wie *World Vision* und Ärzte ohne Grenzen zu deren Arbeitsstätten, schläft in ihren Zeltcamps oder Häusern, fährt mit ihren Autos und Mitarbeitern zu den Menschen, um die es geht.

Das ist kein sehr objektives journalistisches Arbeiten. Denn was werden solche Organisationen einem zeigen? Das, worauf es ihnen ankommt. Was unterscheidet einen solchen Journalismus von dem oft auch unter Kollegen kritisierten Wirtschaftsjournalismus, dem wir schnell zu große Nähe zu Konzernen und Interessenlobbys nachsagen? Dritte-Welt-Spezialisten unter meinen Kollegen, die ihre bequemen Zentralredaktionen in Deutschland nur auf Einladung solcher Hilfsorganisationen, politischer Stiftungen oder zuständiger Ministerien verlassen, kennen ihren Berichtsbereich meist nur durch die Augen und Präsentationen derjenigen, über die sie – eigentlich kritisch – berichten sollen. Doch sie schreiben sogar Bücher, vollgefüttert mit den

Daten und Interpretationen eben genau der *lords of poverty*, der westlichen Hilfsmaschine, die von der Armut der Dritten Welt lebt und uns Journalisten auch benutzt, um an ihre Spender heranzukommen. Ein harter Satz, aber leider stimmt jedes Wort darin.

Nicht alles, was man schreibt, ist nur deshalb falsch oder nur halbwahr, weil man mit der Welthungerhilfe quer durch Mosambik gereist ist oder mit *World Vision* im Sudan war. Im Gegenteil: Die Mitarbeiter solcher und anderer Organisationen, die seit Jahren in entlegenen Gebieten tätig sind, wissen weit mehr über die Zusammenhänge von Politik, Regenfall und Hunger als jeder noch so gescheite Reporter. Wir leben von dem Wissen solcher Fachleute, könnten ohne sie unseren Beruf nicht ausüben. Denn auch das gehört zugegebenermaßen zum Journalismus: andere Menschen erbarmungslos auszuquetschen – und später dann mit ihrem Wissen zu prahlen.

Aber wer länger in Afrika bleibt, wem sich dieser zum Teil so verschlossene Kontinent schon von seinen verschiedenen Seiten gezeigt hat, wer seine Kontakte langsam aufgebaut hat, der kann immer öfter diese eingefahrenen Wege der interessensgeleiteten Berichterstattung verlassen, der geht mehr und mehr seine eigenen Wege, bekommt seine eigenen Quellen, wird von ganz anderer Seite mit Informationen »gefüttert«. Und dann verschiebt sich auch das eigene Afrika-Bild. Der Hungerkontinent, der Flüchtlingskontinent, der unterentwickelte Kontinent – all das sind die Sticker der Hilfsorganisationen, an die Brennpunkte dieser Themen karren sie dich jedes Mal, wollen, daß darüber berichtet wird. Aber das ist das Hilfsorganisations-Afrika, das Afrika des Ministeriums für Wirtschaftliche Zusammenarbeit, das Afrika der professionellen Helfer. Es steckt fest in unser aller Köpfen.

Und es tut gut, sich davon zu lösen. Dann kann man wieder ein ganz anderes Afrika entdecken. Zum Beispiel das der afrikanischen Intellektuellen, oder das der Bauern, die in den vergangenen 30 Jahren keine Nahrungsmittelhilfe oder landwirtschaftliche Beratung bekommen haben – und trotzdem oder gerade deshalb ganz gute Ernten einfahren. Oder das Afrika der Rebellenbewegungen, das Afrika der frustrierten Oppositionellen und ebenso das Afrika der Mächtigen und Reichen.

Ich bin am liebsten alleine durch Afrika gereist, das heißt: ohne einen anderen Kollegen. Dabei bin ich dennoch selten allein geblieben. Denn irgendwann kennt man in fast jeder Hauptstadt irgend jemanden oder hat eine Adresse, eine Telephonnummer in der Tasche, wo man vorbeigehen kann, anrufen soll, oder man stößt auf jemanden, der einem weiterhilft bei seinem Vorhaben: sei es in Angola von Luanda nach Huambo zu kommen – was auf der Straße ob der Minen nicht geht, aber Linienflugzeuge gibt es auch nicht –, oder von Goma nach Bunia im Ostkongo. Auf der Karte sieht das unproblematisch aus – 200 Kilometer, sogar eine Straße ist eingetragen. Die gibt es aber nicht, zumindest ist es keine Straße in unserem Sinne, sondern teilweise nicht viel mehr als ein ausgefahrener Trampelpfad durch tropische Berglandschaft, in der Regenzeit kaum befahrbar – und während des Bürgerkrieges gegen Mobutu zudem recht unsicher.

In den Kongo und im Kongo selbst bin ich viel mit Hilfe von Missionaren vorangekommen. Sowohl die *African Inland Mission* als auch die *Missionary Aviation Fellowship*, zwei weltweit operierende christliche Flugunternehmen, unterhalten dort ein dichtes Streckennetz in dieser von den Straßenbauern völlig vergessenen Ecke unserer Erde. Wer moderne Buschpiloten kennenlernen will, überall dort, wo die Weltreligionen Islam und Christentum aufeinanderstoßen, gibt es sie immer noch. Der erste, den ich davon kennenlernte, war ein Holländer mit dem Namen Hank. Ich wollte in den Südsudan. Also flog ich von Nairobi nach Entebbe in

Uganda. Dort sollte ich am nächsten Morgen vor Sonnenaufgang am Flughafen auf Hank warten. Der kam pünktlich mit dem ersten Sonnenstrahl. Seine Maschine war eine Chessna, ein Motor, vier Sitze inklusive Pilot. Zwei Nonnen flogen noch mit. Vor dem Starten der Maschine falteten alle ihre Hände, ein kurzes Gebet – und dann ging's los. Entebbe ist ein internationaler Flughafen, auf dem täglich auch Jumbos aus Europa landen – und wir mittendurch raus. Bis wir in Arua in Norduganda landeten, mußte Hank noch eine der Nonnen in ihrer Missionsstation absetzen – Landung auf der Wiese davor –, nahm einen Priester von dort die nächsten 100 Kilometer mit, sammelte entlang der Grenze zum Sudan noch hier und da Post ein, bis es dann mit voll ausgefahrenen Klappen in Arua runterging.

Während des Bürgerkrieges gegen Mobutu traf ich den heutigen Präsidenten der Republik Kongo, den damaligen Rebellenchef Laurent Kabila, auf ähnlich abenteuerliche Weise. Ein Bekannter, der für eine christliche Hilfsorganisation arbeitet, wollte trotz Bürgerkrieg und Wirren Medizin zu einem Krankenhaus nach Bunia bringen. Einzige Transportmöglichkeit schien ein Flugzeug zu sein. Ich erklärte mich sofort bereit, den Flug mitzufinanzieren. Es schien die einzige Möglichkeit zu sein, in den Norden der »befreiten« Gebiete im Kongo zu kommen. Also flogen wir mit einer DC-3, Baujahr 1948, los. Ein Benzinfresser, aber was für eine Maschine! Selbst Humphrey Bogart oder das Deutsche Museum in München wäre stolz darauf gewesen.

Zunächst ging es damit nach Entebbe. Aber Uganda wollte keine Überflugrechte ins Rebellengebiet jenseits der Grenze erteilen. Der Schein sollte gewahrt bleiben, obwohl längst jeder wußte, daß ugandische Soldaten bei der Rebellion kräftig mitmischten. Also flogen wir nach Kigali in Ruanda. Nach stundenlangen Verhandlungen – vor allem mit dem Büro des Vizepräsidenten Paul Kagame, dem eigentlichen starken Mann Ruandas – kam kurz vor Sonnenuntergang der Durchbruch: Am nächsten Morgen würden wir als erstes Zivilflugzeug in den Rebellen-Kongo starten. Einzige Bedingung der Rebellen war nun, daß wir vor dem Weiterflug nach Bunia in Goma, ihrer heimlichen Hauptstadt, landen und die »Einreiseformalitäten« erledigen mußten. Und dort stand dann der kleine, dickliche Kabila in hellblauem Mao-Anzug mit weißen Turnschuhen. Denn er wollte sich die Chance nicht entgehen lassen, die »Wiedereröffnung« des Zivilflughafens Goma feierlich zu begehen. Mir war es nur recht. So bekam ich mein Exklusiv-Interview mit ihm.

Danach schraubte sich unsere DC-3 langsam über dem Kivu-See in den Himmel und zog dann in ihrer majestätisch langsamen Fluggeschwindigkeit über die Virunga-Vulkane und die Bergwälder mit den letzten Gorillas nach Norden. Was für ein Reisen! Nur: Stunden später in Bunia lagen wir gestrandet auf der einzigen Landebahn: Motorschaden. Den behoben Pilot und Bordmechaniker dann in stundenlanger Kleinstarbeit, während wir anderen fast tröpfchenweise die letzten Reste Flugbenzin in der Gegend einsammelten in der Hoffnung, der Motor sei reparabel.

Manch europäischer Vielflieger mag beim Anblick afrikanischen Fluggeräts eine dauerhafte Gänsehaut bekommen. Aber erfahrene Buschpiloten und ihre scheinbar überalterten Maschinen sind meist dennoch sicherer als Flugzeuge und Besatzungen, die nach »Welt-Standard« geschult und gewartet sind, sich aber nicht auskennen mit den besonderen Gegebenheiten der Fliegerei in Afrika, weder was Witterung, Orientierung, Ausweichmöglichkeiten oder schlicht mechanische Improvisation angeht. Und Fliegen in Afrika ist eine besondere Herausforderung.

Zum Beispiel der Abflug in Bamako, der Hauptstadt Malis. Ich bin auf dem Weg nach Timbuktu, der sagenumwobenen Karawanenstadt am Rande der Sahara. Das Tikket weist einen Linienflug der *Air Mali* aus. Dieser geht dienstags und freitags über Mopti nach Timbuktu und dann weiter nach Gao und zurück. Mit dem Auto dauert die Strecke mindestens zwei Tage, in der Regenzeit sind Teile der Straße kaum befahrbar, zwischendrin liegen Gebiete, in denen »Räuberbanden« und Tuareg-Rebellen einen von Militär begleiteten Konvoi notwendig machen. Fliegen ist da einfacher.

Aber *Air Mali* verfügt über kein eigenes Flugzeug mehr. Trotzdem funktioniert der Service. Auf dem Rollfeld steht eine Propellermaschine vom Typ Antonov 24, gechartert in Guinea Bissau. Der Mechaniker zieht mit einem übergroßen Gerät gerade noch alle Schrauben am Fahrgestell nach. Dann geht es los. Für den Start nutzt der Pilot die volle Länge der Bahn – die alte Maschine hebt keinen Millimeter früher ab, braucht den ganzen Schwung. Die Klimaanlage spuckt derweilen bedrohlich dichte weiße Dampfwolken aus. Jules Verne am Ende des 20. Jahrhunderts. Eine knappe Stunde später dann Zwischenlandung in Mopti. Auch die Crew steht während der 40minütigen Pause vor dem einzigen Gebäude des Flughafens herum. Während dieser Zigarettenpause versuche ich ein Gespräch, doch weder Pilot noch Kopilot können englisch oder französisch. Sie sprechen allein – russisch. Eine Kommunikation mit der Bodenkontrolle über Funk ist damit also schon grundsätzlich ausgeschlossen.

Von Angesicht zu Angesicht helfen mir gottlob die Hände. »Afrika so oder so?« frage ich und deute mit dem Daumen nach oben und nach unten. Alle sind sich einig: Daumen nach unten. Und dann die zwei, unmißverständlichen Worte: »Njet Dollar«. Sie bekommen zu wenig für ihre Dienste, meinen sie. 700 Dollar im Monat, schreibt der Pilot auf ein Stück Papier. Wo Geld fehlt, sind technische Sicherheitsstandards ein unerschwinglicher Luxus. Und der Bordmechaniker drückt die Zigarette aus und nimmt wieder den Schrauben-

zieher, um das Fahrwerk für den Start nach Timbuktu festzu-
ziehen.

Und um gleich bei den Russen-Fliegern in Afrika zu bleiben: Wie kommt man zum Interview mit Jonas Savimbi,
Rebellenchef in Angola, nach Andulo? Treffpunkt Abidjan,
Hotel Côte d'Ivoire. Dort holt mich ein schwarzer Peugeot
mit Fahrer und einem schick angezogenen Repräsentanten
der Unita-Bewegung ab. Wir fahren zum Flughafen von
Abidjan, einem der großen, gut organisierten Terminals auf
diesem Kontinent. Diesmal aber geht es auf den militärischen
Teil. Keine Paßkontrolle, kein Ausreisestempel. Ich verlasse
das Land illegal an Bord einer Antonov 74, einem speziell
für Sandpisten gebauten kleinen Düsen-Transporter.

Einmal in der Luft, läßt Juri seinen Zeigefinger fest auf der
Flugkarte und den Kopfhörer immer auf den Ohren. »Zwei
Maschinen kreuzen«, ruft er, der Navigator, dem Kapitän
der Antonov 74 plötzlich zu. Zur Bestätigung gibt Juri Flug-
höhe und Koordinaten der beiden anderen über dem Golf
von Guinea durch. Keine Gefahr, alle Maschinen befinden
sich auf den vorgeschriebenen Luftstraßen in unterschiedlicher Höhe. Zudem haben sie die gemeinsame Funkfrequenz
eingeschaltet, reden miteinander, wissen voneinander. Die
letzte Bodenkontrolle war Accra in Ghana. Libreville in
Gabon hat sich noch nicht gemeldet. Die dort im Tower wissen auch nichts von diesem Flug aus Abidjan an der Elfenbeinküste mit Ziel Andulo in Angola. Nach der nächsten
»Luftkreuzung« legt Juri den Kopfhörer kurz zur Seite und
macht Kaffee.

Juri ist Moldawier wie auch der Rest der Crew dieser von
den angolanischen Unita-Rebellen gecharterten Transport-
maschine aus der ehemaligen Sowjetunion. »Wir fliegen alles
außer Waffen und Rauschgift«, sagt der Kapitän wortkarg.
Wer's glaubt, wird selig. Aber selbst wenn es stimmen sollte,
dieser Flug ist nicht legal. Sie haben auf dem Flughafen in

Abidjan Ladung – ein Auto, Matratzen und kartonweise anderes Zeug – sowie mich als Passagier aufgenommen. Kein Zoll, keine Abfertigung, es gibt offenbar einen »Deal« der Unita mit Militärs an der Elfenbeinküste. Offiziell ist die Maschine mit moldawischem Hoheitszeichen nie in Abidjan gelandet oder abgeflogen. Dennoch hält sich die Crew, einmal in der Luft, an die internationalen Flugregeln, wie sie die UN-Organisation für Internationale Zivile Luftfahrt aufgestellt hat. Schließlich geht es auch um ihr eigenes Leben.

In Andulo, einem Ort mit nur fünf oder sechs Steinhäusern, in dem ich auf das Gespräch mit Herrn Savimbi dann noch drei Tage und zwei Nächte warten mußte, landen jeden Tag auf der nur gewalzten Rollbahn mitten im angolanischen Hochland sogar große Airbusse (weiß gestrichen und ohne Hoheitszeichen!). Und nach dem Interview, das, wie bei Savimbi üblich, gegen zwei Uhr morgens stattfand, fahren sie mich wieder zu der moldawischen Antonov. Die Crew wartet schon – und fliegt mich noch im Schutz der Nacht zurück nach Abidjan.

Dort empfängt mich auf dem Rollfeld wieder der freundliche Herr mit dem schwarzen Auto und bringt mich ohne Probleme und ohne Stempel ins Land. Bis auf eine kräftige Malaria tropica in meiner Blutbahn war alles spurlos geblieben.

Ob ich mal richtig Angst hatte, etwas wirklich Gefährliches erlebt habe? Komisch, aber diese Fragen werden mir immer wieder gestellt. Ja, ich habe oft Angst gehabt. Ich bin nicht zum Helden geboren. Natürlich geht einem alles mögliche durch den Kopf, wenn man im Bürgerkriegs-Mogadischu zum erstenmal Krieg erlebt, vor der »grünen Linie« steht und von Norden nach Süden wechseln soll – und vor deinen Augen wird eine japanische Fernsehcrew gerade bis auf die Unterhosen ausgenommen. Der nächste bist du – gehst du oder gehst du nicht? Oder im Südsudan, nahe Yei im Sommer 1993. Die SPLA hatte mich über die Grenze gebracht, um mir den Aufmarsch der Regierungstruppen aus Khartum zu zeigen. Alles unter Kontrolle, sie hätten sie eingekesselt. Also fuhren wir hin, ich konnte durch ein Fernglas die Soldaten sehen. Und dann kam plötzlich und ohne Anmeldung eine sudanesische Antonov und schmiß Bomben, um den Umzingelten mit Luftunterstützung zu helfen. Sobald der erste Schreck verflogen war, fand ich mich auf dem Rücksitz einer kleinen Honda-Geländemaschine. Joseph, Mitarbeiter eines Bischofs, und ich hatten spontan beschlossen, uns aus dem Staub zu machen. Wir brauchten die ganze Nacht – fahren ohne Licht, hinfliegen, verstecken –, um über die schützende Grenze wieder nach Uganda zu wechseln.

Oder eine Fahrt mit dem Überlandbus von Arua in Nord-Uganda zurück nach Kampala. Wer eine solche Fahrt – in einem Bus ohne funktionierende Bremsen, mit nur einem Scheinwerfer vorne, dafür doppelt so viel Menschen an Bord wie Sitze und das Dach mit Bananenstauden, lebenden Ziegen und Hühnern überfrachtet – einmal hinter sich gebracht hat, stuft alle Horrorfilme Hollywoods als jugendfrei ein. Es gibt Kollegen, die vor allem über solche Eigenerlebnisse schreiben. Ryszard Kapuscinski, der Pole, ist wohl einer der bekanntesten dieser Erlebnis-Journalisten mit seinen dicht erzählten Abenteuern aus dem »wirklichen Afrika« ganz unten. Da ich es bestimmt nicht besser machen kann, lasse ich es lieber, eine schlechte Kopie nachzureichen.

Auch die Sache mit der »wirklichen Todesangst« zur journalistischen Geschichte zu überhöhen, fällt mir schwer. Was ist schlimmer: Mit einer kleinen Maschine im Rift Valley während eines Gewitters in weniger als 60 Sekunden vier Kilometer nach oben geschleudert zu werden über die Grenze des Druckausgleichs, plötzlich nicht mehr atmen zu können, das erste Mal sein eigenes Herz mit all den Zu- und Ableitungen zu spüren und für Sekunden, die so langsam wie Stunden vergehen, nur an das eigene Ende zu denken? Oder

der kurze Moment, in dem ein – ich hoffe bis heute – Irrläufer deinen Kopf nur um Millimeter verfehlt, in Kinshasa auf dem Flachdach des Hotel Memmling, in dem die ganze internationale Journalistenmeute im Frühjahr 1997 wochenlang auf das Ende Mobutus und das Kommen Kabilas wartete?

Schwamm über diese Momente, ich habe Glück gehabt, es ist mir all die Jahre nichts passiert, was Folgen gehabt hätte. Andere Kollegen kamen nicht so ungeschoren davon, ließen ihr Leben oder wurden schwer verletzt, sei es körperlich oder seelisch, in Kriegsgebieten oder »einfach« bei Flugzeugabstürzen wie Kollege Schmidt auf dem Weg zum OAU-Gipfel in Jaunde. Seine Maschine der *Cameroon Airways* stürzte wegen Überladung in die Mangrovensümpfe. Niemand überlebte. Noch Tage zuvor hatte ich mit ihm in Lagos in der Coco-Bar ein kühles Bier zuviel getrunken.

All dieser Kollegen sei an dieser Stelle gedacht. Sie sind die Helden, nicht wir, die wir mit einem blauen Auge davongekommen sind.

Auch bei all den Tausenden an Autokilometern, die ich quer durch diesen Kontinent zurückgelegt habe, bei allen kleinen und größeren Unfällen, in die man dabei unwillkürlich reinschlittert, ließ mich mein Schutzengel nie im Stich. In Mosambik lagen wir einmal mitten im Tropenregen nachts, 30 Kilometer vor Nampula, samt Straße und Geländewagen plötzlich 20 Meter tiefer. Das Wasser hatte den Weg unterspült, das Gewicht des Wagens hatte genügt, um alles zum Einsturz zu bringen. In diesem Moment der Katastrophe war das wirklich Wunderbare: Dutzende von freundlichen Menschen kamen in wenigen Minuten aus dem Dunkel der Nacht zusammengeströmt und halfen uns, den nicht schwer beschädigten Wagen wieder aufzurichten. Dann buddelten sie mit Hacken und Händen eine Auffahrt zurück auf den Weg. Drei Stunden später konnten wir weiterfahren – mitten durch die Nacht im Busch von Mosambik, wo wir vorher geglaubt hatten, außer uns gäbe es keine einzige Menschenseele weit und breit.

Kaum war ich im Sommer 1999 zurück in München, lief eine kleine Meldung auch bei dpa: Flugzeug in Nairobi abgestürzt, ein Toter, ein Verletzter. Bei dem Toten handelte es sich um den Regionalleiter der Christoffel-Blindenmission, Goldmann. Den kannte ich, auch den Piloten der Maschine, in ebendiesem Flugzeug bin ich die Jahre zuvor fast jeden zweiten Monat selbst gesessen und nach Ruanda, in den Kongo geflogen. Zum letztenmal waren wir darin auch über die tausend Hügel nach Burundi unterwegs, hatten ein wenig Probleme mit dem Wind und den starken Wolken.

Als ich abends meiner Frau von dem schrecklichen Unfall erzählte, reagierte sie ganz spontan: »Es wurde Zeit, daß wir gingen. Man darf sein Glück nicht überspannen.«

KAPITEL 18

Mein Afrika – jenseits der Armut

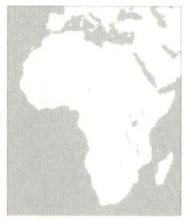 Ein Abend in Moroni, der seltsam schönen Hauptstadt der Komoren. Dieser Ort ist ein wahrlich süffisantes, würziges Gemisch aus Tausendundeiner Nacht, voller fremdländischer Menschen, die aus Indien, Persien oder Afrika stammen, von überall her etwas mitgebracht und hier zu dieser einmaligen Mixtur verschiedenster Kulturen beigetragen haben. Die Stadt selber ist eine Siedlung mit arabesken engen Gassen im alten Teil, der über dem modrig dümpelnden Hafen liegt; nicht weit davon befindet sich ein quirliger, enger Markt, der morgens und abends völlig überlaufen ist, von dem sich aber während der mörderischen Mittagsglut die viel zu vielen Verkäufer in den sicheren Schatten zurückziehen. Droben dann aber, an den Abhängen der vulkanischen Berge, thronen tropisch verwachsene Gärten entlang den meist leblosen Straßen durch die Wohnviertel der Bessergestellten und Reichen.

Die Komoren und ihre Hauptstadt Moroni machen in regelmäßigen Abständen auf sich aufmerksam, aber meist nur kurz, wenn wieder einmal ein Putsch abläuft. 1999, in meinem Abschiedsjahr von Afrika, fand dort der letzte Staatsstreich im zu Ende gehenden Jahrhundert statt. In so einem Moment schaut dann wohl mancher pflichtbewußte Nachrichtenredakteur kurz auf einer Landkarte nach, wo diese Inseln überhaupt liegen – da, im Indischen Ozean, ein paar hundert Kilometer vor der Küste Mosambiks.

Doch kurz darauf ist diese vom immerblauen Ozean umspülte Traumwelt im ordentlichen Rest der Welt meist schon wieder vergessen. Und kaum jemand ahnt, daß er jeden Morgen, wenn er sich nach dem Duschen in Hamburg oder München ein wenig Eau de toilette für den frisch angebrochenen Tag auf seine bleiche Haut sprüht, der Grundstoff dieses guten Duftes wahrscheinlich auf einer dieser vergessenen Inseln Afrikas wächst: Ylang-Ylang. Und noch weniger bekannt ist, daß auch die Vanille dort sprießt. Eines der nobelsten Nationalgerichte auf den Komoren ist deshalb Languste in Vanillesoße – ein herrlicher, milder Gaumenschmaus.

Und zu einer solchen Languste in Vanille hat mich einmal ein deutscher Geschäftsmann eingeladen, der sich in Moroni darum bemühte, sein Leben noch einmal neu zu bestimmen und durch den Import und Verkauf französischer Autos zu Geld zu kommen. Wir verstanden uns auf Anhieb recht gut. Und nach all den Gesprächen und Interviews des Tages mit Politikern und offiziellen Würdenträgern war es erfrischend, bei gutem Essen und kühlem französischem Weißwein Geschichten des Alltags aus dieser fernen Inselwelt zu erfahren von einem, der hier schon länger lebt, aber genauso dachte wie ich. Anschließend zogen wir noch in diese und jene Bar, um etwas vom »Leben« kennenzulernen. Die Bars sind auf den Komoren meist einfache Plätze im Halbfreien mit einigen wenigen Stühlen, einer insektenumschwirrten Leuchtröhre, spätabends nicht mehr sehr belebt, dafür aber mit kühlem Bier im Angebot – was in den Tropen doppelt so gut schmeckt wie anderswo.

Irgendwann dann zu vorgerückter Stunde, als längst die Schwelle der Vorsicht ins dann nur mehr schwer zu kontrollierende Land der spontanen Aufrichtigkeit und Wahrheiten überschritten war, fragte mich dieser Afrika-erprobte und wahrlich Afrika-erfahrene Deutsche ganz unvermittelt: »Bist du eigentlich ein Rassist?«

Die Frage traf mich wie ein Donnerkeil, schutzlos und völlig unvorbereitet. Wir hatten uns gerade über wirklich ernste Dinge unterhalten, schicksalsschwere Fragen hin und her gewendet wie: Warum geht es fast allen afrikanischen Staaten wirtschaftlich so schlecht? Warum kümmern sich Präsidenten in diesen Breitengraden nicht um die Zukunft ihrer Länder und Leute – dies wäre doch auch zu ihrem eigenen Vorteil? Denn wenn Länder, ob die Komoren oder Kenia, Senegal oder Malawi, der Kongo oder Simbabwe, immer zahlungsunfähiger werden, läßt sich auch für ihre korrupte Politiker-Elite immer weniger öffentliches Geld in ihre Privatschatullen abzweigen. Kurzum: wir hatten einen spannenden und anregenden Abend gehabt ohne große Meinungsverschiedenheiten – bis zu diesem Zeitpunkt und der überraschenden Wende.

Wie aber kam mein Begleiter auf die Frage, ob ich Rassist sei? Hatte ich eine falsche Bemerkung gemacht? Falsch geschaut, mich unkorrekt verhalten, unbewußt Anlaß zu dieser Frage gegeben? Verunsichert antwortete ich nicht direkt mit einem entrüsteten Nein, sondern konterte mit einer Gegenfrage: »Warum fragst Du mich das?«

Es dauerte einige Sekunden des Nachdenkens, bis er mir laut und ehrlich erwiderte: »Weil wir beide doch seit langem in dieser fremden Welt leben, als Sonderlinge, die ständig und immer als Weiße behandelt werden, aber weil wir so erzogen wurden oder, laß es mich offen sagen: weil wir eben Deutsche sind mit unserer ganz eigenen Geschichte, uns nicht trauen, genauso rassistisch auf unsere Umwelt zu reagieren, wie auch wir darin behandelt werden.« Sagte es, zündete sich eine Zigarette an und blies mir den Rauch ins Gesicht. »Bist du nun ein Rassist oder nicht?«

Rassismus ist ein böses, ein schlechtes Wort. Es umschreibt die gefährliche Hybris, daß sich jemand nur wegen seiner Hautfarbe, Abstammung oder Nasenkrümmung für besser, klüger, wertvoller, fleißiger, lebensberechtigter hält als jemand, der einfach nur anders aussieht, andere Vorfahren hat oder schlicht anders gebaut ist. Nein, so ein Rassist bin ich wahrlich nicht, die Antwort wäre mir leichtgefallen. Rassistischer Chauvinismus liegt mir fern. Rassismus ist eine dumme, gefährliche, menschenverachtende Kraft.

Spricht man heute nur das Wort aus, denkt in unseren Breitengraden sofort jeder an Hitlers Deutschland und die Judenvernichtung sowie den deutschen Wahn, in gleicher Weise die slawischen Völker Osteuropas zu verachten, zu unterdrükken und zu massakrieren.

Doch Rassismus ist viel älter als Hitler. Europas Kolonisation des Schwarzen Kontinents, was war das anderes? Schon allein das ganze Gerede – bis heute – von der »Entdeckung« Afrikas (nie dagegen Asiens!), als ob bei der Ankunft der Europäer noch kein Mensch in Afrika gelebt hätte. Purer, sich selbst überschätzender, die anderen erniedrigender Rassismus der negativsten Art. Europa hat Afrika und dessen Bodenschätze nicht nur ausgebeutet, sondern auch dessen Menschen verkauft. Die Sklaverei, der kapitalistische Menschenhandel wäre ohne Rassenideologie – wir Weißen sind etwas Besseres, sie, die Schwarzen, dagegen bloße Arbeitskraft und nur Ware – undenkbar.

Bis heute prägt dieses längst historische (Un-)Verhältnis der Kontinente unser Miteinander in der immer kleiner werdenden Welt. Dabei darf man eines nicht vergessen: Der Kolonialismus, die gnadenlose Beherrschung anderer Völker, Staaten, Länder, Kontinente, liegt so lange noch nicht zurück. Afrika wurde erst in den 60er Jahren des 20. Jahrhunderts weitgehend frei von direkter Fremdherrschaft, manche Länder wie Angola, Mosambik oder Simbabwe mußten bis

in die 70er Jahre warten, das Joch des weißen Mannes abzu-
schütteln. Südafrika gar, die erfolgreichste und nachhaltigste
Siedlungskolonie, brauchte bis in die 90er Jahre, bis endlich
die schwarze Mehrheit unter Nelson Mandela die weiße Ras-
sistenregierung auf friedlichem Wege loswurde.

Wenn bei uns in Deutschland also Hitler nach mehr als 50
Jahren immer noch und zu Recht unvergessen ist, darf es
nicht wundern, wenn in Afrika allerorten die Erinnerung an
die koloniale Herrschaft des weißen Mannes wach ist. Sie ist
lebende Vergangenheit. Zu brutal, umfassend, total war der
Zusammenstoß der Kulturen, als daß die Auswirkungen in
wenigen Jahrzehnten überwunden werden könnten.

Die Europäer kamen unter dem Zeichen des Kreuzes und
raubten den Kontinent aus. Sie zerschlugen gewachsene, traditionelle Gesellschaften. Diese waren alles andere als per se
gut, aber sie waren zumindest eigenständige Entwicklungen.
Doch die Europäer verfügten über die machtvolleren technischen Mittel – sie benutzten die willigen Autoritäten auf dem
Kontinent zur Unterdrückung des Rests, zerschlugen die auf-
begehrenden Kräfte, machten sich diesen Teil der Welt unter-
tan und rafften schließlich, was sie konnten. Die erste Hälfte
des 20. Jahrhunderts war der Höhepunkt dieser Kolonial-
geschichte. Das alles geschah erst gestern. Dies wird allzu
schnell vergessen. Erst in der Folge des Zweiten Weltkrieges,
in dem Afrikaner in europäischen Armeen gegen Hitler-
Deutschland kämpfen und sterben mußten, entließen die
europäischen Mächte, der Kolonien müde geworden, dann
unter der Flagge der Entkolonisierung die lästig gewordenen,
weil ihnen zu teuer werdenden Überseebesitzungen wieder –
zumindest in die politische Freiheit.

So ist es gekommen, daß Afrikas politische Landkarte bis
heute ein Nebenprodukt unserer europäischen Geschichte ist
– der Geschichte des naiven europäischen Fortschrittsglau-
bens des 19. Jahrhunderts, des Manchester-Kapitalismus,

des – positiv gewendet – Sozialdarwinismus, des Rechts des
Stärkeren, offen und ehrlich ausgesprochen: des europäischen Rassismus.

Bis heute prägt uns alle diese Historie. »Fortschritt heißt –
vom weißen Mann lernen«, war einer der Glaubenssätze,
den Malawis Diktator Hastings Banda seinen Landsleuten
immer wieder einbleute. Er baute mitten in das Nichts Malawis eine Eliteschule, auf der die »Töchter und Söhne« des
Landes humanistische Bildung mit Latein und Griechisch
durchlaufen sollten. Europäische Bildungsideale in einem
Land, in dem die Mehrheit der Bevölkerung weder lesen
noch schreiben kann, geschweige denn Zugang zu medizini-
scher Versorgung noch ein sicheres wirtschaftliches Auskommen hat. Aber der weiße Mann hat sich als immerwährendes
Vorbild in die Köpfe eingebrannt. Banda, der gelernte Arzt,
der gern in Frack und mit Zylinder zu seinen Landsleuten
sprach, wurde erst in den 90er Jahren durch die Demokrati-
sierungswelle in Malawi gestürzt und starb kurz darauf; er ist
eines der lächerlichsten Symbole dieser geistigen Verirrung
und Orientierungslosigkeit eines ganzen Kontinents, dem
durch die Kolonisierung auch die eigene Geschichte geraubt
worden ist.

Doch worauf soll Afrika stolz sein? Wo oder wer sind seine
Helden, seine eigenen Traditionen, an denen es wieder an-
knüpfen kann und soll? Etwa die Häuptlingstradition wie
die der Ashanti-Könige in Ghana? Dies schlug mir allen Ernstes einmal eine Intellektuelle aus Togo in einer Rundfunkdis-
kussion über die Zukunft Afrikas vor. Aber waren es nicht gerade eben diese Ashanti-Könige, die den weißen Männern, die
an der Küste gelandet waren, die Sklaven zutrieben, ihnen die
Menschen anderer Stämme verkauften, sich also mitschuldig
machten an der Versklavung ihres eigenen Kontinents, aus
dem kurzfristigen Eigeninteresse, dafür Tauschwaren einzu-
heimsen und die Scheinselbständigkeit zu bewahren?

Natürlich gab es in der afrikanischen Geschichte große Königreiche – Ghana, Mali, Simbabwe –, arbeitsteilige Gesellschaften, Stadtkulturen wie die untergegangene in Kano, das im heutigen Nigeria liegt. Warum aber haben sie sich nicht weiterentwickelt, nicht Bestand gehabt gegen die Penetration von außen? Niemand stellt diese wichtige Frage. Mir ist kein Buch eines afrikanischen Historikers bekannt, das einmal dieser wichtigen Frage zur Selbstbestimmung in der eigenen Geschichte Afrikas nachgegangen ist. Schade, denn ohne die Auseinandersetzung über die eigenen Wurzeln fällt es jedem Individuum und jeder Gesellschaft schwer, sich selbst im Hier und Jetzt zu orten. Die negative Definition der Afrikaner aber als schuldlose, arme Opfer des weißen Rassismus hält immer weniger vor, erklärt nur einen Teil der Mißstände, rechtfertigt nicht mehr die Degeneration von Macht, Ausbeutung, Zukunftslosigkeit des Kontinents am Ende des 20. Jahrhunderts.

Zumal im Afrika der Jahrhundertwende eines immer dominanter wird: der Rassismus, nicht allein gegenüber Weißen – sondern auch und leider untereinander. Der Völkermord von Ruanda 1994 ist nur das schlimmste und offenkundigste Beispiel für Massenmord entlang ethnisch definierter Gruppen. Doch was waren die Rift-Valley-Unruhen in Kenia in den Jahren 1991/92 anderes? Massai, Kalenjin und Nandis – Nilotengruppen, deren Anführer um ihre Macht im modernen Mehrparteienstaat bangen mußten, brandschatzten, mordeten, vertrieben bantustämmige »Eindringlinge« aus »ihren« Gebieten – Kikujus oder Luos, die zur nationalen Regierung in Nairobi in Opposition standen und stehen. Das gleiche wiederholte sich vor der Wahl von 1998 an der Küste Kenias mit anderer Konstellation, aber dem gleichen Ergebnis: Herkunft und Abstammung definiert den einzelnen nicht nur sozial, sondern auch politisch. Man gehört dazu oder wird ausgeschlossen, nur weil man abstammt, zu einer Gruppe gehört. Das ist offener Rassismus, und er findet so überall in den übergestülpten, in ihrem Kern hohlen afrikanischen Nationalstaaten statt.

Und in immer stärkerem Maße benutzen afrikanische Politiker, die an der Macht sind und an der Macht bleiben wollen, die ethnische Karte: Ob es scheinbare Modernisierer sind wie Yoweri Museveni in Uganda, der sich seit mehr als einem Jahrzehnt erfolgreich gegen die westliche (weiße) Mehrparteiendemokratie mit dem Argument wehrt, diese widerspräche afrikanischen Traditionen, oder Traditionalisten wie Musevenis Nachbar in Kenia, Daniel arap Moi. Fast in jedem afrikanischen Land läßt sich das Parteienspektrum ethnisch etikettieren, fast in jedem Bürgerkrieg sammeln sich die Gruppen entsprechend ihrer Abstammung um einen *warlord* und folgen diesem – nicht weil er die besseren Argumente hat oder für die gerechte Sache kämpft, sondern weil er einer von ihnen ist.

Wie soll man da an Afrika nicht verzweifeln? »Mein« Afrika, das Afrika der 90er Jahre, hat es mir nicht leichtgemacht. Ich war ausgezogen, einen fernen Kontinent kennenzulernen, der sich, so mein festes Vorurteil, in einem positiven, zukunftweisenden politischen Umbruch befand. Ich reiste durch mir unbekannte Welten, lernte Präsidenten genauso wie Oppositionelle kennen, kämpfte gegen allmächtige Zöllner und den fast tödlichen Durst unter der prallen Sonne, ließ mir Zusammenhänge von Dorfältesten genauso erklären wie von jahrzehntelang erfahrenen Entwicklungsspezialisten. Und je mehr ich Afrika kennenlernte, die einzelnen Regionen, Länder und Völker in ihren Eigenarten zu unterscheiden begann, um so schneller brach mein ursprünglich so festes Weltbild in sich zusammen.

Somalia bekehrte den moralisierenden Pazifisten in mir. Afrika hat mich gelehrt: Die offene, brutale, ungerechte Gewalt läßt sich – leider – nur mit Gegengewalt in ihre Schranken weisen. Dadurch entsteht nicht automatisch und unbedingt eine bessere Welt. Aber tatenlos dem Bösen zuzusehen – im Falle Somalias einer kleinen Schicht versessener *warlords,* die allein am Ausbau und dem Erhalt ihrer auf Waffen begründeten Macht interessiert waren und dafür die von ihnen abhängigen Menschen gewissenlos dem Hunger preisgaben –, diesem Treiben ohnmächtig zuzusehen, weil die eigene Moral einem den Einsatz von militärischer Gewalt verbietet, ist der Gipfel der westlichen Schizophrenie. Somalia hat mich davon nachhaltig geheilt.

Ruanda aber stürzte mich in eine noch größere Sinnkrise. Die Welt schaute dem ungeschminkten Verbrechen des Genozids zu, ohne einzugreifen. Die 100 Tage des Völkermords in Ruanda führten mir auch die Einflußlosigkeit meines Berufsstandes vor Augen. Wir Journalisten können schreiben, was wir wollen – unsere Worte und Bilder verändert nichts, bewirken nichts, außer sie fallen auf fruchtbaren Boden. Jeder in Europa oder Amerika wußte, was in Ruanda passierte. Geholfen hat dennoch keiner. Alle haben Augen und Ohren verschlossen. Es war nicht die Zeit moralischer Empörung. Erst als alles vorbei war, schickte die Welt Hilfe – um nachträglich ihr eigenes Gewissen zu beruhigen. Warum nachträglich? Weil Afrika nicht so interessiert, weil Afrika für die Menschheitsgeschichte nicht »wichtig« ist? Eine halbe Milliarde von uns Menschen lebt dort – mehr als in Europa. In Ruanda leben und starben weit mehr Menschen als im Kosovo, geschweige denn in Osttimor.

Nein, bis heute ist unser Verhältnis zu diesem Kontinent vor allem durch eines geprägt: durch Rassismus. Die Frage meines neuen Freundes in Moroni traf also durchaus den Kern des Pudels. Denn was anderes ist denn auch das große Thema der »Entwicklungshilfe« als – in humanitären Samt verpackter Rassismus? Am Anfang der gutgemeinten Tat standen das schlechte Gewissen und die Vision, den Armen dieser Welt nicht nur helfen zu müssen, sondern auch helfen zu können. Europas Kolonialreiche zerfielen, die Menschen emanzipierten sich politisch von der Fremdbestimmung durch den weißen Mann. Doch ihre neue Freiheit, in die sie entlassen wurden, konnte wirtschaftliche Ausbeutung nicht ungeschehen machen und soziale Not in den Exkolonien nicht beseitigen. Also entstand die Idee, über das Instrument der Entwicklungshilfe so etwas wie späte Wiedergutmachung zu institutionalisieren und den Elenden vor allem im Süden dieser Welt ein wenig vom Reichtum des Nordens zukommen zu lassen. Der von nun an so genannten Dritten Welt müsse geholfen werden, sich selbst zu entwickeln.

Natürlich gab der reiche Norden nie genug. Bis heute steht das vage formulierte Ziel in weiter Ferne, die Industrieländer sollten mindestens 0,7 Prozent ihres Bruttosozialproduktes an die Entwicklungsländer weiterleiten. Dennoch sind in den vergangenen 40 Jahren Milliarden Dollar direkt über Entwicklungshilfe oder indirekt als Kredite zur Verbesserung der Lebensverhältnisse in die Dritte Welt geflossen. Allein Afrika, der Problemkontinent, erhält rund 35 Prozent der gesamten offiziellen Entwicklungshilfe, im Jahr 1997 waren das 14,3 Milliarden Dollar. Was ist dort mit all den Entwicklungsmilliarden geschehen? Bekämpft werden sollten Armut, Unterernährung, Beschäftigungslosigkeit, medizinische Unterversorgung, das Analphabetentum. Doch zu sehen sind Staudämme, Flughäfen und andere Prestigeobjekte, die im Kalten Krieg je nach Lager die jeweils genehmen Diktatoren erhielten. Und durchgesetzt hat sich auch das Eigeninteresse der Geberländer, durch Hilfe der eigenen Wirtschaft Aufträge zuzuschanzen – worin die Deutschen immer am schlechtesten waren. Wäre Entwicklungshilfe ihren eigentlichen Zielen in den vergangenen Jahrzehnten im Verhältnis zum Aufwand nähergekommen, sie hätte sich längst überflüssig gemacht.

Doch das Gegenteil ist der Fall: Afrika, der Kontinent der Not, verarmt immer mehr. Immer weniger Menschen finden Arbeit, die Infrastruktur verfällt, der Anteil an der Weltwirtschaft sinkt. Immer mehr Staaten zerfallen oder implodieren. Die Hilfe von außen verhindert allenfalls den großen Knall. Sie greift vor allem dort ein, wo der Kessel zu explodieren droht. Doch so wird nur Druck von den örtlichen Eliten genommen, die Dinge endlich selbst zu ändern. »Die schwarzen Eliten und die weißen Helfer« seien am erbärmlichen Zustand ihres Kontinentes schuld, kritisierte bereits Anfang des Jahrzehnts Axelle Kabou, eine Intellektuelle aus Kamerun. Ein unbequemer Satz, der meint: Statt Wandel voranzutreiben, stärkt die Hilfe von außen nur die Kräfte der Beharrung.

Denn unsere Hilfe, organisiert von Staat zu Staat, ging immer von zwei Prämissen aus: erstens, daß wir die Souveränität der armen Länder nicht untergraben dürften, und zweitens, daß die Eliten der Armen selbst daran interessiert seien, das Leben ihrer Bürger zu verbessern. Der Grundfehler, so zeigt sich heute, war, zu glauben, allein schon durch Transfer von technischem Know-how den wirtschaftlichen Aufschwung zu erreichen. Es hat nicht funktioniert. Die Abhängigkeit der Empfänger von der Hilfe nimmt stetig zu. Von Anfang der 80er Jahre bis Mitte der 90er Jahre hat sich beispielsweise das Volumen der Strukturanpassungskredite für Afrika versiebenfacht. Handfeste Erfolge der Armutsbekämpfung aber blieben aus. Längst haben die Geber ihr Problem erkannt: Die Hilfe fließt in schlecht geführte Regierungsstrukturen, sie zementiert damit politische Verhältnisse, die nicht auf Wachstum und Zukunft, sondern allein auf Machterhalt und Selbstbereicherung der Potentaten ausgerichtet sind.

Denn bei all unserem schlechten Gewissen – schuldbewußte Überreaktion auf den menschenverachtenden Rassismus unserer Vorfahren, die ausgezogen waren, Afrika zu kolonisieren – haben wir eines vergessen: Wir ließen nach unserem Abzug das schlimmste Erbe zurück – die Armeen der Kolonialbürokratie, Kolonialarmeen, der Steuereintreiber, der von uns ausgebildeten Kolonialeliten, die sich geschickt als Befreier an die Spitze der Emanzipation stellten – und zu den Unterdrückern der nächsten Generation wurden, zu blutsaugenden Vampiren ihrer eigenen Landsleute.

Auch ich hatte meinen Erhard Eppler *(Zu wenig Zeit für die Dritte Welt)* gelesen, war fasziniert von Willy Brandts Nord-Süd-Dialog, glaubte und hoffte auf das Gute im Menschen. Nach sieben Jahren afrikanischer Realität freilich bin ich zu einer anderen Erkenntnis gekommen: Politische Macht, der keine wirksame Gegenkontrolle gegenübersteht, entartet immer – und weder wirtschaftliche noch soziale Entwicklung kann importiert werden. Die »Gut-Menschen«, die immer noch dieser überkommenen Ideologie vom »starken Entwicklungsstaat« anhängen oder immer noch glauben, daß der weiße Mann mit seinen technischen Möglichkeiten und seiner finanziellen Potenz afrikanische Viehhirten schmerzlos ins 21. Jahrhundert führen kann, ohne daß diese ihre Traditionen und Hierarchien aufgeben müßten, sind bestenfalls naiv. In der Realität aber haben erst sie und die sie unterstützende Politik menschenverachtende Unterdrückungssysteme möglich gemacht wie Idi Amins Uganda, Bokassas Zentralafrikanische Republik, Mobutus Kongo, Habyrimanas Ruanda, Siad Barres Somalia. Sie wollen es nicht hören, sie streiten es ab, doch es ist so. Der Amerikaner Michael Marren, selbst lange Jahre Entwicklungshelfer, hat es an einem Beispiel, am Somalia unter Siad Barre, und aus eigener Erfahrung und Anschauung niedergeschrieben. Sein Buch heißt: *Road to Hell*. Es gibt viele Bücher über diesen von naiver Sympathie gepflasterten Weg in die Hölle, geändert haben sie bisher noch nicht genug.

Dabei haben die so oft geschmähten Institutionen Weltbank und Internationaler Währungsfonds den Schwenk zu mehr Vernunft und weniger »Moralin« schon vor 20 Jahren vollzogen. Mit ihren Strukturanpassungsprogrammen zielen sie nicht, wie viele Kritiker bemängeln, auf weniger Staat und Turbokapitalismus, sondern auf einen besseren, berechenbaren, kontrollierten, vernünftigen Staat. Und allgemein setzt sich die Erkenntnis durch: Hilfe muß ihre scheinbare Neutralität verlieren, sie muß an den politischen Strukturen Afrikas rütteln. Hilfe muß sich einmischen, damit es zu Reformen kommt. Nur wenn die Starken von heute verlieren, können die Schwachen gewinnen, denen wir helfen wollen.

Das ist zugegebenermaßen einfacher hingeschrieben als in konkrete Politik umgesetzt. Und Moral kann und sollte in der Politik die Vernunft nicht ersetzen. UN-Generalsekretär Kofi Annan eröffnete die Vollversammlung der Vereinten Nationen im September 1999 mit der Forderung, daß der Schutz der Menschenrechte über den Schutz der nationalen Souveränität der Staaten zu stellen sei. Moralisch ist dies unzweifelhaft richtig – und wird seit Anfang der 90er Jahre vom Hauptakteur der Weltpolitik, den USA, auch immer wieder zur moralischen Rechtfertigung ihrer außenpolitischen Interventions- und Interessenspolitik herangezogen: Präsident George Bush griff mit diesem Argument zugunsten der Kurden in den Irak ein, schickte Marines nach Somalia, Präsident Bill Clinton setzte das Prinzip für das Bombardement im Kosovo ein.

Doch was wäre, wenn Kofi Annans Regel wirklich Weltgeltung bekäme? Welcher afrikanische Staat müßte dann nicht unter UN-Protektorat gestellt werden, denn wo werden in Afrika die Menschenrechte ausreichend beachtet? Die beiden Kongos, Sierra Leone, Angola, Sudan, Somalia, Burundi, Ruanda – sie wären sofortige Kandidaten. Aber auch die meisten anderen Staaten mit ihren formal demokratisch legitimierten Regierungen müßten bei näherer Betrachtung sofort in den Kreis der Kandidaten auf Zwangsunmündigkeit aufgenommen werden.

Afrikas Krise – so, wie sie mit aller Deutlichkeit in der vom Ost-West-Gegensatz befreiten Welt der 90er Jahre offenkundig wurde – ist eine politische Krise. Das macht sie so interessant und auch so schwer lösbar. Denn es ist eine Krise seiner Eliten, derjenigen an der Regierung genauso wie der fehlenden »alternativen« Eliten. Das scheinbare Versagen der Demokratie in Afrika in diesem Jahrzehnt, das nach dem Mauerfall und der Aufhebung der Dichotomie von Ost gegen West in der Welt so hoffnungsvoll begann, kann nicht allein den Herrschenden, den unbekehrbaren Patriarchen in den neopaternalistischen Klientelhierarchien quer über den Kontinent vorgeworfen werden. Das Afrika von morgen braucht vor allem seine eigenen Helden, die gegen das »Alte« aufbegehren, das postkoloniale Afrika, das wir mitgeschaffen und am Leben erhalten haben.

Das alles hat schon begonnen. Der Umbruch ist im Gange. Keine Ahnung, wohin die Reise geht. Journalisten sind bekanntlich schlechte Zukunftsauguren. Aber Afrika, »mein« Afrika, so wie ich es verlassen habe, steht am Morgen eines neuen Jahrhunderts – und es finden sich darauf nur drei Staaten ohne formale Demokratie: Burundi, die Komoren und die Elfenbeinküste. In allen drei regieren Putschregierungen, aber eben nur in drei von mehr als 40 Ländern. Für Afrika ist dies doch etwas Besonderes, erfüllt so gar nicht die tiefsitzenden Vorurteile. Und das blutige Band der Kriege, das sich von Eritrea/Äthiopien einmal quer über den Kontinent bis nach Angola legt, es läßt verzweifeln. Und doch gibt es mir auch irgendwie Mut. Denn es ist – sosehr Krieg auch zu verdammen ist – ein Zeichen des Zerfalls der alten Staatlichkeit auf diesem Kontinent, die nichts getaugt hat. Fortschritt ist schöpferische Zerstörung, konstatierte der österreichische Nationalökonom Schumpeter einst an der Harvard-Univer-

sität. Afrika befinde sich in dem gefährlichen Zustand wie
Europa zum Zeitpunkt des Dreißigjährigen Krieges, es ordne
sich neu und mit Gewalt, warnte Winrich Kühne von der
Stiftung Wissenschaft und Politik in Ebenhausen in einer
Analyse des zweiten Kongo-Bürgerkrieges unter Beteiligung
von sechs Nachbarstaaten.

Sei's drum, der Gewaltausbruch ist verdammenswert –
aber zumindest passiert etwas. Das Alte fällt, kann ich da
nur nochmals Chinuas Achebes Buchtitel mißbrauchen.
Und diesmal ist es gut, daß das Alte keinen Bestand mehr
hat. Friedlicher Wandel wäre besser gewesen, hätte weniger
Leid ausgelöst, wäre wünschenswerter. Aber Afrika ringt
mit sich selbst, befreit sich von hausgemachter Unterdrük-
kung, sucht seine eigene Zukunft. Ich lasse nicht ab von
diesem euphorisch klingenden Urteil über so schlimme Umstände, in denen viele Afrikaner durch den Gewalt freisetzen-
den Umbruch leben müssen. Aber in Afrika ist alles im Fluß,
es wiederholen sich nicht einfach schon längst bekannte
Katastrophen.

Deshalb war es unsäglich spannend, die vergangenen
Jahre dabeigewesen zu sein, miterlebt zu haben, wie Autokraten untergingen und siegreiche Rebellen an der Macht
scheiterten, wie Oppositionelle und mit ihnen streitbare
Journalisten-Kollegen immer wieder den Kopf erhoben
gegen die entartete Macht, wie gleichzeitig einfache Menschen fern der politischen Hauptstädte ihr Überleben ohne
jegliche staatliche Fürsorge organisierten, anzuklopfen bei
Wunderheilern und traditionellen Königen, Tuareg-Nomaden am Rande der Sahara in Timbuktu zu interviewen und
im Regenwald der Elfenbeinküste auf einen »Pantermann«
zu stoßen.

Angenommen, es könnte so etwas geben, dann würde ich
mich nach all diesen Erfahrungen einen »positiven Rassi-
sten« nennen – mich als jemand definieren, der durch eigene

Anschauung und eigenes Erleben gelernt hat zu akzeptieren, daß Menschen an verschiedenen Orten dieser Welt schlicht und einfach unterschiedlich sind, nicht wegen ihrer Hautfarbe, sondern weil sie dort nun einmal anders leben.

Anders formuliert: Afrika ist anders, es ist nicht besser oder nicht schlechter, es ist schlicht anders. Afrikaner lernen die Welt, in der sie leben, ganz anders kennen, sie wachsen in anderen Traditionen auf, werden durch völlig andere Umstände geprägt, sie legen sich deshalb für ihre Welt auch ganz andere Erklärungsmuster zurecht. Ihre Vergangenheit ist nicht die unsere. Selbst die Teile gemeinsamer Geschichte haben sie aus einer ganz anderen Warte erlebt. Wen wundert es also, daß sie auf aktuelle, brennende Fragen andere Antworten finden als wir?

Afrika ist nicht nur seine politische Krise, die wir allzulange gerne als Entwicklungskrise abgetan haben. Afrika ist eine Welt für sich. Nur acht Flugstunden von Europa entfernt, dann steht man schon am Äquator, irgendwo in Kenia oder Nigeria, und beginnt zu staunen, was es auf dieser einen Welt alles zeitgleich gibt.

Afrika gibt es nicht, betitelte mein Kollege Georg Brunold von der *Neuen Zürcher Zeitung* sein kleines Büchlein, das er schrieb, als er den Kontinent verließ. Was er damit meinte: Der Kontinent ist viel zu bunt, zu vielschichtig, zu unterschiedlich, mit zu vielen eigenen Traditionen, ganz eigenen Überlieferungen in Ost und West, Nord und Süd, als daß man alles über einen Kamm scheren könnte oder sollte. Brunold hat recht und irrt sich doch, ist zumindest zu feige, sich auf die Verkürzung von Allgemeinem einzulassen. Denn gibt es Europa nicht, nur weil Norwegen anders ist als Zypern, Irland herzlich wenig gemein hat mit Rumänien?

Es gibt Europa, und es gibt auch Afrika. Keiner der beiden Kontinente läßt sich in einem Buch wie diesem erklären oder umfassend darstellen. Das war auch nicht mein Unterfangen.

Jedes Land, jede Region, jede Epoche hat ihre eigene ganz individuelle Geschichte. Aber dennoch gibt es Grundlinien, Ähnlichkeiten, Typologien, die sich eben von Kontinent zu Kontinent unterscheiden. Einiges davon zu skizzieren habe ich versucht. Das Afrika der 90er Jahre zu schildern, so wie ich es erlebt habe, einige der Denkanstöße weiterzugeben, die mich erreicht haben, und Lust auf diesen bei uns so »vergessenen Kontinent« zu machen, Neugierde auf mehr davon zu wecken – das wollte ich. Ich war zu lange dort, habe zu viele Menschen kennengelernt, Freunde gewonnen, um unberührt zu bleiben von seinem Schicksal. Die schwarze Sonne Afrikas hat sich auch in mein Herz eingebrannt.

MALIK

Lieve Joris
Die Sängerin von Sansibar

Reiseberichte aus einer magischen Welt. Aus dem Niederländischen von Maurus Pacher. 217 Seiten. Geb.

Lieve Joris entführt in ihren spannenden Reiseerzählungen an magische Orte wie Sansibar, Senegal und Ägypten. Im Mittelpunkt stehen dabei die Menschen mit ihren besonderen Lebensgeschichten: Anna, die Missionsschwester, die ihre belgische Heimat seit über fünfzig Jahren nicht mehr gesehen hat, die Zweitfrau Nagla, die immer froh ist, wenn ihr Mann bei der anderen ist, aber auch der Schriftsteller V. S. Naipaul, mit dem Lieve Joris durch Trinidad reist. Und natürlich Aziza, die Sängerin von Sansibar, die, von der Trauer über den Tod ihres Mannes überwältigt, von Freundinnen mit der Mitteilung getröstet wird, daß er ein notorischer Ehebrecher war. Behutsam kommt Lieve Joris den Menschen näher, weil sie ihnen die Freiheit läßt, sich selbst darzustellen.

»Besseren Reisejournalismus gibt es nicht.«
The New York Times Book Review

Lieve Joris
Mali Blues

Ein afrikanisches Tagebuch. Aus dem Niederländischen von
Ira Wilhelm und Jaap Grave. 313 Seiten. Geb.

Was ist es, das Lieve Joris' Erzählungen über fremde
Länder so anders, so besonders berührend macht? Sie
lebt mit den Menschen, an den Orten, bevor sie über sie
schreibt. Die Afrikaner, die sie auf ihren Reisen trifft, sind
Überlebenskünstler, die Zauberei, Tradition und Moderne
zu vereinbaren wissen. Der politischen Unfähigkeit ihrer
Regierungen bewußt, nehmen sie mit Mut und viel Humor
ihr Leben selbst in die Hand.
Lieve Joris schreibt aus tiefer persönlicher Kenntnis
heraus über dieses riesige, heterogene Land, über diesen
Kontinent mit seinen enormen Ressourcen und seinen
enormen Mängeln; sie schildert dessen Würde, Hoffnung
und Poesie.

»Joris schreibt so, daß man beim Lesen glaubt, einer
Kamera zu folgen. Bunt wie ein Film baut sich das Leben
eines Dorfes, einer Stadt, eines Landes auf. Man wird
beim Lesen schnell nach dieser Kamera süchtig, denn sie
zeigt ein menschliches Afrika.«
Sybille Mulot

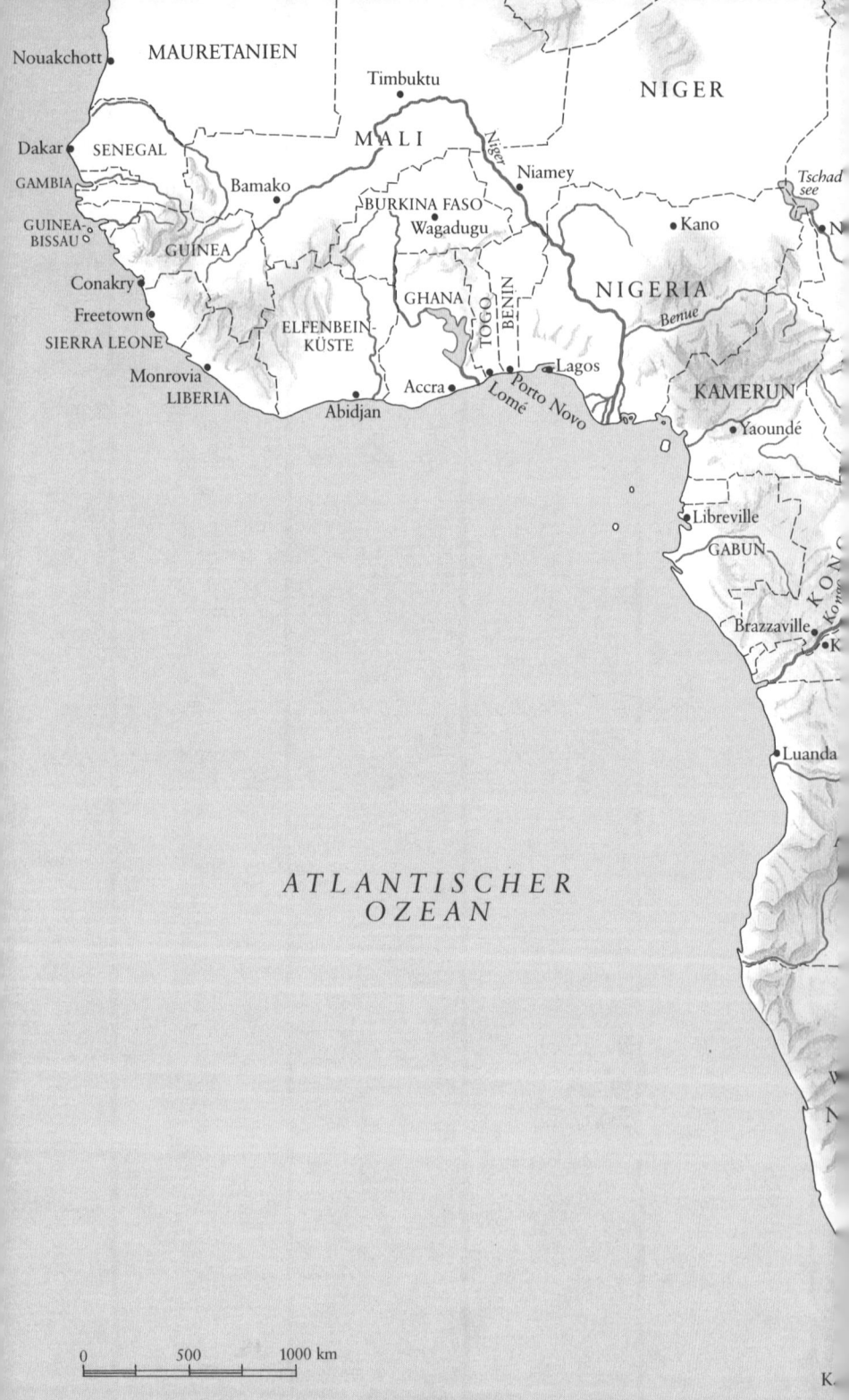